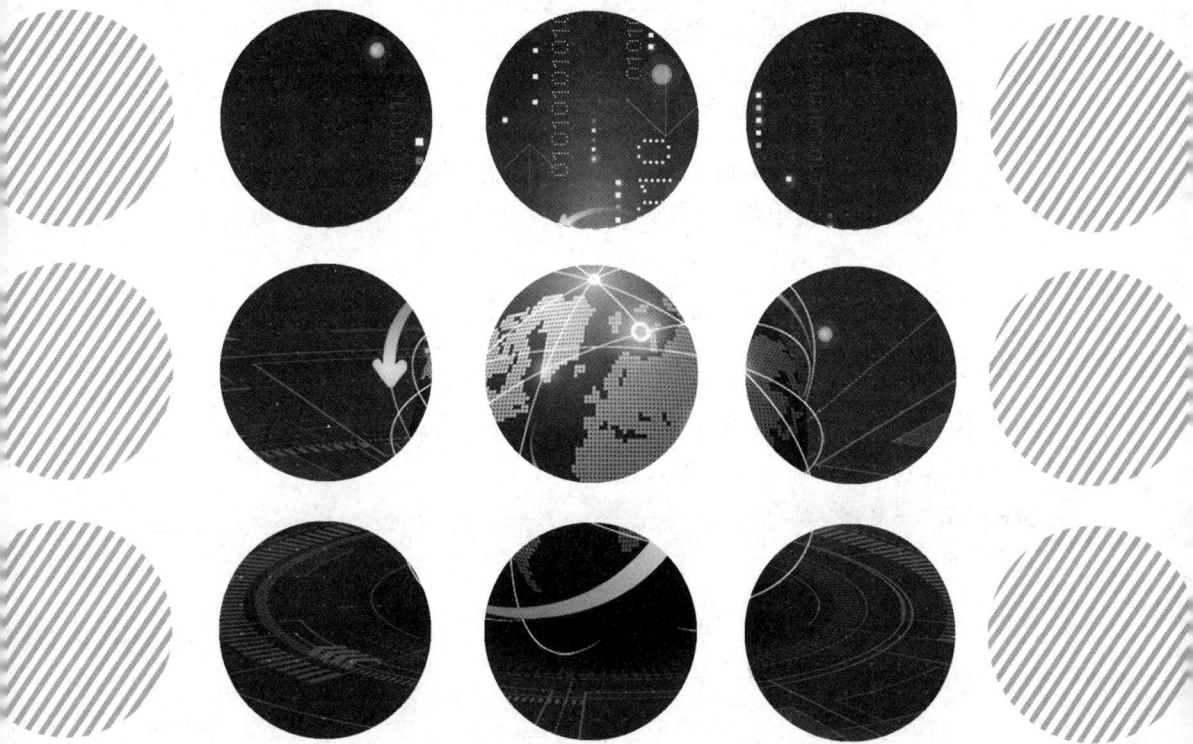

新时期网络流行语汇释

（2008-2019）

杨全顺 ｜ 主编

中国言实出版社

图书在版编目（CIP）数据

新时期网络流行语汇释：2008 - 2019 ／ 杨全顺主编
. -- 北京：中国言实出版社，2020.1
ISBN 978 - 7 - 5171 - 3341 - 4

Ⅰ. ①新… Ⅱ. ①杨… Ⅲ. ①现代汉语—网络用语—
汇编 Ⅳ. ①H136.4

中国版本图书馆 CIP 数据核字（2020）第 014538 号

责任编辑 王蕙子
责任校对 郭江妮

出版发行 **中国言实出版社**
地　址：北京市朝阳区北苑路 180 号加利大厦 5 号楼 105 室
邮　编：100101
编辑部：北京市海淀区花园路 6 号院 B 座 6 层
邮　编：100088
电　话：64924853（总编室）　64924716（发行部）
网　址：www. zgyscbs. cn
E - mail：zgyscbs@ 263. net
经　　销　新华书店
印　　刷　三河市华东印刷有限公司
版　　次　2020 年 8 月第 1 版　2020 年 8 月第 1 次印刷
规　　格　710 毫米×1000 毫米　1/16　20.5 印张
字　　数　368 千字
定　　价　68.00 元　ISBN 978 - 7 - 5171 - 3341 - 4

编 委 会

序 言

　　语言是人类文明之始，而文字把语音固定为符号的系统，使意义的传播具有稳定性而呈现为文化的整体。近世的世界语运动的兴起与衰落在一张一弛之间，让所有的语言都在发生着不同程度的变异。词汇无疑是所有语言中最活跃的成分，不断加入的新词汇是文化变迁的记录，而翻用旧词汇则是文化基因变异的信号。是福？是祸？都非短期可以预见，但保留这个语言/文化的历史过程，则是学者们义不容辞的职责，不仅是交际沟通的需要，也是对民族文化精神变异的准确观测。这就是当我读到杨全顺教授主编的《新时期网络流行语汇释（2008—2019）》时的最初联想。

　　网络无疑是新世纪最显赫的事物，极大地改变了人们的生活方式，是最体现米歇尔·福柯所谓日常生活中的革命。随着 1998 年我国几大网站的建立，二十年间网络迅速普及，据统计已经有九亿国人成为网民，他们的日常生活越来越依赖网络的运作，一个新兴的文化种群正在蓬勃生长，而且不断覆盖融入原有的文化，在兼容与疏离的双向运动中温和地改变着原有的文化秩序。自 1912 年中华民国成立，宣布以公历作为国历以降的百余年来，国人集体的焦虑就是进入现代文明世界的格局，而网络的兴起与普及以空前的速度加快了这个步伐，随着时间与空间距离骤然缩短的是心灵之间简约的契合方式。记录这个快速进入过程最直接的无疑是网络流行语，在丰富着汉语词汇的同时，它也以各种灵活的语用引发汉语的变异。

一

　　这本著作带有词典或准词典的性质，编排体例基本和我国现行辞书编纂的一般体例相同，以 26 个英文字母的顺序分类编排语词，除此以外相对于网络流行语的特殊性容纳了阿拉伯数字编排的部分，直至到各种非文字的简单图像符号，这很有意思。在近代工业文明起于南欧的思想启蒙、起于西欧的器物传播逐渐向全球普及的过程中，后发国家都面临着大量外来语的涌入，但各民族所采取的文字/文化策略区别很大。就以我们的近邻来说，日本由政府支持的机构编纂外来语词典，而且不断增补，但保留了大量传统日语中的汉字，就是在一部文献中，也要以不同的字体书写印刷，外来语用印刷体的片假名，而主体部分仍然保留传统日语中的汉字和手写体的平假名；韩国借机迅速完成了去汉字的文化转型，以独立的四十个字母的拼音系统标注外来的借词，在文字的书写形态上没有差别。中国则从晚清开始就出现了拼音化的运动，从注音到汉语拼音，经过文字简化的折中处理，保留汉字书写的整体形态的同时，也将外来语翻译词汇嫁接到原有的汉字系统中。这部著作则保留了语用的原生态，在一个急剧变动的时代，外来语大量以英文的缩写形式进入同一文化的交际圈，而阿拉伯数码字和简化图像的大量运用更是显示了匆忙的接受与快捷的从众反应。这是在历来辞书的编纂中从未有过的现象，既是信息时代全球化语音融合的表征，也是一个文化种群丰富的集体心灵形式的记录，会不会因此改变汉语的大系统，带来文化基因的结构性变异，我们只能拭目以待！

更有意思的是，这部类词典的著作在拉丁字母的外来语词条中，还编排进了大量汉语拼音的缩写，夹杂在英文的缩写中，消解了统一明确的字体差异。这是文化普及的结果，也是最直接体现文化融合的信息，在汉语拉丁化受到全面抵制的大潮中，拉丁化的语音标注方式在新的文化种群中以便捷的书写方式悄然兴起。这当然不会成为取代汉字的主体文字，更近似于幽默与搞笑之间的诙谐。新一代人的语用习惯中，更偏重于语音的表达，而不完全是以文字为中心的表意。

阿拉伯数字的具体指代功能更是有趣的现象，而且语源各式各样，但都和汉字的表意有着曲折的关联。有的是某个具体的事物的称谓符号，比如借助3D技术的商业运营策略简化为两种外来字符的拼接；更多的是近于密码的谐音，诸如：1314925/一生一世就爱我、2456/饿死我了、407/死东西、521/我愿意、609/到永久、741/气死你、8013/伴你一生、910/就依你……以往时代在少儿中流通的口头语音游戏，现在以无声的符号表达。而且，由语音的相似性关系，还有对英语语音的谐音处理，比如3KU/thank you（谢谢）等，最体现这个越来越年轻的文化种群交往的频繁与直见心灵的极简话语方式。至于图像符号（包括标点）是否可以算语言，目前还在争议中，但显然已经有了广义的语言功能，如手势语、身体语、交通规则符号等，只是还不系统，交际的覆盖面就是在网民中也仍然限于年轻一代，需要寄生在其他语言符号系统的枝干上，有些像森林中黏连在林间枝叶上飘荡、紧贴地面阴湿处滋生的苔藓类植物，但在一个交际圈中的流通，也显示着已经成为大语言文化生态圈中不可或缺的细枝末节。从外语、汉语拼音、数码到简图的出现，是文化表层的新生植被层，昭示着文化史变迁的基本形态。

二

比起以发表方式被命名的网络文学，网络用语更体现汉语自身的变化，前者往往是复活旧的文体与题材，后者则直接反映着语用的变异。首先是与电子信息工程相关的大量词汇迅速冒头，形成一些中心词组的群落，比如电子邮件一类偏正词组成为联系着各种实用性交际往来的词汇集散地，而网络一词带动的更是系统性的语汇生成，由网友、网民、网购，一直到网红，新鲜事物层出不穷，令人眼花缭乱，最直接地体现着汉语接受的古老原则，体现着外来语被吸纳进汉语系统的一般方式。而且，不限于一种语言，宅字开头的偏正词组群，就来自日语"御宅"的简化，这虽然和世纪初大批留日海归带回来的外来语翻译语词来路相同，却直接以汉字为中心，简直就是文化映射的回文。

最大量的网络用语仍然是汉语自身在大的文化环境变迁中形成的词组，比如，由官二代派生出富二代、作二代……由经济适用房派生出经济适用男、经济适用女……电脑的联想功能和汉字的造词原则高度兼容，图文转换的自由切换形成了不少新的词组，而且以勾连的方式形成大量新的语汇，比如葛优躺来自一部电影的图像，而发展为对他台词语体的命名葛优体，进一步以联想的方式命名一大串其他影视人的语体，如陆川体等，以及恶搞的秋裤体，直至切换为纯粹语言学的命名方式，比如如果体、诗词混搭体等。词汇与生存方式之间的关系无缝对接也使一些汉字在网民中突然蹿红，比如囧，几乎是文图互换的产物，指涉着一个群体基本的生存状态。按照认知人类学的观点，命名方式体现着认知方式，也反映着价值观念，并影响决定着行为方式。这些随着网络兴起的汉语词汇覆盖着原有的语汇体系，关联的是最为共时性的文化史现象，与原有的汉语语汇的累计叠加语用，则整体呈现为断层式的语言模型。

三

在所有的网络语言中最通用的还是传统汉语词汇，因为适应了最大多数网民的知识结构和接受能力。比如，起源于政府文告的关键词语"正能量"，迅速衍生出比较词语"负能量"；由政府住房政策调整出现的关键词"钢需"立即被和族字连用为"钢需族"，进入到以族为中心词的词汇群比如考拉族、考碗族、私奔族……这一类造词方式最直接地体现着官方语汇与民间语汇的衔接，及其兼容与联想扩散的语用特征，也体现着被柔化的过程。

　　体现这类联想特征的新词汇最突出的是那些有着历时性词语的意义变形，比如，西学传入的医学术语"冠心病"，谐音为"官心病"；凤凰女对偶为区别词"凤凰男"。最典型的是"虎父无犬子"的古老格言中的主词，先由文言转换为口语的"虎爸"，再派生出猫爸、兔爸、鼠爸……无奈的心理症候越演越烈。而由"末代皇帝"派生出的"末代农民"则含义复杂，传达出平民化时代思想自由的同时，也流露着社会转型期喜忧参半的全民性焦虑。还有一些命名方式则体现着鲜明的性别立场，几十年以前"女强人"一语出现的时候，还引起女权主义者带有抗议性的质疑，网络时代出现的"女汉子"已经几近于一个中性词，女性在生产和生活中的重要贡献开始被全民接受。但在某些领域中，女性仍然处于被排斥的视域，文明主体的男性立场借助各种体系的语词表达对女性智慧的恐惧，比如，称研究生为"三种人"是政治话语和生物学话语交叉生成的语义；而称女博士为"灭绝师太"则是带有敬畏的性别立场借助武侠人物表达心理的疏离，貌似由贬转褒，其实则蕴含着文化技能与情爱两套话语价值体系的内在分裂，或说呈现了女性文化处境的内在悖论。而"剩女"则是单一的价值尺度中，褒贬暧昧的称谓。

　　谐音的运用也使大量反讽式的语词出现，诸如：大侠/大虾的幽默中传达了无奈的情绪；而旅游/驴友的词性由动而名的转换，则有意忽略词义转变的中间项"旅友"，造词方式虽说仍然是传统汉语的功能，而民间代步动物的出现则在微妙的自嘲中逆转着原始存在的命名方式，由以熟悉的简单事物类比陌生的复杂事物，翻转为以熟悉的复杂事物（车、船、飞机）转喻已经基本退出了人类交通工具的简单而日渐陌生的事物（驴），几分怀旧，几分自得，都在幽默中展示了葱茏的心态。至于方言口语的谐音短句，更是语言游戏中最直白的谐谑，诸如"额滴神啊"（陕西方言）、"有木有"（山西方言）等，汉语的丰富性被网络一族充分地演绎，其中隐藏着边缘性的自我定位。

　　至于"网络迷因"带来的复读句式，则是当代语用中历来源源不断的语言现象，进入网络之后则有了一批特殊的文化基因，大多起源于某个当下事件而被称为"黑话"，比如，"我爸是李刚"。唯其如此，对于不了解原发事件的人来说，只能在关注这个事件的群体中，成为消费人际疏离的主要方式，"在快乐的感召下，它触发了人类的模仿本能和从众心理"（安安《"六学走红"：为什么我们对黑话游戏欲罢不能》，见《新京报》，2018 年 12 月 25 日），模仿中体现了共同的文化基因，而快乐感召则是群体的基因突变。尽管仍然是源于从众心理，但比起群体的话语暴力则柔化为由讽刺到嘲谑的纯粹娱乐性游戏。

　　日月如梭，我们的语言文化正在形形色色的复制中突变。

季红真

2018 年 12 月 26 日于沈阳烽火四台

凡　例

一、条目安排

1. 本词典所收录的网络交际词语约 4300 条，出现时间主要集中于近十年间。

2. 正文所有的词条分为四个部分：字母型、汉字型、数字型、符号型。

3. 字母型、汉字型按英文字母排序，数字型部分按数字顺序排列，符号型按组成词条的符号数量排序。

二、释文

1. 注音：汉字型词条按汉语拼音正字法注音。

字母、数字、符号不注音。

声调只注原调，轻声字不标调。

2. 词性：汉字型条目以在网络交际中所用词性为主，可以确定为词一级单位的标注词性。

本文所使用的词类体系和词性标记如下：

名词［名］动词［动］形容词［形］

区别词［区］数词［数］量词［量］

代词［代］副词［副］介词［介］

连词［连］助词［助］叹词［叹］

语气词［语气］拟声词［拟声］

3. 释义：按该条目在网络交际中的实际意义为主。有多个义项的按【1】【2】等来标注。

4. 例句：每个条目下基本都有一个例句，前均加【例】来表示。少数省略。

三、其他

词语来源广泛，不一一说明。

目 录
CONTENTS

第一部分 字母型、汉字型网络流行语汇 …………………………………… 1

第二部分 数字型网络流行语汇 …………………………………… 270

第三部分 符号型网络流行语汇 …………………………………… 288

参考文献 …………………………………………………………… 308

后 记 …………………………………………………………… 310

第一部分

字母型、汉字型网络流行语汇

A

@ 电邮应用中意为 "at"，即 "某用户" 在 "某服务器"。现多流行于网络社交领域。是指叫你，喊你，call 你，和你有关，或间接和你有关，又或者躺枪。【例】昨天我在微博上～你了。

A 腰 A yāo 比竖放的 A4 纸还要窄的小蛮腰。A4 纸是由国际标准化组织的 ISO 216 定义的，规格为 21cm×29.7cm（210mm×297mm）。所以，只要腰的宽度小于 21cm（210mm），都可以称之为 A4 腰。是衡量尤物的终极标准，堪称魔鬼身材的终极标准。【例】～是当代社会众多美女的追求。［"A4 腰" 的缩写］

AA 人与人之间，各自承担各自的消费，全部分开。［英文 algebraic average 的首字母缩写］【例】今天聚餐，我们～。

AAA 在任何时间，任何地点，任何方向。［英文 anytime, anyplace, anywhere 的首字母缩写］【例】～，你都必须让我知道你的消息。

AAK 在键盘上睡着了。［英文 asleep at keyboard 的首字母缩写］【例】先不玩了，～。

AAMOF 事实上。［英文 as a matter of fact 的首字母缩写］【例】～，高科技已经贯彻到教育的各个方面了。

ACG 动画、漫画、游戏（通常指电玩游戏或 GalGame）总称。现多指对动画、动漫、游戏爱好者团体的称呼。［英文 animation, comic, game 的首字母缩写］【例】随着动画、漫画、游戏等行业的蓬勃发展，～爱好者越来越普遍。

ACT 网络游戏的种类之一。ACT 类游戏属于动作类游戏，另外还有 A. RPG，AVG，A. AVG 类等。［英文 action 的缩写］【例】游戏 "真三国无双"

属于~类型的游戏。

ADN 欧特克开发者网络，AutoDesk 公司官方针对第三方开发者的支持体系。[英文 autodesk developer network 的首字母缩写]【例】天正 CAD、理正 CAD、鸿业 CAD、博超 CAD 等都是~的杰出成员代表。

AFAIC 就我而言。[英文 as far as I am concerned 的首字母缩写]【例】~挣钱多少不重要，健康和幸福才最重要。

AFK 把手离开键盘。在电子游戏中 AFK 代表着长久或永久不能游戏。[英文 away from keyboard 的缩写]【例】~在魔兽世界国服，代表长期或者永久地不能进行游戏，这个概念在魔兽世界关服时间中被广泛地认同。

AFKBRB 暂时离开键盘，马上回来。[英文 away from keyboard, be right back 的首字母缩写]【例】~，等着我。

AI 人工智能。[英文 Artificial Intelligence 的首字母缩写]【例】~技术越来越重要。

AISI 美国钢铁学会。[英文 American Iron and Steel Institute 的首字母缩写]【例】在~类别 316 范畴中，奥氏不锈钢是一种镍—铬—钼不锈钢。

AKA 又名、亦称。一般玩说唱的人喜欢用此表述，因为 rapper 选手的别称一般较多，所以这个词多用在 rapper 开场做自我介绍的时候。[英文 as known as 的首字母缩写]【例】我是小明，~明仔、明明。

AMAP 高德地图的英文名称。【例】~是国内一流的免费地图导航产品，也是基于位置的生活服务功能最全面、信息最丰富的手机地图。

AMBW 我的全部最好祝福。[英文 all my best wishes 的首字母缩写]【例】祝你好运，~。

AMWAY 安利。意指推销、推荐，将自己喜欢的东西推荐给别人。网络热词"安利"其实是一种动词用法。[英文 American Way 的缩写]【例】如果有好的东西记得互相~一下。

AOTS 日本海外技术者研修协会。[英文 The Association for Overseas Technical Scholarship 的首字母缩写]【例】~是我局重要研修合作伙伴。

APM 每分钟操作的次数，又称"手速"，多见于星际争霸和魔兽争霸系列游戏中。APM 是衡量一个竞技选手水平的重要凭证。[英文 actions per minute 的首字母缩写]【例】在格斗型竞技游戏中，~是衡量一名竞技选手水平的重要凭证，但又不是绝对的。

AR 增强现实技术。包含多媒体、三维建模等新技术与新手段。[英文 augmented reality 的首字母缩写，简称 AR]【例】~逐渐被运用到电影行业。

ARPG 动作角色扮演类游戏。[英文 action roleplaying game 的首字母缩写]【例】现在的大多数网络游戏都属于~类型。

ASAP 尽快。[英文 as soon as possible 的首字母缩写]【例】~，时间不多了。

ASL 年龄、性别、地址。[英文 age，sex，location 的首字母缩写]【例】初次见面，请介绍一下你的~。

ASLMH 年龄、性别、居住地、音乐、爱好。[英文 age，sex，location，music，hobbies 的首字母缩写]【例】请介绍一下你的~。

ATM 自动柜员机，又称自动取款机。[英文 Automatic Teller Machine 的首字母缩写]【例】在~上可以办理存取款业务。

ATST 同时。[英文 at the same time 的首字母缩写]【例】你可以完成你想要做的任何事，但你不可能~完成所有的事。

AV【1】简易型音频和视频。[英文 audio video 的首字母缩写]【例】网络上很流行自制的~。【2】成人性爱动作电影。[英文 adult video 的字母缩写]【例】日本的~产业比较盛行。

AVG 网络游戏的种类之一，冒险类游戏。[英文 adventure game 的字母缩写]【例】较为经典的~有《寂静岭》《逆转裁判》《Ever17》等。

AY 可以；好；要。【例】~，我同意你的说法。

AYSOS 你是傻的还是怎么的。[英文 are you stupid or something 的首字母缩写]【例】你本不该这样做，~。

阿尔法男 ā ěr fǎ nán [名] 时下人们把在群体中游刃有余、一切尽在掌握之中的"老大型"男性，称为"阿尔法男"。【例】虽然~很受崇拜，但是他们的压力也很大。

阿尔法女孩 ā ěr fǎ nǔ hái [名] 比同龄男孩子更出色的女孩子。【例】一眼就可以看出，谁是这个群体当中的~。

阿姑 ā gū [名] 校园流行语，是指大嘴丑女。【例】小红天生不算很漂亮，加上爱背后议论别人，因此，人们都叫她~。

阿拉伯倡议 ā lā bó chàng yì [名] 阿拉伯国家联盟 2011 年 11 月 2 日宣布，阿盟已与叙利亚就化解该国当前危机的有关倡议达成一致，叙政府无条件同意阿盟提出的停止暴力并与反对派展开全国对话的"阿拉伯倡议"。【例】~有利于世界和平。

阿鲁族 ā lǔ zú [名] 指在自己本有的工作之外，再做其他的兼职来赚取外快的白领阶层。【例】~代表着一种理所当然的生存选择。

啊痛悟蜡 ā tòng wù là［名］网络用语。"啊多么痛的领悟你为什么用蜡烛滴我"的缩写，亦被引申为"啊多么痛的领悟"。【例】知识不是你想想就能得到的，~。

癌症爸爸 ái zhèng bà ba［名］一种代称。张鸣是一位身患恶性肿瘤与病魔顽强斗争，为两岁的女儿写下数十万字博文的英雄父亲。网友称张鸣为"癌症爸爸"。【例】2011年，~的故事感动着我们每一个人。

矮矬穷 ǎi cuó qióng［名］形容身材矮小、长相丑陋、家境贫困的男人。【例】一个~，也可以成功逆袭。

矮油 ǎi yóu［名］哎呦。［"哎呦"的谐音。]【例】~，你怎么这么可爱呀。

艾登堡鱼母 ài dēng bǎo yú mǔ［名］澳大利亚科学家发现的一块约有3.8亿年历史的鱼化石，这一发现不仅为生物学增添了一个全新物种"艾登堡鱼母"，而且把动物界已知最早活产记录向前推进约两亿年。【例】~化石完整再现一只"鱼妈妈"正在生产的情景。

艾滋牙签 ài zī yá qiān［名］艾滋病人使用过的牙签。曾被不法分子借以传播谣言，形成"艾滋牙签"短信事件。如"近期不要在饭馆里使用牙签！有人利用牙签传播艾滋病"。【例】专家已经证实，如若不小心使用了~，也不会感染艾滋病。

爱钯一族 ài bǎ yì zú［名］热衷于时尚而狂热购买钯制饰品的群体。"钯"是一种银白色过渡金属，从经济的角度来说，在推广初期阶段价格合理，让众多追求时尚的年轻女性，不用过多考虑经济承受力，迅速成为了"爱钯一族"。【例】~中女性占大多数。

爱邦族 ài bāng zú［名］又称"邦族"。服用联邦止咳露成瘾者。"邦"指的是联邦止咳露。联邦止咳露属于处方药，用量应由医师掌握。【例】广州有多家医院收治了滥用联邦止咳露成瘾的"~"。

爱虫 ài chóng［名］爱虫病毒的简称，又称"我爱你"病毒，是一种蠕虫病毒。一种计算机病毒。通过Microsoft atlook电子邮件系统传播。邮件主题为"I love you"并包含病毒附件"Love–letter–for–you. txt. vbs"的一种计算机病毒。【例】2000年间，~病毒是迄今为止发现的传播速度最快而且传播面积最广的计算机病毒。

爱姬 ài jī［名］宠妾。【例】直到现代仍有人使用~这个称呼。

爱绿日 ài lù rì［名］由共青团北京市委发起的宣扬"绿色理念"、开展"绿色实践"的宣传活动日。由于26与"爱绿"谐音，故设在每月的26日。【例】~是在首都青少年中间开展的一项环保活动，意义重大。

爱农卡 ài nóng kǎ［名］是一种多功能储值消费卡，爱农卡主要为您提供电话订购有机农副产品，享受五环及周边地区的配送到家服务。【例】2006 年 8 月 28 日，~ 正式发行。

爱券族 ài quàn zú［名］热衷于领取优惠券再购物的消费群体。【例】省钱的消费观念使得 ~ 越来越多。

安啦 ān la【1】［名］晚安。同"安咯"。【例】~，早点休息【2】放心，别担心。【例】~ ~，吉人自有天相，肯定会没事的。

安咯 ān lou［名］晚安。["晚安咯"的缩略。]【例】~，早点休息。

安排 ān pái［形］安排得明明白白，指没什么悬念地处理某件事情。【例】今天这个聚会你 ~ 得令人很满意。

安胎假 ān tāi jià［名］一种假期形式。为符合计划生育规定，经医师诊断出具证明，需要保胎休息的女职工提供的新型假期形式。假期期间工资可按病假工龄标准发放。【例】有些地区 ~ 需医生开出证明，按病假待遇。

奥版 ào bǎn［名］为迎接奥运会而产生的具有奥运会元素的商品。【例】北京奥运会即将开幕，国内有很多汽车厂商开始借题发挥，推出各式各样的"~""迎奥版""限量版"等个性化车型。

奥博会 ào bó huì［名］会议名。全称为"北京奥林匹克博览会"，它指的是由北京 2022 年冬奥会组委会、中国奥委会支持的一项以奥林匹克为主题的大型国际活动。【例】2017 年 ~ 的主题是"奥林匹克，瞬间的永恒"。

奥步 ào bù［名］"奥步"本是闽南语中的一个词，意思是"不好的招数""烂招""贱招"。【例】在台湾地区，民进党常用 ~ 骗取选票。

奥钞 ào chāo［名］奥运纪念钞。【例】新上市的面值十元的 ~ 已被炒至上千元。

傲娇 ào jiāo［形］形容人为了掩饰害羞腼腆而做出的态度强硬、高傲、表里不一的言行。【例】口是心非是 ~ 的人的特征之一。

奥运球 ào yùn qiú［名］指的是由北京市八角街道社区居民黄河教授花十几年时间研制成功的一项新型体育项目，具有可站可坐、棋球同辉、难易同台的特点，残疾人和健康人可以同台竞技。【例】~ 已经荣获多项专利。

奥运沙 ào yùn shā［名］排球比赛专用沙。北京奥运会的"奥运沙"采自海南省东方市八所镇石英砂矿。这些沙颗粒均匀、色泽柔和。【例】北京奥运会的"~"采自海南省东方市八所镇石英砂矿。

奥运小屋 ào yùn xiǎo wū［名］2008 年奥运会期间，各国用以展示各具特色的异域风情文化的宣传场馆。【例】~ 让各国友人都能体验文化，共享快乐。

奥运指路地图衫 ào yùn zhǐ lù dì tú shān ［名］奥运会期间，制作的印有北京地标、中国美食等用来为国外友人指路的 T 恤衫。【例】李宗翰身穿 ~ 为国外友人指路。

B

B 宝贝，对爱人、情人或孩子的昵称，也可用于朋友间的戏称。［英文 baby 的首字母］【例】~，每天醒来，都等我的电话，好吗？

B. U. R. M. A. 彼此之间，常常记得我。［英文 between us , remember me always 的首字母缩写，也是缅甸国名的英文 burma 的分解］【例】你是我最好的朋友，我们 ~。

B2B 商家对商家的电子商务。企业（公司）与企业（公司）之间通过互联网，进行产品、服务或信息的交易。［英文 Business to Business 的形音缩写。"2" 的英文是 two，与 to 同音］【例】~ 网站或移动平台为消费者提供质优价廉的商品，吸引消费者购买的同时促使更多商家入驻。

B2C 商家对客户的电子商务。电子商务按交易对象分类的一种。［英文 Business to consumer 的形音缩写。"2" 的英文是 two，与 to 同音］【例】~ 是企业对消费者的电子商务模式。

B2W【1】商家对网站，是电子商务的一种模式。［英文 Business to web 的形音缩写］【例】网购的发展，使得 ~ 模式越来越常见。【2】回去工作。［英文 back to work 的形音缩写。"2" 的英文是 two ，与 to 同音］【例】~，工作可能比度假更重要，至少目前是这样。

B4【1】以前。［英文 before 的谐音。"4" 的英文是 four，与 fore 同音］【例】~，她是父母眼中的小公主。【2】鄙视的谐音。［汉语拼音 bǐ shì 的形音缩写］【例】不顶我 ~ 你，请用艺术的眼光来欣赏这些作品。【3】指纸张的大小，尺寸是正八开，257mm×364mm，属于中型开本，是复印纸常用的规格纸之一。B 系列的纸比例都是 2：1。【例】务必将其打印成 ~ 版。

B4N 暂时聊到这儿。也作 "BFN"。［英文 bye for now 的形音缩写。"4" 的英文是 four，与 for 同音］。【例】~，我还要写作业。

BA【1】坏家伙。［英文 bad apple 的首字母缩写］【例】~，啥时候去扫货啊？【2】化妆品专柜的导购人员。［英文 beauty advancer 的首字母缩写］【例】这家店里的 ~ 很专业，她们不仅能为顾客推荐合适的产品，还能为顾客提供美容护肤和化妆技巧方面的咨询和指导。

BAK 回到电脑旁，我回来了。［"BA"是英文 back 的缩写，"K"是 keyboard 的首字母］【例】小红，～，刚刚出去了一下。

BBI 稍后回来。［英文 be back later 的首字母缩写］【例】～，稍等片刻!

BBIAB 马上回来。［英文 be back in a bit 的首字母缩写］【例】我去拿个快递，～。

BBIAF 一会儿回来。［英文 be back in a few 的首字母缩写］【例】去买盒饭，～。

BBN 再见。［英文 bye bye now 的首字母缩写］【例】～，以后见。

BBS【1】电价公告板，一种交互性强、内容丰富而及时的互联网电子自助服务系统，提供公共讨论、发布信息、文件传输等服务。［英文 Bulletin Board System 的首字母缩写］【例】国内高校最知名的～，首推水木清华。【2】马上回来。［英文 be back soon 的首字母缩写］。【例】～，有事打电话给我。

BBYE 再见。［英文 bye－bye 的缩写］【例】～，下次见。

B－C 商家对客户的电子商务。［英文 Business to Consumer 的缩写］【例】～被人们认为是一种最快的赚钱方式。

BC 白痴。粗口。［汉语拼音 bái chī 的首字母缩写］【例】你真是～一个。【2】白菜，指某方面的新手。［汉语拼音 bái cài 的首字母缩写］【例】在网上，如果人家说你很～，那就是形容你不懂。【3】公元前 Before Christ 的简写。

BCCI 国际商业信贷银行。［英文 Bank of Gredit and Commerce International 的首字母缩写］【例】～破产事件对国际金融监管制度改进产生了莫大影响。

BCNU 再见。也作"BSY"。［英文 be seeing you 的形音合写。B：be 的首字母；CN：seeing 的谐音；U：you 的谐音］【例】～，我的好朋友，我还会回来的。

BD【1】笨蛋。［汉语拼音 bèn dàn 的首字母缩写］【例】～，这么简单的事情，你都搞不定?【2】板凳，即第二个对论坛主题帖进行回复的帖子。［汉语拼音 bǎn dèng 的首字母缩写］【例】终于占到了～。【3】百度，中国最大的搜索引擎。［汉语拼音 bǎi dù 的首字母缩写］【例】为什么一楼要给～?【4】蓝光光盘，一种先进的大容的光碟格式。利用波长较短的蓝色激光读取和写入数据，故称。多用来存储高清电影、游戏和其他大容数据。［英文 Blu－ray Disc 的缩写］【例】你有没有买新出的～呀?

BE4 在……之前，多用于电子邮件。［BE4：英文 before 的形音合写。"4"：英文 four，与 fore 同音］【例】某次一外国人打～，我看半天，难道是大陆英语？

BF 男朋友。［英文 boy friend 的首字母缩写］【例】他竟然是你的～，真是没想到啊。

BFD【1】不是（他妈的）什么大事（表愤怒语气）。［英文 big fucking deal 的首字母缩写］【例】你生什么气，～。【2】大而难完成的交易。［英文 big fucking deal 的缩写］【例】这真是一件～。

BG【1】坏男孩。［英文 bad guy 的首字母缩写］。【例】你是一个～。【2】坏女孩。［英文 bad girl 的首字母缩写］。【例】小红总是将自己打扮得像个～。【3】漂亮女孩。［英文 beautiful girl 的首字母缩写］【例】她是全校公认的～。【4】报告。［汉语拼音 bào gào 的首字母缩写］【例】你的～写好了吗？下周就要交了哟。【5】无趣的游戏。［英文 boring game 的首字母缩写］【例】这么～你还玩得如痴如醉。【6】指男女恋爱。源于动漫，意为"异性恋"。通常人们也习惯称之为"正常向""男女向"。［英文 boy and girl 的缩写］【例】他们两个是～关系？【7】版聚，即经常在一个论坛版面活动的网友间的聚会。［英文 board gather 的首字母缩写］【例】大家都放假了吧，有时间～吗？

BH 彪悍。［汉语拼音 biāo hàn 的首字母缩写］【例】那女孩性格很～，不过也很热情。

BIF 事实依据。［英文 basis in fact 的首字母缩写］【例】我说的这些话都是有～的。

bing 中文翻译为"必应"，寓意"有求必应"。微软公司 2009 年 5 月 29 日推出的一款中文搜索引擎。【例】百度，～和谷歌的大战加剧了搜索引擎的竞争。

BITD 当天回来。［英文 back in the day 的首字母缩写］【例】我去珠海，～。

BITMT 但是与此同时。［英文 but in the mean time 的首字母缩写］【例】我想出国，～，我也想要安定的生活，是不是太贪心了？

BL 玻璃，指男孩间的爱恋，有别于同性恋（gay）。［英文 boy's love 的首字母缩写，音读为"玻璃"］【例】最近几年流行～文艺片，有的很感人。

Blah‑Blah 反复说。［blab 英文原词，废话］【例】他总是这样，～，我的耳朵都起茧了。

BLOG 博客。［英文 weblog 的缩写］【例】你在新浪网上开～了吗？

BM 狂热节拍，一款著名的音乐游戏。［英文 beat mania 的首字母缩写，beat mania 是日本 Konami 公司在 20 世纪 90 年代末期推出的一款模拟 DJ 的游戏］

【例】你玩过～吗，下次聚会我们可以玩一次。

BMN 也许不。［英文 but maybe not 的首字母缩写］【例】结婚幸福吗？～，责任太重了。

BMW【1】长舌妇。［英文 big mouth woman 的首字母缩写］【例】人到中年千万不要变成～，那样很没有教养。【2】别摸我。［汉语拼音 bié mō wǒ 的首字母缩写］【例】一些私家车上写着～的小标语，真搞笑。

BOBO BoBo 族指拥有较高学历、收入丰厚，追求生活享受，崇尚自由解放、积极进取的具有较强独立意识的一类人。［BoBo：英文 Bourgeois（布尔乔亚）与 Bohemian（波西米亚）前两个字母的缩写］【例】据说，上海是中国～最集中、最多的地方。

BOSS【1】头儿，上级。【例】风尚～全球通 VIP 专属杂志。【2】大头目，游戏中每一关最后要挑战的强大怪物或敌人。［英文原词，上司、老板］【例】魔域～的地图有多少个啊，～都在什么地方？

BOT【1】回到主题上来。［英文 back on topic 的首字母缩写］【例】～，计算机考试是在下个月吗？【2】机器人，游戏中的电脑玩家。［英文 robot 的简写］【例】那个 ～是什么性格？有什么超能力？

BRB 马上回来。［英文 be right back 的首字母缩写］【例】～，等我一起去看首映式。

BRT【1】就在这儿。［英文 be right there 的首字母缩写］【2】快速公交系统。［英文 bus Rapid Transit 的首字母缩写］【例】开通～后我们的出行生活更加便捷了。

BS【1】鄙视。［汉语拼音 bǐ shì 的首字母缩写］【例】严重～，脾气那么差！【2】大笑。［英文 big smile 的首字母缩写］【例】我最喜欢看你～，因为笑是你最美丽的表情。【3】扁死，打死。［汉语拼音 biǎn sǐ 的首字母缩写］【4】胡扯，废话。［英文 bullshit 的缩写］【例】～，你真是讨厌，浪费我们大家的时间。

BSY 再见。也作 "BCNU"。［英文 be seeing you 的首字母缩写］【例】～，我们还会见面的。

BT【1】变态。［汉语拼音 biàn tài 的首字母缩写］【例】公交车上常有～，女性朋友要当心，别被揩油。【2】比特流，一款多来源的 P2P 软件。它是一种多点共享协议软件，采用高效的软件分发系统和点对点技术共享大容量文件。［英文 Bit Torrent 的首字母缩写］【例】网民如此偏好～下载，无非是喜欢里面的电影、电视连续剧和大型软件的资源。【3】扁他，即教训或揍别人。［汉语拼音 biǎn tā 的首字母缩写]【例】这个没素质的暴发户竟敢瞧不起我们学校，~。【4】跳跃性思维。[英文 bounding thinking 的首字母缩写]【例】一会儿亚运会一会儿做饭，你真是~，我跟不上了。

BTDT 在其位，谋其政。[英文 been there, done that 的首字母缩写]【例】~，不能尸位素餐。

BTK【1】变态狂。带有嘲弄的意味，多用于网络聊天。[汉语拼音 biàn tài kuáng 的首字母缩写]【例】最近图书馆附近发生了好几起女生遭 ~ 骚扰的事件，已引起了保卫部门的注意。【2】意为"捆绑、折磨、杀害"，美国制造连环杀人案的凶手丹尼斯·雷德为自己取的代号。[英文 bend torture kill 的首字母缩写]【例】~实在是太可怕了。

BTM 臀部，有戏谑意味。[英文 bottom 的缩写]【例】那个演员的身材不错，~很好看。

BTSOOM 让我大吃一惊。[英文 beats the shit out of me 的首字母缩写]【例】~，你真的太漂亮了。

BTW 顺便提一下。[英文 by the way 的首字母缩写]【例】~，需要自带差旅费。

BTWBO 就在这里待着。[英文 be there with bells on 的首字母缩写]【例】~，别动，等我回来接你。

BUG 臭虫、虫子，现多指跟电脑系统或程序有关的故障、缺陷或错误等。第一代庞大的电子计算机系统，一些运行故障往往是由钻进去的虫子造成的，故借称。[英文原词，小昆虫、虫子]【例】软件测试的主要目的在于发现软件存在的 ~。

BW 漂亮女人。[英文 beautiful woman 的首字母缩写]【例】她是个 ~，如今更是一位幸福的太太。

BWO 黑或白或者其他。[英文 black white or other 的首字母缩写]【例】你行行好吧，世界哪有那么绝对的 ~。

BWDIK 可我怎么能知道？[英文 but what do I know 的首字母缩写]【例】这是公司机密，虽然我担任了经理，~。

BXCM 冰雪聪明，形容人纯洁、聪明，多用于年轻女子。[汉语拼音 bīng xuě cōng míng 的首字母缩写]【例】~，这是给女孩最好的称赞。

BYAM 你我之间。[英文 between you and me 的首字母缩写]【例】~，隔着一条看不见的河。

BYKT 可是你早就知道了。[英文 but you know that 的首字母缩写]【例】~，

你还这样做，简直是太过分了。

　　八 bā［动］八卦，背后议论某人、某事。【例】讲原因来听听，让我们来~一下。

　　八点半 bā diǎn bàn 爱你想你，2030 的谐音。晚上八点半用数字表示就是"20：30"。校园流行语。【例】~永远不会放弃你。

　　吧嗒 bā da［动］双唇开合作声，表示亲嘴。【例】嘿，BB，让我们先~一下！

　　吧亲 bā qīn［名］贴吧里的亲戚，在网络贴吧中对同一个贴吧的其他成员的亲昵称呼。【例】大余~大合唱《青春纪念册》带来全新试听体验。

　　吧友 bā yǒu［名］贴吧里经常发言的网友；也用于在贴吧发言的网友间的互称。【例】我看不懂这位~是什么意思。

　　吧主 bā zhǔ［名］一吧之主，即网络贴吧的管理者，有大小之分。【例】~的首要工作并不是删除帖子，而是引导网友进行讨论。

　　拔草 bá cǎo［动］指干脆、彻底地把物品买回来，以消除内心强烈的购买欲望。［反义词：长草］【例】年轻人疯狂"~"网购，学者称过度消费不可取。

　　拔草族 bá cǎo zú［名］指出于对某物品的渴求而费尽心思去购买的年轻人。［反义词：长草族］【例】"~"招兵啦！今年过年你想拔什么草？

　　把妹 bǎ mèi［动］追求女孩。【例】一起去论坛里~。

　　霸屏 bà píng［动］霸占屏幕，一般指在游戏或聊天室中因有人刷屏而过度占用屏幕，使别人的说话内容被遮挡的现象。【例】鄙视~！一点都不厚道！

　　白板 bái bǎn【1】［名］对某些事情什么都不懂的人。【例】这方面你不用问他，~一个。【2】［形］形容人的身材很平或脸很白。【例】她的身材也太~了吧。

　　白菜 bái cài【1】［名］指某一方面的新手，与"菜鸟"相近。【例】在 PS 图片方面，她刚刚开始学，还是~一个。【2】［形］廉价、便宜。【例】~球鞋。【3】［名］美丽漂亮的女孩子。校园流行语。【例】小子，你好幸福，旁边坐的全是~。

　　白骨精 bái gǔ jīng［名］"白领、骨干、精英"的合称。多指女性，非贬义。【例】这种车型受到了职场"~"的欢迎。

　　白客 bái kè［名］【1】非法入侵站点，但不进行任何操作就退出的网络高手。对网站进行维护的人，与"黑客"相对。【例】"网络卫士"在中文中的名称叫作"~"，也就是"黑客"的反义词。

白烂 bái làn［形］形容某人啰唆、难缠或某事麻烦、难办，含贬义。［源自方言"白卵"］【例】他总在课堂上问一些很～的问题，让教授们难以回答。

白萝卜 bái luó bo［名］很平常的学生。校园流行语。【例】谁叫我们是～，

白名单 bái míng dān［名］软件或网站的一种功能，设在白名单中的用户（或 IP 地址、邮件等）会优先通过，与"黑名单"相对。［反义词：黑名单］【例】中国网络管理或将普及"～"。

白目 bái mù［名］形容不识相、乱说话、自作聪明的人，与"白痴"相近。【例】最让老板受不了的大概就是专挑地雷踩的～员工吧。

白奴 bái nú［名］"白领奴隶"的简称。指身份上、名义上是白领，但经济生活却苦不堪言的一类人。【例】许多白领因为要还房贷，还要养车、养孩子，经济压力大，他们自嘲为"～"。

白跳族 bái tiào zú［名］指经常跳槽而对于环境和工资收入没有改变的人。与之相近的是"跳跳族"。【例】跳槽前应深思熟虑，谨防沦为"～"。

白托 bái tuō【1】［动］白天托管，相对于"全托"而言。该词来源于国家民政部推出的"社区居家养老计划"，社区白天为老人提供娱乐休闲场所。【例】为老人提供"～"服务的"台子"已富裕起来了。【2】［名］对一些利欲熏心的"白事先生"的称呼。【3】［动］"拜托"的谐音，托了他也白托，即"骗子"的意思。【例】他这个人不靠谱，你托了也是～。

百度 bǎi dù［名］中文搜索引擎，域名 www. baidu. com【例】～网址大全。［动］运用百度进行信息搜索。【例】～一下，你就知道。

百合 bǎi hé［名］指纯真的女性之间的友情（不掺杂性和情人之间的爱）。【例】以下是 2008 年以前本人所知道的所有关于～的作品。

拜求 bài qiú［动］拜托、求助于别人。一般指网友在网上发帖向他人求助，请求帮助解决问题或寻找网络资源。［近义词：跪求；急求；泪求］【例】～各位大侠，帮我取个女孩子的名字。

拜月神教 bài yuè shén jiào［名］以诞生于 2010 年国庆黄金周期间的网络人物小月月为"膜拜"对象的众多网民对自己的调侃说法。小月月的行为超出了一般人们的心理承受能力，犹如神迹，故有此说。【例】"～"信仰破灭，楼主表示庆幸。

班班 bān bān［名］对版主的昵称。【例】～，你怎么把我的帖子给删了啊！太不够意思了！

班长 bān zhǎng［名］对版主的昵称。【例】～，早上好，我来第一个坐沙发！

班猪 bān zhū［名］版主的谐音戏称。【例】一个～的不幸故事，催人泪下啊！

斑斑 bān bān［名］对版主的昵称。同"班班"。【例】当～的日子很辛苦，也很有意思。

斑竹 bān zhú［名］版主的谐音戏称。【例】我辞去了论坛～职位，但我还是最爱这里！

板凳 bǎn dèng［名］指第二个对论坛主题帖进行回复的帖子。[近义词：沙发；椅子]【例】呵呵，还不错，抢个～坐坐！

板斧 bǎn fǔ［名］版副的谐音戏称。【例】任何人都可以阅读文章，但只有斑竹和～才能发消息。

板猪 bǎn zhū［名］版主的谐音戏称。【例】她是这个考研论坛的～。

板砖 bǎn zhuān［名］【1】论坛中针对某人或某事进行指正或驳斥的言语或文字。【例】～是网友们娱人娱己的重要方式，虽有些刻薄，但大多数都不带什么功利。【2】泛指各种批评言论或不同观点。【例】导演坦言戏既然拍出来了就不怕～，好的意见会虚心接受。

版副 bǎn fù［名］网络论坛版面及聊天室的副管理员、副版主。【例】论坛板块的"版主、～、嘉宾"三级管理模式很值得学习。

版规 bǎn guī［名］网络论坛上为规范网民发帖言行而制定的规则、规定。【例】欢迎进入本论坛，请所有用户仔细阅读论坛～。

版聊 bǎn liáo［动］在网络论坛里以发帖的方式进行聊天。【例】请注意～的尺度，不要在主题帖后大量谈一些与主题无关的内容。

版杀 bǎn shā［动］以 BBS 为平台进行"杀人"智力游戏。区别于"面杀""线杀"。[近义词：面杀；线杀；杀人游戏]【例】～游戏第一期正式开始！

版主 bǎn zhǔ［名］网络论坛版面、聊天室的管理员或主持人。【例】全国论坛～2010 年统一考试试题已经上传，欢迎下载。

半熟女 bàn shú nǚ［名］对 25 岁之后 30 岁以前的女人的称呼。【例】做"～"就要知道，青春没有余额可以兑换，只要自己去努力没什么不能做的事。

半双工 bàn shuāng gōng［名］通信领域术语。是指在通信过程的任意时刻，信息既可由 A 传到 B，又能由 B 传到 A，但只能有一个方向上的传输存在，不能同时传输。通俗地说就是指一个时间段内只有一个动作发生。[英文名称为 Half-duplex Communication]【例】随着技术的不断进步，～会逐渐退出历史舞台。

半糖夫妻 bàn táng fū qī［名］一种同城分居的婚姻方式，即夫妻二人在工作日独自生活，周末共同生活。【例】有人认为～能够保持婚姻活力，但要建立在牢固的感情基础之上。

伴飞小卫星 bàn fēi xiǎo wèi xīng［名］是一种专门的航天器，其环绕空间站或其他空间飞行器运动。【例】：我国已具备发射～的实力。

帮帮族 bāng bāng zú［名］以自己一技之长无偿地去帮助他人。【例】：社会上的"～"使整个世界更美好。

包年菜 bāo nián cài［名］包年配送的有机蔬菜。【例】买回家还在不断长个的黄瓜、尿素兽药催出的毒豆芽等食品安全问题催生了"～"。

包夜 bāo yè［动］在网吧通宵上网。【例】现在还有多少人喜欢在网吧～的?

包子 bāo zi［名］指笨拙、长相欠佳的人。【例】这人，就是一个～。

薄时代 báo shí dài［名］热衷追求超薄产品的时代。比如，超薄手机、超薄眼镜、超薄内衣等。【例】"～"我们已经准备好了吗?

宝宝手机 bǎo bao shǒu jī［名］又叫儿童手机、儿童安全手机。是为了方便家长联系、监护孩子，专门针对 2 - 7 岁儿童而研发的手机，它的设计符合儿童的心理习性与安全教育需要。【例】"～"因其绚丽多彩的外观和小巧可爱的造型而颇受孩子的青睐。

宝贝寻家 bǎo bèi xún jiā［动］为被拐卖、走失儿童寻找家人。【例】大家应该行动起来，为～做贡献。

宝黛体 bǎo dài tǐ［名］靠红楼语言走红，源自宝、黛初见时的对话。相关的版本如，宝玉便走近黛玉身边坐下，又细细打量一番，因问："妹妹可曾开微博?"黛玉道："不曾开，只上过一年饭否，用了几日新浪微博。"宝玉又道："妹妹 ID 是哪几个字?"黛玉便说了。又道："可也有 V 没有?"黛玉便忖度着因他有 V，故问我有也无，因答道："我没有那个，想来加 V 是件罕事，岂能人人有 V 的。"【例】最近微博上又出现了"油价版""毛概版""摇号买车版"的"～"，真是让人忍俊不禁!

保八 bǎo bā［名］经济发展目标。是 2008 年中央经济工作会议中提出的，目的是在金融危机侵袭下保证中国经济平稳较快发展。"八"是指 2009 年 GDP 增长率不低于 8%，8% 被认为是一个基准线，只有保证这个才能保证就业问题得到解决。【例】温家宝在政府工作报告中提出，今年（2012）GDP 的增长目标为 7.5%，这是八年来 GDP 增长目标首次低于 8%，为什么 GDP 不再～? 其中大有深意。

保本菜 bǎo běn cài［名］指的是大白菜、圆白菜、西红柿、黄瓜和白萝卜这 5 个市民日常生活大路菜。【例】由菜市场直接经营的"～"摊位，每天固定时段为低收入群体供应"～"。

保单门 bǎo dān mén［名］事件名。起因是2008年末，会员梁先生发现通过携程旅行网购买的两份金额各为20元的航空意外保险是无效的假保单，为此向携程提出索赔要求。【例】购买保险也要辨别真伪，谨防"～"。

保洁叔 bǎo jié shū［名］网友对保洁叔叔王世金的昵称。"保洁叔"是一所大学里非常受学生欢迎的保洁工，他的左眼几乎失明。由于模仿迈克·杰克逊（MJ）热舞而风靡网络。2011年4月16日晚，保洁叔参加《中国梦想秀》节目，模仿杰克逊，震惊四座。【例】"～"通过《中国梦想秀》舞进了音乐学院。

保姆门 bǎo mǔ mén［名］事件名。该词源于前中国女子体操队队员桑兰因保姆提出要回家，无人照顾的桑兰出于愤怒，在个人博客上公开了保姆的曾经工作不称职和不负责任。桑兰因此也受到网友的炮轰，陷入"保姆门"。【例】"～"让大众更加关注家政服务行业。

保湿族 bǎo shī zú［名］热衷于在美容院做保湿护理的一群人。【例】进入秋季，美容院里的"～"越来越多。

抱抱团 bào bào tuán［名］从美国流传过来的街头活动，崇尚与陌生人自由拥抱，用拥抱来冰释陌生人之间的冷漠。【例】"～"的拥抱你会接受吗？

暴 bào［副］非常。【例】这个小姑娘打扮得～可爱。

暴汗 bào hàn［形］表示十分惭愧或出乎意料、无可奈何之意，比"汗"更甚。【例】20条经典冷笑话，还外加～评论，你们应该没看过。

暴花户 bào huā hù［名］形容在短时间内就花掉大量钱财，虽然收入不高，但就是花钱没有节制，花光之后又很衰的人。【例】被老一辈人看成是"～"的90后们没有丝毫改变的迹象。

爆楼 bào lóu［动］【1】指论坛中一个帖子跟帖数超过一定的数量。【例】这个帖真牛，跟帖超过了9000条了，差不多要～了。【2】"暴露"的谐趣形式。【例】嗯，衣服好看是好看，就是太～了。

爆楼帖 bào lóu tiě［名］指论坛中跟帖数超过一定数量、人气较高的帖子。【例】邻居们，我们一起来创造本论坛第一个～如何？

爆头 bào tóu［动］射击类网络游戏中，用子弹、弓箭等外力攻击对手头部而使对手毙命。泛指击中头部。【例】～率90％，他是怎样炼成的？

暴笑 bào xiào［动］发出巨大笑声，笑得极为夸张。也作"爆笑"。【例】这段视频绝对会让你喷饭～。

杯具 bēi jù【1】［名］"悲剧"的谐音戏称。【例】人生是一张茶几，上面

15

放满~。【2】［动］人或事正在经历悲剧。【例】楼主你~了。

杯具派 bēi jù pài［名］喜欢用"杯具"，及其衍生出来的"洗具（喜剧）""餐具（惨剧）"等词语和句式，来嘲笑或调侃人生的网络潮人。也作"杯具党"。【例】网络"杯具文化"继续盛行，"~"纷纷追捧。

背黑族 bēi hēi zú［名］来源于"背黑锅"一词，指的是代人受委屈，替人受冤屈并以此获利的族群。【例】"~"有的是靠为明星"背锅"而获利。

背卡族 bēi kǎ zú［名］帮孩子偿还信用卡欠款的老人群体。【例】失业仍办信用卡透支 20 万，老父替儿还款成"~"。

背奶妈妈 bēi nǎi mā ma［名］对坚强母乳喂养，但又不得不工作的女性的总称。【例】购置装备成了每个妈妈跨入"~"行列的第一步。

悲催 bēi cuī［形］悲惨得催人泪下，常用来表示不顺心、失败、伤心等多种意思。带有强烈的戏谑意味。【例】太~了，我做什么都不顺。

北京奥运星 běi jīng ào yùn xīng［名］小行星名。是中科院紫金山天文台 1977 年 10 月 12 日在金牛星座发现的一颗小行星，在 2008 年 8 月 8 日正式命名，国际正式编号为 23408 号。【例】2008 年 8 月 8 日，为庆祝奥运盛事，紫金山天文台特地将他们发现的这颗小行星申报命名为"~"。

北京精神 běi jīng jīng shen［名］指爱国、创新、包容、厚德的精神。【例】"~"作为城市精神，体现了社会主义核心价值体系的要求。

北京瘫/葛优躺 běi jīng tān/gě yōu tǎng［名］北京瘫是一种坐姿，网络语，形容北京孩子没坐相儿。"北京瘫"源自大张伟在某节目中自称北京孩子没坐相儿，好好儿的一把椅子，人家外地孩子坐得笔直，顶多稍微驼背含胸。演员葛优在 1993 年情景喜剧《我爱我家》第 17、18 集里面摆出这样的剧照姿势，因而又被称为"葛优躺"。【例】"~"经葛优大爷演绎为"葛优躺"之后，一时风靡网络。

备孕帖 bèi yùn tiě［名］发表在贴吧或微博上有关备孕知识的帖子。【例】转一个超详细的"~"，大家一起学习一下。

背影道歉 bèi yǐng dào qiàn［名］事件名。主要源于一高中生开车撞死两位老人后逃逸，其父母在电视上公开道歉的事情，因其父母是背对观众，故而引起争议。【例】"~"比肇事逃逸更让人心痛。

被出国 bèi chū guó［名］本人实际上没有出国，却因谣言、误会等说为出国。【例】户籍处查不到我的户口消息，说我去了加拿大，天哪！我~了。

被慈善 bèi cí shàn［名］是名义上享受到了有关的慈善帮助，但实际上根本就没有享受到任何的慈善帮助，被有关的人或部门做成了政绩工程。【例】慈善，千万不要成为"～"。

被就业 bèi jiù yè［动］一名应届大学毕业生在网上发帖称，自己在完全不知情的情况下被签署了就业协议书。源于某些高校为提高就业率，让毕业生签虚假的就业协议，"被就业"由此而生。【例】2009 年的 7 月，我毕业了，我也"～"了。

被××［动］由"被就业"等引发出来的、在一些公共信息核心词上加上"被"而形成的语言现象及社会现象。也作"被现象"。【例】"～"一词来源于"被就业"，后来又衍生出许多词，如"被增长、被代表、被署名、被捐款、被自愿、被福利"等。

奔奔族 bēn bēn zú［名］东奔西走之族。尤指出生在 1975 – 1985 年，生活要求高、精神压力大，为生活四处奔波的这一代人。[奔奔：源自长安汽车品牌"奔奔"]【例】毕业后他成为一名城市～，在压力中寻找幸福。

犇牛 bēn niú［名］一款恶性木马下载器病毒。【例】电脑感染了"～"，运行速度明显变慢了。

本本 běn ben［名］笔记本电脑的昵称。【例】～选购的基本之道是既能满足需要又要有品质保障。

奔三 bēn sān［名］"奔（腾）Ⅲ"的谐音戏称。一般指英特尔公司奔腾第三代个人计算机中央处理器（Pentium Ⅲ），也指安装有这种处理器的计算机。【例】让你～的电脑超过奔四。

奔四 bēn /bēn sì【1】［名］"奔（腾）Ⅳ"的谐音戏称。英特尔公司奔腾第四代个人计算机中央处理器（Pentium Ⅳ），也指安装有这种处理器的计算机。【例】2003 年时～电脑还算主流，现在早就淘汰了。【2】［动］"笨死"的谐趣形式。【例】楼上～了，你连个上传附件都不会吗？【3】［动］奔四十，年龄快四十了。【例】我都快～了，却北漂了。

逼格 bī gé［名］意为有档次的格调，与贱格相对。【例】这家餐厅的"～"还是很高的。

逼停哥 bī tíng gē［名］指的是网友对逼停马路肇事司机的 3 名的哥的昵称。【例】"～"始终不现身，广大网友大力动员寻找。

比婚女 bǐ hūn nǚ［名］攀比结婚对象、结婚彩礼、结婚戒指等等结婚条件的一群 80 后青年女性。该词源于中国结婚商城网内部论坛上一精华帖子"国庆俺要'发婚'啦"，现在同事姐妹们流行追"比"风，比身材、比脸蛋、比眼光、比腰包……结婚自然也要比。【例】"～"竟然还有"比婚"界的"八荣八耻"。

比基尼考 bǐ jī ní kǎo［动］指经过简单的复习就去参加考试，或者来不及准备只好硬着头皮临阵磨枪。［近义词：裸考］【例】公考迎来"～时代"，越来越多考生临阵磨枪。

比特币 bǐ tè bì［名］是一种 P2P 形式的数字货币。同时也是一种建立在全球网络上的货币，它是一种没有央行参与发行的，数量有限的数字货币。【例】2013 年 3 月 6 日，～突破 45 美元，成为历史高位。

比特精灵 bǐ tè jīng líng［名］是一款免费的 BT 下载软件，具有界面美观，使用简单，稳定高速等特点。比特精灵支持多任务同时运行，支持 magnet 磁力链接下载，还支持边下载边播放等功能。【例】清爽明了、简单易用的用户界面，"～"，让用户体验起来赞不绝口。

笔替 bǐ tì［名］替身的一种。在影片中代替主角写字（一般是毛笔字）的演员。【例】有些"～"的片酬也是相当高的！

毕婚族 bì hūn zú［名］指一毕业就结婚的大学生。［英文译为 marry upon graduation 急婚族］【例】生活就业压力大迫使许多大学女生成了～。

毕漂族 bì piāo zú［名］毕业后就选择漂在大城市的一群年轻人。【例】"～"谈起对于漂泊在大城市的看法时，说"我还年轻，想多出去走走看看"。

毕剩客 bì shèng kè［名］指一毕业就失业的应届毕业生，或者毕业很久都没有工作的大学生。【例】应届毕业生求职要摆正心态，争取不做校园"毕剩客"。

必应 bì yìng［名］寓意"有求必应"。微软公司 2009 年 5 月 29 日推出的一款中文搜索引擎。［英文 bing 的译音］【例】手机～使用小技巧。

壁炉门 bì lú mén［名］事件名，也成为"必露门"。源于不良商家生产的不合格壁炉。【例】"～"事件值得我们深思。

编剧式观影 biān jù shì guān yǐng 指那些看剧一点都不介意被剧透，甚至要自己搜索剧情介绍的人。【例】微博是"～"博民的天堂。

扁 biǎn［动］打、揍、拍砖。【例】我想胖一点，怎么才能胖啊？不要～我啊！

变色婴儿服 biàn sè yīng ér fú［名］可以根据婴儿的体温改变颜色的服装，通过自变颜色可以预告婴儿发烧并及时诊治。【例】婴儿穿上"～"可以为父母发送发烧的信号。

标尺哥 biāo chǐ gē［名］网络红人——杨明星。他因在没过脚踝的水中指挥交通，通过自己在水中的位置，让过往的车辆知道此处积水的深度走红网络。【例】"～"的精神丈量着人间冷暖。

标题党 biāo tí dǎng［名］网络上利用夸张的标题吸引网友，以达到各种目的的网站管理者和网民的总称，其文章往往与标题无关。【例】打开帖子才发现上当了，这又是～的恶作剧！

飚爱族 biāo ài zú［名］泛指以 80 后和 90 后为主、充满创意并热心公益、乐于以不同以往的形式关爱社会的青年人群。【例】"～"让我们的社会处处充满爱。

飙泪公关 biāo lèi gōng guān［名］事件名。源于达芬奇家居有限公司总经理潘庄秀华在面对现场近百名记者的追问时，始终没有正面回答与央视曝光内容有关的问题，而是哭诉创业维艰这一事件。【例】网友纷纷对"～"说"公众不相信眼泪"。

飙薪族 biāo xīn zú［名］由于人力资源供不应求，求职者心理优势明显，不少挑挑拣拣、待价而沽，在精准"淘职"的同时敢于提出较高的薪资要求的一类人。【例】"～"借助网络平台大胆表白，是一种不错的自我推销方式，但求职者也要注意凭实力"飙薪"，否则将弄巧成拙。

表 biǎo［动］不要。［"不要"的合音字］【例】我以前就和你说过，你～对我太好了！

表格体 biǎo gé tǐ［名］是一种网络特有的流行文体，该文体通过恶搞图片调侃"××眼中的××形象"，受到很多微博用户的追捧和热爱。【例】很多微博用户热衷于亲手制作或转发此类恶搞图片，在这股流行趋势下，越来越多的人开始在自身熟悉领域创作"～"，给生活制造笑点。

表酱紫 biǎo jiàng zi 不要这样子。［表："不要"的合音；酱紫："这样子"的合音］【例】你～这么看人家了！

表情符号 biǎo qíng fú hào［名］一般指用各种线条、符号、字母、数字或文字组成的具有特定含义的图画性符号，现也包括在此基础上开发出来的各种图案。【例】～在聊天时被普遍使用。

表情控 biǎo qíng kòng［名］指那些热衷收集 QQ 聊天表情，上网聊天时经常只发图片而不带文字或是极少文字，或在现实生活中很容易通过表情来表达自己的心情、观点和意见的人。"控"是指对某一个事物或一个人的喜欢，并达到了狂热的程度。类似的搭配还有"习俗控、名牌控、片尾控、微博控"等。【例】"～"通常都收藏很多很多的表情。

别人体 bié rén tǐ［名］网络上流行的一种赞美别人家孩子用的话语。如"茫茫宇宙中有一种神奇的生物。这种生物不玩游戏，不聊 QQ，天天就知道学习，回回年级第一。这种生物可以九门功课同步学，妈妈再也不用担心他的学习了"。【例】最近很多网友都被"～"所吸引，纷纷跟帖吐槽。

别问为什么，有钱，任性 bié wèn wèi shén me, yǒu qián, rèn xìng［形］一句调侃的话，形容一个人做事不循常理，与众不同。【例】弄丢了手机、钱包也不在乎，～呗！

冰立方 bīng lì fāng［名］科学家在南极冰下架设的一部用以观察地核的大型望远镜。【例】"～"是一个国际科研项目，由美国等数个国家和基金会发起和执行。

饼坚强 bǐng jiān qiáng［名］指的是长时间不腐烂变质的月饼。【例】"～"的背后隐藏着食品安全的隐患。

并发连接数 bìng fā lián jiē shù［名］是指防火墙或代理服务器对其业务信息流的处理能力，是衡量防火墙性能的一个重要指标。【例】～的增大意味着对系统内存资源的消耗。

病理性上网病 bìng lǐ xìng shàng wǎng bìng［名］对网络成瘾（网瘾）的新称呼。【例】指导未成年人健康上网，远离～。

别摸我 bié mō wǒ［名］宝马车的戏称。［汉语拼音 bié mō wǒ 首字母缩写为 BMW，与宝马车标相同］【例】这辆～今天属于我了，哈哈！

波波族 bō bō zú［名］BoBo 族。也作"布波族"。见"布波族"。［波波：英文缩写 Bo – Bo 的音译 BoBo 族］

啵 bō【1】［拟声］形容亲吻的声音。【例】妈妈亲小孩子的脸，发出了～～的声音。【2】［动］亲吻。【例】来，～一个！

拨号上网 bō hào shàng wǎng［名］20 世纪 90 年代上网的方式。具体操作时要用户拥有一台个人电脑、一个外置或内置的调制解调器和一根电话线，再向本地 ISP 供应商申请自己的账号，或购买上网卡，拥有自己的用户名和密码后，通过拨打 ISP 的接入号连接到 Internet 上。【例】～这一概念在移动互联网时代，听上去无异于像远古时代的事，但到现在还有一些美国人在使用。

播客 bō kè［名］一种可订阅、下载音频文件，并上传个人制作的"广播节目"的网络平台。也称作"有声博客"。【例】他从"新浪～排行榜"上下载了许多有趣的东西到自己的 ipod 上。【例】Adam Curry 是目前最有影响力的一个～。

伯爵 bó jué［名］"博爵"的谐音戏称，指微博一族中的"贵族"，多为知名人士或各行业里的专家等。［伯：博，"微博"的简称］【例】看微博中说话的口气，应该是一位～。

泊位 bó wèi［名］"博位"的谐音戏称，指在微博一族中占有的位置。［

泊：博，"微博"的简称】【例】众多明星在微博中占有～。

铂金 bó jīn［名］"博金"的谐音戏称。指文字含金量高、很有名望的微博客。[铂：博，"微博"的简称]【例】这个微博值得一看，属～级。

脖领儿 bó lǐng er［名］"博领儿"的谐音戏称，指微博一族中的领袖级人物，其微博的关注率、点击率较高，粉丝众多。 [脖：博，"微博"的简称]【例】她正努力成为～，以期万众瞩目、引导舆论。

脖梗儿 bó gěng er［名］"博梗儿"的谐音戏称，指微博一族中的"刺儿头"，文字以讥讽、拍砖、恶搞等为主。带有戏谑的意味。[脖：博，"微博"的简称]【例】不用细看，这准是个～写的。

博导 bó dǎo［名］网络上指导他人写博客的人。【例】我终于可以做～了，网上的，哈哈！

博斗 bó dòu［动］网民之间利用博客进行的"吵架"或互相攻击。【例】大家都是斯文人，有本事我们到网上～。

博客 bó kè【1】［名］网络日志。以网络为载体，简易、迅速、便捷地发布个人心得，及时、有效、轻松地与他人进行交流，集丰富多彩的个性化展示于一体的综合性平台。[博客：英文 web log 的音意合译]【例】该网站提供了最具影响力的电脑数码爱好者～平台。【2】［名］写网络日志的人。【例】他可是新浪网上最有名的～。

博客话剧 bó kè huà jù［名］剧本源自博客，排演人员来自博客群体，同时将节目在博客网站上播出的戏剧。【例】别出心裁的情景话剧《新同居.blog》是国内首部～。

博客圈 bó kè quān［名］博客网站上由主题相同或者相近的博客组成的"圈子"，如"文艺""体育"等。也作"博客群"。【例】知名博主谈网络自律："我们需要干净的～。"

博清沉 bó qīng chén［形］"博学、清雅、沉毅"的简称。通常带有戏谑和讽刺意味，意指某人实际上并不博学、清雅、沉毅，但总要装出一副博学、清雅、沉毅的样子。【例】那时附庸风雅学作诗，玩的就是～。

博文 bó wén［名］发表在博客中的文章。【例】QQ 空间如何添加精彩～模块？

博主 bó zhǔ［名］网络博客的主人。【例】她是一位时尚～，粉丝不少。

薄荷糖 bò he táng［名］指文字和内容都很有个性的微博。[薄，"微博"的简称]【例】在微博上，她是个优秀的"～"。

补丁 bǔ dīng［名］原是指衣服、被褥上为遮掩破洞而钉补上的小布块。现指专门为修复一些 BUG 而做的程序。【例】程序出现了漏洞，程序员要尽快打好"～"。

补贴车 bǔ tiē chē ［名］政府补贴的新能源汽车。【例】"～"对我们百姓来说真的是特大的优惠政策。

不勒（嘞）个是 bù le gè shì ［名］不了个是。一种调侃的语气，是"不是吧"的意思。该词出自《搞笑漫画日和》（cucn201 中文配音版）。【例】～，你竟然也开始打游戏了？

不要迷恋哥，哥只是个传说 bù yào mí liàn gē, gē zhǐ shì gè chuán shuō 2009 年网络流行语。2009 年 3 月 25 日由网友"不要迷恋哥"发表在猫扑大杂烩上配图帖子的标题。帖子的最后一句是"不要迷恋哥，哥只是个传说！哥早已不在江湖，江湖上却流传着哥的传说……"引起网友们的极大兴趣并迅速在网络流传。【例】小明总是将"～"这句话挂在嘴上，还时不时地做出几个酷酷的动作。

不作死就不会死 bù zuō sǐ jiù bú huì sǐ 网络流行语，意为没事找事，结果倒霉。[英文网络俚语 no zuo no die 的中文意译]【例】不要在群里乱发言，"～"！

布波族 bù bō zú ［名］又称波波族，布波是英文"布尔乔亚"（Bourgeois）和波希米亚（Bohemian）的合体简称，它是指 20 世纪 90 年代现代都市中产生的一个特殊的群体，他们一般都有较高的学历和较丰厚的收入，是现代新经济社会的精英分子，但是在生活上追求时尚和个人享乐，十分讲究自由和洒脱。【例】市场上有些商品是专为"～"设计的。

布客 bù kè ［名］平民百姓。【例】做一个遵纪守法的好～！

布鸣真象 bù míng zhēn xiàng ［名］汉语"不明真相"的同音谐趣形式。指不知道事情的实际情况。【例】～的我眼泪掉下来。

部落格 bù luò gé ［名］博客。此说法常见于我国台湾（地区）。[英文 Blog 的音译]【例】欢迎常来我的～！

C

C. H. I. N. A. 【1】来这吧，我需要爱。[英文 come here , I need affection 的首字母缩写]【例】宝贝，～。【2】中国国名的英文 China 的分解。

C&P 复制加粘贴。网络最常见的灌水手段。[英文 copy 和 paste 的首字母缩写]【例】又开始吵了，又开始 ～了。

C2B 客户对商家的电子商务。［英文 customer to business 的形音缩写］"2"是英文 two，与 to 同音【例】世界上的～网站有哪些？

C2C 消费者与消费者之间，通过互联网进行产品、服务及信息、交易的一种电子商务模式。［英文 customer to customer 的形音缩写］"2"是英文 two，与 to 同音【例】百度～支付平台名为"百付宝"。

CB【1】酷毙。［C 是英文 cool 的首字母，b 是汉语拼音 bì 的首字母］【例】那个杂志真犀利，～。【2】草包。［汉语拼音 cǎo bāo 的首字母缩写］【例】～，还叫啥！

CBL 酷毙了。【例】CBA 还算不上～。

CC【1】嘻嘻。模拟笑声，女生多用。［CC：英文字母 C 的重叠，汉语拼音 xī xī 读音的摹写］【例】～，晚上好。【2】吃醋，嫉妒。［汉语拼音 chī cù 的首字母缩写］【例】喜欢～的女孩很可爱，可作为女人，那就不成熟了。【3】聪聪，聪明。表示可爱的语气。［汉语拼音 cōng cong 的首字母缩写］【例】你是个～人，这点事还想不明白？【4】丑丑，难看的。表示可爱的语气。［汉语拼音 chǒu chou 的首字母缩写］【例】那件衣服你在哪买的，真是～，无语。

C－C【1】客户对客户的电子商务。【例】目前常用的模式是～、B－C。【2】电子商务网站的综合分析方法。［英文 customer to customer 的首字母缩写］

CDN 中文域名。［英文 Chinese domain name 的首字母缩写］【例】你的 MSN 的～是什么？我加你。

CFT 安逸，舒适。［英文 comfortable 的缩写］【例】生活太～，对于年轻人来说不是什么好事。

CG【1】电脑图形。［英文 computer graphics 的首字母缩写］【例】你做的～呢，合格了吗？【2】电脑绘图卡片游戏。［英文 card game 的首字母缩写］【例】有时间一起玩～，你也是玩家吧？【3】城管。［汉语拼音 chéng guǎn 的首字母缩写］【例】～与商贩之间渐渐地变得亲密。

CGI【1】公共网关接口。［英文 Common Cateway Interface 的首字母缩写］【例】你找找～，插上就好了。【2】计算机合成图像，电脑三维动画。［英文 computer generation image 的首字母缩写］【例】你会～吗？

CGP 电脑游戏性痴呆症，即由长期玩电脑游戏所导致对游戏之外的现实世界认知功能退化。［英文 computer gaming dementia 的首字母缩写］【例】难道你是～，跑跑你都不知道？

CIAO（见面问候语）你好！（告别语）再见！［英语借用意大利语 ciao 的原词］【例】走在意大利的大街上，经常可以听见人们说"～"。

CID 我会完成的。［英文 consider it done 的首字母缩写］【例】别担心这事交给我来办吧，~。

CIO【1】算了。［英文 cut it out 的首字母缩写］【例】~，我还是去图书馆吧。【2】确认一下。［英文 check it out 的首字母缩写］【例】这是你的邮箱地址吗，~？

CJ 纯洁。带有贬义和自嘲意味。［汉语拼音 chún jié 的首字母缩写］【例】楼上的很 ~ 哟。

CM 臭美。［汉语拼音 chòu měi 的首字母缩写］【例】~，离了你，明早太阳照常升起。

CMIIW 我没有把握。［英文 correct me if I'm wrong 的首字母缩写］【例】~，失败无所谓，至少这段回忆够深刻。

CMON 过来。［英文 come on 的缩写］【例】~，我就在东城呢。

CN【1】中国互联网网络域名，国家顶级域名，表示中国网站。【例】中国互联网用户高居全球榜首，~ 时代悄然到来。【2】菜鸟。［汉语拼音 cài niǎo 的首字母缩写］【例】任何达人都是从 ~ 启程的。

COM 国际最广泛流行的通用域名格式。【例】国际化公司都会注册 ~ 域名。

CORE【1】英特尔处理器的名称。【例】英特尔公司已经结束使用长达 12 年之久的"奔腾"的处理器，开始了"~"时代。【2】目前给比特币维护软件的一群人，开发的比特币软件（钱包）以 CORE 命名。【例】"~"被命名，是为了和普通钱包区分。【3】核心。［英文 core 的原词］【例】抓住 ~ 做关键。

COS 指爱动漫游戏的人扮演动漫或游戏中的某一人物形象。［英文 cosplay 的缩写］【例】~ 角色扮演越来越常见。

COSER 热衷角色扮演的人。［英文 costume 的简略写法，其动词为 COS，而玩 COS 的人则一般被称为 COSER（有时也称为 cosplayer）］【例】动漫展上都是 ~。

COSPLAY 一般指热衷于通过服装、饰品、道具以及化妆来扮演动漫作品的角色的人。【例】广州动漫展大量精选 ~ 放送。

COW "靠"的拟声，表示惊讶、不满、恼火等多种意思。【例】"~"这个词多用于表达不满。

CRAF 记不住这该死的事情。［英文 can't remember a fucking 的首字母缩写］【例】~，太悲伤了。

CT 反恐分子，来源于《反恐精英》游戏，俗称警察。［英文 counter terrorist 的首字母缩写]【例】你扮演的是什么角色，~?

CTR 点击率。[英文 click through rate 的首字母缩写]【例】你们网站~多少，人气高吗?

CU 再见。[英文 see you 的谐音形式]【例】~，明天见。

CUL 一会儿见，下次再会。[英文 see you later 的形音缩写]【例】~，我去去就回。

CUTIE 甜心、美丽、可爱的人。【例】~，好久不见。

CWOT 完全是浪费时间。[英文 complete waste of time 的首字母缩写]【例】~,年轻是资本，但是也不能任意挥霍青春。

CWl 一会儿再和你聊。[英文 chat with you later 的首字母缩写]【例】~，家里来客人了。

CYA【1】再见。[英文 see you later 的音形合写。C 是 see 的谐音]【例】~，明天再来玩。【2】脏话，把你的屁股盖上。[英文 cover your ass 的首字母缩写]【例】~，不要再丢人现眼了。

CYL 一会儿见。[英文 see you later 第一单词的记音和后两个单词的首字母合写形式]。【例】~，一会见。

C 位出道 C wèi chū dào "C 位出道" 这个词因蔡徐坤而被大家熟知。"C"是英文 Center 的缩写，蔡徐坤获得第一名因而是组合里的 C 位。后用来表示站在 C 位上的人非常重要。【例】来，给你个~的机会。

财盲族 cái máng zú [名] 有一定的理财意愿，但缺乏足够的理财知识的大学生。【例】调查显示大学生可以分为 "~""温室族""月光族""懒惰族"等几类。

彩虹屁 cǎi hóng pì [名] 模仿韩国用语，用词、语气非常夸张。指粉丝们花式吹捧自己的偶像，这些偶像全身都是宝，就连偶像放的屁，都能把它吹成是彩虹。【例】"请你不要再到处释放魅力了。""小哥哥是吃可爱豆长大的吧。"这种称赞偶像的~比比皆是。

彩票依赖症 cǎi piào yī lài zhèng [名] 也叫 "彩票成瘾"，属于心理疾病。一般表现为买彩票买到超出理智范围。【例】你是不是得了 "~"，要抓紧看看心理医生了。

踩 cǎi [动] 到别人的空间或博客里看看，留个 "脚印"，表示到来、来过、留言之意。也作 "踩踩"。【例】来我的空间~一下，增加点人气啊!

踩楼 cǎi lóu [动] 在某些论坛中，通过回帖的方式踩中特定的 "楼层"，以获得相应的奖品的活动。【例】快点来学习，论坛马上要搞~啦!

踩人 cǎi rén［动］在舞蹈类游戏中，与对手比舞功并用高分战胜对手。【例】大家在超舞中是怎么~的啊？

踩一脚 cǎi yī jiǎo［动］在论坛、空间或博客上留言、跟帖。也作"踢一脚""留个爪子印"等。【例】内容不错，~，后面的跟上，哈哈！

菜鸟 cài niǎo［名］刚开始学电脑或上网的新手，也指游戏中等级较低的玩家。泛指新手、外行。［反义词：老鸟；中鸟］【例】第一次玩微博，目前还是~一个，先发个帅儿子的相片。

菜奴 cài nú［名］【1】天天在网络的虚拟农场种菜、收菜、偷菜，感到身心疲惫而又乐此不疲的网民。带有自嘲的意味。【例】为了娱乐而偷菜，而不是为了偷菜而偷菜，否则就真的是变成~了。【2】因菜价普遍上涨而感到生活压力加大的群体，带有自嘲的味道。【例】~省钱攻略。

菜羊 cài yáng［名］英特尔（Intel）公司生产的芯片"赛扬"。［Celeron 的谐音戏称］【例】为 64 位赛扬配鞍，把~变成赛狼。

餐具 cān jù［名］"惨剧"的谐音戏称，由"杯具"衍生而来。［近义词：杯具；茶具；洗具。］【例】短短一个晚上我从"洗具"变成"杯具"，希望最后不要发展成"~"。

残念 cán niàn【1】［形］可惜、遗憾。【例】今天没有买到《柯南》的原集哟，真是~啊！【2】［动］无语。［源自日文"残念"，兰凡粗儿（平假名），罗马字母 zan nen］【例】打那低级的怪都会输，~中。

惨叫鸡 cǎn jiào jī［名］一种塑胶发声玩具。捏一下就会发出叫声，声音很凄厉。【例】"~"是一种减压玩具。

惨绿 cǎn lǜ［形］表示不幸等多种含义。【例】我真的很怀念我的~年代。

草根 cǎo gēn［名］指的是在社会阶层中的一般平民百姓、群众。与政府、统治阶级、大型企业或其他社会强手的特征对立的个体或组织。［来自英文 grassroots］【例】"~银行"携手 P2P 公司探索网络贷款模式。

草根阶层 cǎo gēn jiē céng［名］指一个社会里的平民百姓、消费者或网民，个人势力较弱，但人数众多。［近义词：草根］【例】给~一份生活的自信。

草根组织 cǎo gēn zǔ zhī［名］特指非营利组织中那些扎根于城乡社会的基层民众组织，侧重于发展中国家的基层组织，是一种社会团体发展类型，一般代表基层民众利益，通常和精英组织相类比。【例】"~"丰富了社区居民的精神文化生活。

草泥马 cǎo ní mǎ［名］网民创造出来的网络神兽，形似羊驼。【例】"~"现身上海成宠物明星。

草食男 cǎo shí nán ［名］指性情温和、友善，不积极主动追求恋爱或性爱，与异性保持不温不火关系的男士，也称"食草男"。与"肉食女"相对。【例】～在流行吃草的爱情。

草族 cǎo zú ［名］"长草族"和"拔草族"的合称。［近义词：拔草族；长草族］【例】"～"疯狂"拔草"，几近病态。

测客 cè kè ［名］在网络上出题目测试他人、了解他人的一类人，也作"测试客"。【例】博客喜欢在网上写日记，而～喜欢在网上出题考别人。

蹭网 cèng wǎng ［动］指自己电脑的无线网卡连接周围他人的无线路由器而不是通过正规的联网服务提供商提供服务的线路网络，是一种盗用他人网络带宽的行为。【例】还是别～了，既不道德，又不能保证上网速度。

蹭网器 cèng wǎng qì ［名］一种大功率的无线网络，可以在很大范围内搜寻无线网络信号，进而为蹭网提供便利。【例】"～"有望被彻底清查。

蹭网族 cèng wǎng zú ［名］蹭他人的无线路由器免费上网的人。【例】"～"：哥偷的不是菜，是网。

叉腰肌 chā yāo jī ［名］又名髂（qià）腰肌，由髂肌和腰大肌组成。该词出自北京奥运会期间，中国足协主席谢亚龙谢在女足负于日本经验交流总结会上所发明。髂肌呈扇形，起自髂窝；腰大肌长形，起自腰椎体侧面及横突。向下两肌相合，经腹股沟韧带深面，止于股骨小转子。【例】谢亚龙主席指出，中国女足身体肌群中最需要训练的是"～"，但姑娘们并不知道他所说的这个肌肉部位在哪里。

插播 chā bō ［动］在撰写帖子过程中，随时插入某些话语。【例】～一句题外话，最近天涯怎么那么多牌，愚弄了多少我这样的无知少年，哈哈。

茶包 chá bāo ［名］麻烦，问题。［英文 trouble 的谐音形式］【例】不要给自己找"～"。

茶具 chá jù ［名］差距。［汉语"差距"的同音词］【例】你我之间还是有"～"的。

长脖鹿 cháng bó lù ［名］又名"长博鹿"，指微博文字言简意赅，高屋建瓴；着眼点高，观点独到的博主。亦指自命清高、俯视其他人的博主。同时有"脖子伸得很长，专窥探别人隐私"的意思。【例】现在微博中出现了不少"～"。

超 chāo ［副］非常地、特别地。具有夸张、加强语气的作用。［近义词：暴；强；巨］【例】我～想你的。

超级双频 chāo jí shuāng pín ［名］超级平胸的女孩。校园流行语。【例】很

27

多人都不想成为"～"。

超链接 chāo liàn jiē［名］是指从一个网页指向一个目标的连接关系，这个目标可以是另一个网页，也可以是相同网页上的不同位置，还可以是一个图片，一个电子邮件地址，一个文件，甚至是一个应用程序的下同位。【例】在文档中可以插入～。

潮 cháo［形］流行的、时尚的。【例】～社区提供最新最 IN 的时尚潮流搭配资讯。

潮人 cháo rén［名］引领时尚、富有个性、思想超前的人。【例】～网是国内最具人气的社交网络，在这里您可以结识全国各地的～。

车床族 chē chuáng zú［名］以车为床的男女，指喜欢在汽车里进行性爱的人。【例】一份针对欧洲年轻人性行为的调查显示，超过五分之一的欧洲青年热衷当"～"。

车震 chē zhèn［名］指男女在私车上相互调情，做出一些亲密动作或者发生亲密行为而导致汽车震荡的现象。也可表示此种行为。【例】我问她什么叫～，她很暧昧地笑了一下。

沉 chén［动］帖子因长期无人回复而被系统排到后面。与"顶"相对。【例】我发的帖子怎么没有人回复啊，～了吗？

陈独秀同学请坐下 chén dú xiù tóng xué qǐng zuò xià "秀"作为网络流行语的使用最早源自电竞圈，斗鱼 6324 直播间用语，而发展成如今的形式"陈独秀"的用法，源自历史书上的著名革命家、《新青年》杂志创始人、"新文化运动"发起者和领导者陈独秀。"陈独秀同学请坐下"常常作为微博热评的跟帖回复内容出现，是赞美这个人的评论特别精彩，太优秀了。【例】看看这个评论实在是太棒了，我只想对发表评论的人说句"～"。

陈水 chén shuǐ［动］欠扁，找揍。【例】一个人说另外人很～，意思就说他欠扁。

吃鸡 chī jī［名］国外游戏《绝地求生：大逃杀》的系统提示语。最早来源于电影《决胜 21 点》中的一段台词："winner, winner, chicken, dinner."出现的背景是在拉斯维加斯赌场。在几十年前，一把赌钱最低可以赚 2 美元，而一份鸡肉饭是 1.75 美元，所以该词通常被认为是求好运的一种说法。随后这款游戏在国内迅速蹿红，在每局游戏中有 100 名玩家相互厮杀，最终能存活到游戏结束的胜利者，胜利者会在自己的屏幕上看到这句"大吉大利，今晚吃鸡！"因此，网友也称打这款游戏为"吃鸡"。【例】"今天你'～'了吗？"发展成为朋友之间的问候语。

冲浪 chōng làng［动］"网上冲浪"的简称。【例】他小学时就开始在网上~，有历史了。

冲鸭 chōng yā［名］"呀"字与动物"鸭"谐音，"冲鸭"即"冲呀"，被网友们制作成了相关系列表情包，受到追捧，是一种比较常见的卖萌可爱式的加油打气的词语。【例】今天也要加油哦！~！

重生行动 chóng shēng xíng dòng［名］"全国贫困家庭唇腭裂儿童手术康复计划"简称"重生行动"。【例】~有利于缓解许多家庭的手术费用压力。

抽 chōu［形］原形容百度贴吧的稳定性，后泛指网站不稳定、某些服务无法正常使用。【例】昨天百度有一分钟~了，后来一看新闻才知道是被黑了。

抽抽 chōu chou【1】皱、瘦小、缩小，东北话。【例】人老了，越长越有些~。【2】东北话，颤抖、蜷缩。【例】小光看到了恐怖场面，吓得蹲在地上直~！【3】网络语言，有时指代喜欢的某一个明星，表示他（她）语出惊人，举止行为诙谐幽默。【例】好喜欢张根硕，他在某节目的"抽风"表现，担得起"张~"的爱称。

仇人机 chóu rén jī［名］全称"组合给仇人使用的电脑"，泛指配件组合得比较差的计算机。【例】网上贩卖的~就是个坑，谁买谁倒霉。

臭丫头 chòu yā tou［名］对女性的称呼，带有非常强烈的爱护、调侃等意味。【例】~，你是不是又起来偷菜了哈！赶紧睡觉。

出来混，迟早要还的 chū lái hùn, chí zǎo yào huán de 2004 年八大网络流行语之一，表因果报应的意思。【例】她不知道好事不可能都是她的，人~。

初哥 chū gē［名］新手、外行的男性。【例】俺是~，谁说说这个词是什么意思？

锄头党 chú tóu dǎng［名］浮云水版的帮派组织。不同于现实中的黑帮派别。【例】论坛里来了一帮~，板猪发现没有？

穿越 chuān yuè【1】［动］"穿越时间和空间"的简称，指把不同时间、空间的人和事拼接在一个较短且连续的时间轴上。如穿越文、穿越小说等。【例】小说网为您提供好看的~小说。【2】形容某人落后、老套。【例】地球人都知道了，你也实在太~了。

穿越文 chuān yuè wén［名］网络文学的一种，常以主角穿越不同历史时空为热点进行创作。【例】~最为高发的地点当属晋江原创网。

穿越小说 chuān yuè xiǎo shuō［名］网络文学中一种以主人公穿越不同历史时空为题材而创作的小说。【例】越来越多的导演将目光聚焦于~。

床仙 chuáng xiān［名］是指那些每次起床就像渡劫一样的人，形容起床特别困难。【例】本宿舍的~又在微博上发自己和床"抗争"的故事了。

闯关 chuǎng guān［动］闯过关目。泛指过关，各级电脑游戏多以讨打、过关、升级来取得成功，故称。【例】水上~节目越来越受欢迎。

闯关族 chuǎng guān zú［名］网络电子游戏中游戏玩家的别称。【例】冒险类游戏很受~的喜欢。

春哥 chūn gē［名］李宇春的昵称。因其外表像一个男孩子，故称。【例】~的粉丝们称"玉米"。

春哥党 chūn gē dǎng［名］李宇春的粉丝自封的派别以此招收新成员，不加入的别进，不许乱看。【例】这是~的狂热粉丝。

纯净水 chún jìng shuǐ［名］网络论坛中没有实质内容的帖子。【例】版主警告：此帖为~！

纯水 chún shuǐ［名］"纯净水"的简称。【例】你这个帖就有点像~但不是啦。

纯水帖 chún shuǐ tiě［名］与主题毫不相干或没有意义的帖子。【例】水坛都是~胡言乱语！

戳友 chuō yǒu［名］爱好集邮并以此为媒介相互交往的网友，也用于他们之间的互称。【例】提高对邮戳策划设计规划，不断增进~之间的友谊。

词友 cí yǒu［名］在相关网站热衷于诗词、歌词、单词等的宣传、整理、解释、分享的网友。【例】感谢~的分享。

葱白 cōng bái［动］"崇拜"的谐音。带有幽默和调侃的意味。【例】小哥哥，我好~你。

粗口 cū kǒu［名］粗俗的语言，既用于辱骂他人，也用来表达多种语气和情绪。【例】这个人太无理了，我想爆~。

D

D【1】顶。常用于跟帖，泛指支持。［汉语拼音 dǐng 的首字母］【例】~，楼主继续啊。【2】弟，男生。［汉语拼音 dì 的首字母］【例】小~有礼了。【3】的。［汉语拼音 de 的首字母］【例】原来是这个样子~！【4】呆；呆子。【例】他可真有点~！［汉语拼音 dāi 的首字母］【5】盗，盗版。［汉语拼音 dào 的首字母］【例】你买的怎么那么便宜，不会是~的吧？

DAM 力、杀伤力。［英文 damage 的缩写加汉语词缀"力"］常用于电脑游戏。【例】你的～很高，我害怕了。

DB 大便。[汉语拼音 dà biàn 的首字母缩写]【例】现在～造型的玩具公然出现在柜台上，真是不可思议。

DBC 大白痴。[汉语拼音 dà bái chī 的首字母缩写]【例】～，你还没学会骑自行车啊！

DBEYR 尽信书不如无书。[英文 Don't believe everything you read 的首字母缩写]【例】～，不要完全相信你在书所看到的一切。

DC 数码相机。[英文 digital camera 的首字母缩写]【例】你的～是什么牌子的，很漂亮啊。

DD【1】弟弟。泛指年龄比自己小的男性。[汉语拼音 dì di 的首字母缩写]【例】昨天刚在微博上认了个～。【2】弟弟，对男性性器的戏称。[汉语拼音 dì di 的首字母缩写]【例】原来如此啊，我以为是男～。【3】东西，东东。[汉语拼音 dōng dong 的首字母缩写]【例】淘宝等网站一般把东西叫东东，简写就是～。

DETI 想都别想。[英文 don't even think it 的首字母缩写]【例】你不努力就想成功，～。

DGT 别去那。[英文 don't go to there 的首字母缩写]【例】～，那个论坛很无趣，都是一些灌水的人。

DHYB 别憋着呼吸。[英文 don't hold your breath 的首字母缩写]【例】～，放轻松！

DI 的，可用于句中的结构助词，也常用于句末的语气助词，表示某种特殊的语气。汉字常写作"滴"。【例】我～最爱是散文，那里面有一种清幽恬淡的喜悦。

DIIK 我真的不知道。[英文 damned if I knew 的首字母缩写]【例】～，饶了我吧！

DILLIGAD 别像我伤害了你似的，不要装无辜。[英文 do I look like I give a damn 的首字母缩写]【例】～，哼！

DILLIGAS 同"DILLIGAD"[英文 do I look like I give a shit 的首字母缩写]

DINK 丁克。夫妻都有收入而不想生育孩子的夫妇。[英文 double income no kid 的首字母缩写]【例】身边的～，越来越多，你能接受吗？

DIY 自助，自己动手做。[英文 do it yourself 的首字母缩写]【例】～的笔架，很别致吧。

DIYer 喜欢自己动手做东西的人。［英文 do it yourself 的首字母缩写加后缀 er 构成，表示某一类人］【例】来做一个～吧，享受你的低碳生活！

DJ【1】唱片骑士，舞厅主持或音效师。【例】昨晚酒吧的那个～，以前可是一个知名作曲人。【2】广播电台流行音乐主持人，音乐编辑。［英文 disc jockey 的首字母缩写］【例】大家好，我是今晚的～，可可。【3】待见。方言"喜欢"的意思。［汉语拼音 dài jiàn 的首字母缩写］【例】你这样做，可没人～。

DKDC 不想知道，也不在意；眼不见心不烦。［英文 don't know, don't care 的首字母缩写］【例】别问我他的事，～，一切就像指尖的沙。

DKP 屠龙积分系统，屠龙点数。需多人配合完成的网络游戏中，通过积分来衡量业绩和进行合理分配战利品的系统。［英文 dragon kill points 的首字母缩写］【例】呵呵，一路过五关，斩六将，终于可以去～了！

DL【1】下载。［英文 download 的缩写］【例】你的～更新了吗，网速还行吧？【2】电驴，一种下载软件。［汉语拼音 diàn lú 的首字母缩写］【例】略。【3】远程教育，也称"远程教学"。［英文 distance learning 的首字母缩写］

DLTM 不要骗我。［英文 don't lie to me 的首字母缩写］【例】不说也好，就是～。

DK【1】死亡骑士。魔兽系列游戏中的亡灵族第一英雄。［英文 death knight 的首字母缩写］【例】～的坐骑到底是马是驴？【2】我不知道。［英文 don't know 的首字母缩写］【例】～，我没见过。

DM【1】死亡竞赛，电子游戏中常见的竞赛模式。［英文 death match 的首字母缩写］【例】我们比赛吧，～怎么样？【2】动漫。［汉语拼音 dòng màn 的首字母缩写］【例】～123 就是动漫爱好者的快乐家园。【3】直邮邮件，快讯商品广告。泛指采取邮寄、定点派发、选择性派送给消费者的邮件。［英文 direct mail 的首字母缩写］【例】如何让～的这种广告宣传手段流行，让宣传单人见人爱可不是件容易事！

DMG【1】伤害。常用于电脑游戏。［英文 damage 的简写］【例】我们是一队的，不要互相～！【2】数码媒体集团，中国地铁数码媒体网络运营商。［英文 digital media group 的首字母缩写］【例】～越来越常见。

DND【1】请勿打扰。［英文 do not disturb 的首字母缩写］【例】此人正忙于生活，～。【2】龙与地下城，世界上第一个商业化的桌上角色扮演游戏。也作"D&D"［英文 dungeons dragons 的首字母缩写］【例】请问 ～小说是啥意思啊？

DOTA 基于《魔兽争霸3：冰封王座》的多人即时对战自定义地图，是目前唯一被暴雪娱乐公司官方认可的魔兽争霸的角色扮演类游戏地图，可以译作

"远古遗迹守卫"（古迹守卫，守护遗迹）。［英文 Defense of the Ancients 的首字母缩写］【例】最全面的~攻略站，提供分享最新最丰富的~攻略。

DRIB 忙的话，就不要看这个。［英文 don't read if busy 的首字母缩写］【例】不用理会，~。

DS【1】跳舞的人，领舞者。［英文 dancer 的形音缩写］【例】专业钢管舞~领舞培训学校已经在北京成立。【2】双屏幕，日本游戏公司任少堂开发的便携式游戏机。［英文 Dual Screen 的首字母缩写］【3】傻瓜，笨蛋。［英文 dunce smiley 的首字母缩写］【例】~，谢谢你一直以来的帮助。

DX 大侠。［汉语拼音 dà xiá 的首字母缩写］【例】~，多谢你出手相救。

DYJHIW 难道你不讨厌这样吗？［英文 don't you just hate it when 的首字母缩写］【例】~，每一次的结果都一样。

DYSTSOTT 你看清楚大小了吗？［英文 did you see the size of that thing 的首字母缩写］【例】你不近视眼，~？

达人 dá rén［名］指在某方面非常精通的人，即某方面的高手。也泛指有某一爱好的人。【例】音乐~，DV~，博客~，灌水~，健康~，城市~，减肥~。

打败你的不是天真，而是无鞋 dǎ bài nǐ de bú shì tiān zhēn，ér shì wú xié 出自 2013 年春晚的小品《今天的幸福2》。"无鞋"为"无邪"的谐音形式。"打败你的不是天真，是无邪"，出自热门小说《盗墓笔记》，男主吴邪，在小说中刚开始时什么都在别人的掌控之中，故其好友胖子说他很天真无邪，有时就叫他天真。天真无邪为《盗墓笔记》中最耳熟能详的词语。这句话也被书粉广为引用。【例】小明：我真的是被你的天真打败了。小李：~。

打包 dǎ bāo［动］压缩。将一些文件置于一个文件夹中，用压缩软件制作成一个压缩文件，便于存储和传送。【例】一千多部有声小说~免费下载。

打倒 dǎ dǎo［动］表称赞之意，非字面含义。一般用于熟人之间表示祝贺。【例】楼主占了个好大的便宜，~你哦！

打酱油 dǎ jiàng yóu［名］与自己无关，自己什么都不知道。比喻事不关己高高挂起。来源于 2008 年广州电视台就陈冠希艳照事件采访一位路人的看法，得到的回答是"关我什么事，我出来买酱油的"。之后"打酱油"通过网络迅速流传开来。【例】今天终于不用~咯！

打 PP dǎ PP［动］打屁股，说错话或做错事的小惩罚。对某人带有调侃的意味。【例】一个感人的爱情故事，听完不能哭呀，哭了就要~的噢！

打铁 dǎ tiě［动】【1】在网络论坛上写帖、发帖。【例】气死我了，~去了。

【2】篮球运动中，球员投篮没有投进篮圈里而是打在外面。【例】细数联盟史上十大～男。

大阿姐 dà ā jiě［名］对经验丰富的女性网民的爱称，泛指在某一方面很有能力的女性。【例】～教两手吧。

大虫 dà chóng［名］高级的网虫。【例】如此说来，我也算得上是～了！

大窗口 dà chuāng kǒu［名］公共聊天室或聊天大厅供许多人聊天的窗口。也称"大房子"。【例】小窗口能进，～打不开。

大刀 dà dāo［动］"打倒"的谐趣形式。【例】此等人物，～。

大点化 dà diǎn huà［动］打电话。【例】～好像四川人在说话，哈哈。

大房子 dà fáng zi［名］同"大窗口"。【例】咱们不在～里聊了，私聊吧！

大林 dà lín［名］亲爱的。［英文 darling 的谐音］【例】～，我爱你。

大牛 dà niú［名］【1】能力超常或是某一方面有突出才能的人。【例】麻球大赛开幕式很多～会到场，等待着微博图文直播。【2】黑客界里技术非常高的人。【例】～，教点真功夫吧。【3】世界著名跑车兰博基尼（Lamborghini）的爱称，因其车标为一头充满力量，正准备冲击的公牛，故称。【例】给你发一张～的最新图片吧。

大卫 dà wèi［形］"大胃"的谐趣形式，形容胃口很大、吃得很多。【例】你这样下去，真的能成为～王了。

大虾 dà xiā［名］"大侠"的谐音戏称。【例】各位～真的好帅，十分佩服。

大侠 dà xiá［名］对电脑或网络高手的爱称，现泛指各领域的高手。【例】请～们帮忙看一下盘吧！

大姨妈 dà yí mā［名］女性例假的隐讳叫法。［源自港台地区］【例】"～"来访时总让人焦虑难安。

大猪蹄子 dà zhū tí zi［形］形容男主是个粗男人，总惹女人生气，不懂女人的心。【例】你喜欢延禧攻略里那个～皇帝吗？

大资 dà zī［名］超越了小资生活的一种生存状态，与"小资"相对。【例】～有着自己独特的生活方式。

待我长发及腰 dài wǒ cháng fà jí yāo 出自一对情侣的照片描述："如果，你陪我从齐肩短发到腰际长发；那么，我陪你从纯真青涩到沉稳笃定。待我长发齐腰，少年娶我可好？"最早出自《十里红妆》中的一句话："待我长发及腰，少年你娶我可好？待你青丝绾正，铺十里红妆可愿？"《十里红妆》是一部网络小说，不是歌词也不是古典诗词，它的作者是叶迷。【例】她深情地对我说："～，少年娶我可好？"

袋鼠族 dài shǔ zú［名］指毕业后到了就业年龄，因各种理由仍然依赖父母的那些年轻人。【例】"～"何时才能从家里跳出来。

丹丹体 dān dān tǐ［名］一种兴起并流行于网络的文体，因著名演员宋丹丹所发微博而得名。2011 年 1 月 18 日，宋丹丹发表微博："潘总（潘石屹，SOHO中国有限公司董事长），我就是个演员没多少钱，我请你喝拉菲（红酒），别再盖楼了，真的，求你了！"，从而形成一种新的书写格式：××，我就是个××没多少钱，我请你××，别再××了，真的，求你了！2011 年 1 月 28 日，宋丹丹因 19 岁时的初恋情人突然离世而发表微博："十九岁那年，天天盼着他残废，哪怕骨折也行，这样就可以整日守着他，并向他证明自己多爱他……"从而形成一种新的书写格式：××岁那年，天天盼着他××，哪怕××也行，这样就可以××，并向他证明自己多爱他……［近义词：葛优体］【例】最近微博上的一点小风波，引起了"～"爆红网络，可谓一大景观。。

单脚拉屎 dān jiǎo lā shǐ［形］危险。［英文 dangerous 的音译谐趣形式］【例】他会把英语"危险的"读成"～"，并对我说："一个只有一只脚的人拉屎你说危险不？"

耽美 dān měi［名］指一切美丽的事物，能让人触动的、最无瑕的美。专指女作家写或画给女读者看的小说或漫画。［源自日文，罗马音 tanbi］【例】市面上有很多～小说。

耽美狼 dān měi láng［名］指爱好耽美题材作品的人群，多为女性。【例】我为何步入耽美大道，这是一只～成长的血泪史。

蛋白质 dàn bái zhì［名］"笨蛋、白痴、神经质"的合称。【例】自己算算能得多少分，可不要像俗人那样～。

蛋炒番茄 dào chǎo fān qié 男的把女的抛弃了。"蛋"指男人，"番茄"指女人。［反义词：番茄炒蛋］【例】当今社会"～"的现象屡见不鲜。

蛋脸 dàn liǎn［形］"淡定"的谐趣形式，形容一种沉稳、泰然自若的心态。也作"蛋定"。【例】冰天雪地裹棉衣跪求时刻保持～妙法。

蛋疼 dàn téng［形］【1】形容一种过于无聊的状态。【例】昨天我休息，过了～的一天。【2】形容所有不合常理的事情，表示无奈或出乎意料。【例】恶俗不低俗！盘点最囧最雷最～画面。

当 dàng［动］从网上下载。也作"荡"。【例】我要把这些资料～下来。

当机 dàng jī［动］电脑因某种原因而死机。［源自英文 shutdown］【例】昨晚服务器～是什么原因？

宕机 dàng jī［动］同"当机"。［港台地区用法］。

荡 dàng［动］从网上下载。［英文 download 的谐音］【例】～mp3 在线低品质试听。

叨客 dāo kè［名］一种即时性博客平台，可以随时随地将个人的所思所想所见所闻发布到网上。最初源于美国的一个名为"Twitter"（喋喋不休或叨叨）的网站。【例】～更随意，不用在意遣词造句，或者字数多少，也不用理会别人是否理解。

倒 dǎo［动］指对某人或事表示震惊。由遭受重大打击后身体的横躺动作引申而来。【例】这样也行啊！～！

稻糠亩 dào kāng mǔ［名］网络域名中的".com"的谐音，同"稻糠姆"，泛指网络和网站。［英文 dot com（.com）的音译］【例】她不明白为什么儿子放着好好的大学不念，嚷嚷着上市非要搞什么"～"。

盗墓帖 dào mù tiě［名］指所发帖在被人识破之后，有人再将这个帖子原封不动或者稍加修改又转贴出来，属于旧帖。【例】这个已经算是～了，警告一次。

倒水 dào shuǐ［动］在论坛或空间里发表没有实际意义的帖子。与"灌水"相近，带有贬义。［近义词：灌水］【例】版主在不在？不在我就～啦。

滴 dī［助］"的"的谐趣形式。【例】我～脸上出痘痘了！

地板 dì bǎn［名］【1】通常指论坛中第三个回复主题的帖子。【例】这么好的帖子，抢到～也值得。【2】"第一版"的谐音戏称，指在论坛回帖的第一版，即第一页。【例】楼主就是有魅力，～还没来得及看就翻页了。

地下室 dì xià shì［名］指论坛或博客中第四个回帖的位置。［室：与"四"谐音］【例】有～也不算白来，满意。

点击率 diǎn jī lù［名］指网站页面上某一内容被点击的次数与被显示次数之比，反映了网页上某一内容的受关注程度，常用来衡量广告的吸引程度。［英文 click-through rate（点阅率）和 clicks ratio（点击率）］【例】我贴的帖子～什么时候能过千？

电 diàn［动］【1】对异性，特指女性主动进行暧昧暗示。【例】你再这么跟我说话，小心我～你哦。【2】过电。异性间的心灵感应。【例】和美女没有实质进展，过～也好啊。

电骡 diàn luó［名］一款完全免费且开放源代码的 P2P 资源下载和分享软件，也被称作"电驴"。【例】教你如何减少～所占用的系统资源！

电驴 diàn lú［名］点对点的文件共享软件，用于共享音乐、电影和软件。由美国 Meta Machine 公司开发。［英文 electronic donkeys 的意译］【例】此～已非彼~了。

电邮 diàn yóu [名] "电子邮箱"或"电子邮件"的简称。【例】中国个人~用户达 5. 31 亿。

电子版 diàn zǐ bǎn [名] 指把文件内容用 Word, Excel, PPT 等文档软件编辑出来,以电子邮件或其他方式传送的文件。也称"数字版"。【例】《大众日报》~已升级。

电子报纸 diàn zǐ bào zhǐ [名] 通过电脑等设备阅读,并依靠互联网发行的连续电子出版物。与"纸质报纸"相对。【例】该公司专为世博会开发的~亮相世博会。

电子出版物 diàn zǐ chū bǎn wù [名] 是指以数字代码方式,将有知识性、思想性内容的信息编辑加工后存储在固定物理形态的磁、光、电等介质上,通过电子阅读、显示、播放设备读取使用的大众传播媒体。【例】中国专家预测2030 年 100% 的出版物为~。

电子地图 diàn zǐ dì tú [名] 即数字地图,指利用计算机技术,以数字方式存储和查阅的地图。【例】在线~包含的信息相当广泛,还可以链接。

电子公告板 diàn zǐ gōng gào bǎn [名] 互联网提供的一种信息服务,为用户提供一个公共环境,以寄存函件、读取通告、参与讨论和交流信息。也称"电子公告牌"。[英文 electronic bulletin board 的意译]【例】2004 年中国第一个~已经 10 岁了。

电子公告牌 diàn zǐ gōng gào pái [名] 同"电子公告板"。【例】中国第一个互联网~平台实现十年跨越。

电子柜台 diàn zǐ guì tái [名] 互联网上虚拟的柜台。【例】打造中国邮政的~。

电子函件 diàn zǐ hán jiàn [名] 同"电子邮件"。【例】~中有时会出现乱码。

电子贺卡 diàn zǐ hè kǎ [名] 利用电子邮件等网络信息手段传递的贺卡。【例】为环保,现在的新新人类更倾向于制作和发送~。

电子汇款 diàn zǐ huì kuǎn [名] 依托计算机网络,集汇款交易处理、资金清算、会计核算和风险防范为一体的多功能快速汇款服务。【例】与传统汇款相比, ~更安全、方便、快捷。

电子货币 diàn zǐ huò bì [名] 指用一定金额的现金或存款从发行者处兑换并获得代表相同金额的数据,再通过使用某些电子化方法将该数据直接转移给支付对象,从而能够清偿债务的货币形式。【例】近几年来~已成为发展电子商务的核心部分。

电子机票 diàn zǐ jī piào［名］纸质机票的电子形式，是一种电子号码记录，将票面信息存储在订座系统中，可以像纸票一样执行出票、作废、退票、换开、改转签等操作。也称"电子客票"。【例】~的便捷性已经为越来越多的旅客所接受。

电子客票 diàn zǐ kè piào［名］同"电子机票"。【例】易行天下是中国领先的~交易平台。

电子贸易 diàn zǐ mào yì［名］用电子方式取代纸张来进行贸易的一种形式。如用电子方式处理发票。【例】新的~方式颇受欢迎。

电子期刊 diàn zǐ qī kān［名］指以电子形式存在的期刊，是电子出版物、网上出版物的一种。也称数字期刊。【例】中国知网是目前国内功能最强大的学术性~网。

电子签名 diàn zǐ qiān míng［名］指数据电文中以电子形式所含、所附用于识别签名人身份并表明签名人认可其中内容的数据。【例】~具有与手写签字或者盖章同等的法律效力。

电子认证 diàn zǐ rèn zhèng［名］采用电子技术检验用户合法性的操作。【例】~在电子商务中的重要性越来越大。

电子商务 diàn zǐ shāng wù［名］指在互联网开放的网络环境下，基于浏览器或服务器应用方式，买卖双方非面对面进行各种商贸活动，实现消费者的网上购物、商户之间的网上交易和在线电子支付以及各种商务活动、交易活动、金融活动和相关的综合服务活动的一种新型的商业运营模式。【例】为企业提供~知识、技巧、案例及应用服务。

电子书 diàn zǐ shū［名］指将文字、图片、声音、影像等讯息内容数字化的出版物和植入或下载数字化文字、图片、声音、影像等讯息内容的集存储和显示终端于一体的手持阅读器。【例】纸质图书逐渐被"~"取代。

电子图书 diàn zǐ tú shū［名］同"电子书"。【例】全球最大的网上图书零售商亚马逊~的销量首次超过传统印刷书籍。

电子邮件 diàn zǐ yóu jiàn［名］指通过互联网传递的邮件，即用户之间通过电子信箱发出或收到的信件。简称电邮。【例】我不在校，发~给我吧。

电子邮箱 diàn zǐ yóu xiāng［名］通过网络电子邮局为网络客户提供的电子信息空间，具有存储和收发电子信息的功能。简称电邮。【例】节目组特意为每位男嘉宾注册了专用的~。

电子游戏 diàn zǐ yóu xì［名］指通过电脑、游戏机等电子设备进行游戏的一种娱乐方式，港台地区作"电玩游戏"。【例】大批煤矿主退出煤炭行业改投资~。

电子杂志 diàn zǐ zá zhì［名］指以 flash 为主要载体独立存在于网站的媒体表现形式，兼具平面媒体与互联网两者的特点，融入图像、文字、声音、视频、游戏以及超链接、互动等网络元素。也称"网络杂志""互动杂志"。【例】为您提供最专业的~制作解决方案。

电子政府 diàn zǐ zhèng fǔ［名］指在政府内部采用电子化和自动化技术的基础上，利用现代信息技术和网络技术，建立起网络化的政府信息系统，并利用这个系统为政府机构、社会组织和公民提供方便、高效的政府服务和政务信息。【例】我国~的绩效评价体系已经构建。

电子注册 diàn zǐ zhù cè［动］指利用计算机网络注册软件进行账户、学生学籍、学历证书等相关注册。【例】高教学历证书实施在线即时~。

电子转账 diàn zǐ zhuǎn zhàng［动］通过网络进行转账。【例】汇款转账高峰将至，~省时省钱。

吊瓶族 diào píng zú［名］指那些本不需要输液却坚持输液的患者。【例】近年来"屁股针"急剧减少，~越来越多。

钓鱼式攻击 diào yú shì gōng jī［名］指企图在电子通信中，通过假冒的网站以获得如用户名、密码和信用卡明细等个人敏感信息的一种诈骗犯罪活动。【例】~是针对个人计算机用户的一种攻击方式。

掉线 diào xiàn［动］网络连接时的数据连接非正常终止，也指网络游戏中与服务器连接断开。【例】有不少网友反映家里的路由器会出现 24 小时~一次的情况。

跌坑 diē kēng［动］指网友在网上看未写完的长篇文章。【例】有一些坑一定会填完，请~的人放心。

丁宠家庭 dīng chǒng jiā tíng［名］只养宠物不养育孩子的家庭。【例】组建~也渐渐成为城市年轻夫妇的选择。

叮 dīng［动］【1】特指用微波炉加热、烹制食物。由微波炉定时器的声音借代而来。【2】淘汰出局。［源自香港电视广播有限公司推出的天才表演式歌唱比赛节目《残酷一叮》］【例】女儿被~出局，母亲心生不忿。

顶 dǐng［动］支持、赞同。多用于网络论坛跟帖，对发帖者的观点表示支持、赞同。与"沉"相对。【例】希望"加精"，大家都来~一下。

东方不败 dōng fāng bú bài［名］【1】不男不女的人。［源自金庸小说《笑傲江湖》，东方不败曾为练葵花宝典而自宫。］【2】泛指某人或某物处于优胜地位，或永远立于不败之地。【例】这位双打奇才，无论是与谁配对，都是独步天下，～。

懂事崩 dǒng shì bēng［形］形容成年人就算崩溃也要挑选合适的时间，不能影响工作和生活，很理智，也很无奈。【例】每个人都有每个人的无奈，只是日子久了，大家练就了～的神功。

动漫 dòng màn［名］动画和漫画的合称与简缩。【例】中国第一家～资讯杂志叫《动漫时代（ANIME COMIC TIME）》。

冻容 dòng róng［动］指那些年龄 20 岁上下的女孩，为了能将青春永远冻结，早早开始抗老历程。［源自台湾地区"冻容世代"，台湾地区媒体对英文 cyxon babies（美国一本时尚杂志创造的新词）的翻译］【例】办公室三位女士正在酝酿一场轰轰烈烈的～计划。

豆你玩儿 dòu nǐ wán er 仿相声大师马三立的相声段子《逗你玩儿》而来。表示绿豆价格一路飘升，超出合理范围，传递出百姓对 2010 年物价上涨的无奈与抗议。带有强烈的戏谑意味。［近义词：鸽你肉；姜你军；辣翻天；煤超疯；苹什么；蒜你狠；糖高宗；药你命；油他去］【例】"高房租"会不会成为下一个"～"？

Duang 是个象声字，类似"哐"。意思是加特效，自带配音效果。【例】"～"，你的小可爱突然地出现了。

躲猫猫 duǒ māo mao［名］2009 年网络流行语。儿童游戏捉迷藏，俗称藏猫猫、摸瞎子。现比喻有意规避事实真相，或为掩盖事实真相而寻找搪塞的理由。［2009 年 2 月 8 日因涉嫌盗伐林木被关押在云南省晋宁区看守所的青年李荞明，因伤被送进医院，4 天后死亡。警察称其与狱友玩"躲猫猫"游戏时撞到墙壁重伤致死。对此，网络舆论表示强烈质疑。"躲猫猫"一词在网络广泛流传。］［近义词：洗澡澡；做梦梦］【例】检方调查男子看守所身亡事件，真相不会"～"。

E

E【1】电子化，数字化。［英文 electronic game 的首字母缩写］【例】社会～，我们虚无化。【2】泛指网络。［源自微软网页浏览器 Internet Explorer 的图标］【3】"一、议、益"等字的谐音，用字母 E 以体现网络的特点。【例】～路通，路路通；～政广场。【4】电子邮件。［英文 e-mail 的首字母缩写］【例】有事～我。【5】恶（读第三声），恶心。［汉语拼音 ě xīn 的字母缩写］【例】～，那个人为了出名，什么事都可以做。【6】饿。连用则表示非常夸张。［汉语拼音è 的无声调大写］【例】~了，你有什么好吃的？

E 产品 电子产品。［E 是英文 electronic（电子）的首字母］【例】电子书，当然是一种 ~，只不过是少了纸质阅读的质感。

E 服务 电子化服务，指基于互联网信息技术所提供的各种社会服务。［英文 e – services 的对译］【例】你可以通过"~"办理港澳通行证。

E 化 电子化、数字化、网络化、未来化等。［E：英文 electronic（电子）或 explorer（浏览器）的首字母］【例】这是一个越来越 ~ 的世界，可是我希望它能更加人性化。

E 化家居 电子化家居，指基于互联网信息技术为个人及社区所提供的数字化生活方式。【例】"~"程度的高低，可以反映出一个家庭的生活水平吗？

E 教室 电子教室，指装备了多媒体交互式教学平台的教室或网络虚拟课堂。【例】你考研的时候，是通过~上课吗？

E 人类 习惯并依赖网络和电子产品的一类人。【例】作为 ~，身边辐射多，一定要经常锻炼身体啊。

E 生活 电子化生活，网络生活。【例】~，是十年前的人类无法想象的！

E 时代 电子时代，网络时代，经济时代等。［E：英文 electronic（电子）、explorer（浏览器）或 economy（经济）的首字母］【例】~ 让我觉得没有安全感，所有的事情指尖轻轻点击两下就行了，太轻松了，没有过程。

E 校园【1】电子化、网络化的校园。【例】 ~，传统的图书馆依然是你必要的选择。【2】一家面向 E 时代大学生的大型校园购物网站。

E. G. Y. P. T. 十全十美，你这漂亮的东西。［英文 everything's great, you pretty thing 的首字母缩写，也是埃及国名的英文 Egypt 的分解］【例】你男朋友送的礼物真的是 ~！

E – book 同"电子书"。【例】 ~ 的畅销书是《盘龙》吗？

E – pal 电子朋友，网友，通过网络和电子邮件认识的朋友。［E：英文 electronic（电子）的首字母；pal：英文原词，伙伴、好友］【例】学生把收集到的数据，E – mail 给他们的 ~。

E – zine 电子杂志。泛指各类利用电子邮件的强大通信功能，而定期向订阅者提供信息内容的网上新媒体。［E：英文 electronic（电子）的首字母；zine：英文 magazine（杂志）的简写］【例】你在移动订阅的 ~，看过吗？

EAK 在键盘边吃饭，指过度依赖电脑和网络。［英文 eating at keyboard 的首字母缩写］【例】你真是宅女，~ 了吧，厉害。

ED【1】电骡下载，一种高速的网络点对点下载工具。［英文 emule – download 的首字母缩写］【2】影视片尾曲。［英文 ending theme 的缩写］【3】跑跑卡丁车，一种休闲运动类竞速游戏。以"enjoy drift（全民漂移）"为宣传口号，故缩写为"ED"【例】～很有意思。

EG【1】电子游戏。［英文 electronic game 的首字母缩写］【例】电子游戏一般都被年轻人称为～。【2】邪恶的笑，坏笑。［英文 evil grin 的缩写］【例】他给了我一个～。【3】恶搞。［汉语拼音 è gǎo 的首字母缩写］【例】微博中～的视频不在少数。

EME 发邮件给我。［英文 e – mail to me 的缩写］【例】记得～。

EOD【1】每隔一天。［英文 every other day 的首字母缩写］【例】～他都会上线做任务。【2】爆炸性军火破坏。［英文 explosive ordnance demolition 的首字母缩写］【例】游戏中有～的场景吗?【3】当天结束。［英文 end of day 的首字母缩写］【例】这个工作好，～。

EOM【1】月底，月末。［英文 end of（the）month 的首字母缩写］【例】～才能发工资。【2】这段完毕。［英文 end of message 的首字母缩写］【例】～，稍后再见。【3】电文结束语。［英文 end of messag 的首字母缩写］

EST 天算。［英文 equipment smarter than 的缩写］【例】机器比操作员聪明，人算不如～，就这么样吧。

ET【1】智商高但对普通知识一窍不通的人，也指长相怪异的人。［英文 Extra – Terrestrial 电影《外星人》的首字母缩写］【例】遇到～后，除非你答应它一件事，不然它不会放你走的。【2】指 ET 语音，盛大旗下的一款新型的多人语音聊天工具，主要用于网游玩家在游戏对战时语音联络、娱乐用户网络 K 歌、语音通话、多人语音会议等。【例】传奇世界～语音系统问卷调查。

EZ 容易。［英文 easy 的谐音形式］【例】法语绝不是你想象的那样～。

额 é［语气］表示短时间想不出回答的话语而正在进行思考，或者对对方所说的内容感到错愕、惊诧时发出的感叹。【例】～～，你怎么会在这，你不是去了美国吗?

额滴神啊 é dī shén a［名］我的上帝啊，神啊，我的天啊。常用来表示惊讶，不可思议，含有戏谑的意味。［源自情景喜剧《武林外传》中老板娘佟湘玉的口头禅］【例】～高速公路上公交车烧成空壳了!

饿 è［代］陕西话"我"的谐音。【例】怎么，你又想欺负～?

恶 è【1】［形］坏，非字面意义的表达，带有戏谑意味。【例】试一下你到底有多～。【2】［形］"恶搞"的简称。【例】这种～评你就不要太在意了。

恶搞 è gǎo［动］恶意搞笑，指事物或动作行为出乎寻常、很搞笑。【例】～古文背后隐藏的其实是一种灰色甚至是黑色幽默。

恶趣味 è qù wèi［名］不良的嗜好、兴趣爱好，有时用以自谦，常指沉迷于与自身社会地位、身份不大相符的兴趣爱好。多用于动漫人物。【例】可要是愣有人支持"歪风邪气"，这等～，不建议！

恶意取款 è yì qǔ kuǎn［名］利用取款机故障取款，非法侵占银行资金，属盗窃行为。该词语来源于"许霆恶意取款案"。【例】～属非法行为。

鳄鱼哥 è yú gē［名］电竞领域的知名人物，因打游戏而出名。【例】～的电竞人生不可复制！

儿童气候宣言 ér tóng qì hòu xuān yán［名］哥本哈根"儿童气候论坛"上由来自44个国家的165名学生联合递交的有关气候的联合宣言。【例】网友纷纷为"～"叫好。

耳朵虫 ěr duo chóng［名］指歌曲或其他音乐作品的某个片段不由自主地反复在某人脑子里出现的情况，口语中一般表达为"脑袋里粘着音乐"。【例】脍炙人口的"口水歌"总能在无时无刻勾起人的"～"。

耳己 ěr jǐ［动］理睬。多用于网络聊天。［源自方言］【例】我不想～你，别来骚扰我。

二倍速追剧 èr bèi sù zhuī jù 没时间追剧，又怕跟不上新话题，只能快速看个剧情。【例】又要工作又想追剧，那么只能开启～模式了。

二枪爆头 èr qiāng bào tóu［名］游戏术语。指在 CF 游戏中打两枪才消灭"敌人"。【例】看我一枪爆头，绝不～。

二傻青年 èr shǎ qīng nián［名］类似于极品的文艺青年，他们的特点是强调特立独行的品位，热衷于调戏和嘲讽主流的智力游戏，以及崇尚反其道而行之的创造力，还常常以自己的"倒霉"引人发笑。此外还有普通青年、文艺青年。【例】～欢乐多。

F

F. R. A. N. C. E. 友谊永存，海枯石烂。［英文 friend ships remain and never can end 的首字母缩写］【例】我们是最好的朋友，我们的～。

F2F 是新概念营销模式的一种，是一种家庭或者个体（family）到厂家（factory）的一种直销模式。［F 是 family 的缩写，2 的英文与 to 同音，F 是 factory 的缩写]【例】~虽然不能说能取代 B2C 和 B2B，至少能在未来发挥更重要的作用。

F6 服了你了，佩服你。[F 代表汉语中的"服"，与"服"读音相同。6 与英文 you 读音接近]【例】~! 你真是厉害!

FA 工厂自动化。又称"车间自动化"。[英文 factory automation 的首字母缩写]【例】这家工厂是新兴的工厂，采用的是 ~技术。

FAG 男同性恋。[英文原词，源自美国俚语]【例】最早的 ~可以追溯到维多利亚时代。

FAI 经常讨论的问题，首件确认。[英文 first article inspection 的首字母缩写]【例】事业，婚姻，这是我们的 ~。

FAINT 晕，晕倒。表示惊讶、不可理解等。[英文原词，现较少使用]【例】~，你这是什么意思，过河拆桥吗?

FAMILY 爸爸妈妈，我爱你们![英文 father and mother, I love you 的首字母缩写，恰好与"家"的英文 family 相合]【例】~，今天是我的生日，希望你们永远平安、健康。

FANS 某人、某事或某个群体的狂热崇拜者。[英文原词，现较少使用，为"粉丝"所代替]【例】我是帆船 ~，这是我们的俱乐部简介。

FAO 一切都结束了。[英文 finish all over 的首字母缩写]【例】~，这段旅程我们还记得什么?

FAQ 常见问题解答。[英文 frequently asked question 首字母缩写]【例】去看一下 ~，你就知道问题在哪里了。

FB【1】腐败，聚餐。自发进行的吃喝玩乐活动。[汉语拼音 fǔ bài 的首字母缩写]【例】我们一起去 ~吧。【2】发飙。[汉语拼音 fā biāo 的首字母缩写]【例】小心点，他会 ~，最近他比较背。

FBKS 从椅子上摔下来，指笑得不行，或者郁闷得摔倒。[英文 failure between keyboard and seat 的首字母缩写]【例】《乡村爱情》太好笑了，~。

FB 币 福币。一种虚拟货币。【例】最近推出的 ~是比比特币更火爆的虚拟货币。

FDD 免费的（法语）[法语 franc de droits 的首字母缩写]【例】大家好好享用，~!

FE 致命错误。[英文 fatal error 的首字母缩写]【例】这是一个 ~，投标就这样失败了。

FF【1】饭饭，吃饭的幼儿说法。[汉语拼音 fàn fan 的首字母缩写]【例】

下班了，~去吧。【2】最终幻想，日本一家公司出品的最畅销的系列电子游戏之一。[英文 Final Fantasy 的首字母缩写]

FITB 特别强调。[英文 fill in the blank 的首字母缩写]【例】~，这是你第一次长途旅行。

Flame mail 火焰邮件，过激邮件，即含有谩骂信息的电子邮件。[英文原词，现较少使用]【例】~同样也属于垃圾邮件。

Flash 电脑动画设计软件。[英文原词]【例】这个是你自己用~做的吗？

FLG 法轮功，一个邪教组织。[汉语拼音 fǎ lún gōng 的首字母缩写]【例】~现场捣乱，引发众怒。

FLY 族 以"自然着，快乐着，飘荡着"为生活格言的都市白领一族，崇尚一种我行我素、游手好闲、潇洒自在的生活理念，不理会来自任何人的任何赞许或者指责的另类生活方式。[英文 flow（流动）、linger（飘荡）、yoyo（忽忽悠悠）的首字母缩写]【例】~少有压力。

FM【1】跟我来。[英文 follow me 的首字母缩写]【2】伏魔。多用于网络游戏《魔兽世界》。[汉语拼音 fú mó 的首字母缩写]【例】你最近有没有玩~？

FNN 粉嫩嫩。[汉语拼音 fěn nèn nèn 的首字母缩写]【例】小姑娘长得~呀。

FOAF 朋友的朋友。[英文 friend of a friend 的首字母缩写]【例】他是我~，后来竟成了我的丈夫了。

FOS 言论自由。[英文 freedom of speech 的首字母缩写]【例】香港是一个~的地方，我喜欢。

FQ【1】愤青，粪青。指不满于社会现状，而急于改变现实的激进青年。[汉语拼音 fèn qīng 的首字母缩写]【例】每个人年轻的时候都做过~。【2】夫妻。[汉语拼音 fū qī 的首字母缩写]【例】世上~多，珠联璧合少。【3】胡说八道。粗口。[英文 fuck you 合音后的缩写形式]【例】~，这是什么理论!

FRJJ 芙蓉姐姐，网络红人。[汉语拼音 fú róng jiě jie 的首字母缩写]【例】~现象，要感谢网络时代，还有当前社会的包容。

FROPPED 别胡闹。[F：英文 fucking 的首字母；ROPPED：英文 dropped 的简写]【例】~，我说的可是正经事。

FS【1】法师。多用于电脑游戏用语。[汉语拼音 fǎ shī 的首字母缩写]【例】~，你在第几级呢?【2】发骚，风骚。[汉语拼音 fā sāo 和 fēng sāo 的首字母缩写]【例】~，今天又不是你结婚，伴娘而已，哈哈。

FT 晕，晕倒。也作"分特"。[英文 faint 的缩写]【例】~，你竟然也在广州!

FTASB 比子弹还快。〔英文 faster than a speeding bullet 的首字母缩写〕【例】～，那个牙买加选手太有才了!

FTBOMH 发自内心的。〔英文 from the bottom of my heart 的首字母缩写〕【例】～，跟你说拜拜，哈哈。

FTF 面对面。〔英文 face to face 的首字母缩写〕【例】有时间坐下来，～，也许我们忽略了彼此。

FTL 比光速还快。〔英文 faster than light 的首字母缩写〕【例】对于我来说，过山车～。

FTO 一种与肥胖相关的等位基因，也称肥胖基因。【例】专家指出体内～变异的人，如果两个副本均变异，其肥胖的几率会比那些无变异副本的人高出70%之多。

FTR 列入记录。〔英文 for the record 的首字母缩写〕【例】刘翔始终是中国人的骄傲，～，毋庸置疑。

FTTB 在当时。〔英文 for the time being 的首字母缩写〕【例】～，我想不到会成这个样子。

FTTT 有时。〔英文 from time to time 的首字母缩写〕【例】略。

FUD 恐惧、不确定、怀疑。〔英文 fear uncertainty and doubt 的首字母缩写〕【例】中国政府支持发展中国家，前几年国际上出现的～论调是荒谬的。

FWIW 不论真伪，不论好坏。〔英文 for what it's worth 的首字母缩写〕【例】～，让我们认真地逢场作戏。

FYA 供你消遣。〔英文 for your amusement 的首字母缩写〕【例】这个光碟挺好看，～!

FYBITS 去你的，我才是系统管理员。〔英文 fuck you, buddy, I'm the system operator 的首字母缩写〕【例】～，少管闲事。

FYFS【1】去你的垃圾邮件。〔英文 fuck you for sharing 的首字母缩写〕【例】～，我要拉黑这个人。【2】〔形〕吠影吠声。成语，比喻跟在别人后面盲目附和。〔汉语拼音 fèi yǐng fèi shēng 的首字母缩写〕【例】略。

FYI 供参考。〔英文 for your information 的首字母缩写〕【例】这是你需要的文件，～。

FYM 错误情报，错误通知。〔英文 for your misinformation 的首字母缩写〕

发飙 fā biāo〔动〕【1】被人惹怒发狠、大发脾气。【例】聪明老婆应对老公～绝招。【2】做事情做得好。【例】他是第一次～，我认为他画得比我好。

发狂死 fā kuáng sǐ［名］事件名。指一名平时正常的精神病患者在看守所里离奇死亡。事件的主人公是林立峰。【例】"～"这一名词一出现，便引起了微博网友的广泛议论。

发票奴 fā piào nú［名］指的是在年关将近，四处"搜刮"发票，去财务部门冲账，作为获得年终收入的一种方式的白领。【例】你会当"～"吗?

发烧 fā shāo［形］形容对某件事物痴迷。【例】他是周杰伦的～友。

发烧友 fā shāo yǒu［名］泛指对某种事物具有狂热爱好的一类人，最先出现于 Hi－Fi 音响领域。［英文 fancy 音意兼译］【例】现如今电脑～越来越多。

发送 fā sòng［动］送交，是属于现代汉语中的白话词汇。现电子邮件、短信息等也用"发送"。【例】给老板的邮件报告～了吗?

发帖 fā tiě［动］在论坛上发表言论。【例】上海青年王帅多次举报无果后网上～。

发泄餐厅 fā xiè cān tīng［名］为顾客提供发泄服务的餐厅。【例】在这个快节奏高压力的社会中，"～"却受到了人们出乎意料的青睐。

伐开心，要包包 fá kāi xīn, yào bāo bāo［形］不开心，我要买包包。形容一个人心情不高兴，在情人面前撒娇发嗲，求安慰。最早出现于微博网友"大咕咕咕鸡"《黄浦江与领导的故事》，随后出现在了《龙与天子的故事》中。【例】我们昨天听到小王的女朋友对他说："～!"

罚款套餐 fá kuǎn tào cān［名］江西省乐平市交警部门新推出的罚款包季、包年制。车主只要事先缴纳 1900 元可保一个季度不罚款，缴纳 8000 元可保证一年不罚款。【例】"～"并不能从根本上预防违章、减少事故。

罚酒费 fá jiǔ fèi［名］河北省海兴县推出的制度。即全县凡卖酒的商户，即使没有违法违规经营行为，也必须上缴给县酒类监督管理局的罚款。【例】网友都评论说，莫名"～"罚你没商量。

法商 fǎ shāng［名］法治商数，是法律意识、法律知识、守法习惯等法律素养的总和。同"智商（IQ）""情商（EQ）"等相类似。［英文 law quotient 的原词意译，简称 LQ］【例】你的～有多高?

番茄炒蛋 fān qié chǎo dàn 女的把男的抛弃了。"番茄"指女人，"蛋"指男人。与"蛋炒番茄"相对。【例】男女比例略失调的今天，～越来越常见。

番茄门 fān qié mén［名］也称西红柿门，2013 年 7 月 15 日，京东老板刘强东在新浪微博上晒出自家阳台上的番茄，11 分钟后，新浪微博网友 ViKiZhuang（新浪加 V 认证：京东商城小家电采编总监庄佳），也晒出了一张自家阳台番茄照。细心的网友通过对比二人番茄图发现，无论是番茄的样子大小，还是阳台的方位布置，均是一模一样，推断两人可能已在同居状态。二人的番茄图在微博上引发热议。新浪微博网友任七层（新浪微博加 V 认证：云端互动客户经理任敏）调侃道"内含图，大周末在家'加班'"。截止到记者发稿时，当事人刘强东和 ViKiZhuang 都已删除番茄图片，留给大家无限想象空间。

翻墙 fān qiáng［名］是指绕过相应的 IP 封锁、内容过滤、域名劫持、流量限制等，实现对网络内容的访问。［该解释引自《典型翻墙软件的网络通信特征研究》］【例】你~成功了吗？

翻新门 fān xīn mén［名］是指关于 LG 电子从 1998 年开始一直在中国对废旧 LG 电子产品秘密进行大规模小作坊式翻修并再次出售的丑闻。【例】LG 陷入"~"引发消费者和业界对家电翻新的关注。

凡客体 fán kè tǐ［名］指网上服饰商城"凡客诚品"（VANCL）广告文案宣传的文体。如韩寒的广告词：爱网络，爱自由，爱晚起，爱夜间大排档，爱赛车，也爱 29 块的 T – SHIRT，我不是什么旗手，不是谁的代言，我是韩寒，我只代表我自己。我和你一样，我是凡客。从中提炼形成"爱××爱××，爱××爱××，也爱（商品），我不是××，我是××"的广告模式。【例】为什么"~"会成为网络传播流行指标？

烦客体 fán kè tǐ［名］"凡客体"的同音戏谑形式，泛指模仿和恶搞凡客体而衍生出来的网络作品。如爱碎碎念，爱什么都敢告诉你，爱大声喊"爱爱爱"，要么就喊"不爱不爱不爱"，请相信真诚的广告创意永远有口碑，我不是"某白金"或"某生肖生肖生肖"，我是凡客体。【例】"~"在网上很流行，很多人喜欢。

反潮族 fǎn cháo zú［名］是指反潮流的新族类，他们的生活作派和工作思路，好像是和现实反着干，比如买得起汽车，却坚持骑自行车；少发邮件，多用笔写信，用书法对抗打印机；不阅读电子书，喜欢纸质书……反潮族的生活有它不同寻常的真谛，反潮流生活也成了陶冶性情、自得其乐的快乐生活方式。【例】在潮流炙手可热的时代，~犹如一颗新星横空出世。

反赌协会 fǎn dǔ xié huì［名］为反对赌博而建立的组织。其中主要是教授一些牌技手法，扑克牌技，麻将牌技，千术奥妙等，让参与者看清赌博的黑暗，远离赌博！【例】你有没有看~发布的反赌实用操作呀？

反腐焦虑 fǎn fǔ jiāo lǜ［名］受客观条件的限制，公众的反腐愿望未能得到满足，反腐积极性未能得到实现而产生的紧张情绪。【例】鉴于此，需要通过有力的制度建设，增加官员个人事项对于社会的公开性和透明度，逐步消弭公众的~，使反腐败工作走上规范化、法制化的轨道。

反腐硕士 fǎn fǔ shuò shì［名］最高检将联手高校，培养首批"反腐硕士"。报道称，最高人民检察院和中国人民大学近日签署合作备忘录，将联合培养职务犯罪侦查方向的硕士研究生。由检察机关和高等院校共同有针对性地培养职务犯罪侦查专业人才，在国内尚属首次。【例】反对腐败，正风廉洁"~"也承担起应有的责任。

反庐舍联盟 fǎn lú shè lián méng［名］为反对员工"不务正业"，已有多家企业自发成立了"反庐舍联盟"，对"网络庐舍族"进行监督教育。"庐舍"是loser 的谐音，是指每天在网上耗费两个小时以上的工作时间，沉迷于 virtual social networking site（虚拟社交网站）等与工作毫不相干的事情，无主动进取心态的工作白领一族。［英文 Anti – loser Union 的中文译意］【例】当今社会激烈的竞争催生了很多的~。

反烧派 fǎn shāo pài［名］指在兴建垃圾焚烧厂问题上持反对意见的一派。【例】即使在技术专家中间，主烧派和~的观点也是针锋相对。

反社会身体 fǎn shè huì shēn tǐ［名］被主流审美情趣所抛弃与歧视的身体。比如过于肥胖或者过于肮脏、邋遢的身体。【例】身材苗条是美女的追求，"~"也正被爱美的人士嫌弃。

返联公投 fǎn lián gōng tóu［名］指中国国民党提出的要以"中华民国"的名义"重返"联合国，并在岛内进行公开投票表决的活动。【例】9 月 5 日，陈水扁在公开场合，先是抨击国民党的"~"是死路一条，接着又指责联合国并不是全都代表正义，背后有更复杂的政治因素。

返炼胶 fǎn liàn jiāo［名］没有通过质量检验的混炼胶，作为原料按规定的比例掺到下一次炼胶中，这种橡胶就成为"返炼胶"。【例】"3·15"晚会上，关于国内最大轮胎供应商锦湖轮胎违规大量使用~，从而可能引发安全事故的报道引起了社会的广泛关注。

返聘热 fǎn pìn rè［名］用人单位中的受雇佣者已经到达或超过法定退休年龄，从用人单位退休，再通过与原用人单位或者其他用人单位订立合同契约继续作为人力资源存续的行为或状态。【例】近年来，离退休人员成为一些用人单位优先录用的人才，"~"随之成为大众话题。

饭饭 fàn fan【1】［动］吃饭，表可爱之意。【例】去楼下~吧。【2】［名］食物、食品。【例】"网络~"能否叩开网络之门？【3】［名］追星族，粉丝。［英文 fans 谐音的重叠形式］【例】不用说，他的~一定都来了。

饭局门 fàn jú mén［名］被蒙上了神秘色彩的非正常饭局，以及出于结交朋友、彰显身份的目的而开设的社交饭局，其中甚至不乏被骗或者被迫的情形。

【例】"～"在娱乐圈似乎已成为一种"潜规则"。

饭Q 一家名为"便利中国"的公司专门针对都市上班族打造的网上订餐软件。【例】～除了能点餐，还类似QQ，能听歌、交友、玩游戏。

泛户外 fàn hù wài [名] 指广义上的户外运动，即任何一项走出家门的运动都可以被称为户外运动，区别于通常人们所理解的那种带有危险性质的户外探险运动。【例】"～"使热爱运动的人可以在不同场合显示自己运动、阳光的一面，随着体育热潮的不断升温，这个群体还会急剧加大。

泛侠化 fàn xiá huà [名] 指好莱坞超级英雄片类的电影中主人公行为并算不上侠义，但影片译名却多为"××侠"的一种泛化模式。【例】为了吸引消费者的眼球，影视业的"～"现象屡见不鲜。

贩菜哥 fàn cài gē [名] 网络名人。来自民权县孙陆镇吕沟村、在石家庄卖菜的王超华没有想到，他捡到了装有6250元现金的公文包。当天，他放弃了赖以为生的贩菜生意，踩着脚、拉紧衣领在寒风中等待。6个半小时之后，丢包人没有出现。之后几经周折，才找到丢包人。这一事件感动了燕赵大地，他迅速蹿红网络，被网友们亲切地称为"贩菜哥"。【例】"～"王超华的事迹感动着中华儿女。

范跑郭跳 fàn pǎo guō tiào [名] 2008年网络热语，指范跑跑、郭跳跳，意喻"一丘之貉，五十步笑百步"。[源自2008年6月7日凤凰卫视《一虎一席谈》节目，范美忠就自己"先跑事件"与节目嘉宾展开辩论，作为对立方的嘉宾郭松民几次暴跳如雷，并用"无耻""畜牲""杂种"之类的字眼对范进行辱骂，情绪异常激动，中途甚至一度愤怒离场，故被称为郭跳跳。]【例】看到老人跌倒直接走开的人与围观凑热闹的人不外乎是"～"，都毫无责任感。

范跑跑 fàn pǎo pǎo [名] 网络名人，网上对四川都江堰光亚中学语文教师范美忠的戏谑称呼。2008年5月12日汶川地震时，范美忠老师先于学生跑出教室，并于5月22日在天涯社区上发帖《那一刻地动山摇——"5·12"汶川地震亲历记》，细致描述自己在地震时所做的一切以及过后的心路历程，此文掀起轩然大波。[源自2008年汶川地震后网友"五岳散人"的博文《自由与道德——从"范跑跑"事件说起》]【例】～首次公开道歉，但仍坚持原观点。

方正静蕾简体 fāng zhèng jìng jiǎn tǐ [名] "方正静蕾简体"是根据徐静蕾的手写字体创作而成。2007年4月27日，方正电子携手徐静蕾发布了其个人书法计算机字库产品，这款被命名为"方正静蕾简体"的字体被方正方面称为我国第一款真正意义上的个人书法计算机字库产品，宣称标志着"计算机字库"将进入个性化时代。【例】～，字如其人，心素如简，人淡如菊，特别适用于书写信函、报告、文章等。

房岸线 fáng àn xiàn［名］当前部分沿海城市出现的"填海建房热"现象下，不少楼盘通过填海不断扩建"海景房"，从而使得海岸线变成了名副其实的"房岸线"。【例】当前"海景房"过度开发，形成"～"，这不仅加剧了房价调控难度，也潜伏着永久破坏生态、增加防灾压力的风险。

房贷风暴 fáng dài fēng bào［名］是指房贷公司贷给那些信用纪录较差、甚至根本没有信用纪录的客户的贷款。【例】一些银行已发出公告，提示客户关注美国次级～所带来的投资风险。

房二代 fáng èr dài［名］在最近几年房地产市场火热，物业税即将开征，房地产贷款门槛提高等多种因素影响下，许多炒房人为子女置办房产，这些年纪轻轻便拥有几百万房产的年轻人，便被称为"房二代"。【例】南京出现了"最小～"，2 岁女孩拥有 400 万元别墅。

防腐男 fáng fǔ nán［名］对娱乐圈大龄男演员容颜不老像吃了防腐剂一样的比喻，相对来说，男人的容颜衰老表现比女人来得慢，但是对于年届知命的男人来说，如果还像二三十一样年轻就令人吃惊，而恰恰是娱乐圈就不缺少这样的防腐男，诸如张智霖、甄子丹、赵文瑄等。【例】如今，"～"的颜值不输"小鲜肉"。

防鼠墙 fáng shǔ qiáng［名］防范老鼠入侵的防护墙。【例】沿湖地区正组织群众通过修复～、防鼠沟、投放化学药品等进行灭鼠。

防灾减灾日 fáng zāi jiǎn zāi rì［名］经中华人民共和国国务院批准而设立，自 2009 年起，每年 5 月 12 日为全国防灾减灾日。防灾减灾日的图标以彩虹、伞、人为基本元素，雨后天晴的彩虹韵意寓着美好、未来和希望，伞的弧形形象代表着保护、呵护之意，两个人代表着一男一女、一老一少，两人相握之手与下面两个人的腿共同构成一个"众"字，寓意大家携手，众志成城，共同防灾减灾。【例】2017 年 5 月 12 日是第九个全国～。

访客 fǎng kè［名］网站评测术语。记录浏览访问该网页的人。［英文 visitor 的原词翻译与独立访客（unique visitor）是同义词］【例】百度的～数量一直都居高不下。

仿生电子手 fǎng shēng diàn zǐ shǒu［名］为帮助受镇静催眠药撒利多胺危害的儿童而开发的一种有触感的电子仿生手，可进行移植。【例】2013 年 2 月，瑞士发明全球首个有触感的～，将用于人体移植。

仿生眼睛 fǎng shēng yǎn jīng［名］由英国牛津大学斯蒂芬·希克斯博士领导的研究人员研制用以帮助数以万计的盲人恢复视力的眼睛。这款仿生眼睛采用微型摄像头和一个袖珍电脑，用于提醒佩戴者前方出现物体和人。【例】~可帮助盲人恢复视力，重见光明。

访问量 fǎng wèn liàng［名］网站中网页的点击次数。又称网站访问量。【例】如何增加网站的~？

纺纱体 fǎng shā tǐ［名］仿莎士比亚文学，仿翻译西方文学的模式，意为模仿莎士比亚的语言体。【例】莎士比亚的戏剧语言优美，内涵丰富，效仿的人不在少数，从而形成了"~"。

房改"三三制" fáng gǎi "sān sān zhì"［名］专家所指的"三三制"是指基于三个阶层，实行"三种住房制度、三类供地方式、三支队伍参与"。【例】二次"~"或使得住房制度更加完善。

房姐 fáng jiě［名］房姐是指拥有多套房产的女人，也是售楼小姐的代名词。又称"置业顾问"。【例】置业顾问之所以被称为"~"，体现着这类服务部门接待服务客户的亲和力。

房闹 fáng nào［名］指的是已购房的老业主由于对新开或新推楼盘价格低于其购房时的价格不满而发生的集体与地产开发商闹事的行为。【例】"~"的本质还是"利益或权益"。

房奴 fáng nú［名］房屋的奴隶。房是房屋的房，奴是奴隶的奴。【例】不少年轻人成了"~"。

房小白 fáng xiǎo bái【1】［名］一个 NPC，搜狐白社会最新推出的 SNS 小游戏梦幻城里，有个永远修着几间万年不变的小房子的 NPC，它的名字就叫房小白。【例】~之城的朴素打扮更能让游子想起故乡的小镇。【2】［名］白领的自称，是一个群体的代名词。指那些默默努力寻找自己梦幻家园的人。【例】大城市里有无数的"~"在为自己的幸福努力。

放电 fàng diàn［动］男女相互挑逗。【例】我不是多情种，最讨厌被人说~。

飞虫 fēi chóng【1】［名］能飞的网虫，意指网络高手。【例】~就是一种高级别的网虫啦。【2】［名］又称"网络爬虫"，是一个自动提取网页的程序，它为搜索引擎从万维网上下载网页，是搜索引擎的重要组成。网络爬虫另外一些不常使用的名字还有蚂蚁、自动索引、模拟程序或者蠕虫。【例】搜索引擎使用~抓取 Web 网页、文档甚至图片、音频、视频等资源。

飞单族 fēi dān zú［名］指将企业业务通过私下关系运作，从中分成拿好处的一类业务员。【例】~暗箱操作拿好处。

飞蝗芜湖 fēi huáng wú hú［名］非黄勿护。在百度贴吧中，"护"就是删帖的意思，因为足球运动员李毅以护球而出名，所以李毅吧绝大多数动词都用

"护"来代替。意思就是某些吧友发的帖子标题很黄，但内容实际上是很温馨很感人的，就会在发帖时加这么一句。【例】这篇帖子很有内涵，～，望吧主开恩。

飞聊 fēi liáo［名］跨平台免费短信。飞聊是中国移动推出的基于移动应用的产品，与微信、米聊等产品功能类似。飞聊在中移动飞信的产品基础上开发，但与飞信有所不同，其更多是满足用户移动互联网的沟通需求。【例】～自问世以来，广受欢迎。

飞鸟 fēi niǎo［名］称有一定经验，能较为熟练使用网络或操作电脑的人，其水平介于"菜鸟"和"老鸟"之间，比"中鸟"高。【例】你水平高，是"～"，是我们这些"菜鸟"比不了的。

非大学教育 fēi dà xué jiào yù［名］非大学教育是与大学教育并行的高等教育。【例】～能缓解高等大学教育的压力。

非遗节 fēi yí jié［名］非物质文化遗产节的简称。【例】"～"是为非物质文化遗产保护举办的一个国际性节庆活动。

菲警 fēi jǐng［名］无能警察的代名词。由"菲佣"一词延伸得来。指的平日贪腐，遇事不知所措，救人时无能的警察。2010 年 8 月 23 日，一个香港旅行团在菲律宾首都马尼拉遭到一名手持 M16 步枪的菲律宾前警察劫持，事件最后造成 8 名港人遇难。在这次劫持事件中，菲律宾警方的处理能力遭到质疑。有媒体列出了警方在营救行动中存在的多处失误。菲律宾警察成了世界的笑柄。【例】从～的照相笑脸上，看到的是人性的缺失。

肥宅快乐水 féi zhái kuài lè shuǐ［名］就是可乐，广大宅男宅女的居家必备良品。【例】来一杯～让我们快乐一下吧！

肥猪流 féi zhū liú［名］网络用语。人类文明进化过程中的失败产物，也被称之为社会的遗弃者，也称为"肥猪瘤"。【例】这是个新人，吧主，看一下是不是"～"。

翡翠女 fěi cuì nǚ［名］网络名词，指很有品位，很小资，爱喝茶，爱旅游，爱写东西的女性，她们兼具知性、感性、主动性、性感等特点。【例】～的生活让众多女性羡慕不已。

废材 fèi cái［名］像废物一样没用的人。带有戏谑的意味。也作"废柴"。【例】你真是～，给咱们 80 后丢脸！

分红门 fēn hóng mén［名］事件名。基金行业出现的迟分红或不分红的现象。【例】基金"～"成为媒体和投资者关注的焦点。

坟头草已经一米多高了 fén tóu cǎo yǐ jīng yì mǐ duō gāo le【1】代表人死了很

久了，连埋人的坟头都长了很高的草。【例】这人死了很久了，看，～。【2】调侃的话，经常用来反击别人做作时候使用的，一般是说这个人做的举动很"作死"。其含义和不作死就不会死、遭雷劈相近。【例】～，少在贴吧装了。

粉笔翁 fěn bǐ wēng［名］崔显仁，黑龙江省绥化市望奎县惠七满族镇人。因柴油桶意外爆炸将双手和脸严重烧伤，左右手都只有食指和无名指能轻微活动，但崔显仁苦练书法，靠在街边乞讨为生。2011 年 10 月，因网友将其书写的粉笔字拍照并传到网络而走红，之后方正字库与崔显仁签订《方正字库委托创作协议》，崔显仁的字体将收录进方正字库，命名为"方正显仁简体"。【例】"～"身残志坚，苦练十年，虽然残疾但却没有灰心，值得我们学习。

粉单聚会 fěn dān jù huì［名］指失业者的聚会。因一般企业裁人通知单为粉色，失业者参加聚会时手上会戴着一条粉红色腕带，故称～。【例】《环球时报》说，最近，一种名为～的失业者见面会开始流行起来。(2009 年 2 月 9 日中央电视台《第一时间·读报》)

粉发图强 fěn fā tú qiáng［名］成语"奋发图强"的谐趣形式。【例】～找到工作。

粉红男生 fěn hóng nán shēng［名］温柔体贴、心思细密、善解人意，而又没有女生那么善妒、小家子气、情绪化和神经质的男士。【例】很多女生喜欢～。

粉红专列 fěn hóng zhuān liè［名］2011 年"三八"妇女节时，为向女性送祝福而专门开行一周一趟粉刷一新的"粉红专列"。【例】上海地铁 2 号线将于明天开出首列"～"，以独特的方式为女性朋友送上节日祝福。

粉客 fěn kè［名］在热门网站发帖或为选手、明星制作个人网页、博客以扩大影响力，具有一定技术水平的职业粉丝。【例】～MM 的个人资料展示页。

粉色航线 fěn sè háng xiàn［名］是根据妇女特点设计、专为女性顾客服务的航线。创始人为英国企业家亚当·查尔斯。【例】"～"是精明的商人为女性开启的专属消费领域。

粉丝电影 fěn sī diàn yǐng［名］是一种新的类型片。为迎合某偶像粉丝而拍的电影，只对特定人群有着非看不可的意义。【例】～通常要迎合粉丝们的口味，将人气明星的特点展现无遗。虽然投资小，但是回报较高。比如《大闹天宫》《孤岛惊魂》等。

粉丝买卖 fěn sī mǎi mài［名］一种新的经济模式。即将粉丝作为"商品"进行出售。【例】粉丝的影响力很大，以至于"～"日渐繁荣。

粉稀饭 fěn xī fàn［名］很喜欢。［粉："很"的谐音；稀饭："喜欢"的谐音]【例】~小女孩穿这种裤子了。

粉雄族 fěn xióng zú[名]喜欢打扮、追求时尚的男生的总称。["粉雄"一词来源于美国一档收视绝佳的电视节目《粉雄救兵》，5 个各有所长的漂亮男人，在电视里不厌其烦地教同性们如何穿衣打扮、提高品位，如何培养言谈举止优雅得体，甚至如何布置家居和做饭烧菜，轻轻松松彻底颠覆了传统男人的定义。]【例】因明星效应而兴起的~十分惹人注目。

粪青 fèn qīng[名]"愤青"的同音谐趣形式，指对社会现状不满而急于改变现实的青年，带有贬义。【例】各国~看完《2012》纷纷发表观后感。

粪肉 fèn ròu[名]粪肉，是日本科学家从人类粪便中提炼蛋白质并补充其他物质加工制作的食物，味道和外观均与牛肉差不多，但成本高于肉价 10 倍。【例】"~"让人闻名丧胆。

封村 fēng cūn[名]建围墙、安街门，封闭不常用的路口，人员和车辆持证出入。2010 年 4 月，北京市大兴区率先试点村庄社区化封闭管理，这一举措被外界称为"封村"。【例】多个地方效仿北京的"~"管理。

封号 fēng hào[动]封号，一般是指在网站或游戏中官方对违规用户的一种惩罚。当管理员或 GM 认为玩家或用户有作弊或违规现象时，对其相应的账号进行暂时或永久性封禁。当被封号后，系统会自动识别并禁止该用户在规定的期限里进入网站或游戏。【例】今天不能上线了，被~了。

丰收灾 fēng shōu zāi[名]因农业生产缺乏市场观察意识，根据以往的市场情况而过多投资某一农产品，结果当年该农产品大丰收，但市场价格大跌，农民并没有因丰收而增加收入，反而因全投资该品种造成巨大损失。【例】流行语"蒜你狠""姜你军"的出现，都与"~"有关。

风险课 fēng xiǎn kè[名]关于投资风险的教训。【例】这堂~意义非凡。

疯狂螺丝钉 fēng kuáng luó sī dīng[形]形容爱岗敬业、无私奉献、默默无闻的一群人。["螺丝钉"一词源自《雷锋日记》]【例】大城市的年轻人中有不少"~"。

疯驴症 fēng lú zhèng 指酷爱旅行的嗜好。"驴"是"旅"的谐音。【例】"旅游热"让更多的人患上了"~"。

蜂族 fēng zú[名]"蜂族"是针对时下"蚁族"命名的一个新兴群体，这个群体活跃的是那些有理想色彩的文化白领。"蜂族"是 80 后的佼佼者，年轻时尚，追求自由独立，有着一份稳定的工作，收入可观，与"蚁族"相比，他们的经济条件要好得多，正在逐步实现或者已经实现自己的买房梦。他们就像勤劳的蜜蜂一样，早出晚归，为构筑属于自己的"蜂巢"忙碌着。【例】"~"

是对努力工作的群体的称呼。

凤凰男 fèng huáng nán［名］指那些出身贫寒，集全家之力于一身，发愤读书十余年，终于成为"山窝里飞出的金凤凰"，从而为一个家族带来希望的男子。［近义词：孔雀女］【例】"~"给小山村带来了荣耀。

凤姐 fèng jiě［名］罗玉凤是重庆綦江人，因一系列雷人言论在网络上走红，被人称为"凤姐"。她自称懂诗画、会弹琴，精通古汉语，自称"9 岁起博览群书，20 岁达到顶峰，智商前 300 年后 300 年无人能及；现主要研读经济类和《知音》《故事会》等人文社科类书籍"。2009 年 10 月下旬开始，罗玉凤在上海地铁陆家嘴站散发相当雷人的征婚传单，开出七条令人啼笑皆非的征婚条件，事件被人记录并上传互联网，引起激烈讨论。【例】听说 ~ 去了美国，这是真的吗？

佛系 fó xì［形］在快节奏的生活中，依旧追求一种宁静、祥和的生活方式。【例】"~"青年、"~"生活成为广大网友的追求。

夫妻对员工 fū qī duì yuán gōng［名］在同一公司任职的夫妻员工。【例】在几年前"~"是不被提倡的。

扶墙而出 fú qiáng ér chū［形］用来形容在经历过一件或几件事情后的筋疲力尽的状态。【例】熬了一整夜，只能 ~ 了。

芙蓉姐姐 fú róng jiě jie［名］网络红人，拥有专栏作家、歌手、演员、主持人、编辑、广告策划人等多种身份。原名史恒侠，2000 年毕业于陕西工学院机械系，从 2003 年年底开始在北大未名论坛、水木清华 BBS 发帖，大量个人照片被广泛转贴，使其迅速成为网络上人气火爆的红人，曾连续 3 年稳居"百度搜索风云榜冠军"，2009 年 12 月 19 日，获得"2009 年中国互联网经济领袖论坛"个人网站奖项，在 2010 中国网商网货会上，获得"互联网特殊贡献奖"。网上称其"芙蓉姐姐"。【例】~ 北大演讲全程视频无删减版。

服务器 fú wù qì［名］指的是网络环境下为客户机（Client）提供某种服务的专用计算机。［英文 Server 的原词］【例】办公室的 ~ 坏了，记得找人来修理一下。

浮游 fú yóu［形］形容慢游，游手好闲、虚浮不实。【例】就业压力越来越大，年轻人不得不"~"在家。

浮游族 fú yóu zú［名］指游手好闲、虚浮不实的一群人。【例】就业压力越来越大，不少人沦为 ~。

浮云 fú yún［名］原指看得到却得不到的东西，或无实际意义的事物。现多表示不值得一提的东西。【例】都是 ~，请把我的东西还给我，我不找你了还不行嘛！

浮云水版 fú yún shuǐ bǎn［名］浮云论坛的流水板块，许多网络词语是在那上面归纳出来的，故为网民津津乐道。【例】目前正在广泛使用的网络语言版本是"～"。

辐牛 fú niú［名］是 2011 年日本福岛第一核电站核泄漏后，东京都从福岛县南相马市产的牛肉验出 2300 贝克的辐射铯的牛。【例】核辐射不容小觑，"～"就是个极好的例子。

辐照门 fú zhào mén［名］事件名。"康师傅""统一"方便面调味料包可能经过辐照处理后上市销售，但没有标注"辐照食品"字样，违反了《辐照食品卫生管理办法》《预包装食品标签通则》规定，双双陷入"辐照门"。【例】信任多年的方便面品牌竟然陷入"～"。

甫士 fǔ shì［名］同"姿势"，但为求时尚和新意，而改叫"甫士"。［英文 pose 中文对译］【例】拍照啦！大家摆个好的"～"。

俯卧撑 fǔ wò chēng［名/动］表示对时事不关心、不评论，只做自己的事。［源自 2008 年 7 月 1 日贵州省公安厅发言人关于少女李树芬之死的介绍，称李树芬溺水前，与其同玩的刘言超曾制止过其跳河行为，见李心情平复下来，刘便开始在桥上做俯卧撑，当刘做到第三个的时候，听到李树芬大声说："我走了"，便跳下河。当晚网友"流芳苑主"发表了《吃面要吃雪菜肉丝，运动要做俯卧撑！身体倍儿棒!》的帖子，引发了对"俯卧撑"的恶搞］【例】不关我事，做三个～就走，不要再吵了，大家做做～不好吗？

腐败 fǔ bài［动］聚餐。自发进行的吃喝玩乐活动。【例】如今，"～"已成为享受生活的代名词。

腐败客 fǔ bài kè［名］指常自发地聚在一起吃喝玩乐的一群人。【例】"～"能否将腐败进行到底？

腐不起 fǔ bù qǐ［名］用来形容豆腐涨价的现象——民众一向视为家常食品的豆腐现在也让人有吃不起的感觉了。"腐"指"豆腐"。【例】豆腐涨价，网友高呼"～"。

腐坚强 fǔ jiān qiáng［名］是人们给贪污腐败的时间持续长和在对金银财宝的贪婪占有上过度的腐败分子的戏称。"腐"指"腐败"。【例】"潜伏"官场多年不被发现，可谓是"～"。

腐女 fǔ nǚ［名］"腐女子"的简称，专指对 BL 作品情有独钟的女性，也是喜欢此类作品的女性之间彼此自嘲的叫法。［源自日文"腐女"（平假名)］【例】求～穿越古代成男子的文章。

　　父子灯 fù zǐ dēng［名］交通信号灯。"父子灯"从时间上分离了行人和机动车，明确了机动车和行人的路权，就交通效率而言，"父子灯"减少了城市混合交通道路的相互干扰。【例】杭州市采取的新举措，在道路上安装"～"，真是用处颇大。

　　付二贷 fù èr dài［动］用工资付车贷、房贷。【例】刚买了房子、车子，不得不每月"～"。

　　负面人 fù miàn rén［名］现实生活中不是坏人，但是说话做事总是带有否定、消极、负面倾向的一群人的总称。【例】我们要积极乐观，拒绝成为"～"。

　　负能量 fù néng liàng［名］能迅速把人的心情拉低、让人消沉的东西，它是一种能量。【例】"～"伤人伤己。

　　负翁 fù wēng［名］负债消费的人，一般指男性。"富翁"的同音戏谑形式。【例】80 后女孩婚后发现老公是"～"，坚决离婚。

　　附件 fù jiàn［名］随同主要文件一同发送的文件，一般指随电子邮件发送的文件。【例】不好意思，忘加～啦。

　　复牌门 fù pái mén［名］事件名。"复牌"指某种被停牌的证券恢复交易。【例】"～"事件过去了，你又买进了吗？

　　复制帖 fù zhì tiě［名］指把别人的发言或者网络上搜索到的文字在论坛上发表，作为自己的发言或帖子。【例】在网络上，～是为人们所不齿的。

　　富二代 fù èr dài［名］继承了父母丰厚家产的年轻人。该词最早见于香港凤凰卫视节目《鲁豫有约》。【例】王思聪是为众人所知的"～"。

　　富通门 fù tōng mén［名］事件名。指的是受金融危机影响，荷兰、比利时、卢森堡三国政府曾为挽救富通集团达成协议，分别出资购买富通集团在各自国家分支机构49%的股份，但这一方案未能重建市场对富通集团的信心这一事件。【例】"～"事件究竟会对比利时政局产生多大的冲击，现今仍难以预料。

　　腹黑 fù hēi［形］形容人外表温柔，内心邪恶。该词来源于日本 ACGN 界，原意为"表里不一""口蜜腹剑""施诈"。【例】霸道～总裁之类的小说流行于网络。

G

　　G 微笑。［英文 grin 的缩写］【例】送你一个～。

GA【1】公安。[汉语拼音 gong gan 的首字母缩写]【例】这个游戏里谁是~，谁是小偷呀。【2】请继续，前进。[英文 go ahead 的首字母缩写]【例】~~，我掩护！

GAL【1】生命得到升华，重生。[英文 get a life 的首字母缩写]【例】~，走完同一条街，回到两个世界。【2】美少女恋爱游戏。[英文 girls and love's game 的缩写]【例】无法忘记第一次和你相遇，每个人的~史。

GB 日本游戏公司任天堂出品的著名掌上游戏机。[英文 Game Boy 的首字母缩写]【例】弟弟的生日礼物是一款~。

GD&H 微笑/闪避，然后躲起来。[英文 grinning, ducking, hide 的首字母缩写]【例】~，好可爱！

GD&R 微笑、闪避，然后逃走。[英文 grinning, ducking, and running 的首字母缩写]【例】~，这是一贯的招数。

GD & RVVF 微笑、闪避，然后快速逃走。[英文 grinning, ducking, and running, very, very fast 的首字母缩写]【例】如此深奥的答复，~。

Geek 极客，奇客。一般是对电脑黑客的贬称。【例】不要做~，会遭起诉的。

GF 女友。[英文 girlfriend 的缩写]【例】你的~文静大方。

GM【1】游戏管理员。[英文 game master 的首字母缩写]【例】他小时候的梦想就是做一个~。【2】哥们儿。男性网友的互称。[汉语拼音 gē men er 的首字母缩写]【例】楼上的~不知道就不要胡说。【3】不男不女，人妖。[汉语拼音 gē ge 和 mèi mei 的缩写]【例】~在泰国是正常现象。

GMTA 英雄所见略同。[英文 great minds think alike 的首字母缩写]【例】在这个问题上，我们~。

GN 晚安。[英文 good night 的首字母缩写]【例】~，宝贝，永远爱你。

GNBLFY 我什么都没有，能给你的只有爱。[英文 got nothing but love for you 的首字母缩写]【例】~，这句话真的好浪漫啊！

GOAT 走开，滚开 [英文 go away, troll 的缩写]【例】~，我不需要你的怜悯。

Google 一款搜索引擎，总部在美国。【例】你用~吗？功能很强大。

GOK 只有上帝知道。[英文 god only knows 的首字母缩写]【例】~，你就不要庸人自扰了。

GR8 很出色，真棒。多用于电子邮件和论坛。[英文 great 的谐音，与 8 的英文 eight 音近]【例】~，你有学中文的天赋。

GRRRR 叫声，咆哮声；狂吠，咆哮。［GR 是英文 growling 前两个字母，RRR 是用重叠形式表示连续的叫声］【例】~，吓吓你，哈哈。

GTG 我得走了。也作 G2GO。［英文 got to go 的首字母缩写］【例】~，明天的车去北京。

GTGB 得走了，拜拜。［英文 got to go，bye 的首字母缩写］【例】~，以后见。

GTGP 去撒尿。［英文 got to go pee 的首字母缩写］【例】不好意思，刚才我 ~ 了。

GTH 去死吧你。［英文 go to hell 的首字母缩写］【例】~，不厚道。

GTSY 很高兴见到你。［英文 glad to see you 的首字母缩写］【例】~，希望今后大家多帮忙。

GUN 滚。粗口。【例】你给我 ~ 进来。［汉语拼音 gǔn 的无声调形式］

GX 恭喜。［汉语拼音 gōng xǐ 的首字母缩写］【例】~，你终于如愿以偿了。

改分门 gǎi fēn mén［名］事件名。私自更改考生试卷分数，并造成严重不良后果。【例】最近，"~"在东京大学重现。

改龄门 gǎi líng mén［名］事件名。擅自谎报自己的年龄，以达到一定的目的。该现象曾在体操比赛中出现。【例】娱乐圈里不少明星遭遇"~"。

盖被死 gài bèi sǐ［名］2010 年 11 月 25 日，广东茂名男子戚业强在茂名市第一看守所内突然死亡。警方在通报死因的时候说是被棉被闷死的。家属认为这个说法站不住脚，并在网上发帖质疑。【例】"~"这一说法的确有些牵强。

盖脆脆 gài cuì cuì［名］事件名。窨井盖本是"生命盖"，是外界和地下管道的最直接的防线。然而在合肥一小区，本应坚固踏实的井盖变成了"盖脆脆"，7 岁的男孩在上面蹦了几下，便坠入井中，失去了幼小的生命。事后人们发现，小区不少窨井盖仅仅只有 1 毫米厚度，成人不费力就能一脚踏碎。【例】"~"想想就恐怖。

盖楼 gài lóu［动］在论坛中回复同一个主题帖。回帖一个接着一个，好像在盖楼，故称。【例】重庆"民生十条"见诸媒体后，网民纷纷 ~ 力挺。

干色摸 gàn sè mō［名］干什么，港台发音的谐趣形式。也作"干虾米"。【例】你到这里来 ~？

干水 gān shuǐ［名］英国科学家发明的具有强力吸收二氧化碳的能力的像糖粉的物质。【例】"~"可以应付全球变暖，它可以吸收或者诱捕二氧化碳等温室气体。

干物女 gān wù nǚ［名］无意恋爱认为很多事情都很麻烦而过着简单的单身生活的年轻女性。【例】现在有些都市女喜欢做"～"。［源自日文"干物女"，罗马音 himonoonna］

干虾米 gàn xiā mǐ［名］干什么，港台发音的谐趣形式。也作"干色摸"。【例】你来这儿～？

甘人 gān rén［名］贵州方言，穷人。【例】你这个～。

赶园一族 gǎn yuán yì zú［名］通用年票催生的节假日期间"逛"公园的一群人。【例】元旦假期较短，很少有人出去旅行，于是，"～"便横空出世。

感恩红包 gǎn ēn hóng bāo［名］指学生送给教师的礼金，有自愿也有被迫的。现泛指表示感恩的礼物和金钱。【例】今年春节，许多年轻人给自己的父母送～成为新时尚。

刚需族 gāng xū zú［名］指有刚性需求的购房群体，是楼市购买力最真实的群体。【例】买房还是租房，"～"像踩跷跷板。

港漫 gǎng màn［名］"香港动漫"的简称。【例】"风起云涌～魂·我和～"活动已结束。

港漫用语 gǎng màn yòng yǔ［名］"香港动漫用语"的简称，因动漫的流行而流行。由于地域文化上的差异，说话的口气、言词与内地有所不同。【例】最新的～简介。

杠杆女 gàng gǎn nǚ［名］指能够"旺夫益子"的女人。这样的女子处境低潮，人却不低落，能够引渡另一半达到理想彼岸。【例】娶妻便娶"～"。

杠精 gàng jīng［名］热衷在网络上"抬杠"并以此为主要消遣娱乐方式的人。【例】不要在他的微博下面评论，因为他就是个"～"，一言不合就"开杠"。

高端大气上档次 gāo duān dà qì shàng dàng cì 出自 2005 年的《武林外传》（第三十九回）"吕秀才得理不饶人，郭芙蓉自食苦月饼"。指的是某一物品很与众不同，富有新意。【例】您家卖的这个产品，真的是"～"。

高富帅 gāo fù shuài［名］网络词汇。在港澳台的网络语言中的类似词语为"三高男"，形容男人在身材、相貌、财富上的完美无缺。"高"指长得高，"富"是指有钱，"帅"是指长得帅。［反义词：矮矬穷］【例】嫁人应嫁"～"。

高级丧 gāo jí sàng［名］一般的"丧"是指因为各种困难，对生活失去了信心。而"高级丧"则表示虽然对生活失去了希望，但依旧全力以赴地在经营生活的一群人。【例】生活、工作的无奈让我们成了"～"。

高考微作文 gāo kǎo wēi zuò wén［名］以高考语文作文题目为开端，在网上流行的话题多样、妙趣横生、字数在 140 字以内的微型作文。【例】"今天我打开电脑看中国股市，又是绿的"，就是江苏高考作文题《绿色生活》的一篇"～"代表作。

高铁体 gāo tiě tǐ［名］是"7.23"甬温线特别重大铁路交通事故发生后，新闻发布会上，铁道部新闻发言人王勇平说了几句让网友难以信服的话，比如"这只能说是生命的奇迹"，还有"至于你信不信，我反正信了"。随后，无数网友开始用"×××是奇迹，至于你们信不信，我反正信了！"作为高铁体进行造句，以表达广大网民的不满情绪。【例】越来越多的"～"在微博盛行。

高薪蓝 gāo xīn lán［名］对月薪、年薪较高的蓝领的称呼。【例】"～"显然已经刺激到了很多初入职场的低薪小白领。

搞怪 gǎo guài［动］做出怪样逗乐。【例】这个"火星脚印"原来是火星车自己～留下的！

搞毛线 gǎo máo xiàn［名］乱搞什么。有责备的意味。【例】这点小事都没做好，你～！

搞手族 gǎo shǒu zú［名］指专门组织网友参加登山、泡吧、K 歌等聚会，AA 制预交活动费，并从中收取一定"提成"的一类人。【例】他大学刚毕业就做起了"～"。

哥窑门 gē yáo mén［名］事件名。故宫博物院重点保护文物哥窑损坏事件。【例】"～"之后，又出现了"官窑门"。

鸽你肉 gē nǐ ròu［名］鸽子肉价格过高。［汉语"割你肉"的谐趣形式］【例】"～""蒜你狠"这类的词不断涌现。

鸽子门 gē zi mén［名］事件名。鸽子肉、鸽子蛋价格过高，超出一般人的消费水平，因而有此说法。【例】"～"的出现值得物价部门深思。

格格党 gé ge dǎng【1】［名］自视为贵族，娇生惯养，傲气十足，不肯服从领导的一类人。这里的"格格"可男可女，只是没有另立一个"阿哥党"而已。【2】［名］隐含"格格不入"的意思，"格格党"们的行为和思维方式，与传统职场规则大相径庭。【例】职场中"～"毕竟还是少数。

隔空 gé kōng［形］隔着空间，泛指不在同一时间、空间，不在一现场。【例】国足国篮今夜"～对战"，看谁能给球迷带来惊喜。

隔友 gé yǒu［名］指在甲型 H1N1 流感的防控中被隔离观察的人的互称。【例】听到这个回答，舱里的人都笑了，有的还开起了玩笑："好啊，我们都是'～'呢。"（2009 年 5 月 7 日《人民日报》）

葛格 gě gé［名］哥哥。台湾口音的"哥哥"。一般可爱型、嗲型女生会这样发音（不排除装可爱装哆），还有就是小孩子会这样发音，类似还有"马麻（妈妈）"。【例】～，我想你了呦。

葛优躺 gě yōu tǎng［名］是指演员葛优在 1993 年情景喜剧《我爱我家》第 17、18 集里面的剧照姿势。形容一个人颓废。【例】下班回到家，"～"这个姿势最舒服。

葛优体 gě yōu tǐ［名］一是兴起并流行于网络的文体，多用于调侃和自嘲。戏仿自电影《让子弹飞》中葛优所扮演的汤师爷的一段台词："麻匪，任何时候都要剿！不剿不行，你们想想，你带若老婆出了城，吃着火锅还唱着歌，突然就被麻匪劫了……所以，没有麻匪的日子才是好日子！"网友演化出"××，任何时候都要取消！不取消不行，你们想想，你×××，××××，还×××，突然就告诉你×××……所以没有×××的日子才是好日子！"的模板。同"丹丹体"。【例】"～"引发造句大赛，网友"吃火锅"戏仿台词。

个人空间 gè rén kōng jiān［名］指自己用软件编辑出的网页，之后上传到指定申请位置的一个空间。也作"个人主页"。【例】请教，怎样装扮～？

个人书签 gè rén shū qiān［名］又叫网址收藏夹。上网者可以把自己喜欢的站点或网页放入其中，以便随时使用或与他人分享。【例】超星数字图书镜像站点中可以添加～，免去每次检索的麻烦。

个人数字助理 gè rén shù zì zhù lǐ［名］一种手持式电子设备，集中了计算、电话、传真和网络等多种功能。【例】～在技术、产品和市场方面都有了很大的变化。

个人网站 gè rén wǎng zhàn［名］介绍自己的或以自己的信息为中心内容的网站，包括博客、个人论坛、个人主页。【例】她现在的～是她自己搭建而成的。

个人主页 gè rén zhǔ yè［名］同"个人空间"。［源自英文 Personal Home Page.］【例】网络中心～的宗旨是为校内师生服务，活跃校园网络文化。

个性钞 gè xìng chāo［名］具有个性、特点的钞票。【例】一元面值的"～"竟然能炒至 158 元！

个性贪官 gè xìng tān guān［名］运用"新形式""新手段"进行贪污受贿的官员。【例】《法治影响生活 2010 年中国法治蓝皮书》一书收录了"十大"最具个性的"～"。

给力 gěi lì［形］带劲，精彩，棒，也可表示超乎寻常等多种意思。【例】校园雷人发型介绍太～了。

根号二 gēn hào èr［名］一点意思，意思意思而已。在数学运算中，根号二近似于 1.41421……故称。【例】少喝点，～就可以！

跟帖 gēn tiě［动］在已发表的帖子后面，写上自己的意见或文字。也称"回帖"。【例】在论坛里首帖百花齐放自然蔚为大观，而～千姿百态亦自不能小看。

跟新 gēn xīn【1】［动］更新。【例】梦幻西游为什么不能～啊？【2】［动］跟着新出现的、新潮的事物走。【例】～的害处很多，比如在品牌竞争中处于被动地位。

工科联盟 gōng kē lián méng［名］是指继以清华为首的"华约"、北大为首的"北约"后，国内高校自主招生联盟的第三大集团。具体指由北京理工大学、大连理工大学、东南大学、哈尔滨工业大学、华南理工大学、天津大学、同济大学、西北工业大学和重庆大学等工科高校组成的高考自主招生联盟。【例】"～"汇集了国内众多优秀的工科学校。

工匠精神 gōng jiàng jīng shen［名］是一种职业精神，它是职业道德、职业能力、职业品质的体现，是从业者的一种职业价值取向和行为表现。其基本内涵包括敬业、精益、专注、创新等方面的内容。【例】建设社会主义需要弘扬～。

工闹 gōng nào［名］农民工不正当的讨薪行为。他们没有按口头或书面合同履行工作内容，却要求索取多于劳动应得的报酬。他们常常故意引发事端怠工，再通过向政府部门上访投诉、影响工程正常开展等方式，向施工单位施压索薪。【例】如今，农民工讨薪已变了味道，"～"四起。

工作 CD 冷却时间。"工作 CD"是指开始工作之前积蓄能力冷却时间，工作十分钟，CD 一小时。［CD 英文 cold time 的简写］【例】手机拖垮了我们的行动，我们都采用"～"的方式完成任务。

弓虽 gōng suī［形］强，泛指特别强。带有赞赏与感到震撼的意味。［"强"字的左右拆分］【例】"～"! 我们无人能及。

公共单车租赁 gōng gòng dān chē zū lìn［名］由专业服务机构提供自行车，市民可随时随地租赁，通过公共存取提高城市自行车使用效率，以缓解公共交通压力的一项服务。【例】据悉，～点主要分布在市中心，目的是为了缓解市区交通压力。

公共行为文明指数 gōng gòng xíng wéi wén míng zhǐ shù［名］指的是评价市民在公共场合中行为文明的量化指标。【例】首都文明办首度发布北京市民～。

公共秩序日 gōng gòng zhì xù rì［名］上海世博会期间，为倡文明树新风，将每月的 25 日定为"公共秩序日"。届时会有志愿者走上街头进行文明宣传活动。【例】迎世博"～"，我们在行动!

公健操 gōng jiàn cāo［名］一种保健操的名称。【例】跳跳~，对身体很有好处的。

公交精算师 gōng jiāo jīng suàn shī［名］运用精算方法和技术为公交公司解决经济问题的专业人士。"精算师"是指运用精算方法和技术解决经济问题的专业人士。【例】你能比得过公交公司那些~吗？

公权碰瓷 gōng quán pèng cí［名］运用公共权力进行一些投机取巧、敲诈勒索行为。公权，也叫公权力、公共权力。碰瓷，北京方言，泛指一些投机取巧、敲诈勒索的行为。【例】"钓鱼式执法"就是"~"。

公司驻虫 gōng sī zhù chóng［名］工作、生活、恋爱大都在公司及其附近进行的白领。带有戏谑的意味。【例】人性化办公为这些"~"们造出了一张"生活工作两不误"的温床。

公益补偿制度 gong yì bǔ cháng zhì dù［名］指2007年3月1日施行的《杭州市精神卫生条例》确立的一种制度，规定精神疾病患者如给他人造成严重人身伤害，其本人及监护人确实无力承担赔偿责任的，受害人可向当地政府申请补助。【例】杭州市"~"的推出，正在于通过政府的点滴努力，为我国更高层次的法制文明创造条件。（《北京青年报》2007年1月6日）。

公益存折 gōng yì cún zhé［名］记录公民公益活动次数的"存折"。利用"存折"里的公益活动次数可兑换相应的奖励。【例】"~"激发了公民参加公益活动的热情。

公众网站 gōng zhòng wǎng zhàn［名］综合性的可供大众浏览的网站。【例】~传播淫秽内容危害会更大。

攻略 gōng lüè［名］进攻的策略。泛指方法与指导，策略，手段。【例】2010年中国上海世博会3日游~很受欢迎。

供给侧 gōng jǐ cè［名］供给方面。相对于"需求侧"。【例】~结构性改革是党中央的重大举措。

钩头 gōu tóu［名］低埋着头。【例】挺直胸脯走路，不要~顺眼。

狗宝 gǒu bǎo［名］生长在狗胃里一种石头样的东西。【例】据说"~"有多种用途。

狗带 gǒu dài［名］去死。［源自英文 go die 的谐音狗带］【例】累死了，差一点就~了！

狗狗 gǒu gou［名］【1】对狗的昵称。【例】你家的~好可爱！【2】指互联网应用软件服务商迅雷公司旗下的"狗狗下载资源搜索网站"。【例】~采用迅雷独有的搜索技术，能快速全面搜索互联网上海量下载资源。【3】谷歌搜索引擎的昵称。【例】你现在还在用~吗?

狗血 gǒu xiě【1】［名］狗的血。【例】~可以入菜吗?【2】［形］形容胡扯，夸张，不可思议。［源于英文 shit，常搭配为"够 shit"，译为"够狗血的"］【例】这个故事可真够~的。【3】［形］形容电视剧中被不断翻拍模仿的剧情，经常出现的类似剧情，拙劣的模仿，或很夸张很假的表演。【例】最近新拍的抗战神剧，剧情有些~。

购房门 gòu fáng mén［名］事件名。指的是温州一些官员和"关系户"利用特权和关系网，以 8000 元/平方米的"暂定价"从温州市旧城改建指挥部购到剩余安置房中的好楼盘、好楼层、好朝向的"三好房"这一事件。【例】人们在微博上热议"~"这一事件。

姑狗 gū gǒu［名］网民创造出来的网络神兽，Google 搜索引擎的谐趣叫法。也作"辜狗"。［英文 Google 的音译］【例】别被忽悠着，不论怎样~今天都进不得!

菇凉 gū liang［名］姑娘。［汉语拼音 gū niang 的音变形式，方言发音］【例】要成为一个开心幸福的小~。

沽民 gū mín［名］权证交易者的自称。【例】在证券交易领域，证券交易者有很多自己的语言，例如"~""肥姑"等。

孤族 gū zú［名］由众多离异或丧偶乃至一直未婚的中老年人组成的群体。【例】在日本，"~"和"孤独死"备受关注。

古狗 gǔ gǒu［名］Google 搜索引擎的谐趣叫法。【例】关于"谷歌"与"~"的感慨。

古墓经济 gǔ mù jīng jì［名］指利用当地发现的历史人物的古墓，引领周边经济发展这一行为下形成的经济增长形式。因 2009 年年末，河南安阳发现"曹操墓"，其后被利用带动周边经济发展这一事件而诞生。【例】"~"曾引发热议，褒贬不一。

谷歌侵权门 gǔ gē qīn quán mén［名］事件名。指谷歌数字图书馆未经授权非法扫描 570 位中国作家的 17922 种作品上网的侵权做法。【例】~最后通过和解形式解决。

骨灰级 gǔ huī jí［形］泛指很有水平的网民或玩家。多用于网络游戏玩家级别的划分，为菜鸟级、中鸟级、老鸟级、骨灰级。【例】世界杯迎来"~"收藏粉丝。

鼓励体 gǔ lì tǐ［名］以"我们……，如今……，我想鼓励你……"这一模式书写的书写体。类似于"凡客体""淘宝体""咆哮体""蓝精灵体""丹丹体"等。【例】网友纷纷用"～"跟帖。

股市表情图 gǔ shì biǎo qíng tú［名］在 A 股疲软的背景下，走红网络的一组由 QQ 表情制作的有关股市的表情图。该图描述的是一批满怀期待的股民进入股市这辆"车"，在"车"不断经历震荡后，大部分散户的表情悲伤、愤怒，最后绝望地下车。【例】"～"走红网络，一图道出无数庄家的内心话语。

股市症候群 gǔ shì zhèng hòu qún［名］泛指那些炒股时由于受到股市震荡影响而产生了生理和心理疾病的股民。【例】"～"跟"恋爱症候群"很像。

骨汤门 gǔ tāng mén［名］事件名。指经媒体爆料味千拉面着力宣传的纯猪骨熬制的汤底，是用浓缩液勾兑而成的这一事件。【例】"～"的"主角"——味千拉面承认汤底是浓缩液兑制。

股友会 gǔ yǒu huì［名］炒股的人凑在一起交流炒股经验的活动。【例】欢迎加入～股票群！

故宫十重门 gù gōng shí chóng mén［名］故宫博物院经历的十件较引人争议的事件，分别是失窃门、错字门、会所门、哥窑门、瞒报门、屏风门、封口门、拍卖门、古籍门、逃税门。【例】"～"名列于 2011 影响中国收藏界十大事件。

瓜裂裂 guā liè lie［名］事件名。指注入膨大剂的西瓜，没成熟就像一颗颗"地雷"一样在地里"炸"开这一事件。【例】"～"事件是对消费者的欺骗。

卦蝌 guà kē［名］挂科。【例】"～"出没，小心"补脊鸽"。［汉语拼音 guà kē 的谐音形式］

挂马 guà mǎ［动］黑客通过各种手段，包括 SQL 注入、网站敏感文件扫描、服务器漏洞、网站程序 0day 等各种方法获得网站管理员账号，然后登录网站后台，通过数据库备份/恢复或者上传漏洞获得一个 web shell。利用获得的 web shell 修改网站页面的内容，向页面中加入恶意转向代码，传播木马病毒的行为。【例】不要随意点开广告，小心是黑客"～"的。

拐杖健身舞 guǎi zhàng jiàn shēn wǔ［名］一种特别的中老年健身操形式。舞者持拐杖跳舞，与其他舞蹈不同。【例】～很受中老年人的喜爱。

怪物 guài wù［名］网络游戏中的对手、怪兽。终极妖怪又被称为"BOSS"。【例】上线呀，我们一起打"～"。

观奥点 guān ào diǎn［名］2008 年奥运会期间，专门为地震灾区建立的观看奥运赛事的场所。【例】200 多个"～"在灾区建立，确保灾区群众与我们一起看奥运。

官博 guān bó［名］指某团体、组织、活动等统一对外发布官方信息、权威信息等内容的博客。"官方微博"的简称，也称"官微"。【例】中央台也开通了"~"。

棺材潜艇 guān cai qián tǐng［名］哥伦比亚毒贩在其西北丛林中用玻璃纤维建造的一种半潜水船，绰号"棺材潜艇"。【例】"~"可运送大量的可卡因！

官二代 guān èr dài［名］广义的官二代泛指政府及国家企事业部门官员的子女，是中性词；狭义的官二代专指一类凭借上一代在官场或公务领域的关系进行权力腐败（以权谋私）的人，是贬义词。【例】"~""富二代""贫二代"成为微博热点的聚焦之词。

关灯令 guān dēng lìng［名］为倡导低碳环保、节能减排而下达的关灯倡议。【例】"~"下难关灯，这是为什么？

关键字密度 guān jiàn zì mì dù［名］［英文 keyword density 的意译］一个关键字或一个关键词在网页上出现的总次数与其他文字的比例。关键字出现的次数越多，那么总的关键字密度也就越大。【例】并不用死死抓住~这个点，以至于过分约束。

观音哥哥 guān yin gē ge［名］准确地叫铁观音哥哥，是卖铁观音的一个成功称号。【例】并不是人人都可以叫"~"的，只有在行内成功的人士才行。

官宣 guān xuān 2018 年 10 月，两位明星在微博上公布结婚喜讯时使用了"官宣"一词。因二人粉丝众多，该词的使用受到高度关注，并被广泛模仿使用。"官宣"字面意为"官方宣布"，现泛指某人或某机构对外正式宣布消息，表达广而告之的含义。【例】人民日报发表了题为"~"的文章。

官微 guān wēi［名］指某团体、组织、活动等统一对外发布官方信息、权威信息等内容的官方微博。又称"官博"。【例】哪个~最有意思？

官位风水坑 guān wèi fēng shuǐ kēng［名］为方便官员休闲钓鱼，而破坏农田挖成的可供休闲钓鱼的大坑。【例】很多农田，本是"口粮田"，却被挖成"~"，实在可惜。

官心病 guān xīn bìng［名］官员因压力大等原因常患的病，如抑郁症等疾病。【例】保持良好的心态，拒绝"~"。

关注 guān zhù【1】［动］注意一件事。【例】记得~热点时事。【2】［名］网络直播平台上的"关注"标志。【例】老铁们，喜欢的话，记得点一点"~"。

管理员 guǎn lǐ yuán［名］QQ 群、微信群中管理、维护群环境的人员。【例】我将你设置成"~"。

灌虫 guàn chóng［名］在网络上发"水帖"的网民。［无聊、滥竽充数的帖子叫水帖，发这种帖的行为就叫灌水］【例】网络世界里，既有"~"又有"聊虫"。

冠名楼 guàn míng lóu［名］以捐资建楼的企业或个人的名字冠名的校内建筑物。【例】清华园里也有一些"~"。

灌水公司 guàn shuǐ gōng sī［名］专门发无聊、滥竽充数的帖子的组织机构。[无聊、滥竽充数的帖子叫水帖，发这种帖的行为就叫灌水]【例】必要的时候可以雇用"~"发一些"水帖"。

灌水帖 guàn shuǐ tiě［名］无聊、滥竽充数的帖子。简称"水帖"。【例】微博上的"~"真的很让人讨厌。

光伏岛 guāng fú dǎo［名］海南岛的别称。海南岛为倡导绿色环保、节能减排，正致力于全面发展光伏产业，建设绿色低碳的国际旅游岛，因而称为"光伏岛"。【例】海南省打造"~"惠及民众。

光光 guāng guāng［名］"光棍"的谐趣形式，可以表示"光棍"的自豪、伤心、感叹、亲近等多种情感色彩。【例】娱乐圈谁是"~"，细数十大光棍男明星。

光棍节 guāng gùn jié［名］又名光光节、脱光节，是一种流传于年轻人之间的娱乐性节日，以庆祝自己仍是单身一族为傲。每年的 11 月 11 日为光棍节。["光棍"的意思便是"单身"]【例】今年的"~"还是一个人过吗？

光立方 guāng lì fāng［名］2009 年 10 月 1 日天安门广场举行的国庆联欢晚会上面世的由四千多棵光艺高科技"发光树"组成的表演道具。【例】"~"在气势和整体感觉上，融合了北京奥运会开幕式"击缶而歌"和"活字印刷"的风格。

光盘行动 guāng pán xíng dòng［名］活动名。指在厉行节约，反对铺张浪费的倡导下，做到在餐厅吃饭打包，按需点菜；在食堂按需打饭；在家按需做饭。【例】节约粮食的古老美德要求我们倡导"~"。

光猪跑 guāng zhū pǎo［名］由网友自发展开的一场别开生面的"裸奔"活动。参赛者须穿着内衣裤裸跑 3.5 公里以完成比赛。【例】"~"起源于欧美，2010 后逐渐在国内风靡，是一种很受欢迎的跑步比赛。

广七条 guǎng qī tiáo［名］由市国土房管局、市建委和市规划局联合制定的《广州市关于加快住房和土地供应，加强住房管理，稳定住房价格若干问题的意见》（以下简称《意见》）颁布，该《意见》被广州业内称为"广七条"。【例】"~"以增加土地供应量、允许单位自建房等七大措施来调控广州房价。

广域网 guǎng yù wǎng［名］一种用来实现不同地区的局域网或城域网的互联，可提供不同地区、城市和国家之间的计算机通信的远程计算机网。[英文 wide area network CWAS 的意译]【例】企业需求催生~优化发展。

鬼畜 guǐ chù［名］像魔鬼畜生一样残酷无情的人。现泛指有心理变态倾向的流氓或淫棍，多用于网络游戏。［源自日文"鬼畜"，叁岛（平假名）］【例】事实上，用那样一把砍刀，欲结果眼面前这样一头～，根本不可能。

鬼魅经济 guǐ mèi jīng jì［名］万圣节催生的经济。【例】许多商家借西方传统节日万圣节，打起了"鬼主意"，做起了"鬼生意"，"～"也由此发展起来。

鬼旋族 guǐ xuán zú［名］"鬼旋族"属于一种都市生活现象，除了散步之外，还有多种表现方式。比如，故意编造理由不回家，然后约朋友一起喝酒、喝茶、K歌等，以此逃避回家。是一种因为工作、职场压力大，导致逃避家庭的现象。【例】"～"往往是事业成功的人士。

鬼知道我经历了什么 guǐ zhī dào wǒ jīng lì le shén me［名］没有人知道我经历了什么，表示不可思议的感叹。源于2016年里约奥运会傅园慧在女子100米仰泳半决赛后的采访。【例】～，刚才的一幕反正是惊心动魄。

跪求 guì qiú［名］下跪向别人求助，一般指网友在网上发帖寻求他人帮助解决问题或寻找网络资源。带有极度夸张色彩和调侃意味。【例】～广告蹿红网络引争议。

滚粗 gǔn cū［名］网络用语，"滚出"的谐音，用于骂人或开玩笑。起源于网络贴吧——李毅吧，后泛滥于各大贴吧论坛。【例】～！我怎么有你这么不靠谱的朋友。

郭美美事件 guō měi měi shì jiàn［名］事件名。新浪微博上一个名叫"郭美美baby"的女孩的炫富事件。因其微博认证身份是"中国红十字会商业总经理"，引起网友的争议和质疑。【例】"～"的女主角郭美美到底是谁？

果酱 guǒ jiàng［动］"过奖"的谐趣形式。【例】～～，只是旅游途中顺手拍的。

果蔬豆腐 guǒ shū dòu fu［名］又称"果蔬彩色保健豆腐"。是在传统豆腐制作原料的基础上加上天然蔬菜汁、水果汁按照科学比例，结合用生态凝固剂代替传统石膏、卤水的现代科技工艺加工而成。【例】～营养又健康。

过学死 guò xué sǐ［名］学生因为难以面对中高考前的劳累以及学习压力而猝死或自杀的现象。【例】网友对"～"争议纷纷。

H

H【1】厚道。也作"HD"。［汉语拼音 hòu 的缩写］【例】做人要～道，不要太斤斤计较了吧。【2】高潮，兴奋。［英文 high 的缩写］【例】十分～。

H. O. L. L. A. N. D. 希望我们的爱永恒不变。［英文 hope our love lasts and never dies 的首字母缩写，也是荷兰国的英文名 Holland 的分解］【例】～，我爱你。

HAGD 美好的一天。［英文 have a greatday 的首字母缩写］【例】宝贝祝你～。

HAGO 祝你愉快。［英文 have a good one 的首字母缩写］【例】～，人生就怕这山望着那山高。

Haha 哈哈，模拟笑声。［汉语拼音 hā ha 的无声调形式］【例】～，你猜我在哪里？

HAND 祝你愉快。［英文 have a nice day 的首字母缩写］【例】～，天天好心情。

HAY 你好。［英文 how are you 的首字母缩写］【例】～，这是我的好朋友，也是东北人。

HB 赶快回来，快去快回！［英文 hurry back 的首字母缩写］【例】～，一会有台风啊。

HC【1】花痴。［汉语拼音 huā chī 的首字母缩写］【例】～，又看帅哥照片呢？【2】死亡模式游戏。常用于电脑游戏。［英文 hardcore 的缩写］【例】你玩过～吗？玩的人要有很强的心理素质。

HCL 礼貌地微笑。［英文 have a courtesy laugh 的缩写］【例】听了这个故事，我只想～。

Hehe 呵呵，模拟笑声。［汉语拼音 hē he 的无声调形式］【例】～，你真幽默，我明白的。

HF 玩得开心。一般用在游戏开始，愿大家玩得开心。［英文 have a fun 的缩写］【例】～，让我们开始闯关吧。

HHOJ 哈哈，只不过开个玩笑。［英文 ha ha, only joking 的首字母缩写］【例】～，世界杯现场还好看吧？

HHOK 哈哈，开个玩笑。［英文 ha ha, only kidding 的首字母缩写］【例】～，不要在意。

HHOS 哈哈，只是开个玩笑。［英文 ha ha, only serious 的首字母缩写］【例】～，不要在意。

HiaHia 模拟笑声，哈哈。【例】～，我的等级又升了。

High 高兴，兴奋。［英文 high 的原词］【例】好～，终于见到黄晓明本人了。

HIOOC 救命！我没咖啡了。［英文 help I'm out of coffee 的首字母缩写］【例】~，帮我加点。

HJ 汉奸。［汉语拼音 hàn jiān 的首字母缩写］【例】为什么不支持国货，~！

HND 祝你愉快。［英文 have a nice day 的缩写］【例】假期好好休息，~！

H2D 水货。［"水"的化学分子式 H2O 与英文 goods（货物、商品）的组合］【例】国内好像有一个 ~ 论坛 www. ogooas. com，可以去看看。

H2Ohuo 水货。［"水"的化学分子式 H2O 与汉语拼音 huò 的组合］【例】小薇的犬种证书原来只是复印上去的，编号是 ~4 $ 484480。

Hold 住 指面对各种状况都能保持住、坚持住，充满自信，从容应对。［源自 2011 年 8 月 9 日台湾综艺节目《大学生了没》，名叫 Miss lin 的女孩有意以夸张另类的造型、一口做作的英语、扭捏妖娆的姿态向大学生们介绍什么是时尚。极度夸张搞笑的表演震撼了所有观众，Miss lin 的口头禅是"整个场面我要 Hold 住"。Hold 的本意是拿、抱、握住、顶住、控制、掌控。］【例】整个邂逅我 ~！那些有的没的苦难就只有自己知道。

HP 生命值。多用于电脑游戏。［英文 hit points 的首字母缩写］【例】你的 ~ 还有多少，多吗？

HTH【1】但愿对你有用。［英文 hope this helps 的首字母缩写］【例】~，距离产生美，分别是为了下次的遇见。【2】睡觉去了。［英文 hit the hay 的首字母缩写］【例】~，明天再聊。

HTML 超文本标记语言或超文本链接标示语言。目前网络上应用最为广泛的语言，也是构成网页文档的主要语言。［英文 Hyper Text Mark – up Language 的首字母缩写］

HW【1】电脑硬件。［英文 hard – ware 的缩写］【例】你的 ~ 还行吗？把排风扇装上吧。【2】家庭作业。［英文 homework 的缩写］【例】放假了，小学生还不知道要做多少 ~ 呢。

HX 和谐，也写作"河蟹"。［汉语拼音 hé xié 的首字母缩写］【例】不要吵架，要 ~。

哈 hā［语气］用于句末，表示娇嗔的语气。【例】等我一下 ~。【2】［动］崇拜，仰慕。源自台湾流行语，意为非常想要得到。【例】~ 日族、~ 韩族，对明星们有着一种仰慕的心理。

哈 9 hā jiǔ［动］"喝酒"的谐趣形式。［方言中的"喝"读"哈"，9 与

"酒"同音〕【例】周六到俺家来玩，看狗，观片，～。

哈哈哈哈哈哈 hā hā hā hā hā hā 根据"哈"字个数不同，可以表示超级好笑、友好、找不到话题和不想冷场等多重含义。【例】你们的对话太尴尬了，我只能送你几个～。

哈姆雷特 hā mǔ léi tè〔形〕太深奥，没听懂。【例】这也未免～了吧。

哈妮 hā ni〔名〕亲爱的，甜心，宝贝。〔英文 honey 的音译〕【例】～，我爱你心就特别软，等待也开心，无语也温暖！

哈皮 hā pi〔形〕高兴，快乐；有趣，搞笑。也作"黑皮"。〔英文 happy 的谐趣形式〕【例】作为首个赞助 FIFA 世界杯的中国品牌，哈啤（哈尔滨啤酒）也着实"～"了一把。

黑皮 hēi pi〔名〕幸福的，幸运的；快乐的，愉快的；巧妙的。〔英文 happy 的谐趣形式〕【例】大家玩得～呦！

还有这种操作 hái yǒu zhè zhǒng cāo zuò 原意是吐槽或是赞扬一些让人大跌眼镜的游戏操作方式。现在也用来表达面对不可思议的行为时发出的感叹，表示震惊或疑问。【例】"这条裤子穿你身上太短了，你不是要买长裤的吗？""没关系，就当九分裤穿。老板，这裤子我要了。""～。"

孩奴 hái nú〔形〕形容父母一生，都在为子女打拼，为子女忙碌，为子女挣钱，而失去了自我价值体现的生活状态。【例】现在，大部分的父母都是"～"。

海量版 hǎi liàng bǎn〔名〕指商品或物品的大容量版本。【例】从文献的～当中，可以提取出精华。

海螺人 hǎi luó rén〔名〕一般是闷骚型人格，这种人看起来文质彬彬，但倾听他们的心声，听见的却是浪的声音。【例】有几个人能真正了解现代都市里"～"的内心？

海绵路 hǎi mián lù〔名〕一种会"喝水"的新型道路。像海绵一样迅速吸收地面所有的水分，故称。【例】～，应该不错，至少夏天路不会那么热气袭人。

海投 hǎi tóu〔动〕指不加选择地向各用人单位投递简历的做法。【例】找工作还是要有目标地投简历，～更为费时费力。

海豚音 hǎi tún yīn〔名〕像海豚一样发出的极高的音调。〔源自 2005 年的"超级女声"，张靓颖在 5 进 3 时演唱《loving you》，秀出 3 段惊艳的超高音，大多数中国观众第一次见识到这种新颖而华丽的唱法，张靓颖从而赢得"海豚公主"的美誉〕【例】张靓颖、玛丽亚·凯莉（Mariah Carey）、维斯（Vitas）、《Loving you》的原唱者蜜妮·莱普顿（Minnie Riperton）等都是公认的～高手。

海啸音 hǎi xiào yīn［名］山呼海啸般的声音，或惊人之语。特指中央电视台体育部电视节目主持人黄健翔在解说 2006 年世界杯决赛意大利对澳大利亚的比赛中，用高亢而近乎嘶哑的嗓音喊出"意大利万岁""马尔蒂尼灵魂附体"等惊人之语。【例】解说员的"～"更能吸引观众的注意力。

骇客 hài kè［名］从事恶意破解商业软件、恶意入侵别人网站等事情的人，与"黑客"相近。［英文 Cracker（破解者）的音译］【例】以我的理解，～大体上应该分为"正"和"邪"。

喊叫 hǎn jiào［动］指在网上全部使用大字号汉字或大写字母发帖、回复或聊天，表达一种特殊的情绪。【例】注意控制一下情绪，不要～了。

汉堡族 hàn bǎo zú［名］指的是那些频繁跳槽却越跳越糟的人。【例】干一行爱一行就是最好的，不要沦为"～"。

汉语西渐 hàn yǔ xī jiàn［名］汉语逐渐被西方国家学习。【例】汉语写成的标语"不要随地吐痰"，这样的"～"我们还是不要的好。

汉字操 hàn zì cāo【1】［名］又称为"汉子体操"。一种写作文体。具有一定节奏和韵律。【例】"～"所写的内容也引人深思。【2】［名］老年益智进行曲——《汉字健脑操》。【例】"～"对于活化右脑、强化左脑有重要作用。

汉字经济体 hàn zì jīng jì tǐ［名］由中国、日本与韩国等整合而成的东亚经济体，由于同受中华文化浸淫，所以亦被称为汉字经济体。该词是由"日元先生"榊原英资提出的。【例】～的说法中最重要的是"汉字"一词。

航天母舰 háng tiān mǔ jiàn［名］是一种巨大的、空天一体宇宙飞船，可以在离地面约 3.6 万千米的太空与地球同步飞行。与"航空母舰"不同，航空母舰是以舰载机为主要武器并作为其空中活动基地的大型空中战斗群。【例】～目前还在研发中。

行业限批 háng yè xiàn pī［名］，指的是环境保护部制定的一项行政处罚措施，即对所有超过环境容量总量控制指标的行业，停止审批其所属的除循环经济类项目外的所有项目，直到它们的违规项目彻底整改为止。【例】网友都讨论，"～"是可行之策。

豪华男 háo huá nán［名］有房有车有存款有事业，是现代女性追求的重点对象，也是成功的事业型男的总称。【例】"～"都是从"经济适用男"开始的。

好 8 hǎo bā 好吧。【例】还是这样～。

好康 hǎo kāng［形］泛指好看、好事，或者有便宜可占。【例】记得要时常去会员的"～特区"看看哦。

好男家族 hǎo nán jiā zú [动] 好男儿节目选出的新人。【例】"～"的男孩们颜值还是挺高的。

好人梯 hǎo rén tī [名] 纪念先进人物的登山路，以弘扬真善美和城市精神。

呵呵 hē hē [形] 原意为笑声的拟声词。在网络用语中，表示单纯的笑、浅笑、开心的笑，或表示嘲笑、好笑、无奈、想结束本次的聊天，甚至是糊弄的笑。还有一种解释为，一个"呵"字是敷衍，两个是冷汗。【例】我也就～，我无话可说。

合影帝 hé yǐng dì [名] 一个晒出自己与周润发、王菲、贝克汉姆等众多娱乐明星、体坛大腕合影的男子。【例】"～"已经曝光，据说是媒体人。

合影经济 hé yǐng jīng jì [名] 会议经济的延续。指"交钱，跟领导照相"。合影经济中，最核心的竞争力来自可供合影的官员资源。【例】"～"和所选场地也有重要的关系。

何踹踹 hé chuài chuài [名] 中国职业足球裁判员，何志彪。【例】"～"会不会被禁赛呀？

何逛逛 hé guàng guàng [名] 网友对一位甲型 H1N1 流感患者何某的称呼。该患者在京期间，多次与人接触导致多名密切接触者需集中进行医学观察。【例】这位"～"，不仅对自己的生命不负责任，还给他人带来巨大的安全隐患。

河狸族 hé lí zú [名] 善用电子优惠券来让自己能以够低的价格拿到宝贝的具有省钱特长的购物群体。也被称为"网购时代潮人"，"河狸族"是他们的自诩。[河狸是一种生活在湖泊附近的动物，它喜欢用树枝、石块和软泥垒成堤坝，以阻挡溪流的去路，慢慢就会汇合为池塘甚至湖泊。它们善用一切资源，所以被用来形容有省钱特长的购物群体]【例】某宝又发优惠券了，"～"行动起来！

河蟹 hé xiè【1】[形] "和谐"的谐趣形式。【例】都是群里人，～相处。【2】[动] 屏蔽、删除。【例】这个电影资源又被"～"！

和和 hé hé [拟声] 同"呵呵"。【例】～，你在线啊。

和谐号 hé xié hào [名] "和谐号动车组"的简称。【例】今天乘坐"～"出去旅行。

核高基 hé gāo jī [名] "核心电子器件、高端通用芯片及基础软件产品"的简称。【例】我国"～"发展水平值得让我们这些人自豪。

核灾民 hé zāi mín [名] 核辐射难民。核爆炸、核泄漏等事件发生后幸存下来的难民。【例】"～"在生活的方方面面都受到歧视。

盒饭 hé fàn［名］超女何洁的粉丝的谐音戏称。【例】认为自己是忠实～的一定要进！

贺卡讨薪 hè kǎ tǎo xīn［名］农民工以寄卡片的方式向拖欠其工资的单位讨薪，以一种自尊且尊重对方的方式捍卫自己的权益。【例】"～"是一种理性的讨薪方式。

黑飞族 hēi fēi zú［名］指那些没有取得私人飞行驾照或者飞机没有取得合法身份的飞行发烧友。【例】"～"的所作所为都是对自己的生命不负责任。

黑客软件 hēi kè ruǎn jiàn［名］以寻找途径在他人电脑中驻留，并通过网络获取他人电脑中的资料信息为目的的软件。【例】网络上的～越来越多、越来越黑。

黑名单 hēi míng dān［名］软件或网站的一种功能，主要列入不受欢迎的用户，以限制其通过或限制其部分功能，遮藏其信息，与"白名单"相对。【例】你的恋人会将你列入～？太搞笑了。

黑屏行动 hēi píng xíng dòng［名］活动名。近20家网站联手进行的"NC63——周末无电脑"活动。"NC63"是"NO COMPUTER 63 HOURS"的缩写，时间是周五晚6时到周一早9时。活动旨在倡导白领一族适度上网，节能减排，拥抱生活。【例】你有没有参与到"～"之中？

黑色旅游 hēi sè lǚ yóu［名］指人们到死亡、灾难、痛苦、恐怖事件或悲剧发生地旅游的一种现象。［英文 Dark Tourism 的原词翻译］【例】"～"是新兴的旅游项目。

黑生活 hēi shēng huó［名］指的是白领背后的生活，他们看起来光鲜亮丽，但是不仅工作辛苦，背后生活更辛苦。【例】白领背后竟是更艰辛的～。

黑旺财 hēi wàng cái［名］旺财是《唐伯虎点秋香》里的一条狗。黑犬，就是"默"。此典出自晋江。【例】看过《唐伯虎点秋香》的人都知道"～"。

黑线 hēi xiàn【1】［名］反动的路线。【例】果然，主人公开始走"～"了。【2】［形］表现人物情绪低落遭到打击的心态。【例】我整个人都～了。

黑心管 hēi xīn guǎn［名］常指空调里的铜铝联机管。空调的联机管本应以铜为原料，有些商家为降低成本，采用成本较低的铝作替换原料，这样的联机管就被成为"黑心管"。【例】"～"真是坑骗消费者。

黑窑儿童 hēi yáo ér tóng［名］是指儿童被不法商人利用诱骗、欺诈等手段，使其从事各种体力劳动，以谋取经济利益。以山西黑砖黑窑儿童窑为典型代表。因此，此类童工被统称为黑窑儿童。【例】网上关于"～"的讨论，让人心疼。

黑砖窑 hēi zhuān yáo［名］因黑砖窑事件而得名。指的是2007年发生在山西洪洞砖窑厂的非法用工、黑心用工事件。【例】"～"涉事人员都应该严惩。

很黄很暴力 hěn huáng hěn bào lì［名］网络流行语。指含有色情、暴力、血腥等色彩的网络消息或内容。【例】这个消息真是"～"！

很傻很天真 hěn shǎ hěn tiān zhēn［形］网络流行语。形容人做事又傻又天真。【例】有些人做起事来就是"～"，惹人喜欢。

很闪 hěn shǎn【1】很嚣张。校园流行语。【例】你年轻的时候是不是～？【2】很耀眼。【例】我对腮红的要求就是要闪，～！

狠折房 hěn zhé fáng［名］在房地产市场纷纷推出新品以致竞争激烈时，一些开发商期望在传统的楼市"复苏"季节翻盘，而采取"打狠折"的手段，这一手段下出现的楼房被称为"狠折房"。【例】你家有没有买到"～"呀？

轰杀 hōng shā［动］指去杀某人或发起攻击。多用于港台动漫。【例】《中华英雄》公测最强 BOSS 惹 100 玩家～。

烘焙鸡 hōng bèi jī［名］个人主页，也是网民对主页的爱称。　［英文 Homepage（主页）的谐趣音译］【例】菜鸟一块到我的～上乱灌水。

红叉 hóng chà［名］在传输图片时由于种种原因导致发送的图片无法正常显示的现象。因常显示为一个红叉，故称。【例】文章用 WORD 打开时，原有的公式全是～。

红叉党 hóng chà dǎng［名］指发送带有红叉图片的人。【例】为了消灭～，给大家推荐几个有效支持贴图的网站。

红粉网族 hóng fěn wǎng zú［名］一些沉迷于网络的女性网民。【例】我是～，这是我的博客，记录我生活和工作中的点点滴滴。

红客 hóng kè［名］指具有爱国主义精神、热爱计算机技术，利用自己掌握的技术维护国家网络安全，并对外来进攻进行还击的网民。与"黑客"相对。【例】这几天中国"～"与美国"黑客"大打网络攻击战的消息引起了人们的关注。

红楼体 hóng lóu tǐ［名］北京电视台为重拍《红楼梦》而举办了《红楼梦中人》这一选秀节目，其中选手闽春晓的博文风格让人忍俊不禁，从而引起网友们的竞相模仿，由此产生了"红楼体"。【例】网络上流行的"～"你学会了吗？

红牌专业 hóng pái zhuān yè［名］指失业量较大，就业率较低，月收入较低且就业满意度较低的专业，为高失业风险型专业。比如近几年的历史学、生物学等专业。【例】你所学的专业有没有上榜为"～"呢？

红色频道 hóng sè pín dào［名］2011 年 1 月 3 日，重庆卫视放出一个重磅消息，晚间不再播放以往市民熟悉的电视节目，而是播放自办的红色文化节目，且晚间黄金时段不再播出电视剧。而代之以红色文化节目，如红色娘子军、东方红等歌舞节目或有关渣滓洞等内容的历史纪录片。相应的，重庆卫视的这个频道被称为红色频道。【例】我妈最爱看"~"。

红色清真寺 hóng sè qīng zhēn sì［名］巴基斯坦的一个极端穆斯林宗教组织，位于首都伊斯兰堡，因清真寺外墙为红色而得名。它与阿富汗的"塔利班"组织性质非常相似，主张建立"纯粹的宗教国家"，宣扬塔利班式价值观。【例】~也很让人恐惧。

红头香烟 hóng tóu xiāng yān 指湖北公安县政府为发展地方经济，出台"红头文件"规定公务人员购买的香烟。【例】除了~，以前还有红头喝酒、红头旅游、红头卖房。

洪荒之力 hóng huāng zhī lì［名］古人云："天地玄黄，宇宙洪荒。"传说天地初开之时，曾经有过一次大洪水，几乎毁灭了整个世界。因此，洪荒之力（网络热词）可以理解为是天地初开之时这种足以毁灭世界的力量。因游泳项目选手傅园慧在赛后采访时使用并加上她搞怪的表情爆红网络。【例】我也是使出了"~"！

鸿媒体 hóng méi tǐ［名］鸿媒体（Grand Media）是百度旗下精准品牌展示广告网络，以冲击力极强的富媒体形式增加品牌的曝光量，旨在为品牌广告主提升品牌价值，打造高端品牌形象。【例】"~"的举措收效还不错。

猴赛雷 hóu sài léi［名］猴赛雷，本指颊囊，是灵长目的猕猴和啮齿目的松鼠、黄鼠、仓鼠等动物的口腔内两侧，具有一种特殊的囊状结构，称为颊囊。猴赛雷在广东话里是"好厉害""好犀利"的谐音。来源于一名90后女性在网上发帖，大秀自己的照片和找男朋友的标准，引来不少网友嘲讽，而猴赛雷就是指这位华裔女子，也泛指这一事件。2016年春晚吉祥物"康康"形象公布之后，因其脸颊的部分有两个球状的凸起，被网友谐音称作"猴腮雷"，因此又引申出了另一个调侃的含义。【例】满街都是"~"的吉祥物。

吼吼 hou hou［拟声］模拟笑声，表示夸张、得意等多种意思。【例】~，新电脑要上网了，请问我装什么杀毒软件好呢？

后PC时代 hòu PC shí dài 后网络时代，指将计算机、通信和消费品的技术结合起来，以3C产品［计算机的英文是computer，通信的英文是communication，消费的英文consumption，都以"C"字母开头］的形式，通过互联网进入家庭。【例】在现在这个~，一款够用适用的主机板是很多理性消费者的选择。

后备厢族 hòu bèi xiāng zú［名］指有私家车的人们利用工作和晚上的业余休

息时间上点便宜和实惠的饰品一类的小东西小玩意放在汽车后备厢里，在夜市或者下班人多的路边打开后备厢供人们选购。【例】今晚挣了点小钱，"光荣"地沦为了"～"。

后拐点论 hòu guǎi diǎn lùn［名］王石的"拐点论"，说房地产市场将会理性回归；而随着政府政策面的调整，更多利好政策出台，房地产市场出现量价齐升的现象，土地市场也出人预料地出现了疯狂夺地的场景，很多人认为房地产市场已经开始回暖；而在这个时候，王石又开始抛出他的"后拐点论"，说当前的房价不会继续上涨。【例】盼望着"～"成为现实，我想要买房。

后起之秀 hòu qǐ zhī xiù［名］爱睡懒觉、最后起床的住校生。带有戏谑的意味。【例】他绝对是我们宿舍的～。

厚厚 hou hou［拟声］模拟笑声。【例】～，我的帖子欢迎大家提出意见。

呼呼 hu hu［拟声］模仿猪的声音，表示睡觉。【例】～，口水流了出来，老师走近了，他还是没有发觉。

呼吸税 hū xī shuì［名］在广州举行的中国森林城市论坛上，中科院院士蒋有绪呼吁政府应对排放二氧化碳的企业征收生态税，对于一般的市民，则可让他们每个月购买 20 块钱的生态基金。他表示市民作为地球上二氧化碳的排放者，应该为节能减排作出贡献，这一建议被媒体称为"呼吸税"。【例】有人认为，普通百姓上交"～"，有利于环境保护。

忽悠党 hū you dǎng［名］喜欢在网上哄骗别人，叫人上当、希望落空的一类人。【例】那时候的网络还很纯洁，～还没上网。

胡萝卜族 hú luó bo zú［名］"胡萝卜族"（Carrot - mob），又译作"胡萝卜暴民"，始于 2008 年的一项环保运动，主张以消费支持重视环保的商家，在北美洲、欧洲和大洋洲的 8 个国家均有分支机构。"胡萝卜族"拥有自己的网站和开放的社区，该网站采用一种"只有胡萝卜，没有大棒"的温和环保宣传方式。【例】"～"这个称呼好可爱！

湖绿 hú lǜ［动］无事实根据地编造、捏造；骗人。［源自某论坛以"湖绿"为 ID 的网友发表的一篇电影评论，该文吸引无数网友去搜索查找这部影片，但最终被证实为子虚乌有，为"湖绿"所杜撰，故得名］【例】这是你～的吧。

虎爸 hǔ bà［名］虎爸的意思就是对待教育孩子方面的方式比较严厉甚至于苛刻的一类人。【例】现实世界多的是～、猫妈。

互踩 hù cǎi［动］互相给对方踩空间，以提高人气，在线刷人气。【例】百度空间互动、～、互粉可以增加人气。

互粉 hù fěn［名］互为偶像，互为粉丝。【例】咱俩～吧？

互联网 hù lián wǎng［名］局域网及单机按照一定的通信协议组成的国际计算机网络。［英文 Internet 的意译］【例】将为整个～产业带来深远影响。

互联网森林 hù lián wǎng sēn lín［名］2009 年 4 月 22 日，由全球最大的中文百科网站——互动百科和气候组织、壹基金共同发起的"互联网森林"活动正式上线，这是国际非政府组织和互联网行业联盟首次大规模携手公益合作。本次活动以互联网为平台，通过倡导"低碳生活"理念，引导用户减少二氧化碳排放，改善全球气候，保护全球生态环境。【例】你知道"～"吗？

互联网政治 hù lián wǎng zhèng zhì［名］网民依托于互联网参与政治生活的一种政治方式。【例】～的实现离不开网络科技的快速发展。

沪 G 一代 hù G yī dài［名］指车牌照以"沪 G"开头的人。因为沪 G 是上海 2007 年新启用的牌照号段，故多为开车新手。【例】新车加新照，她加入了～。

沪九条 hù jiǔ tiáo［名］沪九条是继上海试点开征房产税后，落实新"国八条"房地产调控政策的上海版细则也赶在春节前的最后一个工作日出台。2011年 2 月 1 日，上海公布了 9 条房地产市场调控措施，因此被称为"沪九条"。沪九条明确了停购三套房、购房不足 5 年全额征税、房税试点等政策。而根据这一细则，改善型二套房的公积金贷款首付比例也不得低于 60%。【例】"～"的出台有利于房地产调控政策的实施。

沪四标准 hù sì biāo zhǔn［名］上海世博会期间，上海地区推行的机动车污染物排放标准。【例】推行了"～"，很多车需要改修尾气排放口。

花币 huā bì［名］华为支付平台发行的用于购买华为提供的虚拟数字商品的虚拟币。【例】你有～吗？

花草族 huā cǎo zú［名］在处理人际关系上经常犯错误的职场新人的总称，一般包括含羞草、水仙花、仙人掌、墙头草和狗尾巴草四种，分别对应新人在职场中常犯的错误。【例】初入职场，多看看"～"攻略，以免犯错。

花痴 huā chī［名］指女性对某些特定人群（如帅哥、偶像）的爱好程度非常之高，达到痴迷的地步。泛指（不论男女）对特定人物或事物的痴迷喜爱非常深。【例】其实，女记者通常也会有"～"的时候。

花屏 huā píng［形］指电脑或其他电子屏幕显示错乱。【例】为什么我一进入游戏世界就～？

华漂 huá piāo［动］指外国人在中国生活或工作，含有戏谑的意味。【例】随着中国经济的快速发展，～越来越多了。

华裔军团 huá yì jūn tuán［名］参加北京奥运会的外国代表团中，有很多华裔教练员和运动员，他们被称为"华裔军团"。这些华裔教练员和运动员为了自己的体育梦想奋斗在他国，成为所在国奥运代表团中不可小觑的力量，甚至是夺金的王牌。北京奥运会，对他们来说是一次特殊意义的"回家"。【例】"～"的实力也不可小觑。

滑鼠 huá shǔ［名］又称鼠标。因形似老鼠而得名。是一种很常见及常用的电脑输入设备，它可以对当前屏幕上的游标进行定位，并通过按键和滚轮装置对游标所经过位置的屏幕元素进行操作。【例】我刚买了一款无线"～"。

化妆猪肉 huà zhuāng zhū ròu［名］重庆有肉贩给猪肉涂抹一种可疑的白色粉末，抹过粉的肉半小时后，原本灰白的颜色会逐渐变得鲜红起来。肉贩自称抹的是食用碱，为的是给猪肉化妆使其颜色更红更好卖，已经持续有1年多了。白色粉末初步判断不排除是食用碱、工业碱或硼砂的可能性，而这三种物质均对人体有害，严重可致癌。【例】刚听说市场上竟然出售"～"！

画面太美，我不敢看 huà miàn tài měi, wǒ bù gǎn kàn［形］原意是对美好画面的描述，如今被网友引申为对奇葩事物的形容。用以表达自己受到的视觉或心理冲击，多用于调侃。【例】这张图片太雷人，～！【2】用于表示自嘲。【例】每次看到镜子里的自己，就有一种"～"的想法。

话题广告 huà tí guǎng gào［名］一种专门针对博客的广告形式。博主在自己所写话题的文章中加入广告链接，就可以获得收益。【例】没想到你的博客里还有这么多～。

环保积分制 huán bǎo jī fēn zhì［名］指国家或者政府采用积分的方式引导、促进消费者购买环保产品的一项制度。这些环保产品有很好的优惠政策，而且消费者还可以凭借积分享受政府提供的其他环保活动。【例】～的推行，让我更有热情投身环保事业。

还珠体 huán zhū tǐ［名］是指网络上一些网友根据《还珠格格》中的经典台词改编而成的一种文字表达方式。【例】电视剧《还珠格格》的热播，网友纷纷模仿"～"。

换草行动 huàn cǎo xíng dòng［名］所谓"换草"，其实就是女性，主要是女白领，充分调动身边的一切单身适龄异性资源而举办的相亲会。【例】单身太久了，我也要参加到"～"之中。

换乘族 huàn chéng zú［名］一般是指上班时来回换乘的一群人。【例】公司距离住处太远，只能甘愿做"～"的一员。

换基 huàn jī［名］基金转换的简称。指投资者在基金存续期间要求将其持有的全部或部分基金份额转换为基金管理人管理的其他开放式基金份额的行为。

即投资者卖出一只基金的同时，又买入该基金管理公司管理的另一只基金。【例】"～"是一种不错的投资方式。

换客 huàn kè［名］通过互联网或其他方式交换物品的人。【例】广州继"拼一族"出现之后，现在流行起"～"。

换客族 huàn kè zú［名］"换客族"就是人们拿自己的物品和别人交换，来获得自己想要的东西，原则就是不再额外花钱。他们的口号是："只有想不到，没有换不到。"时下经济大环境不景气，这种"抠门"的消费方式吸引了越来越多的人加入其中。【例】"～"有自己独特的省钱策略。

换频道 huàn pín dào［动］【1】转换话题。【例】这个问题说过好多次了，～。【2】指竞速类游戏中，按步骤完成任务。【例】有没有人和我一样只要～就掉线？

唤醒体 huàn xǐng tǐ［名］"唤醒体"来源于一则新闻报道，称一女子惨遭车祸成了植物人，因其酷爱打麻将，家人每天在其耳边念叨"三缺一，快来打牌"，最终将该女子唤醒。网友们根据新闻格式改编，恶搞出了不同职业的版本如某火锅店老板遇车祸成植物人，家人就在其耳边念叨"火锅新排名的活动又开始了，你快醒来，参加火锅新排名的活动呀！"最终将火锅老板叫醒。【例】"～"不失为一种治疗方法。

黄昏分居 huáng hūn fēn jū［名］指一些老人离开家乡或生活的地方来到一线大城市帮助儿女照顾孩子，多数是父亲留守在老家，母亲来给儿女带孩子。【例】本该"夕阳红"的老人，无奈过上了"～"的日子。

黄昏恋 huáng hūn liàn【1】［动］"黄昏练"的谐趣形式，指晚上才去锻炼身体。【例】早上起不来，只能"～"了！【2】［动］在大学生活最后的时间里开始谈恋爱。【例】大学"～"，搭上校园恋爱末班车。【3】［名］黄昏恋，又称中老年恋爱。【例】如今，"～"也可以很幸福。

黄牛位 huáng niú wèi［名］托福考试考点容量有限，在考位紧缺的情况下，黄牛党们趁机倒卖的考位。【例】考生多，考位少，新"一位难求"困扰众多考生，被逼无奈的考生只有找黄牛党高价购买"～"。

黄牌专业 huáng pái zhuān yè［名］除红牌专业外，失业量较大，就业率持续走低，且薪资较低的专业。【例】"～"的特点之一就是失业率不断上升。

黄埔缔造营 huáng pǔ dì zào yíng［名］专门为家族企业培养二代接班人的学校，因学校地址在广州长洲岛黄埔军校原址而得名。【例】对～的学员并非来者不拒，他们设定了一些门槛，比如年龄在20岁以上、工作2年以上、有接班意向、愿意改造自己、身体健康、父辈或自己所在企业名列行业前100强等。

灰常 huī cháng［副］"非常"的方言谐趣形式。【例】夏天到了，推荐一首~清新、好听的歌。

灰客 huī kè［名］指对计算机和网络安全感兴趣，初步了解网络安全知识，并能够利用"黑客"软件或初级手法从事一些"黑客"行为的人。技术水平与黑客相比尚有差距，故称之。【例】你想成为~吗？你想保卫国家吗？那就加入本QQ群，不管你是高手还是菜鸟，同样欢迎你！

灰强 huī qiáng［副］"非常"的方言谐趣形式。【例】我~~爱你。

灰色技能 huī sè jì néng［名］指一些青年学生为了能找到一份比较满意的工作，毕业前专门修习的"厚黑学"和喝酒唱歌等技能。也指某些企业要求毕业生具备喝酒、唱歌、搓麻将、打牌等除专业技能之外的特殊技能。【例】现在的工作不好找啊，还明确提出刚毕业的大学生要具备~。

回答体 huí dá tǐ［名］在采访中出现的情感态度矛盾的回答，一般由普通话和方言两种形式组成，能够更准确地反映被采访者的真实感受。如记者问到："您对京东苏宁商战有何看法？"市民："可以用天津话吗？"记者："可以。"市民："一帮电商在微博上面瞎惹惹子，网络上吹大梨，掇弄我们当冤大头！"记者："能用普通话解释吗？"市民"合理竞争，友好发展，共创网购家园。"【例】有专家说，"~"实际上是网友矛盾心情的一种体现，一方面，网友想通过记者或者某种平台吐槽实情，发泄心中的情绪，但另一方面又觉得应该从大局着想，要言辞得当。

回档 huí dàng【1】［名］股市术语。指股价上涨过程中，因涨速过快而暂时回跌的现象。【例】很多股票网站开设了"~查询"板块，为的是给股民提供选股帮助。【2】［动］网络游戏术语。游戏出现bug，或者出了什么错误，运营商维护时暴力改变游戏存档，把游戏资料存档从当前时间改到以往的某个时间。这一过程被称为"回档"。【例】我从11点开始玩游戏，到12点25分家里突然停电了，这段时间收获的"经验""金币"都回到了原点，我就这样惨遭"~"。

回锅 huí guō［动］将自己在网上发过的文章经过修改、调整后重新传到网上。【例】楼主文章需要~哦，好多错别字哦。

回帖 huí tiě［动］对他人所写的帖子进行回复、评论。【例】写了一篇blog，引起了两位网友的~辩论。

回音党 huí yīn dǎng［名］指重复操作，打开两个或两个以上的音频窗口，两个flash同时播放，造成了一种重音现象，故称之。【例】~再次强势来袭，大家做好防范。

毁楼 huǐ lóu［动］版主因某种原因而删帖。【例】可要当心版主～哟!

毁三观 huǐ sān guān［名］常用来泛指那些颠覆人们一般看法的思想行为。【例】最近曝光的贪污事件，网友直呼"～"。

会所门 huì suǒ mén［名］也称"故宫会所门"，指的是建福宫被人们改造成富豪会所一事。【例】故宫负责人对"建福宫改造成富豪会所"一事也做出有关说明，"～"引起微博热议。

会议大使 huì yì dà shǐ［名］为一个城市招揽会议的专业人士。【例】公司招聘暑假兼职的～，你去不去?

惠农券 huì nóng quàn［名］由农业合作经济组织、与农户有合作关系的农产品企业担任信用甄别人，向需要贷款的农户个体发放的优惠券。【例】"～"不同于只用于刺激消费的"消费券"。

婚活吧 hūn huó bā［名］指为那些积极参加各种与结婚有关活动的未婚人群提供的网络社交区。【例】"婚活时代"要的是态度，欢迎加入"～"。

婚活族 hūn huó zú［名］指积极参加各种与结婚有关的活动的未婚人群，现也指用找工作的态度和决心来找结婚对象的未婚人群。【例】你是"～"吗?做个小测试检验一下吧。

婚考 hūn kǎo［名］结婚前的培训考试。【例】"～"是否可行? 现在还在讨论中。

婚奴 hūn nú［名］因结婚的巨额花费而使生活陷入困境的人。【例】农村高额的彩礼，使收入本就不高的男士成了"～"。

婚嫂 hūn sǎo［名］离过婚且比男方年长的女性。【例】婚姻介绍所里有不少"～"型女士。

婚宴门 hūn yàn mén［名］指在南京美龄宫举办婚宴这一事件。【例】"故宫内建豪华会所"的风波尚未平息，"～"再度引发公众关注。

混血大学 hùn xiě dà xué［名］中外合作办学条件下产生的新型大学模式。【例】有些高校不再是单一"血型"，中外合作办学使得不少高校成为"～"。

混族 hùn zú［名］是一群相约一起混生活的单身。他们的聚会被称为"结混"。【例】单身时间久了小心变成"～"。

火锅红 huǒ guō hóng［名］食品添加剂。【例】"～"含有致癌物质。

火狐 huǒ hú［名］指的是火狐浏览器，Mozilla Firefox（正式缩写为 Fx 或 fx，非正式缩写为 FF），中文俗称"火狐"，是一个自由开放的源代码网页浏览器。【例】使用"～"浏览器，可以打开一些其他浏览器难以打开的链接。

火箭产业化基地 huǒ jiàn chǎn yè huà jī dì［名］中国政府为了更好地促进航

天事业的发展，而在国内建设的大型火箭生产研发场所。【例】继成功发射中国首颗月球探测卫星"嫦娥一号"之后，对中国航天事业未来30年到50年发展具有重要意义的又一特大项目——新一代运载~，昨日在天津滨海新区举办奠基仪式。

火炬粽 huǒ jù zòng［名］一种粽子的名字。北京奥运会期间，为庆祝"奥运年"而流行的一种像火炬一样的新型粽子样式。【例】大小超市均出售"~"，以此来庆祝"奥运年"。

火钳刘明 huǒ qián liú míng［名］"火前留名"的谐音。是指在一篇帖子出名之前先评论一下，留个名字，然后自己也可能跟着火一下，类似于抢沙发、抢板凳之类的评论。【例】赶快抢沙发啦，~。

火星帖 huǒ xīng tiě［名］火星人发的帖子，指论坛上经常能看到的离谱的帖子或话题。【例】千万个~等着你们删呵，看不累死你。

火星文 huǒ xīng wén［名］火星上或者火星人使用的语言符号，比喻外星人使用的而地球人看不懂的语言符号。年青一代混杂了繁简中文及汉语注音符号、日文、韩文、西文字母、阿拉伯数字等不同文字，以及计算机所能提供的各种符号，采用同音或谐音替代、假借、借代、象形表义等多种方式形成的语码混合体，是一种网络语言表达的新型书写形式。大陆的火星文源自台湾，带有一定的游戏、娱乐的性质。【例】网站上有很多~QQ个性签名。

火星语 huǒ xīng yǔ［名］同"火星文"。【例】~官方网站提供在线翻译和下载软件两种工具。

活利贷 huó lì dài［名］是渣打银行（中国）有限公司在京推出的新的房屋按揭贷款产品。【例】买房可以使用"~"。

I

I. N. D. I. A. 我差点在狂爱中死去。［英文 I nearly died in adoration 的首字母缩写］【例】爱情使人疯狂，~！

I. T. A. L. Y. 我相信您并且爱您。［英文 I trust and love you 的首字母缩写］【例】~，您是我坚强的后盾。

IAC 在任何情况下，总之。［英文 in any case 的首字母缩写］【例】~，每个人都要为自己的人生负责。

IAD 少年 具有互联网成瘾症（IAD）的少年。［英文 internet addiction disorder 的首字母缩写和汉语"少年"的结合]【例】目前看来，~不在少数。

IAE 无论如何。[英文 in any event 的首字母缩写]【例】~，这段回忆都会深藏在心底。

IANAC 我不是骗子。[英文 I am not a cheater 的首字母缩写]【例】~，她可以帮我作证。

IANAL 我又不是律师。[英文 I am not a lawyer 的首字母缩写]【例】让我给你断案，~！

IBM 国际商业机器公司或万国商业机器公司。[英文 International Business Machines Corporation 的首字母缩写]【例】2018 年 7 月 27 日，法院判决 Groupon 需向~支付 8300 万美元专利侵权赔偿金。

IBT【1】从技术上来说。[英文 in between technology 的首字母缩写]【例】~，这是一个很不错的工人。【2】网考，通过网络进行的考试。与"CST（机考）"相对。[英文 Internet Based Test 的首字母缩写]【例】网络普及使~成为现实。

IBTD 不敢苟同。[英文 I beg to differ 的首字母缩写]【例】~，你这样简直是无理取闹。

IC 我明白。[英文 I see 的形音合称]【例】~，就这样说定了。

ICBW【1】我可能错了。[英文 I could be wrong 的首字母缩写]【例】~，有些事还要看机遇。【2】情况可能更糟。[英文 it could be worse 的首字母缩写]【例】~，今年江西洪水的势力比往年更猛烈。

ICQ 我在找你，即互联网上最流行的即时通信软件。[英文 I seek you 的形音合称]【例】你用过"~"吗，现在很流行的！

ID 网络账号，用户名。[英文 identification 的缩写]【例】你在校内网的~是多少，我加你好友。

IDGI 我没明白，搞不懂。[英文 I don't get it 的首字母缩写]【例】~，程序太复杂。

IDI 建筑工程质量保证保险。[英文 Inherent Defect Insurance（的首字母缩写）]【例】建筑质量很重要，所以~越来越受重视。

IDK 我不知道。[英文 I don't know 的首字母缩写]【例】~，也许时间会给你最后的答案。

IDKY 我不认识你。[英文 I don't know you 的首字母缩写]【例】~，你怎么知道我？

IDN 国际化域名，也称多语种域名，指非英语国家为推广本国语言的域名系统的一个总称，含有中文的域名为中文域名。［英文 Internationalized domain names 的首字母缩写］【例】目前国际网络工程任务编组（IETF）已成立国际化网域名称系统（～）的工作小组。

IDST 我可没那样。［英文 I didn't say that 的首字母缩写］【例】～，我不想伤害任何人。

IDTS 我不这么认为。［英文 I don't think so 的首字母缩写］【例】只有学习好才是优秀的学生，～。

IE 微软公司出品的网页浏览器。［英文 internet explorer 的首字母缩写］【例】现在～是不是更新到第 8 个版本了？

IFAB 我发现一个漏洞。［英文 I found a bug 的首字母缩写］【例】～，需要抓紧修复一下。

IGGP 我去一趟洗手间。［英文 I gotta go pee 的首字母缩写］【例】～，不好意思。

IGTG 我要走了。［英文 I get to go 的首字母缩写］【例】～，有时间电话联系吧。

IHNI 我没什么想法，我不知道。［英文 I have no idea 的首字母缩写］【例】～，到哪里去好呢？

IIMAD 如果有什么不同。［英文 if it makes any difference 的首字母缩写］【例】～，那就是心态发生了变化。

IIRC 如果我没记错的话。［英文 if I recall correctly 的首字母缩写］【例】～，你是他的姐姐。

IIUC 如果我了解得没错。［英文 if I understand correctly 的首字母缩写］【例】～，这个电脑很好用。

IIWM 如果是我。［英文 if it were me 的首字母缩写］【例】～，我不会放弃的。

ILICISCOMK 蹂躏键盘。　［英文 I laughed，I cried，I spat/split coffee/crumbs/coke on my keyboard 的首字母缩写］【例】早点休息，不要再～啦。

ILY 我爱你。［英文 I love you 的首字母缩写］【例】～，妈妈，你最近还好吗？

IM 即时通信，一种可以让使用者在网络上建立某种私人聊天空间的实时通信服务。［英文 Instant messaging 的首字母缩写］【例】类似 MSN 的～通信软件已开始出现。

IMCO 根据我再三考虑。［英文 in my consider opinion 的首字母缩写］【例】

~，出去打拼会比留在家里更容易碰到机会。

IMHO 依愚人之见。［英文 in my humble opinion 的首字母缩写］【例】~，年轻没有恐惧，去吧！

IMNSHO 恕我直言。［英文 in my not so humble opinion 的首字母缩写］【例】~，你真的需要加强练习。

IMO 在我看来。［英文 in my opinion 的首字母缩写］【例】~，自己选择的路就要咬牙坚持住。

IN 时尚的、流行的。［英文 in fashion 的简称］【例】这家网站经常推出一些~女性服饰。

ING 事情、情绪正在进行中。常用小写形式 ing，可加在汉语动词、形容词或名词等后面，表示正在进行当中。［英语动词的进行时形式］【例】开会~，请勿打扰，电视~（正在看电视）。

INMP 这不是我的错。［英文 it's not my problem 的首字母缩写］【例】~，我也不想多解释。

IOW 换句话说。［英文 in other words 的首字母缩写］【例】~，你要对这件事负责。

IOWAN2BWU 我只想和你在一起。［英文 I only want to be with you 的形音合称。"2" 的英文是 two，与 to 同音；U 与 you 同音］【例】~，这可能就是我现在最大的愿望。

IP【1】互联网互联协议。［英文 Internet Protocol 的首字母缩写］【例】网上都在讨论 "什么是 IP"。【2】网络地址。【例】你的~告诉我，你帮我查查。【3】挨批，指受到批评教育。【例】做事情要讲究效率，否则你会~的。

IP 地址 在互联网上为了屏蔽物理地址的差异，给每一台主机分配的逻辑地址。［英文 internet protocol address 的首字母缩写］【例】你知道你家电脑的~吗？

IPAD 手 iPad 游戏粉丝常常会长时间玩游戏，手腕悬空，肌肉和神经无法负荷反复和过度的活动，就有可能发生水肿，导致食指或中指疼痛。长时间、频繁地在屏幕上做点、划、拨等动作，会引发曲腱鞘炎，被称为 ipad 手。【例】电脑和电子游戏，是导致~的主要原因。

IRC 网上实时聊天。［英文 internet relay chat 的首字母缩写］【例】你现在有时间吗？我们~吧？

IRL 在现实生活中。［英文 in real life 的首字母缩写］【例】~，我们都很渺小，只有不断努力，才会变得强大。

ISP 互联网服务提供商。［英文 internet services provider 的首字母缩写］
【例】你用的是哪家的～，电信吗？

ISS 我说过。［英文 I said so 的首字母缩写］【例】～，那样生活不健康，可是你不听。

ISTM 我以为。［英文 it seems to me 的首字母缩写］【例】～，一个人的生活，也有很多精彩。

ISWYM 我明白你的意思。［英文 I see what you mean 的首字母缩写］【例】～，谁让我们是死党呢。

IT【1】信息技术。［英文 information technology 的首字母缩写］【例】中国的～行业发展神速。【2】互联网技术。［英文 internet technology 的首字母缩写］【例】中国的～持续更新。

ITM 有钱。［英文 in the money 的首字母缩写］【例】爱情，不是建立在～的基础上。

IYKWIM 如果你明白我的意思。［英文 if you know what i mean 的首字母缩写］【例】～，你会后悔现在的选择。

IYSS 假如你这样说的话。［英文 if you say so 的首字母缩写］【例】～，我们没有办法继续讨论了。

I 服了 U 我服了你。［源自周星驰主演的电影《大话西游》中的台词。U 是英文 you 的谐音］【例】～，你可不是一般的厉害！

J

JAFOL 又是一个他妈的旁观者，粗口。［英文 just a fucking on looker 的首字母缩写］【例】悲哀！～。

JAM 等一下。［英文 just a minute 的首字母缩写］【例】～，接个电话。

JC【1】只是有点失望。［英文 just chilling 的首字母缩写］【例】～，盼过了春夏秋冬，时间没有给我任何惊喜。【2】检查。［英文 just checking 的首字母缩写］【例】～，别落下什么东西。

JFYI 仅供参考，供你参考。［英文 just for your information 的首字母缩写］【例】这是我的想法，～。

JIC 以防万一。［英文 just in case 的首字母缩写］【例】～，跟家人商量一下。

JIONG 囧，遇到尴尬事情时出现的表情。［"囧"的无声调拼音形式］【例】一旦遇到尴尬的场面，他的五官就挤成了一个"~"字。

JJBB 结结巴巴。［汉语拼音 jiē jie bā ba 的首字母缩写］【例】她紧张时，说话会~，但看起来很可爱。

JJWW 叽叽歪歪，形容一个人说话啰嗦，带有贬义。［汉语拼音 jī ji wāi wai 的首字母缩写］【例】你能不能不这么~。

JJYY 叽叽歪歪。［汉语拼音 jī ji 和英文字母 Y 的谐音组合的缩写］【例】《大话西游》里面的那个唐僧，~，不过也是一个经典形象。

JK【1】开个玩笑。［英文 just kidding 的首字母缩写］【例】~，大家放松一下。【2】多用于网络游戏中，指剑客。［汉语拼音 jiàn kè 的首字母缩写］【例】~，很适合我的风格。【3】贱客。粗口。［汉语拼音 jiàn kè 的首字母缩写］【例】他这人可以说是当之无愧的~。【4】进口。［语拼音 jìn kǒu 的首字母缩写］【例】~的东西在网络上更抢手些。

JM 姐妹。［汉语拼音 jiě mèi 的首字母缩写］【例】请教~一些问题。

JMM 姐妹们。［汉语拼音 jiě mèi men 的首字母缩写］【例】~，今天家乐福超市有折扣，我们一起去购物吧！

JMS 姐妹们。［汉语拼音 jiě mèi 的首字母缩写，s 代表英语中的复数形式］【例】~，快去我朋友圈给我点赞吧！

JR 贱人。詈词。［汉语拼音 jiàn rén 的首字母缩写］【例】《甄嬛传》中有一句台词："~，就是矫情。"

JS 奸商。贬义词。［汉语拼音 jiān shāng 的首字母缩写］【例】网络上~真不少，今天又被坑了。

JTLYK 只想让你知道。［英文 just to let you know 的首字母缩写］【例】~，我很爱很爱你。

JTYWTK 只是以为你想知道。［英文 just thought you wanted to know 的首字母缩写］【例】对不起啊，~，所以我才没考虑那么多就说出来了。

JW【1】只是有点好奇。［英文 just wondering 的首字母缩写］【例】我对这件事~。【2】劲舞，网络游戏《劲舞团》的简称。【例】你会玩~吗？【3】"叽叽歪歪"的简称。［汉语拼音 jī wāi 的首字母缩写］【例】别~，想做就去做。

击 jī［动］攻击，多用在网络游戏中。【例】这座城堡我~不动啊，你上！

机经 jī jīng［名］指的是上机考试经验，最先起源于 GRE 考试，即对上机考试题目的回忆总结。虽然 2013 年前雅思考试并未采取机考方式，但是"烤鸭们"还是亲切地称雅思考试题目回忆记录为"雅思机经"。【例】你能给我一份雅思~吗?

机器男女 jī qì nán nǚ［名］在中国,被机器绑架的男女就被称为"机器男女"。上学的孩子成了"苹果控";朋友聚餐,自顾自埋头玩微博、上QQ;全家人一人一台电脑,彼此整晚不说话;面对面懒得说话,却乐于用MSN聊天等。【例】现在智能设备逐渐普及,越来越多的人变成了~。

机器毛虫 jī qì máo chóng［名］一种状似毛毛虫、可以直接向心脏输送药物、安装起搏器或清除坏死的心脏组织的微型机器。【例】美国科学家最近发明了一种"~",可以在心脏表面爬行,帮助进行微创手术。

肌萎缩性侧索硬化症 jī wěi suō xìng cè suǒ yìng huà zhèng［名］(amyotrophic lateral sclerosis,ALS)是脊髓前角细胞、脑干运动神经核与锥体束同时受累,以上、下运动神经元损害并存为特征的慢性变性疾病。【例】~是一种全球分布的疾病。

鸡冻 jī dòng［名】【1】"激动"的谐音形式,以此来表明自己激动万分的心情【例】看完《战狼2》心里很~!【2】也可表示在贴吧中对某发帖人无话可说的文字动态。【例】看到他无病呻吟的帖子,我的心里只剩下"~"了。

积极废人 jī jí fèi rén［名］心态积极向上,行动却如废人。间歇性踌躇满志,为自己制订目标,但由于贪图享乐,所以永远达不到目标。【例】既然有了目标,就一定去做,你可不能变成了"~"。

基盲 jī máng［名］指那些对基金买卖一无所知的人。【例】对买基金的事情,我是一窍不通,完全是个"~"。

基民 jī mín［名］基金持有人被人形象地称为"基民"。【例】股市远远不如基金投资稳定,许多股民转身变成了~。

基因工程猪 jī yīn gōng chéng zhū［名］指可供人体移植器官的猪。【例】中国培育出了一批可供人体器官移植的~。

基友 jī yǒu［名］广义上指关系特别好的同性朋友(如兄弟、哥们、闺蜜),并不限于男男或女女使用。男同性恋的英文单词为"gay"和粤语的"基"同音,因此就有了"搞基""基友"(粤语中称"基佬")的说法。"基友"刚开始指男性同性恋者,后泛指关系好的同性朋友,不再专指同性恋者。"基友"也常常指生活步调在一个节奏上、有共同的爱好、能玩在一起的死党。【例】他俩是一对好~,处处相互支持。

基智定投 jī zhì dìng tóu［名］所谓"基智定投"业务,是对普通基金定投产品的升级,主要增加了两种投资方式:一种是客户可以每月固定日期、固定金额进行定投基金(简称"定时定额定投");另一种是客户可以每月固定日期、并根据证券市场指数的走势不固定金额进行定投基金（简称"定时不定额定投"），实现对基金投资金额的灵活控制。以上两种定投违约都不进行补扣，连续违约三次后自动撤销定投协议。【例】～是工商银行推出的一种基金增值业务。

激 H jī H［形］色情程度高、场面激烈的作品。[H 是 hentaide 的首字母]【例】现在网络上游戏广告很～，真让人无奈。

极客 jí kè［名］极客即"geek"，主要指对科学（包括但不限于数学、物理、化学、生物、天文、IT 等专业）抱有狂热兴趣并投入大量时间钻研的一类人。[美国俚语"geek"的音译]【例】他最骄傲的身份是一名～。

极品 jí pǐn［名］本义是指一个事物达到同种事物本身所能达到的极限。在网络中出现了新的意义，意为令人非常讨厌的人常被缩写为 JP。【例】这么热的天，他也不洗澡，真是个～。

即时拍 jí shí pāi［名］售卖的物品在极短的时间内被竞拍走，而且整个过程简单便捷。【例】～让我的车卖出了最高价，我过去想都不敢想。

即视购 jí shì gòu［名］通过现场的在线视频进行交易。【例】～是近几年兴起的一种新的购物模式。

急婚族 jí hūn zú［名］一些为追寻物质利益或迫于家庭压力而急于婚嫁的女性，一般指还没毕业或将要毕业的女大学生。【例】她还未踏入社会，就做"～"，太不理智了。

急求 jí qiú［动］因急需帮助而求助于人。一般指网友发帖求助他人解决问题或寻找网络资源，带有调侃或夸张意味。【例】谁有电影《英雄》的链接？～。

集装箱银行 jí zhuāng xiāng yín háng［名］是指银行的建筑外形像一个巨大的集装箱。【例】世界上第一个～是 Clive Wilkinson Architects 建筑事务所建造的。

计算机综合征 jì suàn jī zōng hé zhēng［名］因长时间使用计算机，受电磁辐射等影响而出现的眼睛酸胀、头晕目眩、恶心呕吐和注意力不集中等病症。【例】计算机在给人们带来诸多方便的同时，也带来了一种新的职业伤害——～。

记号 jì hào［名］利用论坛记录用户发帖、回帖功能做的某种标记。【例】百度贴吧里发帖量太大了，找到有用的帖子一定要做好～。

技客 jì kè［名］是英文单词 geek 的音译，也叫"互换技能"。"geek"这个词在美国俚语中是指智力超群、善于钻研但不懂得与人交往的学者和知识分子，含有贬义。【例】在网络时代，～可不是什么夸人的好词。

寂寞党 jì mò dǎng［名］起源于某天夜里百度魔兽世界吧的一名网友发的吃面图，图上配文："哥吃的不是面，是寂寞。"【例】网络上越来越多的网友自嘲加入～。

技术牛仔 jì shù niú zǎi［名］指在网络行业里，有高超的技术水平、思想行为不受拘束的一群人。【例】～在现有的规则和体系中左冲右撞。

技术宅 jì shù zhái【1】［名］指的是科技爱好者。他们很多是单兵作战或者小团队，虽然拥有很高的技术水平，却没有一个体现自我价值的方式和方法，他们需要一个途径来把技术转换为实际的收入。【例】"～"乐于专研技术。【2】［名］专指善于钻研各种知识和技术而忽略社交的人。【例】很多"～"不善于交际，因此找对象成了大问题。

加 V jiā V［名］名人认证的标志是在认证用户的名字后加上一个金色的"V"（俗称"加 V"）。最初始于新浪微博的一种身份认证标识。【例】现在微博等新媒体～认证已经不仅仅是名人的特权了。

加 V 毕业生 jiā V bì yè shēng［名］南京大学金陵学院新传媒系在微博上先后分别于 2011 年 3 月 17 日和 3 月 24 日公布了两批"加 V"毕业生，旨在对优秀学生进行认证。【例】高校推出～是对人才标识的一种大胆尝试。

加分门 jiā fēn mén［名］利用内幕特权谋取不正当特长（体育、航模等），可以在高考中加分。【例】浙江高考"～"引起了国内媒体深入报道，国家体育总局随后着手调查幕后黑手。

加急时代 jiā jí shí dài［名］指生活和工作节奏过快的时代。【例】我们生活在一个～，到处奔走。

加精猪 jiā jīng zhū［名］实为用含"瘦肉精"的饲料喂出来的问题猪。【例】饲料喂出来的～，你敢吃吗？

加密 jiā mì［动］为信息设置保密功能。指某种特殊功能的算法改变原有的信息数据，使得未授权的用户即使获得了加密信号，也因不知解密方法而无法获取信息内容。【例】朋友圈的～功能可以让我们更好地保护隐私。

夹心广告 jiā xīn guǎng gào［名］"夹心广告"一词流行于 2009 年的美国，在美国纽约百老汇大道上有一群人胸前和身后各背着一块广告看板，自己的身子夹在两块看板中间，人们给了他们一个很形象的称号"夹心广告"。【例】为了更好地宣传产品，"～"也越来越多了。

家里蹲族 jiā lǐ dūn zú［名］是一个日本术语，用于描述日本的年轻人群体，他们当中约有 50 万人待在家中，回避与除家人之外的所有人接触。【例】在日本，越来越多的年轻人成为"～"，这是一个复杂的社会问题。

家七条 jiā qī tiáo［名］北京市自2011年5月发布的《关于鼓励发展家政服务业的意见》，简称"家七条"。【例】媒体评论北京"～"政策虽然很好，但是门槛太高了。

家务甩手族 jiā wù shuǎi shǒu zú［名］夫妻双方不愿意主动承担，把家务活统统交给家政人员去打理。【例】"～"出现的真正原因是80后夫妻自理能力差。

家务骰子 jiā wù tóu zi［名］家务骰子（英文翻译 Housework dice）是近来在80后小夫妻中很流行的一种用来决定"谁做家务活"的骰子。这种骰子的六面分别是买菜、做饭、洗衣、洗碗、擦地、发呆。【例】～的购买群体多是女性。

甲壳虫 jiǎ ké chóng［名］是指具有一定网络经验的网民。【例】越来越多的老人也成为～了。

甲流 jiǎ liú［名］"甲型流感病毒"的缩写，是一种为常见的流感病毒。【例】自从～袭来，科研人员夜以继日研发新型抗体疫苗。

甲流机器人 jiǎ liú jī qì rén［名］日本研制的一款可以真实演绎各种甲流症状，帮助医生判断病情，完成临床模拟试验的机器人。【例】日本研制了一款～，相信对攻克甲流会有极大的帮助。

甲流血 jiǎ liú xuè［名］甲流康复患者体内含有甲流抗体的血液，可以由康复患者捐献，作为被动免疫治疗手段来救治重症甲流患者。【例】使用～可以有效减轻患者临床症状。

甲型 H1N1 流感 jiǎ xíng H1N1 liú gǎn［名］甲型 H1N1 流感为急性呼吸道传染病，其病原体是一种新型的甲型 H1N1 流感病毒。【例】一般来说，人感染～后的症状类似感冒，会出现发烧、咳嗽、疲劳、食欲不振等症状。

贾君鹏 jiǎ jūn péng［名］网络虚拟人物。2009年7月16日，网友在百度贴吧魔兽世界吧发表的一个名为"贾君鹏你妈妈喊你回家吃饭"的帖子，随后短短五六个小时内被390617名网友浏览，引来超过1.7万条回复，迅速成为网络流行语。【例】～的帖子为无数网民带来欢笑。

贾君鹏你妈妈喊你回家吃饭 jiǎ jūn péng nǐ mā ma hǎn nǐ huí jiā chī fàn 2009年7月16日上午，百度贴吧魔兽世界吧中一个 IP 为"222.94.255.＊"的匿名用户随意发了一个题为"贾君鹏你妈妈喊你回家吃饭"的帖子，而帖子中并无内容，只有"rt"两个字母，意为"如题"。后被证明实为一场精心策划的网络公关，以缓解"魔兽世界文化危机"，现在演变成一个非常具有创造力的网络流行语"×××，你××喊你回家××"。【例】网上流行的～，也成为现实生活中供人调侃的话语。

假捐门 jiǎ juān mén［名］"假捐门"指的是余秋雨在2008年向汶川捐款一事，据调查是余秋雨和九久公司虚构捐款。【例】许多名人曾经陷入"～"事件。

价签戏法 jià qiān xì fǎ［名］价签戏法是指"虚构原价""低价招徕顾客、高价结算"等多种价格欺诈的行为。【例】某超市在部分连锁店使用～欺骗消费者，当地工商部门已经介入调查。

驾考合一 jià kǎo hé yī［名］公民要想考取驾驶证，必须先到驾校进行培训，这种驾驶证捆绑驾校的模式被称为"驾考合一"。【例】要想真正取消～考试模式，相关部门必须通盘考虑推行直考可能带来的问题。

监介 jiān jiè［名］源于汉字"尴尬"。"监介"本身没有任何意思，通过网友的恶搞，把"尴尬"的"尢"字底去掉，就成了"监介"，一传十，十传百，就成了人人都知道的网络用语。【例】～是网友不自觉造出的词。

监狱风云 jiān yù fēng yún［名］监狱风云是网友借用香港电影《监狱风云》的海报，将2014年涉嫌黄赌毒的诸位狱中明星PS成主创人员在网上恶搞，因而"监狱风云"也成为网络热词。【例】2014版的"～"可以说是众星云集，阵容豪华。

兼容性 jiān róng xìng［名］兼容性（compatibility）是指硬件之间、软件之间或是软硬件组合系统之间的相互协调工作的程度。【例】Windows XP系统的～非常高效，有口皆碑。

煎饼人 jiān bǐng rén［名］贬义词。指那些知识面很广、涉猎领域多，但都研究不深的人。【例】做学问，不能只想着扩大涉猎范围，要深入研究，否则，你就成为"～"了。

煎蛋众 jiān dàn zhòng［名］"煎蛋众"就是常常去"煎蛋网"查找新鲜事的网络粉丝。【例】"煎蛋网"上的"～"总是能发现各种有趣的新鲜事。

"茧式"煲 jiǎn shì bāo［名］一种烹饪机器，它能直接让细胞组织"生长"成一块完整的肉，同时烹饪出一道菜品，其目的在于减少动物屠宰，使食物不再受污染。【例】～是一种最新式的食物烹饪机器。

捡彩族 jiǎn cǎi zú［名］靠捡废弃彩票，从中寻找中奖机会的一群人。【例】"～"应该转变自己不劳而获的投机理念。

检测门 jiǎn cè mén［名］2010年8月，武汉三名女婴因一直食用同一品牌奶粉，身体出现性早熟特征，受害儿童家长曾想把奶粉送检，却出现"检测无门"的情况。【例】～暴露出来我们国家监管方面的缺陷。

减压节 jiǎn yā jié [名] 是为倡导健康的生活理念和生活方式，以游玩和娱乐的方式对抗压力而设立的节日。【例】现在生活压力太大了，我非常赞成～的出现。

简单方便女 jiǎn dān fāng biàn nǚ [名] "简单方便女"又称"三不女"，是指不扭捏做作、不拜金、不复杂的女生。【例】女生做个～其实也不错。

见光死 jiàn guāng sǐ [名] 指网友见面时，发现对方没有想象中的那么美好，理想与现实的差距大，有让人吃惊、失望的意思。【例】现在的女网红自称美女，但是有很多却是～。

见与不见体 jiàn yǔ bú jiàn tǐ [名] 冯小刚的电影《非诚勿扰2》捧红了仓央嘉措的一首诗——《见与不见》，网友们据此创作出了各式各样的仿写诗歌体，被称为"见与不见体"。【例】网友们用"～"表达了自己对爱情的态度。

间谍甲虫 jiàn dié jiǎ chóng [名] 美国军方秘密研制纳米芯片以控制甲虫或其他体型较小的昆虫来完成窃听或拍照等秘密任务。【例】在谍战片中，～是一种很重要的获取情报的手段。

间谍门 jiàn dié mén [名] 方静、孔庆东、吴敬琏、沈国放等名人涉嫌为别国传递情报，相继被美国一家华文媒体"带离调查"，后被一一证实纯属谣言。【例】经多方证实，中国"～"实在是子虚乌有，生编硬造出来的。

间谍硬币 jiàn dié yìng bì [名] 2009年美军情报部门在数枚加拿大硬币中发现了无线电频率发射装置，此类装置可被用于间谍活动。【例】～在获取信息上发挥了巨大作用。

荐客 jiàn kè [名] 具有无私奉献精神，能够将自己在生活中发现的一切美好事物，向大众推荐，与大众分享，并以此为乐的人。【例】我要做一名优秀的～，把美好的生活与大众分享。

健美猪 jiàn měi zhū [名] 指用瘦肉精喂养的猪，它们屁股浑圆，肌肉结实，猪皮下面几乎没有肥肉，因此被称为"健美猪"。【例】食品安全要加大监管力度，防止再次出现"～"。

贱谈 jiàn tán [名] "健"谐音"贱"，贱到什么都谈。【例】可以健谈，但是千万别"～"。

鉴黄师 jiàn huáng shī [名] 将办案单位送来的淫秽光碟一一审看，并根据内容开具鉴定结论。【例】～这个职业不是什么人都能胜任的。

江陈会谈 jiāng chén huì tán [名] 是由海峡交流基金会董事长江丙坤与海峡两岸关系协会会长陈云林率领的代表团会谈的简称。【例】"～"取得圆满成功。

将爱体 jiāng ài tǐ［名］"将爱"是网友对电视剧《将爱情进行到底》的简称。"将爱体"是网友根据电影《将爱情进行到底》海报自发 PS 的案例。网友们热衷于把自己心中的明星情侣或是最佳拍档组合在"将爱"的海报中，"将爱"体应运而生。【例】"～"现在依然在网络上流行。

姜你军 jiāng nǐ jūn［名］模仿象棋用语"将你一军"。形容生姜价格一路飙升，超出合理范围。2010 年以来，大蒜、绿豆、叶菜、玉米等农产品价格大幅上涨，在网络上也催生了一系列的网络热词，"姜你军"就是其中的代表名词。【例】～等词语的流行，从侧面也反映了网友对于物价飞升的无奈。

姜一军 jiāng yī jūn［名］同上"姜你军"。

僵尸车 jiāng shī chē［名］指有些车辆因为长期无人使用维护，落满灰尘，形似僵尸，因此有人形象地称其为"僵尸车"。【例】～对于居民交通出行是一种极大隐患。

僵尸股 jiāng shī gǔ［名］股市用语，指的是长时间、不涨不跌的股票。【例】谁在股市买到～，那么谁就等着哭吧！

奖骚扰 jiǎng sāo rǎo［名］主要指当前各类评奖活动泛滥，甚至只要交钱就可以获奖，奖项含金量低，且又商业味十足。【例】当前各类评奖活动泛滥，给钱就有奖，网友调侃这是～。

降价死 jiàng jià sǐ［名］指国家政策规定的"降价药"在市面上消失的现象。【例】因为出台的政策加大了对药品价格的监管，导致市场上部分药品出现"～"的情况。

降准 jiàng zhǔn［动］即降低存款准备金率，是央行出台的货币政策之一。【例】央行出台的"～"政策能够有效调整经济。

酱油春晚 jiàng yóu chūn wǎn［名］酱油春晚是网友自己操办的一场属于网友自己的春节晚会。【例】～在山寨中慢慢形成了自己的风格。

酱油帝 jiàng yóu dì［名］出自广州电视台在采访中市民的一句"关我鸟事，我出来买酱油的"。【例】我们慢慢都成了～，对社会不插手，只是静观。

酱油男 jiàng yóu nán［名］2008 年，广州电视台在街头随机采访市民，一位男性受访者因一句"关我鸟事，我出来买酱油的"，被网友戏称"酱油男"。【例】关于娱乐圈的纷纷扰扰我不发表意见，俺就是个"～"。

酱油族 jiàng yóu zú［名］道义上强烈关注某事，行为上明哲保身，属于"非暴力不合作"的人群。【例】对于社会纠纷，更多的网友选择加入"～"，做吃瓜群众。

酱紫 jiàng zǐ［名］"这样子"的快读合音形式。【例】你怎么～？

　　交警超市 jiāo jǐng chāo shì［名］是为了方便群众，让市民在社区就可以完成处理罚单、更换驾照等过程的特殊超市。【例】～对于市区服务是一次大胆的尝试。

　　浇水哥 jiāo shuǐ gē［名］2011 年 2 月 28 日，成都小天西街的小天公寓五楼发生一起火灾，一名身穿灰色西装的男士手持浇花的水管从 7 楼楼顶向 5 楼着火房间浇水灭火，被网友拍照上传后得名"浇水哥"。【例】网友被"～"临危不惧的精神所折服。

　　胶囊墓地 jiāo náng mù dì［名］"胶囊墓地"也称移动墓地，可以随意移动，甚至可以安放在故人生前的办公室或卧室等，由北京牡丹集团退休高管覃第崇发明。【例】～可以让去世的人依旧处于一个熟悉的环境。

　　胶转数 jiāo zhuǎn shù［名］把胶片转换为数字媒体（数字录像带、硬盘或光盘）的过程。【例】现在在电影院一般不再使用胶片，更多的是选择～。

　　蕉癌 jiāo ái［名］指的是由巴拿马病毒侵染导致香蕉树枯萎死亡的传染性病害，即镰刀菌枯萎病，俗称香蕉黄叶病。由于暂时无法治愈，所以称为"蕉癌"。【例】香蕉树得了"～"，就像人类染上癌症一样，目前无法治愈。

　　蕉癌风波 jiāo ái fēng bō［名］《信息时报》推出广州香蕉感染"蕉癌"的重头报道，文章措辞夸张，引发群众恐慌。【例】～是无良媒体炒作的结果，其实没那么严重。

　　嚼吧 jiáo bā［名］指的是设在高档写字楼内，面向白领，通过咀嚼口香糖的方式缓解压力和紧张情绪的新兴休闲场所。【例】～是给年轻白领减压用的新兴娱乐场所。

　　叫包人 jiào bāo rén［名］叫包人，就是活跃在火车站，通过种种优惠条件诱导旅客存包的人。【例】在火车站买票时，一定要警惕那些热心的"～"。

　　教育消费券 jiào yù xiāo fèi quàn［名］是指在杭高校就读学生或在杭务工人员子女，家庭困难者可享受政府发放的教育优惠券，可以用来抵押学费或培训费等。从 2009 年 3 月 26 日开始，杭州首次发放总额过亿元的教育培训消费券，但不是所有的城市都发放。【例】～的发放，足以表明杭州政府对教育的重视。

　　接待门 jiē dài mén［名］2011 年 12 月 25 日，一张"天津市体育运动学校接待国家体操中心领导费用支出明细"的图片被大量转载。图片显示，为接待黄玉斌、叶振南等一行 17 人，共花费 16 万余元，引起网上热议。【例】国家纪委部门已经介入"～"事件。

　　街净哥 jiē jìng gē［名］在河南商丘顺天小区附近，清晨总有一个 50 多岁的男子携妻子以捡垃圾的方式搞晨练，该男子被亲切地称为"街净哥"。【例】愿城市里多一些像"～"这样的人。

节奴 jié nú［名］指为重大节日消费、交际而饱受压力的人。【例】现在的月光族，最怕过节了，成了不折不扣的～。

结石门 jié shí mén［名］多家奶粉企业三聚氰胺超标导致儿童结石多发。【例】"～"彻底击垮了中国消费者对奶粉厂家的信任。

结石娃 jié shí wá［名］专指因食用三鹿等含有三聚氰胺的婴幼儿奶粉而患上"双肾多发性结石"和"输尿管结石"的孩子。【例】含有三聚氰胺的婴幼儿奶粉危害了很多孩子，使他们成了"～"。

结石婴儿 jié shí yīng ér［名］与"结石娃"同义。【例】"～"就是那些无良厂家的罪证。

姐贵 jiě guì［名］身份地位显赫、黑道组织的女头目，气场强大的女性，关系亲密或者是亲属关系的姐姐。【例】有些"～"，你惹不起。

解抗奶 jiě kàng nǎi［名］是含有解抗剂的牛奶。而解抗剂的作用旨在将奶中超标抗生素分解掉，使牛奶顺利通过检测。【例】市场上流通的～让消费者人心惶惶。

解压 jiě yā［动］利用压缩软件将打包的文件还原，以便使用。【例】你把这个压缩包用软件～就行了。

介个 jiè gè［代］"这个"的谐趣形式。同"介果"。【例】～苹果给你吃吧。

介样 jiè yàng［代］"这样"的谐趣形式。【例】你～顽皮你家里人知道吗？

戒驾 jiè jià［名］因燃油涨价而放弃开私家车的行为。【例】油价涨了，是时候～了。

界面 jiè miàn［名］"用户界面"的简称。【例】iPhone 手机 IOS 操作系统～很简洁。

今肥昔比 jīn féi xī bǐ［形］形容胖了很多，有的人看上去变化不大，但是体重却涨了很多。【例】惭愧惭愧！我现在已经是"～"！

金抵利 jīn dǐ lì［名］银行用金子代替货币来支付存款利息的方式。【例】～政策你知道吗？

金罐门 jīn guàn mén［名］1992 年巴塞罗那奥运会，健力宝公司宣布向每名奥运冠军赠送一个奥运金罐，多年后经检测金罐名不副实，经鉴定实际价值只有 50 元。【例】"～"暴露出了一个企业的诚信问题。

金融危机宝宝 jīn róng wēi jī bǎo bao［名］2008 年年底金融危机，职场女性"人人自危"，为了保住饭碗于是选择这个时间怀孕，这个阶段出生的孩子被称为"金融危机宝宝"。【例】～是金融危机时期，妈妈保护自己的武器。

金融鸦片 jīn róng yā piàn［名］是对带有赌博性质的高风险金融衍生品的总称。【例】我们一定要警惕那些"～"。

锦鲤 jǐn lǐ［名］本是一种鱼的学名，现在常作"幸运"的代名词。【例】考试之前转发条"～"，求得高分。

进度条式起床 jìn dù tiáo shì qǐ chuáng［动］因为人们无法在闹钟一响就起床，所以睡觉前就会多定闹钟，每个闹钟的时间有一定间隔，闹钟逐渐响起帮助人们从睡梦中完全醒来。【例】天气越来越冷，很多人都开始出现～现象。

近月点 jìn yuè diǎn［名］指的是航天器在绕月飞行时在椭圆形轨道中离月球最近的那个点。【例】航天器绕月飞行时有一个～。

浸小黑 jìn xiǎo hēi［动］将某个人的 ID 列入不受欢迎的名单，可以理解为"进入黑名单"的谐趣形式。【例】你再欺负我，我就把你"～"。

禁高令 jìn gāo lìng［名］2007 年 5 月 27 日，国际足联执委会通过的一项决议："出于医学原因和球员健康考虑，执行委员会决定，任何国际足球比赛都不能在海拔 2500 米以上的地方进行。"这就是"禁高令"。【例】"～"对球员的身体起到了保护作用。

禁官令 jìn guān lìng［名］据 2011 年 4 月 4 日的报道，俄罗斯总统的梅德韦杰夫近日发布命令，要求政府高官退出国有企业管理岗位，外界将之称为"禁官令"。【例】2011 年时任俄罗斯总统梅德韦杰夫发布了禁止官员参与企业管理的"～"。

禁胶令 jìn jiāo lìng［名］指的是国际乒联颁布的不得以含有机挥发物的溶剂胶水粘球拍的规定。【例】"～"的颁布还是会对运动员水平的发挥产生影响。

禁跑令 jìn pǎo lìng［名］勉县教育局在每个考场设 3 名监考员，其中 2 人需确保发生余震时让考生们安全撤离，不管发生的情况多么危险，监考老师都要保证将全部学生疏散完毕后才能离开。【例】"～"拷问着老师职业道德的良知。

禁赔令 jìn péi lìng［名］中国人保、太平洋保险、平安保险、中华联合保险四家保险公司联手在全国推出车行"禁赔令"，明令车行不能再为车主代办划痕险索赔。【例】全国推出车行"～"在一定程度上规范了车行代办业务。

禁塑令 jìn sù lìng［名］2008 年 1 月 8 日，国务院办公厅下发《关于限制生产销售使用塑料购物袋的通知》，从 6 月 1 日起，在全国范围内禁止生产销售使用超薄塑料袋，并实行塑料袋有偿使用制度。【例】"～"有利于保护环境。

禁痰日 jìn tán rì［名］2008 年初，为根除部分市民随地吐痰的陋习，北京市拟在年内将某日定为"禁痰日"。【例】有了"～"，确实在一定程度上改善了随地吐痰的情况。

禁液令 jìn yè lìng［名］指中国民航局关于禁止携带液体类物品乘机和国家邮政局关于禁止邮寄液体类物品的规定。【例】出于安全的考虑，中国民航局发布了"～"。

禁娱令 jìn yú lìng［名］是对娱乐节目数量的控制以及对内容的严格把关，以整顿的名义刺激娱乐内容的创新。【例】国家发布"～"其实是对娱乐节目不正常化的管制。

京版国八条 jīng bǎn guó bā tiáo［名］一般指北京市人民政府办公厅关于贯彻落实国务院办公厅文件精神，进一步加强本市房地产市场调控工作通知的简称。【例】～的颁布极大地稳住了北京的房价。

经济适用婚 jīng jì shì yòng hūn［名］指根据家庭条件，在保证婚礼质量的前提下，尽量地缩紧成本，减少一些不必要的开支。【例】由于生活压力加大，现在很流行～。

经济适用男 jīng jì shì yòng nán［名］不少女白领纷纷选择不吸烟、不喝酒、不关机、不赌钱、无红颜知己的男性，称具备这些条件的男性为"经济适用男"，简称"经适男"。【例】每一年的～的标准都不一样。

经济适用女 jīng jì shì yòng nǚ［名］是指具备披肩长发、性格温和、不拜金、不花痴、小闷骚、专科以上学历（包括全日制、自考成教等）、会洗衣、会做饭等特点的女性。【例】很多男生都认为～适合做结婚对象。

经济铁幕 jīng jì tiě mù［名］美国落下的一道"铁幕"，用 TPP 和 TTIP 屏蔽中国，架空 WTO，并想重建新的世界贸易规则。【例】美国设定的～最终会害人害己。

精华帖 jīng huá tiě［名］精华帖是论坛中的一种帖子种类，是被版主或管理员设定为"精华"的帖子，一般此类帖子内容丰富，有较高的阅读价值，可以被回复，作者也可以修改原帖。【例】现在网络上～越来越少，很多都是一些无聊的内容。

精神体 jīng shén tǐ［名］2011 年 11 月 2 日，北京正式向社会发布"北京精神"：爱国、创新、包容、厚德。网友将这样的句式发扬光大，经过重新创造，发展成为当下微博的热门话题，博友用最简短的词汇概括出最有本地精神的特质。【例】经过 1000 余万市民紧张激烈的投票，权威部门公布"天津精神"：煎饼、果子、多放、香菜。此谓网友创造～。

精致穷 jīng zhì qióng ［名］虽然赚的不多，但并没有因此放弃追求精致，为自己向往的生活和喜欢的东西努力奋斗，虽然没有优渥的生活，也活得开心明亮。【例】《北京女子图鉴》这部剧向我们展示了女主"～"的生活。

鲸鱼体 jīng yú tǐ ［名］它的兴起是源于 iPhone 短信，因其样子形似鲸鱼而得来。冒号加右括号是笑脸，冒号加左括号是哭脸。【例】～始于 iPhone，年轻人聊天时多会用到这个表情符号。

警察淘宝体 jǐng chá táo bǎo tǐ ［名］主体是八幅漫画，每一幅的画面只有一名警察和一名罪犯，他们的对话像极了"淘宝卖家"跟"买家"之间的交流，因此被称为"警察淘宝体"。【例】"～"看起来很搞笑，实际上也给我们传递了很多信息。

竞彩 jìng cǎi ［名］竞彩是中国体育彩票的一个种类，于 2009 年在全国各地陆续上市。竞彩游戏分两大类：中国体育彩票竞彩足球游戏、中国体育彩票竞彩篮球游戏。【例】竞彩会让彩民赚到很多钱，也会损失很多钱，一定要三思而后行。

竞点 jìng diǎn ［名］在"一起竞"的竞拍网站上，用现金充值的虚拟财富，这种财富才可以用来竞拍。后来这家网站突然停止充值、提现，引起全国各地成百上千网友的担忧。【例】～的充值一定要慎重考虑。

竞技游戏 jìng jì yóu xì ［名］竞技游戏是建立在公正、公平、合理的游戏平台上的对战游戏，主要包括射击、策略等游戏。【例】CF 是近十年来比较火热的射击～。

敬礼娃娃 jìng lǐ wá wa ［名］2008 年 5 月 13 日早晨，三岁的小郎峥被解放军官兵从废墟里救出后，躺在一块小木板做的临时担架上，用他稚嫩的右手向 8 位抬着他的解放军叔叔敬了个少先队礼，《绵阳晚报》记者杨卫华用相机记录下了这一感人瞬间。【例】汶川地震的～感动了中国军人。

囧 jiǒng ［形］形容郁闷、悲伤、无奈、无语等情景，字义同"窘"。"囧"本义为窗户、光明。字形像一个愁闷的人。【例】最近我办了一件很～的事。

囧吧 jiǒng bā ［名］"囧吧"是由杭州"米多多"网络科技有限公司于 2013 年 12 月上线运营的一个分享型网站，网站致力于分享最新搞笑段子、原创笑话、动态搞笑图片等，主要目的为娱乐大众，给网友带来欢乐。【例】登录～可以分享自己的段子。

囧剧 jiǒng jù ［名］比较雷人、让人无语的电视剧。【例】最近上映了一个让人哭笑不得的～。

囧字舞 jiǒng zì wǔ ［名］"囧字舞"是广州市一群年轻白领创新的一种舞蹈。

他们头戴网络新词面具，用怪异的舞蹈将这些网络新词诠释了一番。他们认为这样的方式可以缓解都市人紧张的工作压力。【例】~是一群年轻人的狂欢。

纠剽猎手 jiū piāo liè shǒu ［名］德国媒体称专门调查拥有高学历政客名人的那些人为"纠剽猎手"。【例】政坛上少不了~的身影。

赳赳体 jiū jiū tǐ ［名］来源于胡赳赳作品。胡赳赳的作品字里行间充满智慧、趣味和纯真，既老辣世故，又温情伤感，网友称之为"赳赳体"。那种半颓废半激进的才情让人着迷，引来网友竞相模仿。【例】网上又流传了一种"~"，你听说了吗？

韭菜姑娘 jiǔ cài gū niáng ［名］是指缺乏炒股经验的女股民损失惨重，却执迷不悟，履败履战，在股市中就像韭菜一样被一茬茬割掉。源于网络红人"海星砂"，其在博客上晒出炒股亏损纪录后，被网友亲切称为"韭菜姑娘"。【例】股市里"~"对股票真是一往情深啊！

酒店试睡员 jiǔ diàn shì shuì yuán ［名］酒店试睡员体验酒店的服务、环境、卫生、价格、餐饮等多个方面，调查后根据自己的感受写成报告，交给公司后在网上发布，为众多网友提供借鉴。【例】有多家知名酒店企业雇佣~，为公司作宣传。

酒吧 jiǔ bā ［名］Windows98 的谐音戏称，也称"瘟酒吧"。【例】你电脑上装"~"了吗？

酒屋 jiǔ wū ［名］Windows95 的谐音戏称，也称"瘟酒屋"。【例】你怎么用的还是"~"呀？

就酱 jiù jiàng ［名］"就这样"合音。【例】~愉快地决定了。

居转户 jū zhuǎn hù ［名］当地居住者满足一定条件转成居民。【例】在上海办理~还是比较困难的。

鞠躬门 jū gōng mén ［名］美国总统奥巴马访日期间，与日本天皇见面时，向天皇鞠躬近90度，招致美国媒体和保守派批评。【例】"~"的主角是奥巴马。

菊外人 jú wài rén ［名］前段时间，因为一档网络综艺《创造101》，出来了一个新词——"菊外人"。"菊外人"指的是不认识王菊，也不知道创造101，但是却被"给王菊投票"相关信息包围的人。【例】你都不知道王菊是谁就给她投票，可真是个是"~"。

举牌哥 jǔ pái gē ［名］2011 年 5 月 4 日，广州 16 中的高一学生陈逸华，在该市多个公共场所举牌，收集市民签名，呼吁众人反对巨资改造地铁车站。大家亲切地称其为"举牌哥"。【例】地方政府应该听听~收集的居民意见。

巨 jù［副］表示程度极深。【例】我今天～伤心。

巨型光棍节 jù xíng guāng gùn jié［名］指 2011 年 11 月 11 日被单身者奉为的"光棍节"。2011 年 11 月 11 日因其众多的"1"被戏称为"巨型光棍节"。【例】2011 年 11 月 11 日被网友们戏称"～"。

拒电族 jù diàn zú［名］是拒绝使用现代通信工具的一群人的简称。【例】～慢慢地会与社会脱节的。

拒让门 jù ràng mén［名］2011 年 8 月 13 日下午，一架卡塔尔班机称机油仅够维持 5 分钟，发出紧急信号要求提前降落，空管部门要求前方的吉祥航空班机让开跑道，该班机竟然拒绝让路。【例】没想到吉祥航空公司会在人命关天的事上整出一场"～"。

拒无霸 jù wú bà［名］"拒无霸"引申自"巨无霸"。现指大学扩招后，大学生找工作面临压力，多次投递简历，不断面试都不成功但是仍然不气馁的人，自嘲为"拒无霸"。【例】就算成为～，我们也要坚持下去。

剧场版 jù chǎng bǎn［名］剧场版是在影院公映的动画作品，是日本动画按传播方式分类的一种，在中国又被称为动画电影。【例】～吸引了更多动画迷前来观看。

聚菜行动 jù cài xíng dòng［名］2011 年 11 月 11 日，《新安晚报》与淘宝网聚划算取得联系，商讨让"怀远县大白菜"上线淘宝网，号召网友伸出援手购买。11 月 16 日，淘宝网"聚菜行动"正式上线。【例】淘宝网上线的"～"非常具有公益性。

聚打酱油 jù dǎ jiàng yóu［名］意同"打酱油"，有"路过""飘过"的意思。【例】我们本来就是～。

聚光盘 jù guāng pán［名］英国媒体 2011 年 1 月 30 日报道，美国印第安纳州一名小伙发明了一个新奇的"聚光镜"，他将卫星天线接收盘贴上 5000 多个微型镜子，用来反射阳光。据称，这个聚光镜的热度相当于 5000 个太阳的热量，威力十分强大，被小伙戏称为"死亡光线"。而接收盘就被称为"聚光盘"。【例】"～"的出现对收集热量有很大帮助。

聚蕉行动 jù jiāo xíng dòng［名］面对海南迫在眉睫的"蕉急"局面，淘宝网团购平台聚划算将发起团购海南香蕉的活动，这次活动被称为"聚蕉行动"。【例】淘宝发起的"～"非常具有公益性。

聚客 jù kè［名］一种快捷易用的专题创建工具，可以将某个主题内容自动聚在一起。【例】当博客黯然退出时，～出现了。

掘客 jué kè［名］是在掘客类网站上进行网站编辑的人，如发表文章投票评论等。在一个掘客类网站上申请一个用户就可成为"掘客"，就像在博客网站上申请一个用户成为博客一样。【例】想要成为一个～，你得有过硬的网络技术。

掘墓 jué mù［名］BBS用语，沉寂很久的老帖子通过回复（往往指无聊的回复）重新顶上来的行为。【例】快去 CF 论坛～，那么好的帖子不能就这么沉入大海。

菌男 jūn nán［名］"俊男"的谐音戏称，带有戏谑的意味。【例】我是霉女，你就是～。

K

K【1】拟声，咳嗽声。【例】你一直～～的，感冒了吧？【2】快。【例】～～，憋死我了。【3】打。［英文 knock 首字母］【例】小孩子不乖，大人～你屁股。【4】狂。［汉语拼音 kuáng 的首字母］【例】小子，别太～。

K. O. R. E. A. 虽然事与愿违却保持乐观。［英文 keep optimistic regardless of every adversity 的首字母缩写］【例】他是个坚强的人，～。

K 客吧 K kè bā［名］一种新型的多功能 KTV，集点歌、演唱、MTV 录制、光盘刻录等多种功能于一身，可自动将音乐视频上传到娱乐互动平台，歌曲上传后玩家即可获得一个属于自己的网络空间，进行歌曲 PK、网络选秀、交友交流等活动。【例】你去过～吗？特别好玩。

KAO 靠。表惊讶、感慨等多种语气。［汉语拼音 kào 无声调形式］【例】～，又输了一局。

KB【1】酷毙。［汉语拼音 kù bì 的首字母缩写］【例】你今天的表现真是～了。【2】恐怖。［汉语拼音 kǒng bù 的首字母缩写］【例】媒体在网上发布了一则～袭击事件。【3】可悲。［汉语拼音 kě bēi 的开头缩写］【例】～，我又忘了带伞了。

KEY PAL 键友，网络笔友。由英文 pen pal 形式演变而来。【例】你有～吗？

KFC【1】肯德基［英文 Kentucky Fried Chicken 的首字母缩写］【例】最近～有买一送一活动，你们知道吗？【2】"踢、骂、揍"之义。［英文 kick, fuck, cut 的首字母缩写］【例】对你～那都是轻的，小心点！

KFY 亲亲你。［英文 kiss for you 的首字母缩写］【例】～，我的小泰迪。

KH 葵花，指练习葵花宝典的人。［汉语拼音 kuí huā 的首字母缩写］【例】

练了葵花宝典，你就是江湖～。

KHBD 葵花宝典，武侠小说《笑傲江湖》中东方不败修习的武功。现在也指向日葵产业网站域名。[汉语拼音 kuí huā bǎo diǎn 的首字母缩写]【例】你对～感兴趣吗？

KICK 原指动词英文"踢"，现译成"扁"。【例】再不老实，我就～你。

KISS 笨蛋，简单点。[英文 keep it simple stupid 的首字母缩写]【例】～，没那么复杂。

KIT 保持联系。[英文 keep in touch 的首字母缩写]【例】别伤心，～，以后还会见面的。

KKKS 谢谢。kkk 读作"三克"。[英文 thanks 的首字母缩写]【例】～你的帮助，我亲爱的朋友。

KL 恐龙，指长相较差的女生。[汉语拼音 kǒng lóng 的首字母缩写]【例】有些男生调侃女生为恐龙，真是太没礼貌了。

KOOL 酷。[英文 cool 的变形]【例】看这音乐喷泉，好～啊！

KUTGW 好好干下去。[英文 keep up the good work 的首字母缩写]【例】小伙子～，你会成功的。

KWIM 明白我的意思吧。[英文 known what I mean 的首字母缩写]【例】～，这根本就不是钱的事。

咔嚓 kā chā【1】[动]某件东西被剪掉、清除或废掉。由完成动作时所发的声音模拟而来。【例】我这～一声，可就什么都没有了。【2】[名]拍摄时相机快门所发出的声音。【例】～，拍好了，你看看行不行。

卡 kǎ [形]形容电脑或者网速慢，也指因电脑或者网速造成的电脑画面不流畅。【例】今天不知道怎么回事，刚开机就～得不像样。

卡奴 kǎ nú [名]指一个人使用大量的现金卡、信用卡，但负担不起缴款金额或是以卡养卡、以债养账等方式，一直在还钱的人。【例】理性消费，千万别当～。

卡神 kǎ shén [名]指利用信用卡、会员卡等消费，并从中获取巨大实惠的消费者。【例】你还挺厉害，整个一～。

卡哇伊 kǎ wa yī [形]表示某人、某物很可爱。源于日语中"可爱い（かわいい）"的音译。【例】这只小狗真的好～。

卡族 kǎ zú [名]指同时持有多张信用卡、会员卡等进行消费的一类人。【例】你是～吗？

开车 kāi chē [动]指用加速软件加快游戏速度，是一种作弊手段。【例】

我有一个游戏~软件，你要吗？

开画 kāi huà［动］指公开放映。【例】2017 年 7 月 28 日《战狼2》在新世纪电影城~了。

开坑 kāi kēng［动］指开始创作某一篇文章的行为。【例】本人~的第一篇文章，请多多支持。

开普勒－22b kāi pǔ lè－22b［名］是指美国宇航局开普勒计划于 2011 年 12 月确认的首颗位于宜居带的系外行星。【例】~是美国宇航局率先发现的。

开心农场 kāi xīn nóng chǎng［名］是指由 Five Minutes 于 2008 年发行的一款以种植为主的社交网络游戏，用户可以扮演一个农场的农场主，在自己农场里开垦土地、种植各种蔬菜和水果。【例】你的~玩到什么级别了？

开胸验肺 kāi xiōng yàn fèi［名］指通过人工手术方式把胸腔打开查验肺器官，后特指因为阶层关系无法保全自己而无奈做出的自我牺牲行为。【例】从目前的情况看，我只好"~"了。

砍楼 kǎn lóu［动］又叫插楼，就是楼主或楼上一楼一楼发连续帖的时候，某人去中间发一帖，好像把人家的连续帖砍成两半了，就叫砍楼。【例】你做过~的事吗？

看你妹 kàn nǐ mèi［动］看什么看呀。多用于网友或生活中调侃。【例】~呀，老是看！

扛包团 káng bāo tuán［名］指活跃在各小区内的搬运工。【例】随着封闭式小区的增多，居民搬运不便，就会找~帮忙。

考霸 kǎo bà［名］指那些频繁参加考试且成绩优异的人。【例】你真是个~。

考爹 kǎo diē［名］指小学招生时不仅要求孩子考试，还要求家长参加考试，并计入总分。网友们仿照"坑爹"一词，笑称这是"考爹"。【例】现在学校不仅要考孩子，还要~。

考拉族 kǎo lā zú［名］在部分城市就出现了这么一群白领人士，他们在周末或者假期选择像考拉一样宅在家中，大部分时间用于睡眠，以此舒缓身体疲惫感和精神压力。网友们称其为"考拉族"。【例】那些"~"只有在周末才有机会放松。

考奴 kǎo nú［名］也叫证奴。指因为就业压力日益增大，希望扩大就业范围，一些人为取得各种资格证书在花样繁多的培训与考试中疲于奔命。【例】很多人为了找到好工作，不得已成为~。

考神 kǎo shén［名］出自国内漫画家李长生的作品《考神》，内容为抨击应试教育。【例】这个年代～多的是。

考碗族 kǎo wǎn zú［名］所谓"考碗一族"，是指那些在大学最后半年里专心备考，为求得一个公务员铁饭碗职位奔波忙碌的群体。【例】大四是"～"出现的高峰期。

靠 kào［语气］表示惊讶、感慨等多种语气。【例】～，你真傻。

科技协调员 kē jì xié tiáo yuán［名］是指农村科技服务人员。他们懂技术，会管理，善经营，勤指导，在农村传播知识和技术。【例】为了发展新农村，县里聘了许多～下乡指导生产。

科研包工头 kē yán bāo gōng tóu［名］在学术界有一定身份，很容易就拿到重要科研项目，但自己没时间去做具体研究，就把项目分解发包出去给别人做的著名学者。【例】学术界的包工头叫做～。

科友 kē yǒu［名］是对百科编辑者与建设者的亲切称呼。【例】百科网站的发展离不开～的支持。

瞌睡门 kē shuì mén［名］继2009年5月21日在央视《艺术人生》节目录制现场睡着之后不到一个月，围棋大师聂卫平再次在中国围棋争霸赛杭州站比赛的赛前新闻发布会上睡着。【例】"～"事件真是让观众哭笑不得。

可爱 kě ài［形］可怜没人爱。【例】我到现在也没有男朋友，真是太～了。

可乐型员工 kě lè xíng yuán gōng［名］指凭借一个机遇或者运气令人瞩目的员工，但由于缺乏踏实的积累、过硬的专业基础，可乐型员工的发展往往不那么顺利。【例】～想要发展长远，要不断提高个人能力。

可听药 kě tīng yào［名］可听药是一种音乐，即 i - doser，最先起源于法国，被冠以"抗抑郁""镇静""止痛""刺激""催眠"等称谓。【例】～要支付下载费用，从50美分到1美元不等。

啃楼族 kěn lóu zú［名］指利用不断飙升的房价，通过倒卖住房或办理相关金融业务而获利的人。【例】"～"竞相出招，利用房价上涨和金融工具，享受资产增值的胜利果实。

啃雪哥 kěn xuě gē［名］原名黄新德，他因一组《贵州遵义交警抗凝冻，啃雪坚守岗位》的图片而走红网络。图中一张交警手捧雪团边啃边吃的照片，引爆众多网友眼球，这位也被网友们惊呼为"啃雪哥"。【例】有的人称"～"很给力，有的却认为有作秀之嫌，你怎么看？

啃椅族 kěn yǐ zú［名］就是指快餐店里的长座客，多是在商场、快餐店点两杯饮料坐半天的情侣、学生。【例】面对"～"这群人，有时快餐店也很无奈。

　　坑 kēng［名］指在网络上发表尚未完成的连续性的文字或文章。【例】那个小说好久没更新了，估计是个～。

　　坑爹 kēng diē［动］与本人意愿有很大出入，含有欺骗的意思，坑人。【例】你真是明显的～呀！

　　空巢班 kōng cháo bān［名］在初三或高三毕业班，一个年级里各个班加起来，缺席学生总数相当于一个班。【例】高三是～的高发期。

　　空间 kōng jiān［名］一种与博客类似，拥有网络日志、相册、音乐盒等专业功能的网络信息平台。【例】我的QQ～好久不更新心情了。

　　空气出租女 kōng qì chū zū nǚ［名］一位北京女白领辞掉了年薪30万的工作，开启了一项很前卫、很具创意但同时却又让人看不懂的事业——出租空气。对此，网友称之为"空气出租女"。【例】出租空气，确实是个新兴产业，不知产业创始人，那位～，发展怎么样了？

　　孔雀女 kǒng què nǚ［名］在父母溺爱之下长大的娇娇女。【例】你太任性了，果然是个～。

　　恐怖粪纸 kǒng bù fèn zhǐ［名］"恐怖分子"谐音戏称。【例】中东地区的～又一次杀害了当地的民众。

　　恐会族 kǒng huì zú［名］是讨厌繁多会议的白领的自嘲。【例】接二连三长时间的会议让部分年轻白领变成了"～"。

　　恐聚 kǒng jù［形］是指那些害怕在聚会中互相攀比，担心自己职业发展和生活状况不如他人而无法面对同学故友的人群。【例】现在参加同学会的都是来攀比的，弄得我都～了。

　　控 kòng［名］极度喜欢某人或某物的人形成"××控"。【例】我的女朋友是个"包包～"。

　　扣扣 kōu kōu［名］腾讯即时通讯软件QQ的谐音戏称。【例】加个～，以后好联系。

　　抠抠族 kōu kōu zú［名］是指"一分钱掰两半儿花"，富日子当穷日子过的年轻人。【例】勤俭节约是优良传统美德，做个"～"没什么不好的。

　　口袋色情 kǒu dài sè qíng［名］指通过手机传播的色情信息【例】远离～，别自己害自己。

　　口袋司机 kǒu dài sī jī［名］就是考取驾照后没有开车或开车少，缺乏实际操作经验的人。【例】目前在大、中城市，已有不少驾校或者教练针对这种～开展"回炉"学习。

　　口红效应 kǒu hóng xiào yìng［名］是指因经济萧条而导致口红热卖的一种有

趣的经济现象，也叫"低价产品偏爱趋势"。【例】在美国，每当经济不景气时，口红的销量反而会直线上升，这种现象就叫~。

口胡 kǒu hú【1】[语气]"口胡"为语气词。相当于"靠"之类的泄愤词语，也可以写成"口古月"（扩大化），现在一般用在动漫中。【例】~，又被人民币玩家给虐了。【2】[动]胡说。【例】你少在这~。

口桀 kǒu jié[语气]多用在句首，表示特殊语气，多用在港漫。【例】~！这款手机怎么那么便宜。

口耐 kǒu nài[形]"可爱"谐音形式。【例】这只小猫真~。

口年 kǒu nián[形]"可怜"谐音形式。【例】我多~，兜比脸都干净。

口舌费 kǒu shé fèi[名]指砍价师或网络议价师等通过与卖家沟通砍价帮买家节省一定的费用，砍价成功后针对差价收取的一定比例的费用。多出现在网购中。【例】我帮你砍价，你支付我~。

口水文 kǒu shuǐ wén[名]是指没有经过反复推敲修饰，如同用嘴巴说出来一样的文章。【例】少看那些没营养的~，浪费时间。

口罩门 kǒu zhào mén[名]2013年5月21日，安宁市工商局出台新规，买口罩需带身份证。被网友称为口罩门。【例】"~"的上演，是无知还是丑化？

哭穷帖 kū qióng tiě[名]一些网友拿着相对高的工资但没有达到自己理想的生活水准而在网上感叹生活窘迫的现象。【例】这些~的出现，真是让那些收入虽低但积极生活的人嗤之以鼻。

苦手 kǔ shǒu[名]表示在某些方面不擅长的人。【例】我是个电脑~，怎么帮你呢？

库索 kù suǒ[动]同"Kuso"。在日文作"可恶"的意思，也是"粪"的发音。【例】我很讨厌~一族。

库索族 kù suǒ zú[名]是指对非公众人物的照片进行修改、移植、恶搞的群体。【例】"~"是一个恶搞团体，你千万别加入。

裤 kù[名]汉字"酷"的谐趣形式。在一些BBS上，管理员常把一些质量高的文章或帖子前加上一个"裤"字，用符号、颜色等标识出来。【例】有"~"标识的帖子一般比较有趣。

酷划 kù huá[名]酷划App是一款解锁手机屏幕就能赚钱的App，是全球最大赚钱锁屏应用Cashslide的中国版。【例】"~"软件主打的就是赚钱功能。

酷脚 kù jiǎo[名]长得好看的脚。【例】羡慕你长了一双~。

酷腿 kù tuǐ[名]长得好看、秀美的腿。【例】这个女孩有一双迷人的~。

快乐男声 kuài lè nán shēng[名]前身为湖南娱乐频道在2003—2004年举办

的《超级男声》，简称快男。【例】张杰是《～》发掘出来的歌手。

快乐细菌 kuài lè xì jūn［名］从引起肺结核和麻风病的死亡组织中分离出来，刺激人体产生血清素，从而使人产生幸福感和快感的细菌。【例】"～"是会给人带来幸福感和快感的病毒。

快闪族 kuài shǎn zú［名］是一群互不相识的人，通过因特网相约在指定时间和地点集合，然后一起做出一些无意义的动作，如拍手掌、喊口号等，之后迅速分散。【例】快看，视频中的～有时真让人摸不着头脑。

快消品 kuài xiāo pǐn［名］那些生活中很快会消失的物品，比如女生的发圈和发卡、办公室的笔。【例】今年"双十一"，你又堆积了多少～？

L

L 乐，快乐。［汉语拼音 lè 或者英文 laugh 的首字母缩写］【例】做个开朗的人，你才能拥有～生活。

L. I. B. Y. A. 爱是美丽的，你也是。也是利比亚国名 Libya 的分解。［英文 love is beautiful，you also 的首字母缩写］　【例】生活在爱的环境中是幸运的，～。

L8R 晚些时候。［英文 later 形式。l 指 later 首字母，8 的英文是 eight 取其读音，r 是 later 末尾字母］【例】忙的时候，你可以打个"～"发给对方，对方就明白了。

LAT 漂亮又有才华。［英文 lovely and talented 的首字母缩写］【例】你看她多幸运，～，不服不行。

LATERZ 再见。时尚用语。［英文 See you later 的缩写］【例】～，我亲爱的故乡。

LBT 路边摊。［汉语拼音 lù biān tān 的首字母缩写］【例】少去～，不卫生。

LD【1】领导，也指老婆。［汉语拼音 lǐng dǎo 的首字母缩写］【例】在家里，老婆就是我的～。【2】老大。［汉语拼音 lǎo dà 的首字母缩写］【例】现实中的～才没有电影里的那么风光。【3】长距离。［英文 long distance 的首字母缩写］【例】～电话卡，现在依然很贵。

Leeche 吸血鬼，专指在论坛里只找自己所需的资料但从不发帖上传资料的人。【例】本论坛一经发现～立刻封号。

LES 女同性恋。［英文 lesbian 的缩写］【例】在一些国家，～是合法的。

LFG 寻找队伍加入，一般指游戏玩家。［英文 looking for a group 的首字母缩写］【例】快！快！～，这局游戏要开始了！

LFM 寻找更多的人组队，一般多用于游戏玩家。［英文 looking for more 的首字母缩写］【例】咱们人不够，快！～。

LG【1】老公。［汉语拼音 lǎo gōng 的首字母缩写］【例】暑假你和你～准备去哪儿玩。【2】路过，在网络上不想认真回帖，但又想拿回经验值的行为。［汉语拼音 lù guò 的首字母缩写］【例】你就～，不好好回帖。

LJ 垃圾，指网络上言行不端、令人讨厌的人。［汉语拼音 lā jī 的首字母缩写］【例】本空间不欢迎～，请绕路走。

LJBF 让我们做个朋友吧。［英文 let's just to be friend 的首字母缩写］【例】一些婚恋网站上经常出现一个标题"～"。

LL 姥姥。［汉语拼音 lǎo lao 的首字母缩写］【例】你写的"～"，是指姥姥吗？

LLTA 雷鸣般的掌声。［英文 lots and lots of thunderous applause 的首字母缩写］【例】当你们看到屏幕上出现"～"，大家就使劲鼓掌。

LM【1】流氓。［汉语拼音 liú máng 的首字母缩写］【例】昨天便衣民警在车站抓到一个～。【2】辣妹。［汉语拼音 là mèi 的首字母缩写］【例】女大十八变，你现在是～一枚。【3】联盟，一般指游戏联盟。［汉语拼音 lián méng 的首字母缩写］【例】～里的队友在哪，我怎么找不到？

LMK 让我知道，请告诉我。［英文 let me know 的首字母缩写］【例】如果你准备离开北京，请～。

LOHAS 乐活族。［英文 lifestyle of health and sustainability 的首字母缩写］【例】你也加入"～"啦？

LOL【1】笑。［英文 laugh out loud 的首字母缩写］【例】你的发型哪儿设计的，～，我实在忍不住。【2】祝好运。［英文 lots of love 的首字母缩写］【例】加油，～。【3】《英雄联盟》的简称，由美国拳头游戏（Riot Games）开发、中国大陆地区腾讯游戏代理运营的英雄对战 MOBA 竞技游戏。

Loli 萝莉，指年龄在 12 岁以下的少女，现在泛指天真可爱的小女生或指穿着萝莉装的女性。英文 Lolita。【例】你都 30 岁了，就别自称～了，好不好？

LoLi 控［名］萝莉控，指对萝莉有强烈偏好的男生。【例】想不到，你是个～哪！

LP 老婆。［汉语拼音 lǎo pó 的首字母缩写］【例】～，我永远爱你。

LR【1】烂人。带有戏谑的味道。［汉语拼音 làn rén 的首字母缩写］【例】你真是个～，把自己的错误推给别人。【2】恋人。［汉语拼音 liàn rén 的首字母缩写］【例】你俩真是一对让我们羡慕的～。

LS 楼上。在网络论坛中在本帖之前发帖的人。［汉语拼音 lóu shàng 首字母缩写］【例】～的朋友，你的帖子有不良内容，请删除。

LTIC 笑得眼泪都出来了。［英文 laughing till I cry 的首字母缩写］【例】你看我这身打扮，让我～。

LTNS 好久不见。［英文 long time no see 的首字母缩写］【例】～，你还好吗？

LTS 独自笑。［英文 laughing to self 的首字母缩写］【例】你看坠入爱河的女人，没事就～。

LX 楼下，在网络论坛中在本帖之后发帖的人。［汉语拼音 lóu xià 的首字母缩写］【例】～的朋友，给点个赞呗。

LYB 留言板。［汉语拼音 liú yán bǎn 的首字母缩写］【例】BBS 中有～的功能。

LYL 好爱你。［英文 love you lots 的首字母缩写］【例】老婆，～。

LZ 楼主，论坛中第一个发帖的人，也称第一楼。［汉语拼音 lóu zhǔ 的首字母缩写］【例】～，我的帖子怎么被删除了。

垃圾邮件 lā jī yóu jiàn［名］未经过允许，通过一定的技术强制性向用户邮箱发送的电子邮件广告、刊物或其他电子信息。【例】现在的～太烦人了，必须安装 360 安全软件拦截一下。

拉风 lā fēng【1】［形］形容酷、时尚、前卫等，也可以形容一个人的穿着、言语、拥有物或一个人所变现出来的气质。【例】他穿的真～。【2】［动］开车兜风、旅游等。【例】我刚买了一辆兰博基尼，周末一起去～。

拉黑 lā hēi［动］拉入黑名单的缩写形式。【例】你一生气就把我～，这样不好吧。

拉拉 lā lā［名］是 Lesbian 的简称，女同性恋之解，也音译为拉拉。【例】俩个女生整天腻在一起，你俩不会是～吧？

腊鸭 là yā［名］垃圾。源自《麦唛》系列。【例】门口的～怎么还没倒？

辣翻天 là fān tiān［名］辣椒价格翻番涨价，传递出百姓对 2010 年物价的无奈。【例】辣椒的价格每个小时都不同，一直上涨，简直～。

辣奢族 là shē zú［名］来自英文"luxury"，意思是奢侈、豪华。对品牌时尚奢侈品有着常人难以理解的痴狂的一群人。【例】～对奢侈品太过痴迷，接近一种病态心理。

辣眼睛 là yǎn jīng［名］多用于形容看到不该看、不好看的东西。【例】你的穿着真是～，我可欣赏不了。

来啊，互相伤害啊 lái a，hù xiāng shāng hài a 本意是挑衅、威胁，后在使用过程中也有挑逗的意思。含义为不怕受伤你就来吧。【例】～，就算这样，我也要和你谈恋爱。

来了，老弟 lái le，lǎo dì 烧烤摊东北大姐的一句"来了，老弟"，让刚从健身房减肥回来的网友瞬间放弃抵抗。因为太魔性，大家把它称之为恶魔召唤。【例】"～"，让无数减肥的人又走进了烧烤摊。

来信砍 lái xìn kǎn 是一个来源于百度贴吧——李毅吧（帝吧）的网络热词，意思是"来××信不信我砍死你（××原指东北）"。最初是网友对东北地区一些暴力现象的讽刺调侃，后来逐渐成为不自信的代名词。【例】网上流传"～"，让东北人的形象大打折扣。

赖捐 lài juān［动］指个人或企业承诺向慈善机构进行捐赠，但迟迟不兑现，或者所捐之物与实际不符的行为。【例】～行为会严重削减个人或者企业诚信度。

赖校族 lài xiào zú［名］既不深造，也不就业，而是继续"赖"在学校的大学毕业生。【例】进入大学好好学习，千万别等到大四变成～。

兰花草行动 lán huā cǎo xíng dòng［名］是在蓝田县隆重启动的"万名干部进村入户关爱留守儿童行动"。【例】对留守儿童来说，～意义非凡。

兰州 lán zhōu［名］"楼主"的谐音形式。【例】～准备在论坛踢人了，大家注意自己的言行。

兰州烧饼 lán zhōu shāo bǐng［形］因为 lán zhōu shāo bǐng 可简化为 LZSB，这句话讽刺楼主智商低。【例】～有时可不是个好词！

蓝 lán［区别］"男"的方言谐音。【例】～同学站右边，女同学站左边。

蓝精灵体 lán jīng líng tǐ［名］通过改编《蓝精灵》主题曲歌词，出现了"蓝精灵体"，以至于被各行各业的网友们改编成了吐槽专用体。【例】"～"现在是"吐槽"的代名词。

蓝客 lán kè［名］利用或发掘系统漏洞，攻击其他电脑，致使操作系统蓝屏的电脑技术爱好者。【例】作为一个～，你必须有过硬的技术。

蓝孩 lán hai［名］男人、男孩子的戏称。【例】这个～很精神。

蓝苹果 lán píng guǒ［名］"烂屁股"的谐音戏称。【例】你整天恶搞同学，小心～。

蓝瘦，香菇 lán shòu，xiāng gū 是指"难受，想哭"的谐趣形式，同时也是"难受，想哭"的意思。【例】考得太差了，我此刻～。

蓝牙 lán yá［名］蓝牙技术是一种尖端的开放式无线通讯技术，能够在短距离 9 米（约 30 英尺）范围内无线连接桌上型电脑与笔记本电脑、PDA、移动电话、拍照手机、打印机、数码相机、耳麦、键盘甚至是电脑鼠标。【例】现在智能手机的～都是 5.0 版本了。

蓝颜知己 lán yán zhī jǐ［名］是指区别于亲情、友情、爱情之外的第四种情感的人。蓝颜知己是相对于女人而言的。【例】红颜知己是男人特有的，而～是女人特有的。

懒婚族 lǎn hūn zú［名］指有很好的职业，有较高的经济收入和舒适的生活条件，但不愿意结婚的族群。【例】～的不婚行为很难让人理解。

狼 láng［名］"郎"的谐音戏称。【例】把你的～君介绍给我们认识一下。

狼爸 láng bà［名］名为萧百佑，香港商人，自称"中国狼爸"，用"打"的教育方式，将三个孩子送进北大。【例】～的教育方式有利也有弊。

狼族 láng zú【1】［名］以狼命名的网友公会及组织，或崇尚狼的生存哲学的群体。【例】社会上有一些人向往"～"生活。【2】［名］作风正派，喜欢独断专行，虽爱女色，但不纠缠女性的一类人。【例】"～"里的人并非都是坏人。【3】［名］指动画片《喜羊羊与灰太狼》中狼家族成员，包括灰太狼、红太狼、焦太狼等。【例】动画片中的～生活就是以捉羊为主。

老板 lǎo bǎn［动］"老是板着个脸"的缩写。【例】你也笑一笑，别～。

老伯 lǎo bó［名］微博先行者，对老资格博主的戏称。"伯"与"博"同音，是博主的简称。【例】他玩微博 8 年了，是个～了。

老服 lǎo fú［名］推出较早或旧版的服务器，与"新服"相对。【例】最近换新服，不再使用～了。

老公族 lǎo gōng zú［名］指在韩国各大培训班中与年轻人一起备战公务员考试的中老年人。【例】在韩国，不只是青年人为了梦想奔走于各大培训班，也有一群～在奋斗。

老年漂 lǎo nián piāo［名］老了，还在漂泊。泛指那些人到晚年、离开故土来大城市与子女长期同住的老人。【例】～是一个很复杂的社会问题。

老鸟 lǎo niǎo［名］具有高超的网络技术水平，后泛指各个领域技术高超的老手、能人。【例】你可别瞧他年龄小，可是个 CF ～。

老司机 lǎo sī jī［名］来源于云南一首民歌《老司机带带我》。意为行业老手，对各种规则、内容以及技术、玩法经验老到的人，带有褒义，后多指网络上有一定"人生阅历"的网络老人。【例】～带带我这个菜鸟吧。

老样子 lǎo yàng zi ［名］老了的样子，校园流行语。【例】不知道我们以后的～会不会很丑啊？

乐 lè ［语气］"了"的谐趣形式。【例】今天就到这里吧，明天见～。

乐活 lè huó ［动］以健康及自给自足的姿态过生活，是全球兴起的一种新的健康可持续生活方式。［英文 lifestyles of health and sustainability 的首字母缩写］【例】我要调整生活状态，尝试一下～。

乐活族 lè huó zú ［名］追崇乐活生活方式的群体又被称为乐活族。【例】我要加入～，过健康的生活。

雷 léi ［形］形容听到或者看到超乎寻常的人或事，感觉犹如"被雷击中"一样。【例】你想～死我们吗？

雷达人 léi dá rén ［名］专门制造雷人言行的人。【例】你最近的言行真让人看不透，都快成～了。

雷剧 léi jù ［名］是指让人震惊、哭笑不得、感觉不舒服的网络、古装、现代化电视剧。【例】那些手撕鬼子、包子手雷都是抗日～中常见的行为。

雷曼迷你债券 léi màn mí nǐ zhài quàn ［名］是 Pacific International Finance Ltd 所发行的信贷挂钩票据的品牌，在法律上属于债权证的一种，又称迷你债券。【例】最近发行的～，大家都争着买。

雷人 léi rén ［名］本义是云层放电时击倒某人。目前网络上流行的"雷人"有新的含义，是出人意料且令人格外震惊，很无语的意思。【例】你的造型还能再～一点吗？

雷文化 léi wén huà ［名］雷文化有两种含义，一种是指网络上的雷文化，代表创意、复制、变异；一种是指中国民间的雷文化。表达吃惊，可以用"被雷到了"；表示奇怪，也可以用"被雷到了"。【例】不只在网络上，生活中的，"～"也是愈演愈烈。

雷语 léi yǔ ［名］一些名人或者网络红人，说出来的一些经典雷人语句，被广大网民广泛流传，称为"雷人语录"。【例】冬日娜的经典～，每次都把观众"雷"得外焦里嫩，目瞪口呆。

蕾丝 léi sī ［名］女性同性恋。英文 lesbian 的音译，与女性服饰音同。【例】们姐俩儿这么亲密，难不成是～？

泪奔 lèi bēn ［名］表面指的是流着泪奔跑。实际指各种场合自己因委屈、难过、激动、高兴而忍不住流泪，表达的是种极端心情。【例】收到博士录取通知书的那一刻，我～了。

泪求 lèi qiú［名］流着眼泪求助人。一般指网友发帖求助他人解决问题或寻找资源，带有调侃和夸张意味。【例】谁有《悟空传》的迅雷种子，在线～。

累了，感觉不会再爱了 lèi le, gǎn jué bú huì zài ài le 本义是爱情受挫后，用于表达内心抑郁。后被引申为遇到小挫折、小辛苦时，抱怨的一句话。出自豆瓣网友的日志，因其年仅 13 岁，抱怨"马上就要 13 岁了，单身，身心疲惫，感觉不会再爱了"备受广大网友吐槽而走红。也称"累觉不爱"。【例】微博上曝出一连串负能量的新闻，让民众纷纷吐槽～。

累时代 lèi shí dài［名］指因工作疲乏，以过劳为特征的时代。【例】每天都那么忙，我们好像步入了～。

离席门 lí xí mén［名］2009 年快乐女声 20 强突围赛第二场 30 进 10 的比赛上，包小柏、沈黎晖因在曾轶可去留问题上发生争执，包小柏愤怒立场。【例】～也让选手尴尬不已。

离线 lí xiàn［动］断开网络连接。【例】我的队友都是～状态，这可怎么打游戏？

离线阅读 lí xiàn yuè dú［名］无须登录专门网站，只需提前下载好资料，就可以在专门的浏览器上直接阅读。【例】你下载好文件，下次就可以直接～了。

梨花体 lí huā tǐ［名］谐音"丽华体"，因女诗人赵丽华的名字谐音而来，赵丽华的诗歌风格和仿制她诗歌风格的诗歌，被人们称为"梨花体"。【例】你听说过～吗？

礼让日 lǐ ràng rì［名］"文明出行礼让日"的简称。【例】对于"～"的设立，你怎么看？

李鬼药 lǐ guǐ yào［名］指的是那些貌似药品，实则是普通食品、消毒用品的产品。【例】近 10 万"～"蒙混进正规药店，是何原因呢？

李染染 lǐ rǎn rǎn［名］2009 年端午节，广州新确诊患者"李先生"在身体不适的情况下回国拍婚纱照，造成了中国国内首例二代甲型 H1N1 流感病例。很多民众得知他的行为后十分愤慨，为他取名"李染染"在网上进行讨伐。【例】"～"在社会上已经引起了公愤。

李四光星 lǐ sì guāng xīng［名］是一颗在 1998 年 10 月 26 日由中国科学院国家天文台兴隆观测站发现的一颗编号为 137039 的小行星。该小行星的命名是为了纪念中国现代地质学的奠基人和开拓者李四光先生。【例】～是国家为纪念李四光先生而命名的。

力学哥 lì xué gē［名］是指浙江大学航空航天学院工程力学专业的一名学生，因用硬币搭建出梯田、伦敦大桥等建筑物，被网友称为"力学哥"。【例】

"～"的膜拜者里头以文科女生居多。

历史架空 lì shǐ jià kōng［动］顾名思义就是凭借着少量的历史资料为根据，创造出虚构的新的历史世界。【例】～小说是虚构的。

厉害了我的哥 lì hài le wǒ de gē 是指认为对方厉害，然后礼貌性地称赞或者表扬一下，表达了一种膜拜、敬佩之意。【例】～，他不仅是学霸，还在"王者荣耀"称霸。

励耕计划 lì gēng jì huà［名］"励耕计划"是经国务院批准，财政部、教育部委托中国教育基金会由中央财政从中央彩票公益金中安排专项资金开展教育助学的项目，该项目采取逐年申请的方式，资助标准为每人每年 1 万元，资助范围与对象包括公办小学、初中、普通高中和中职学校家庭经济特别困难的教师。【例】～资助经济困难的教师，有助于我国的教育事业。

廉政隔离墙 lián zhèng gé lí qiáng［名］最高人民法院《关于对配偶子女从事律师职业的法院领导干部和审判执行岗位法官实行任职回避的规定（试行）》正式颁布并在全国法院统一施行。这一制度被称为"廉政隔离墙"。【例】～在一定程度上维护了社会公平。

练狙 liàn jū［动］练习狙击枪法，多用于电脑射击类游戏。【例】找个队友一起～。

恋爱降级 liàn ài jiàng jí 男女双方没有确定恋爱关系，处于暧昧阶段，但是坚持"三不"原则，即"不主动，不拒绝，不负责"，顺其自然。【例】现在流行的"～"，男女关系不清不楚的，真不是好现象。

恋检 liàn jiǎn［名］是在恋爱前进行心理体检。【例】你说～对大多数情侣有用吗？

链接 liàn jiē［名］"超级链接""超链接"的简称。【例】随意打开不明～，有电脑中病毒的风险。

凉凉 liáng liáng［形］本是张碧晨的一首歌曲《凉凉》，后来网友们用"凉凉"表示完了、没戏了。【例】马上就考试了，还有两科没背呢，这个学期的奖学金又～了。

两低一困 liǎng dī yī kùn［名］"两低"指在职的普通职工，特别是技术工人工资收入水平偏低，企业退休人员养老金的水平偏低。"一困"是指低收入职工一些特殊的困难。【例】企业将继续对职工～问题进行研讨。

亮了 liàng le［名］指某个帖子的内容或所看到的东西有新意或趣味。【例】"二哈"被一群大鹅围住瞬间变成"表情帝"，这表情～。

亮骚 liàng sāo［动］与"闷骚"相对。将心爱的东西拿给他人看，有炫耀的意味，褒义贬义均有。【例】～源于华北、东北等地方言。

亮猪头 liàng zhū tóu［动］玩自拍。有戏谑的味道。【例】你少在空间里～，空间里都是你的照片。

靓号 liàng hào［名］不错（吉祥、好记等）的号码。【例】现在 QQ ～可以转手卖很多钱。

撩 liāo［动］挑逗的意味。【例】我被妹子～了，羞死我了。

聊虫 liáo chóng［名］指十分喜欢在网上聊天的人。【例】那么喜欢在网上聊天，你真是个小～。

了解一下 liǎo jiě yī xià 这个词最早的形式是"游泳健身了解一下"，源于周杰伦深夜买奶茶被网友吐槽身材有些发福，就说："游泳健身了解一下。"【例】你想变美变瘦吗？医疗整形～。

猎婚吧 liè hūn ba［名］适合单身男女猎取婚姻的酒吧。"猎婚"一词是由日本单词"结婚"和"活动"相结合创造出来的，源于畅销书《猎婚时代》。【例】～一词源于日本。

林貌杨音 lín mào yáng yīn［名］2008 年奥运会的产物之一，林妙可的长相，杨沛宜小朋友的配合；后指出于某种原因和目的有意犯下冒名顶替的错误，为了追求完美无缺而以假乱真。【例】"～"真是让我们大吃一惊。

零利肉 líng lì ròu［名］指的是零利润的肉，充满了行政上的善意，以政府的有形之手来硬性调控当地的肉价，违背了市场规律。【例】"～"扰乱了市场经济。

零走收 líng zǒu shōu［名］是浙江杭州临安区供电局组织的一项上门服务活动。交通不便的山区人足不出户就可以办理银行代扣电费手续。【例】～极大地方便了山区的人民群众。

领袖行宫 lǐng xiù xíng gōng［名］"淀山湖 1 号"凭借其奢侈的建筑在"长三角"媒体界获得"领袖行宫"的美誉。【例】～这样的建筑到底该不该兴建呢？

另类营养专家 lìng lèi yíng yǎng zhuān jiā［名］具有与传统、主流营养学不同观点和理念的营养学专家。【例】听说～了吗？彻底颠覆了我的三观。

留个名 liú gè míng［动］用于简单的回帖，表示路过的意思。【例】～就行，不必回帖。

留个印 liú gè yìn［动］同"留个名"。【例】路过你的空间，～。

留名 liú míng［动］留个名。【例】来到我空间，也不～就走。

留言板 liú yán bǎn［名］一种简单有效地提供网站用户及管理方之间在线

展示文字信息、交流的功能，有较强的时效性。【例】20年前年BBS~很流行。

留爪 liú zhǎo［动］多用于贴吧，意思就是我来过这里，在这里做个记号，相当于"某某到此一游"。【例】今日到此~，以表纪念。

流口水 liú kǒu shuǐ［动］形容对某一事物十分渴望。【例】给个包包就让你~了，真没出息。

流量 liú liàng［名］计算机单位时间内传输的数据量，网站流量统计指标常用来对网站知名度进行评价。【例】电信推出超牛卡29元包2个G~。

流言板 liú yán bǎn［名］"留言板"的谐音戏称。【例】别在我的~留下非主流言论好吗？

垄二代 lǒng èr dài［名］世代扎根于垄断行业的人，特指垄断行业子辈。【例】相比于"官二代"，"~"对社会的危害更大。

垄奴 lǒng nú［名］垄断行业的消费者，他们别无选择只能被迫接受消费条款。【例】我们一定要警惕国外集团对中国日用必需品的收购，避免自己成为~。

楼 lóu［名］网络论坛帖子由多个帖子组成的层状结构，形似楼房。【例】我也为我们的贴吧建设成~贡献了一份力量。

楼薄薄 lóu báo báo［名］楼房很薄，设计12CM厚度，实际不足8CM，不合国家标准，被网友称为"楼薄薄"。【例】"~"起源于浙江省桐乡市太阳湖小区。

楼脆脆 lóu cuì cuì［名］楼房很脆弱，存在颠覆的风险，讽刺楼房建筑质量问题。【例】"~"等一列问题的出现暴露出来的不仅仅是开发商的问题。

楼断断 lóu duàn duàn［名］楼房底层4根柱子出现裂痕，甚至发生移位的现象。【例】"~"事件到现在也没有个说法。

楼疯 lóu fēng［名］指某些城市房地产市场中楼价飞涨的状况。【例】北京三环里的房价早已是~。

楼高高 lóu gāo gāo［名］武汉正在建设的"史上最牛的经济适用房"，政府规划部门只审批建设12层，但开发单位却置若罔闻，竟然违规把这栋楼盖到了20层。【例】"~"的建设真是给政府来了个下马威。

楼晃晃 lóu huàng huàng［名］常州市新北区春江镇小区内的居民在家中经常能感觉到房子在晃动，楼层越高的住户感觉越明显。有网友戏称这些楼叫"楼晃晃"。【例】"~"给居民们带来了极大恐慌。

楼加加 lóu jiā jiā［名］江苏省姜堰市市民反映，该市城区中心惊现一处"史上最牛的违章建筑"，有人在一座5层老式大楼楼顶上直接加盖了两层，成了"楼加加"。【例】真不知道这些居民是怎么想的，还弄出个"～"。

楼靠靠 lóu kào kào［名］两栋楼房间距很近，近得让人感觉像走在某个景区的"一线天"景点中，被网友戏称"楼靠靠"。【例】"～"成了这个小区的特色，真是讽刺！

楼垮垮 lóu kuǎ kuǎ［名］是指不断出现的豆腐渣工程。【例】建筑商必须严格把关，避免再次出现"～"现象。

楼裂裂 lóu liè liè［名］由于建筑材料不合格，商品房的很多楼层都出现了程度不一的裂缝，被网友戏称"楼裂裂"。【例】一定要选择质量合格的建筑材料，防止出现"～"。

楼上 lóu shàng［名］在论坛中先于自己发帖或回复同一主题的人。【例】～的朋友，你的回复很有价值。

楼氏族 lóu shì zú［名］指由"楼脆脆""楼晃晃"等组成的"楼××"词语，带有戏谑的意味。【例】"楼酥酥""楼歪歪""楼危危"太吓人了，希望建筑界别再出现"～"词语了。

楼市春晚 lóu shì chūn wǎn［名］是网友根据2010年国内房地开发产业运营的现状对中央电视台的《春晚》进行了艺术性再现，从而编辑出的现实主义作品《楼市春晚》。【例】2017年～节目单出炉！看看你最期待哪一个？

楼式墓地 lóu shì mù dì［名］即集约型墓地，其实就是把墓地建成"地下楼房"，一家人可以全部"住"进一个坑里，达到节约土地的目的。【例】～既可以形成家族模式，又可以节约土地资源，可谓是一举两得。

楼主 lóu zhǔ［名］在论坛或贴吧里发主题帖的人，就是楼主。【例】～，你这个问题，我没办法回答。

楼主火星人，鉴定完毕 lóu zhǔ huǒ xīng rén，jiàn dìng wán bì 意思为这东西地球人都知道，你不知道，那你一定是从火星来。【例】你竟然不知道，看来，～。

漏洞 lòu dòng［名］是在硬件、软件、协议的具体实现或系统安全策略上存在的缺陷，使攻击者能够在未授权的情况下访问或破坏系统。【例】新版王者荣耀游戏有个～，不能发火焰技能了。

漏斗屏 lòu dǒu píng［名］指像"漏斗"一样的中央吊斗屏系统格，这套显示系统在比赛中可完成精彩瞬间捕捉、奇特镜头回放、实时直播同步、赛况信息播报、计时记分统计、广告播出等多项任务。【例】体育馆内的～，用处可大了，奇特镜头回放全靠它。

陆川体 lù chuān tǐ［名］"世纪光棍节"之夜，国足兵败多哈，赛后著名导演陆川微博求骂，网友模仿其微博，发明的文体称之为"陆川体"。【例】"~"其实挺有趣的。

路过 lù guò［名］指网络论坛中不认真回帖，但又想拿回帖经验值的行为。【例】只是 ~ 的 ID 用户，本论坛不发放经验值。

乱码 luàn mǎ［名］指的是由于本地计算机在用文本编辑器打开源文件时，使用了不相应字符集而造成部分或所有字符无法被阅读的一系列字符。【例】下载的文件出错了，变成了一堆 ~ 。

轮子 lún zi［名］指法轮功分子。【例】对于邪教 ~ ，国家一定不能放松整顿。

论坛 lùn tán［名］简单理解为发帖回帖讨论的平台。是 Internet 上的一种电子信息服务系统。它提供一块公共电子白板，每个用户都可以在上面书写，可发布信息或提出看法。【例】中国比较有名的发帖平台是天涯 ~ 。

罗汉娃 luó hàn wá［名］指的是汶川大地震期间在什邡市罗汉寺出生的 108 名婴儿。【例】当年汶川大地震出生的 ~ 都长大了。

萝卜白菜规则 luó bo bái cài guī zé［名］"萝卜白菜规则"是指用主持中立来破解领导人文化，用弃权无效来破解"老好人"文化。这就是"罗伯特"规则第一次在中国农村播种与嫁接的结果。【例】"~"对中国的传统文化有一定冲击。

萝卜论 luó bo lùn［名］中石化官方网站就天价茅台酒事件发布官方报道，举例说明了中石化长期以来的良好节约风气："我们也尽量做到物尽其用，例如大葱的葱白和葱叶会分开使用，萝卜也会分部位进行红烧或凉拌。"网友戏称为"萝卜论"。【例】网友们对"~"好像很不满意。

萝卜招聘 luó bo zhāo pìn［名］是网友对"量身定制"招聘干部的一种形象比喻。源于俗语"一个萝卜，一个坑"。【例】 ~ 在各地公务员招聘中屡见不鲜。

萝莉 luó lì［名］Loli 的音译。指年龄在 12 岁以下的少女，现在泛指天真可爱的小女生或指穿着萝莉装的女性。【例】网络主播有很多都是小 ~ 。

螺丝蓝领 luó sī lán lǐng［名］技术精湛的标准件机械维修技师，平均年薪都在 8 万元左右，被人们称作"螺丝蓝领"。【例】现在 ~ 工资也不低了。

裸报 luǒ bào［名］指考研报名中有一部分考生本来并不打算考研，只是在报名前临时决定报名，没有做任何准备。【例】每年研究生系统开放报名时，有一部分人都没有复习，只能 ~ 了。

裸奔 luǒ bēn【1】［动］电脑不带任何安全措施上网，称为"裸奔"。【例】

电脑 "～" 浏览网页很容易中病毒。【2】［动］就是匿名发表。【例】你又在论坛里～啊。

　　裸博 luǒ bó［名］指从小学一直读上来，没有任何工作经验的博士毕业生。【例】在中国，～越来越多。

　　裸辞 luǒ cí［名］指的是还没找好下家就辞职，不考虑后路。【例】"～" 真的不是个好方法。

　　裸打 luǒ dǎ【1】［动］没有装备和替身就上阵。一般用于网络游戏。【例】有防弹装备的人都不一定能过关，更何况你还～。【2】［动］没有被授权而超越法律和道德进行打假。【例】你还没有接到上级命令，就带人去打假，你这是～，要负法律责任的。

　　裸购 luǒ gòu［名］是互联网提出的新概念，其意思就是不花钱或者花很少的钱去购买价值比较大的东西，在购物网站内部比较流行。【例】～对我们来说既实惠又方便。

　　裸官 luǒ guān［名］"裸体做官" 的简称，指配偶和子女已移居国（境）外的国家工作人员。【例】贪官队伍里面有太多人是～。

　　裸婚 luǒ hūn［动］指不办婚礼甚至没有婚戒而直接领证结婚的一种简朴的结婚方式。【例】对于真心相爱而又买不起房的年轻人，我倒是很赞成～。

　　裸婚族 luǒ hūn zú［名］就是指不买房、不买车、无婚礼、无婚戒直接结婚的恋人。【例】"～" 追求的是实实在在爱情，无关拜金生活。

　　裸考 luǒ kǎo【1】［动］就是什么加分都没有的，仅凭考试成绩报考高一级学校的行为。【例】我没有凭借任何艺术项目加分，直接～进来的。【2】［动］没有任何复习或者准备就去参加考试。【例】直接～，大不了就挂科。

　　裸考族 luǒ kǎo zú［名］不复习、没有准备就参加考试的一群人。【例】"～" 的主力军是社会在职人员。

　　裸哭 luǒ kū【1】［动］赤裸着身体或一个人偷偷哭泣，表示只剩下哭了。【例】哈哈，被我们狙哭了吧，找地～。【2】［动］发帖、回帖、留言或者打招呼时只是一个哭脸而没有任何文字。【例】你每次都只发一个笑脸，就会～，就不能发点文字吗？

　　裸骂 luǒ mà［动］在博客、论坛发表的评论中充斥着骂词或者贬义词，以发泄不满。【例】请不要在论坛中～，注意自己的言行。

　　裸民 luǒ mín【1】［名］什么（包括衣服、财物）都没有的人。【例】不要装大款，你就是一个～。【2】［名］注册 ID 后处处留下足迹但却不发表言论，没有诚信值的人。【例】本群不欢迎～，谢谢。

裸烹 luǒ pēng［动］是指厨师在烹饪过程中不使用非天然、不安全的添加剂，而改用天然食材、调味品制作色、香、味俱全且营养健康的菜肴。【例】～是针对中餐业内滥用添加剂的乱象，由东方美食文化集团于 2010 年倡导并组织发起的一项社会公益活动。

裸漂 luǒ piāo［名］原意是没有救生设备的漂流，引申义指没房、没车、一无所有的漂泊者。【例】我可不愿意当～，太苦了。

裸拼 luǒ pīn［动］指像《下海》电视剧中陈志华那样一没房、二没钱地下海打拼，或摔了铁饭碗到他乡打拼。【例】为了理想，很多年轻大学生来到北上广～。

裸晒 luǒ shài［动］主动把自己的各项事物暴露在网络中。【例】为打造阳光政务，当地政府在网上～各项开支。

裸时代 luǒ shí dài［名］指当下时代的各种裸婚、裸分、裸官、裸奔、裸睡、裸居等戏谑的称呼。【例】我们生活在～。

裸体扫描 luǒ tǐ sǎo miáo［名］一种新型安保扫描方式，可透视旅客，达到类似裸体搜身的效果。【例】～虽然提高了安保质量，但是在一定程度上侵犯了乘客的隐私。

裸体烟 luǒ tǐ yān［名］就是不带烟盒的香烟。【例】开会时，盘里不要放～。

裸退 luǒ tuì［动］指干部退休后不再担任官方、半官方或群众组织中的任何职务。【例】很多官员退休后不再与政务有任何联系，真正做到了～。

裸学 luǒ xué［动］指的是有些具有一定级别的领导先免职然后再进行脱产学习。【例】官员～是一条很好的制度。

裸映 luǒ yìng［动］指电影无宣传、无首映礼直接上映。【例】～在好莱坞也不稀奇，名导大卫·芬奇就有～的电影。

裸油价 luǒ yóu jià［名］即不含税的油价。【例】其实目前国内的～比国外低。

裸账 luǒ zhàng［名］指政府或单位在网络上的记录有全部开支信息的账本。【例】四川省巴中市巴州区白庙乡政府在网上公开晒出自己的财政开支～，引起了媒体广泛关注。

驴友 lǘ yǒu［名］是对户外运动和自助自主旅行爱好者的称呼，同时也是爱好者自称或尊称对方的一个名词。【例】一起加入我们～团吧。

旅游体验师 lǚ yóu tǐ yàn shī［名］模仿澳洲大堡礁高薪守岛员招聘的旅游体验者，可以免费跟随旅行团游山玩水，为旅游爱好者提供更多可参考的旅游目的地细节化信息，有效提高优质的旅游体验。【例】~不但能免费跟团旅游，而且还月薪过万。

绿茶婊 lù chá biǎo［名］泛指外貌清纯脱俗，多情伤感，背后善于心计，玩弄感情的女人。带有侮辱性贬义词。【例】在空间里有人转载了鉴定~的方法。

绿价比 lù jià bǐ［名］是表示产品中绿色经济价值（绿价值）含量的概念。【例】~为中国"十二五"规划之产业升级与结构调整提供了产业理论支撑。

绿客 lù kè［名］是一些热爱生活，崇尚健康、户外运动，支持公益事业，善待环境的人。【例】你听说过~吗？

绿领巾 lù lǐng jīn［名］是共产儿童团员的标志。【例】过去在有些地区，低年级学生在加入少先队前佩戴~，是共产儿团员的标志。但是现在被当作区别对待学生的行为。

绿牌专业 lù pái zhuān yè［名］是指薪资、就业率持续走高，且失业量较低的综合考虑的专业，为需求增长型专业。【例】大学地质工程专业一直是~。

绿色兑换 lù sè duì huàn［名］指通过废纸换绿植的方式，号召大家将废弃的纸张收集起来兑换一盆精美的绿色植物，激发公众参与环保活动的积极性，养成低碳环保的好习惯。【例】~是个非常好的活动。

M

M 木，木头，指人笨、呆。【例】你怎么那么~，都说得那么清楚了，你还是不懂。

M. A. N. I. L. A. 漫漫长夜时时刻刻感到爱，也是菲律宾首都马尼拉 Manila 的分解。［英文 may all night inspire love always 的首字母缩写］【例】真正刻骨铭心的爱情，即便双方不在同一个地方，也会让对方在~？

MO 流通中的现金，指银行体系以外各个单位的库存现金和居民的手持现金之和。【例】现在外面还有多少~？

MAN 女 指新一代强势女强人，她们与"男人婆"和"女强人"有着本质上的不同，她们在利用女人的能力和魅力在各自的领域八面玲珑、呼风唤雨的同时，仍保留着属于女人的美丽。【例】~也有"御姐"的一面。

MD【1】妈的。粗口，不提倡使用。【例】一些网友开口闭口就骂~，真不礼貌。【2】迷你磁光盘，现指便携式 MD 机。［英文 Mini disc 的缩写］【例】

~现在不好买了，但很值得收藏。

ME2 我也是。［英文 me too 的形音合称，2 的英文是 two，与 too 同音］【例】他点了一份咖喱饭，~，你来点什么？

MEGO 这实在是太无聊了。［英文 My eyes glaze over 的首字母缩写］【例】老是上自习，~。

MF 麻烦。［汉语拼音 má fan 的首字母缩写］【例】你又惹 ~ 了。

Mild 生活 温和、随和、休闲适宜的生活。mild 在英文中指"温和的，温暖的"。【例】最近，我的工作压力太大了，特别想尝试一下 ~。

MJ 【1】马甲。除了经常使用的账户又注册其他的名字。［汉语拼音 mǎ jiǎ 的首字母缩写］【例】我在 YY 上又注册了一个小 ~。【2】磨叽，办事不利索。［汉语拼音 mò ji 的首字母缩写］【例】不就改个文档，你怎么那么 ~。【3】魅姐，一般指知性女人，自信、成熟、风韵的女人。［汉语拼音 mèi jiě 的首字母缩写］【例】要成为一个 ~，并不是那么容易。

ML 【1】美丽。［汉语拼 měi lì 的首字母缩写］【例】你真是个好心又 ~ 的姑娘。

MM 妹妹、美眉。［汉语拼音 mèi mei、měi méi 的首字母缩写］【例】四川的 ~ 很火辣。

MMO 大型多人在线网络游戏。［英文 massively multiplayer online 的首字母缩写］【例】这款 ~ 真是火爆啊！

MMOG 大型多人在线网络游戏。［英文 massively multiplayer online game 的首字母缩写］【例】来局 ~，放松放松。

MMORPG 大型多人在线角色扮演游戏，是网络游戏的一种。在所有角色扮演游戏中，玩家都要扮演一个虚构角色，并控制该角色的许多活动。［英文 massive（或 massively）multiplayer online role - playing game 的首字母缩写］【例】你可以在 ~ 中扮演一个你最喜欢的人物。

MOB 指游戏中所有由电脑控制的角色，现也引申指一般怪物，任何游戏怪物都可叫 MOB。［英文 mob - mobile 的首字母缩写］【例】这局的 ~ 真是难缠！

MOP "猫扑大杂烩"，现在在网络上广泛指的是猫扑网，经常光顾此网站并且注册的人叫作"mopper"。【例】你经常登录 ~？

Mopper 就是混迹在 Mop 网（猫扑网）上的形形色色的人，"猫扑"上的成员叫"mopper"。【例】看来这个网站做得还不错，有这么多 ~。

MorF 男士或女士。［m 是英文 male 首字母，f 是英文 female 的首字母］【例】请问这是为 ~ 提供的？

MOTD【1】每日信息。［英文 message of the day 的首字母缩写］【例】~有生活小贴士，很方便。【2】当日比赛。［英文 match of the day 的首字母缩写］【例】你快点下载个猫扑体育 app，那里有 ~ 提示。

MOTOS 异性成员。［英文 members of the opposite sex 的首字母缩写］【例】对不起，本社区不接受 ~。

MOTSS 同性别的成员，表示同性恋关系或同性恋伴侣。［英文 members of the same sex 的首字母缩写］【例】本论坛尊重 ~ 个人权利，但是我们禁止讨论同性恋话题。

MP【1】没有品位。［汉语拼音 méi pǐn 的首字母缩写］【例】你今天穿得很 ~。【2】马屁。［汉语拼音 mǎ pì 的首字母缩写］【例】别做爱拍 ~ 的人。

MPJ 马屁精，喜欢拍马屁讨好别人的人。［汉语拼音 mǎ pì jīng 的首字母缩写］【例】你小子就是一个十足的 ~。

MS【1】貌似，好像。［汉语拼音 mào sì 的首字母缩写］【例】我 ~ 在哪里见过你。【2】牧师，多指电脑游戏中人物。［汉语拼音 mù shī 的首字母缩写］【例】在地下城，我的身份是 ~。【3】没事。［汉语拼音 méi shì 的首字母缩写］【例】刚才电脑蓝屏了，现在 ~ 了。【4】一种外置存储卡、记忆棒。［英文 memory stick 的首字母缩写］【例】我的 64G ~ 今天刚到货。

MSG 消息，信息。［英文 message 的缩写］【例】你的手机来了条 ~。

MT【1】在电脑游戏中承受攻击的一种人物，［英文 main - tank 的首字母缩写］【例】倒霉，我竟然成了 ~。【2】美图秀秀。［汉语拼音 měi tú 的首字母缩写］【例】现在的女生照片都是用 ~ 修过的。

MUD 泥巴，一种多用户参与活动的计算机程序，也是一种游戏类型。［英文 multiple user dimension，multiple user dungeon（多用户地牢），或者 multiple user dialogue（多用户对话）的首字母缩写］【例】你玩过 ~ 吗？

M 国 美国。［m 是汉语拼音 měi 的首字母］【例】下周一去 ~，要不要给你带点东西？

抹布女 mā bù nǚ ［名］指那些爱得无怨无悔，为了爱情宁愿牺牲自己的事业、青春，全心全意帮助爱人成功后，最后却被抛弃的悲剧女性。【例】~ 也会再遇到春天的。

麻袋哥 má dài gē ［名］又被叫作"爱心破烂王"，扬州大学的一群大二男生利用周末在学生宿舍回收废品所得来资助藏族学童。【例】我要给这群 ~ 的爱心行为点赞。

麻豆 má dòu ［名］"模特"的谐音戏称。［英文 model 的音译］【例】听说你的梦想是想成为一个 ~ ？

麻麻 má má［名］是"妈妈"的谐音形式。【例】早晨 ~ 给我做的便当好好吃。

麻托 má tuō［名］专职陪麻将职业，有月薪。【例】过去有茶托，今日有 ~ 。

麻油 má yóu［动］"没有"的谐趣形式。【例】我 ~ 找到队友。

马甲 mǎ jiǎ［名］马甲。除了经常使用的账户又注册其他的名字。【例】我在 YY 上又注册了一个小 ~ 。

马甲决 mǎ jiǎ jué［名］"马加爵"的谐音叫法。【例】 ~ 杀人事件背后的原因值得我们去深思。

马克 mǎ kè［名］标记，记号。多用于网络论坛，用于占座位，以便下次使用。［英文 Mark 的音译］【例】借给我一种 ~ 笔。

马屁山 mǎ pì shān［名］MP3 的谐音戏称。【例】如今 ~ 功能早已经集合到手机上了。

马桶文章 mǎ tǒng wén zhāng［名］烂文章，垃圾文章。【例】网络中 ~ 遍布，须小心斟酌。

马修 mǎ xiū［动］表示无视之意。【例】不要 ~ 任何有毅力的人。

码奴 mǎ nú［名］一般月薪在 1W 以下的 IT 程序员且在工作生活中对代码有依赖与追求。【例】你真是个十足的 ~ 。

骂战 mà zhàn［动］指在网上以发帖的形式相互攻击的行为。【例】本论坛禁止 ~ 行为。

买了佛冷 mǎi le fó lěng 源自波兰的一位名为 Hazel 的歌手创作的歌曲《I Love Poland》，其中一句歌词是"I Love Poland"，因为某些人的发音不准，就成了"买了佛冷"，因此被大家记住了，广泛传播。【例】"I Love Poland"，这句话记不住，" ~ "倒是记住了。

买买买 mǎi mǎi mǎi［动］源自微博红人王思聪和爸爸王健林的对话。王思聪："爸，这个……"王健林："买买买！"王思聪："爸，这个……"王健林："买买买！"【例】你要好好努力，才能过上随意" ~ "的生活。。

麦兜族 mài dōu zú［名］指主体是 80 后的年轻一代的购房阶层中的弱势群体。【例】你这个 80 后是不是" ~ "？

卖菜哥 mài cài gē［名］乌鲁木齐两名穿着厚棉服的小伙子在乌鲁木齐一个居民小区户外，以远远低于周边市场的价格向市民出售"惠民菜"，被老百姓亲切地称为"卖菜哥"。【例】这个" ~ "得到大家一致好评。

卖萌 mài méng［动］ "萌"起源于日语"萌え"（MOE），拼音读音是 méng。【1】作褒义词使用，卖萌指故意做可爱状，打动别人。【例】你给他～，他一准就答应了。【2】作贬义词使用，卖萌是指故意作秀。【例】～可耻，一边去！

卖萌日 mài méng rì［名］卖萌日是知名弹幕视频网站 bilibili（又称哔哩哔哩，俗称 b 站）以 10 月 10 日为纪念日的节日，将"卖萌日"正式命名为"萌节"，并举办了第一届"萌节"。其来源是由于汉字"萌"拆开后即为"十月十日"而得。【例】卖萌的萝莉们有了自己的～。

卖身卡 mài shēn kǎ［名］本以为捡了便宜、得了优惠，哪曾想被各种会员卡"套牢"，脱身不得。【例】美容卡就是～。

卖折族 mài zhé zú［名］就是通过团购等方式大量买进打折门票、电影通票和充值券等，再转手卖出的一群人。【例】对待"～"，消费者须小心陷阱。

馒头税 mán tou shuì［名］对馒头生产企业征收的增值税。【例】从公众和企业看来，～本来就有荒诞性。

满脸旧社会 mǎn liǎn jiù shè huì 一脸苦相，一副深仇大恨的表情，形容人或企业发展得极不如意。【例】上半年哪个手机企业～，哪个笑靥如花，一看便知。

满塞 mǎn sāi［名］日语"万岁"的谐音。【例】日本人在硫磺岛冲锋时口中喊着～。

漫迷 màn mí［名］亦称"动漫迷"，即痴迷于动画、漫画及游戏的一类人群，多为 90 后、95 后和 00 后。【例】儿时的我是个～。

忙内 máng nèi［名］组合或家庭中年纪最小的成员的自称，是源于韩国单词发音。【例】李胜贤是组合里的～。

盲狙 máng jū［名］网络游戏用语。是指完全不用开镜，只用自己的感觉来进行"预瞄、跟枪、定点、开枪"的过程。【例】练好"～"，让你成为玩 CS 游戏的高手。

猫 māo［名］计算机上的硬件设备"调制解调器"的昵称和俗称。［英文 modem 的谐音形式］【例】电脑上网没有～是不行的。

猫爸 māo bà［名］践行"因材施教"的教育原则，主张对子女采用个性化教育的父亲。【例】～是民主、平等的家庭教育方式的代表性人物。

猫缆 māo lǎn［名］是台北市猫空地区缆车的简称，路线由台北动物园至猫空站。【例】你听说过台湾地区的～吗？

猫扑 māo pū［名］"猫扑网"的简称，即猫扑大杂烩网站。【例】你知道

"～"吗？

猫式养生 māo shì yǎng shēng［名］是一种通过模仿猫的运动和动作，来达到缓解失眠和腰背酸痛的功效的养生疗法。【例】有专家说～对人体有极大好处。

猫友 māo yǒu【1】［名］"猫扑网"网友的简称，也可指网友之间相互称呼。【例】你是"～"吗？【2】［名］喜爱猫的人，也用于互称。【例】本网站是为了喜欢猫的～创办。

毛基 máo jī［名］单位净值低于一元的基金。【例】你投资的～，还能挣大钱？

冒泡 mào pào［动］原指论坛里常看不见回帖，突然某天发帖或者回帖；群里不见其常常发言，突然某天发张图，说句话。【例】你潜水时间那么长，今天怎么～了？

么么哒 mē me dā［名］是亲吻动作的拟声词，用以表达对一个人的钟情与喜爱。【例】爱你，～。

么么黑 mē me hēi［名］形容非常黑。【例】这被罩厂家用黑心棉作填充物，心真是～。

没女 méi nǚ［名］指身材、学历、长相、财富等均没有优势的女子。【例】美女没多少，大家都是"～"。

媒矿工 méi kuàng gōng［名］指投资"金婚配"（基因婚配）以赚取丰厚利润的媒人。【例】"～"专注了中国老年市场需求，获得了成功。

媒老板 méi lǎo bǎn［名］根据男女双方基因匹配情况，选择最优情况（即"金婚配"）进行婚配，以赚取丰厚利润的投资商人。【例】事实证明，～也可以在中国老年市场取得成功。

媒曝 méi pù［名］"媒体曝光"的简称。【例】不可小瞧～的力量。

媒治 méi zhì［名］通过媒体管理社会，或是人们试图期望通过媒体曝光来解决社会问题。【例】～对于环境保护只能治标，不能治本。

煤超疯 méi chāo fēng［名］模仿金庸小说《射雕英雄传》中人物"梅超风"得名。几乎一夜之间，煤价每吨疯涨两百到三百元，取暖成本的增加，反映出不少市民的无奈，带有强烈讽刺意味。【例】如何稳定～考验着中国政府的智慧。

槑 méi［名］形容一个人形神俱呆，很傻很天真。源自"梅"的异体字"槑"，两个呆并列，形容很呆。【例】你真是个呆中之～。

霉女 méi nǚ【1】［名］"美女"的谐音戏称。【例】你是想当"～"吗？

【2】［名］指外貌、身材、健康等方面较差的女子，带有戏谑的意味。【例】让你运动你不运动，变成~了吧？

美厨女 měi chú nǚ［名］指一群爱好烹饪，将下厨视为艺术生活享受的女性。【例】做饭也是一种乐趣，现在~越来越多了。

美眉 měi méi［名］漂亮的女孩，泛指年轻的女性。【例】现在大街上漂亮的~多了去了。

美魔女 měi mó nǚ［名］指40岁左右，但坚持健身、保养，保持青春靓丽的职场女性。【例】水谷雅子是2011年第一届~冠军。

妹儿 mèi er［名］英文电子邮件 e – mail 的音译形式。【例】现在~已经成为我们日常生活中的一部分了。

妹力 mèi lì［名］"魅力"的谐音戏称。【例】胡歌的~大得很，一出场，全场女粉丝就尖叫。

妹纸 mèi zhi［名］"妹子"的谐音戏称。【例】对面走过来一个软~，特别像林志玲。

魅客 mèi kè［名］指使用多媒体手段，表现自己魅力的网络人。最早来自做电子贺卡的软件 PocoMaker，是指一群用 PocoMaker 进行多媒体秀的人。【例】现在的"~"真是越来越多了。

闷骚 mēn sāo［名］一般指外表冷静、沉默，富有思想和内涵的人。英文 man show 的音译形式，源于港台。【例】他是一个~男。

萌 méng【1】［形］形容某物、人、事十分可爱。【例】你真~。【2】［形］形容女孩美丽、纯洁。【例】你真是个~~的女孩。【3】［动］喜欢。【例】我~奥迪车。

萌萌哒 méng méng dā［名］指"太可爱了"，是"特别萌"的可爱用法。由网络热词"么么哒"受到日本萌系文化影响演变而来，起始于豆瓣小组。【例】感觉自己最近~。

萌女郎 méng nǚ láng［名］在都市女性当中兴起一股"萌"文化，这些萌女郎把自己打扮成二十甚至十几岁的样子，相互攀比。【例】~最早起源于日本。

萌物 méng wù【1】［名］广义是指一切可爱的东西。【例】你的房间里有好多~呀。【2】［名］特指卡通形象。【例】这次的活动需要设计个~出来。【3】［名］吉祥物的意思，英文是 Mascot。【例】你真是我的~。

萌系女孩 méng xì nǚ hái［名］可以指可爱的未成年少女，也可以是虽然成年但长得很幼儿的女孩，或是长得可爱、穿着可爱（萌衣社）的小女孩。源于日语"むすめ"（mu su me）。【例】她天生是个~。

梦食症 mèng shí zhèng［名］也叫夜间饮食失调症，是梦游症的一种特殊表现。【例】你这种情况有点像～。

梦想芯片 mèng xiǎng xīn piàn［名］是指随神舟"八号"在太空中游历过的芯片。【例】这个"～"意义非凡。

迷卡 mí kǎ［名］具有手写输入功能卡，也指盗版卡。英文 mini card 的音译意译形式。【例】我有一款三国杀的～。

迷你熊市 mí nǐ xióng shì［名］由于心理因素等原因造成的短暂熊市。【例】～一般只能持续几个月。

谜之声 mí zhī shēng［名］指动漫中的旁白或配音。源于日本动漫。【例】这"～"倒是给动漫添了不少色。

米 mǐ【1】［动］没的谐趣形式。【例】真～趣味。【2】［名］钱。【例】我都没～吃饭了。

米2 mǐ 2 我也是。"米"谐音 me，2 的英语 two 谐音 too。［英文 me too 的谐音形式］【例】你买了一只金毛！～

米虫 mǐ chóng【1】［名］形容那些无所事事的人，义同"啃老族"。【例】大学毕业之后，我可不想做个～。【2】［名］又称"域名虫"，通过域名注册进行投资赚钱的人。【例】他是一个商业"～"。

米国 mǐ guó［名］"美国"的谐音戏称。【例】在日本，美国被音译成"～"。

米客 mǐ kè［名］指通过注册域名来投资买卖赚钱的人。【例】域名成了"～"手中的王牌。

米农 mǐ nóng［名］同上"米客"。

米田共 mǐ tián gòng［名］"粪"的隐晦说法。"粪"的繁体形式为"糞"，由米、田、共三部分组成。【例】许多文人在谈起"粪"时，都用～代替。

米有 mǐ yǒu［动］"没有"的谐趣形式。【例】我对这事～意见，你们执行去吧！

密 mì［动］在游戏中两人私下里聊天。【例】在现场出售 CF 点卡，有需要可以～我。

密侣 mì lǚ［名］亲密的伴侣。【例】谁能赐给我一个～。

密马 mì mǎ［名］"密码"的谐音戏称。【例】你能不在空间设置访问～吗？

蜜糖体 mì táng tǐ［名］网络流行体之一。这种语言大量使用叠音词、语气词，喜欢用表情符号，语体风格甜、嗲、腻，凸显作者的可爱与甜蜜。【例】网络上最近出现了大量的～，真是受不了。

蜜友团 mì yǒu tuán［名］2007KISSCAT "超级蜜秘" 活动邀请的由一些明星组成的，并不担任评委，而是与选手们进行心灵沟通和指导，以期与选手们形成亲密的朋友的团体。【例】小米公司将邀请社会各界知名人士组成 ～。

棉花掌 mián huā zhǎng［名］2010 年 10 月份，国内棉花价格已经从 10 月初的 22684 元/吨跳涨到 2010 年 11 月 1 日的 27066 元/吨，月内涨幅超过 20%。网友们仿造最近流行的词语，创造出了 "棉花掌（棉花涨）"。【例】2010 年 ～牵动着居民生产生活的神经，太可怕了。

免费教育师范生 miǎn fèi jiào yù shī fàn shēng［名］指报考教育部六所直属师范大学（北京师范大学、华东师范大学、东北师范大学、华中师范大学、陕西师范大学、西南大学）之一后有条件地接受免费师范教育并承诺毕业后从事中小学教育 10 年以上的学生 。【例】现在有很多考生报考 ～。

面霸 miàn bà［名］指因找工作而经常参加面试的人。源于 "康师傅面霸"。【例】毕业季有一些人变成 ～。

面霸求职网 miàn bà qiú zhí wǎng［名］中国大学生求职门户网站，国内最早、最专业的大学生招聘网站。【例】有时间，你可以去 ～上看看。

面杀 miàn shā【1】［动］就是群体攻击，同一时间将屏幕上的怪物同时杀掉。【例】马上组队 ～敌军。【2】［名］是现在比较流行的桌面游戏 "杀人游戏" "三国杀" 等面对面之间的游戏。【例】来一局 ～游戏，"三国杀" 怎么样？【3】［名】男女刚认识时候，看到对方的外貌，就没有继续往下发展的动力了。【例】现在男女相亲 ～很常见。

喵了个咪 miāo le gè wèi［动］生气时略带埋怨但又很调皮的一种说法。【例】～，这路车堵起来没完没了。

喵星人 miāo xīng rén［动］猫的网络昵称。【例】你快看这个视频，～大战汪星人。

秒 miǎo［动］"秒杀" 的简称。【例】打开电脑准备 ～高级货。

秒客 miǎo kè［名］热衷于秒杀购物的一类人。【例】作为一个高级 ～，在秒杀商品方面我有很多经验。

秒客网 miǎo kè wǎng［动］网络上营销商针对秒客一族而建立的一种商品推广网站。【例】～的商品还是挺有质量保证的。

秒杀 miǎo shā【1】［动］在网络游戏中，极短的时间内将敌方杀死或被对方杀死。［由日本的综合格斗技术团体 Pancrase 在 1993 年 9 月 21 日发行的 WEEKLY PRO – WRESTLING 杂志中出现的自创词衍生而来］【例】不到 20 秒，我的狙击团队被 ～。【2】［动］就是网络卖家发布一些超低价格的商品，所有买家在同一时间网上抢购的一种销售方式。【例】淘宝网每天都有特价~商品。

秒杀店 miǎo shā diàn［名］指在网上以秒杀为营销方式的店铺。【例】我在~成功秒杀到一款电动牙刷，价格比平时低了一半。

秒杀价 miǎo shā jià［名］最先出现在网上，一般是指在限时时间里抢购的特定限量优惠商品的价格，由于此类产品通常优惠的幅度很大，抢购的人很多，可能几秒钟就超过限量结束了，故称之为"秒杀价"。【例】这里不打折扣，全是~。

秒停秀 miǎo tíng xiù［名］指2010年6月1日，A股市场出现的奇怪现象。【例】股市又出现"~"，真是古怪。

秒团族 miǎo tuán zú［动］热衷于以低廉的价格进行团购并获得优惠券，参加"秒杀"活动的一群人。【例】"~"确实省了不少钱。

咩力 miē lì［动］指没有力或没得力，"没得"连读成"咩"。【例】一天没吃饭，身上~。

灭绝师太 miè jué shī tài 源于金庸武侠小说《倚天屠龙记》中的人物。【1】［名］形容性格保守内向的女孩，只顾工作、身边无男朋友的女强人或单身女性。【例】你再只想着工作，就要变成"~"了。【2】［名］对女博士的戏谑称呼。【例】等你念了博士，你就化身成了"~"。

民二代 mín èr dài［名］指曾是"留守儿童"，随"民一代"父母进城寻梦的青年。【例】~暴露出了城市与农民孩子的事实不平等。

名二代 míng èr dài［名］名人的后代。【例】~也面临着名人父母的压力。

名片鼠 míng piàn shǔ［名］鼠标的一种，外形与名片相似，轻薄小巧，便于携带。【例】普通鼠标太大了，我想买个~。

明明可以靠脸吃饭，偏偏靠才华 míng míng kě yǐ kào liǎn chī fàn，piān piān kào cái huá 网络流行语。是指一个人虽然长得美丽，但不依靠美貌获得前程，而是依靠自己的能力。形容一个人品行端正，才华横溢。也表达对别人的羡慕之情。【例】你这个人，~。

膜拜 mó bài［动］释义为敬佩、佩服，含有羡慕和无奈的意思。【例】~你，你是怎么保持好身材的？

磨瘦 mó shòu［动］"魔兽"的谐音形式。《魔兽世界》等游戏对人精神和身体的影响。【例】"魔兽世界"果然让你迅速~了。

蘑菇族 mó gū zú［名］20世纪70年代一批电脑程序员总结出的"蘑菇定律"，适用于职场初出茅庐受尽批评、指责的毕业生。【例】职场~真不容易。

魔豆妈妈 mó dòu mā ma［名］原指淘宝上"魔豆宝宝小屋"店铺的主人，

虽身患癌症、家庭破裂却自强不息地开店养活女儿的伟大母亲周丽红。后泛指接受"魔豆宝宝爱心工程"救助的身处逆境，但积极向上的母亲。【例】那些~真让人感动不已。

魔人 mó rén［名］隐藏在论坛各个板块中，某方面功力深厚的人。【例】楼主真乃~也。

魔兽 mó shòu［名］大型网络在线角色扮演游戏《魔兽世界》的简称。【例】你在"~"里扮演什么角色？

末代农民 mò dài nóng mín［名］指的是城市的理念已成为一种意识形态渗透到农村的每个角落，80、90后农民可能是农民的终结。【例】现在的~既不熟悉传统农业技术、也不会使用传统农具。

谋杀体 móu shā tǐ［名］来源于网络推理小说《为他准备的谋杀》的第一句话，人们用"谋杀体"表达自己或欢快，或悲伤的感情，或调侃、讽刺某一事件。【例】"~"这一新网络语体的诞生源于一本推理小说《为他准备的谋杀》。

拇指妹 mǔ zhǐ mèi［动］亚运后，一位大学女生（广州妹，在西安上大学，即将毕业，目前在广州一个公益机构实习）向广州市建委申请公开光亮工程可行性报告，但没有得到及时回复，在微博征集1000大拇指称赞广州市建委，被称为"拇指妹"。【例】我们应为~点赞。

木马 mù mǎ［名］也称木马病毒，是指通过特定的程序（木马程序）来控制另一台计算机。【例】电脑装上360能有效阻止~病毒。

木油 mù yóu［动］["没有"的谐音形式]【例】我还~上线。

木有 mù yǒu［动］["没有"的谐音形式]【例】俺还~吃饭。

幕后哥 mù hòu gē［名］在浙江卫视《婚姻保卫战》中，一位名叫蔡报晖的男嘉宾自称是公务员，同时还兼任一个私企的董事长，被网友戏称"幕后哥"。【例】现在有很多"~"，你可要慧眼识英啊。

N

N【1】嗯，表示思考。[汉语拼音n]【例】~，我马上就去办。【2】自代数（表示整数值），代表多个。【例】你给我滚到~次方远。

N. E. P. A. L. 恋人永不分离，也是尼泊尔国名Nepal的拆解。[英文never ever part as lovers的首字母缩写]【例】尼泊尔国名Nepal拆开来读就是"~"的意思。

N2N 多对多。n 借自代数，代表多个。2 的英文是 two，与 to 同音。【例】~交易可以减少成本消耗。

N 婚［名］有过一次以上法定婚姻记录。源于最近银屏上热播的电视剧《家，n 次方》。【例】现在，经历过~的人真是越来越多。

N 连跳 N lián tiào［名］N 连跳指富士康公司 2010 年一年内发生 14 起员工跳楼事件。也称"连跳门""跳楼门"。【例】富士康~背后的原因值得我们深思。

NAS 网络成瘾综合征。［英文 net addiction syndrome 的首字母缩写］【例】现在~在 16 岁左右的青少年中非常常见。

NAZ 名字、地址、邮编。［英文 name，address，zip 的首字母缩写］【例】你要仔细写信封上的~。

NB【1】牛逼。［汉语拼音 niú bī 的首字母缩写］【例】你的分数那么高啊！真是~。【2】和谐号。［源于日本动漫《School Nay》中英文 nice boat 的首字母缩写］【例】~成为这个日本动漫的代名词。【3】笔记本电脑。［英文 notebook 的首字母缩写］【例】你买了~吗？【4】自然美，一家美容集团。［英文 natural beauty 的首字母缩写］【例】~的产品很好用。

NBA 牛逼啊，可表示多种语气。【例】楼主就是~，这么难的问题都知道。

NBD 没什么大不了的，无伤大雅。［英文 no big deal 的首字母缩写］【例】别害怕知错就改，~。

NBHH 牛逼哄哄。［汉语拼音 niú bī hōng hōng 的首字母缩写］【例】别整天~的，干点正事。

NBIF 没有根据。［英语 no basis in fact 的首字母缩写］【例】你这样说~，纯属胡扯。

NC【1】不必解释。［英语 no comment 的首字母缩写］【例】~，这件事就这样算了吧。【2】脑残，带有讽刺和轻蔑的意味。［汉语拼音 nǎo cán 的首字母缩写］【例】你是~吧？

ND【1】不行。［英文 nothing doing 的首字母缩写］【例】~，你必须写完作业才能看电视。【2】娘的。［汉语拼音 niáng de 的首字母缩写］【例】~？你还说脏话！

NEW 牛，用于重复别人发过的文章，带有讽刺意味。［英文 new 与汉语拼音 niú 读音相近］【例】你这篇文章，~！

NewB 菜鸟，新手。［英文 Newbie 的缩写］【例】我是第一次来，还是个~。

NewBie 同上 NewB。

NFG【1】很不好。［英文 no fucking good 首字母缩写］【例】你这么做，
~。【2】湖南一支篮球团队。［英文 new found glory 的首字母缩写］【例】~，
这支球队的实力不容小觑。

Ninja 忍者，特指做了一些见不得人的事儿的坏人，多用在电脑游戏方面。
如在《魔兽世界》里是指拾取别人装备的不正当玩家。【例】看到那些 ~，我
就烦！

NM【1】没关系。［英文 never mind 的首字母缩写］【例】~，我还挺得
住。【2】没什么，没干啥。［英文 nothing much 的首字母缩写］【例】你在干
嘛？~。

NN【1】晚安。［英文 night 的简称］【例】宝贝，~。【2】奶奶，一般指
年龄较大的女性网民，带有戏谑意味。［汉语拼音 nǎi nɑi 的首字母缩写］【例】
~上网购物不奇怪。【3】尿尿。［汉语拼音 niào niào 的首字母缩写］【例】小宝
贝紧张地想 ~。

Nod【1】同意。［英文单词 nod］【例】妈妈终于 ~ 了。【2】一款著名游
戏，兄弟会。［英文 nod brother – hod 的简称］【例】你知道 ~ 吗？【3】斯洛伐
克 ESET 公司出品的一款杀毒软件。【例】你可以用一下 ~ 试试。

NOOB 菜鸟新手，对新手不礼貌的称呼。【例】这局游戏里的 ~ 很多啊。

NOYB 不关你的事，不要你管。［英文 none of your business 的首字母缩写］
【例】这是我俩的私事，~。

NP 没问题。［英文 no problem 的首字母缩写］【例】"给我带瓶水呗。"
"~。"

NPC 电脑游戏中非玩家控制的游戏角色。［英文 none – player controlled
character 的首字母缩写］【例】CS 游戏中 ~ 游戏难度是可以调整的。

NQS 你去死。［汉语拼音 nǐ qù sǐ 的首字母缩写］【例】~，我才不做这丢
人的事呢！

NR 脑弱，指智商不高。［汉语拼音 nǎo ruò 的首字母缩写］【例】你真是
个 ~。

NRN 不必回信。［英文 no reply necessary 的首字母缩写］【例】~，一会
儿我去找你。

纳尼 nà ní［语］在表示好奇、疑问、愤怒时使用。原版"何"（日语假名
なに）一词，同样在好奇时使用，它也是一个在日本动漫中用的较多的口语。
【例】~，说走就走啊！

奶爸 nǎi bà［名］在生产前，专心伺候妻子的衣食住行，学习有关生宝宝的知识，准备待产包、床上用品及小床等婴儿用品；在产后，关心产妇，在月子中打理老婆的生活、照顾孩子，并且陪伴孩子成长的男性。【例】做个好～是真不容易啊！

耐看 nài kàn［名］形容人或物是越看越好看的类型。多指人的长相。【例】胡歌长得真～。

男默女泪 nán mò nǚ lèi［形］男生看了会沉默，女生看了会流泪，多用来形容某篇文章的主题，多与情感爱情有关。【例】又上了档～的影片。

男人妆 nán rén zhuāng［名］泛指中性妆容，它突出的是女人刚强的一面。【例】～是女强人的最爱。

男神 nán shén［名］泛指有魅力、具有吸引力的男性。【例】胡歌是众多女生心目中的～。

脑白 nǎo bái【1】［形］形容人脑子坏掉了，头脑简单或思想单纯。【例】这样三观不正的明星你都痴迷，你真～。【2】［名］电脑白痴，形容不懂电脑或对电脑一知半解的人。【例】你在电脑方面就是～。【3】［名］网友对"脑白金"的厌恶称呼。【例】～的广告，一到过节就泛滥成灾。

脑残 nǎo cán［形］指荒唐的、糊涂的、无逻辑性的、不合情理的错误思维，如同脑细胞残疾一般无可救药。通常写作 NC。【例】～粉丝充斥机场为明星出行带来极大不便。

脑残体 nǎo cán tǐ［名］虽然它活跃于网络上，但不能说这是一种网络流行语，因为"脑残体"与自创词汇无关，仅仅是对汉字的一种扭曲的书写形式。它一般表现为在一个词或一句话甚至一段话的文字中，大量使用字形与原文部分相似的别字的行为。【例】小学生的字写得越来越像"～"。

脑抽 nǎo chōu［动］大脑抽筋，言谈失常。同"脑残"。【例】你～了，在这儿大放厥词。

脑弱 nǎo ruò［形］形容白痴、智力低下，多用于讥讽。【例】来这个论坛灌水的都是～。

脑子塞牢 nǎo zi sāi láo［名］形容一个人笨、傻、呆。带有戏谑的意味。【例】他真是～，一头扎进股市。

闹太套 nào tài tào［名］没关系，不客气。带有戏谑意味。［英文 not at all 的音译形式］【例】明星写错别字暴露出文化水平低，真的～吗？

内存 nèi cún【1】［名］"内存处理器"的简称，用于存储程序和数据的计算机重要部件。【例】我电脑的～是金士顿 DDR4 代 8G 的。【2】［形］形容一个人的思想深度，多用于否定，带有戏谑意味。【例】你在课上大脑反应够快，可惜 ~ 不足。

内个 nèi gè ［代］"那个"的谐音形式。【例】~ 是小王吗？

内涵 nèi hán ［名］指帖子含有双关的意思或者很有深度。【例】这个帖子绝对是精华，很有 ~。

内牛满面 nèi niú mǎn miàn ［名］"泪流满面"的谐音形式，表示一种哭泣、悲伤的心情。多用于表示自己对某件事激动的心情。【例】拿到通知书的那一刻，我 ~。

嫩模 nèn mó ［名］指年轻靓丽的少女模特，是非传统意义上的模特。她们没受过正统训练，年龄不到 20 岁。【例】新思路公司每年都举办 ~ 大赛。

泥 ní ［代］第二人称"你"的谐音形式。【例】~ 真的很不错，

泥巴 ní ba ［名］一种实时多人交互网络游戏，主要依靠文字作为游戏，图形作为辅助。英文 mud 的音译。【例】一放学就去网吧玩 ~。

你的良心不会痛吗? nǐ de liáng xīn bù huì tòng ma? 面对对方伤害时的反问语句，用来表达内心的不满和无奈。"你的良心不会痛吗?"和来自日本的鹦鹉兄弟结合，被做成了表情包，广受大家欢迎。【例】我对你这么好，你却在背后诋毁我，~

你懂的 nǐ dǒng de 表示大家都知道，不用说出来，带有只可意会不可言传的意味。【例】明星潜规则，~。

你家里人知道吗? nǐ jiā lǐ rén zhī dào ma? 起源于豆瓣。首先是网友"阿菲"在豆瓣广播说道："你在网上这么屌，你家里人知道吗?"原句："你这么屌，你家里人知道吗?"【例】你这么顽皮，~

你开心就好 nǐ kāi xīn jiù hǎo 多表示无奈，和"呵呵"这个词意思相近，表达的是一种无所谓或敷衍的态度。【例】别跟我扯那么多没有的事，总之 ~。

你妹 nǐ mèi 代替"你妈"比较委婉的一种说法。表示鄙视、不屑、嘲讽的语气。源自网络游戏论坛。【例】~，又耍我！

你咋不上天呢! nǐ zǎ bú shàng tiān ne! 来自网上一则"如何教训东北人"的帖子，其中一句"给你厉害坏了，你咋不上天呢?"引发不少网友围观并模仿，众人疯转便引来了不少关注。【例】你天天吹牛，~

你造吗 nǐ zào ma "你知道吗"的谐音戏谑形式。【例】~，我今天一口气吃了五碗饭。

昵称 nì chēng ［名］是在聊天室或使用聊天软件等时所显示的名字。【例】你在 QQ 空间的 ~ 是什么？

逆天 nì tiān【1】［动］违反常理或天理。【例】这种～行为，必然会受到自然的惩罚。【2】［名］旧版《魔兽世界》中的红色装备。【例】你听说过《魔兽世界》中的红色装备～吗？

逆袭 nì xí［动］指在逆境中反击成功。逆袭表达了一种自强不息、充满正能量的精神。【例】这年头屌丝～一点也不稀罕。

匿鸟 nì niǎo【1】［动］"隐身了"的谐音形式，使自己处于隐身状态。【例】一发红包，他就出来抢，经常是～。

腻生活 nì shēng huó［名］是指人们对工作、对生活的倦怠。【例】这一天天过得太累了，我马上就要～了。

年轮 nián lún［名］本指树的年龄，现在也可以指人。【例】～既能反映树的存活年份，也能说明当地过去的气象情况。

年上女 nián shàng nǔ［名］指相对于男士而言，那些比其年龄大的女性。【例】你能接受和～结婚吗？

年下男 nián xià nán［名］指相对于女士而言，那些比其年龄小的男性。【例】女士找个～结婚挺好的，他们也很有包容心。

念叨队 niàn dao duì［名］由十位婆婆组成，"念叨队"连续 7 天，每天花 13 小时，对着一群占道经营者不停念叨，直到其主动撤摊，搬进农贸市场为止。【例】～是非暴力执法的新形式。

酿紫 niàng zǐ【1】［代］"这样子"的合音形式。【例】你～，谁能受得了你的脾气。【2】［名］"娘子"的谐音形式。【例】在很多游戏里，大家都会戏称"～""相公"。

鸟公 niǎo gōng［名］"老公"的戏称。【例】～，今晚吃什么饭？

鸟婆 niǎo pó［名］"老婆"的戏称。【例】～，今天去哪儿购物？

捏 niē［语气］"呢"的谐趣形式。【例】我衣服还多着～，不用买。

捏捏族 niē niē zú［名］多由年轻白领组成，遇到压力选择到超市"虐待"食品来宣泄情绪、释放压力。【例】"～"经常选择到超市里揉捏饼干等食品宣泄情绪。

涅 niè［语气］"呢"的谐趣形式，同"捏"。【例】天这么热，都不想吃饭了～。

牛 niú［形］形容某人或某事超乎想象、不可思议、不能用常理来理解。【例】在外国人眼里，中国高铁速度相当～。

牛 B niú B［形］牛逼，不提倡使用。【例】他感觉自己很～。

牛× niú ×［形］牛逼，可表示多种含义。不提倡使用。【例】～的人从不自我卖弄。

牛钉 niú dīng ［名］"最牛钉子户"的简称。【例】对待"～"，政府要公平公正合法地解决安置问题。

牛奋男 niú fèn nán ［名］指那些看似业绩平庸但不缺少上进心，又勤奋努力、对待感情执着的潜力股。"牛奋"谐音"牛粪"。【例】在金融危机下，"～"成了稀缺动物，剩女争相抢购。

牛孩 niú hái ［名］指在某方面实力强大、令人佩服的孩子。【例】～也要全面发展。

牛楼 niú lóu ［名］源于浙江省嵊州市一栋楼中的居民抵抗政府强制拆迁，使拆迁工程半途而废，当地民众称该楼为"牛楼"。"牛楼"指类似事件中的居民楼，有时也用来指那些建筑风格极为个性或建筑成本极为昂贵的楼房。【例】"～"成了政府的心头病。

牛人 niú rén ［名］形容某人非常厉害，用来夸赞别人。或者是做了一般人想不到的事情，别人对此人表达的一种惊讶、佩服。【例】自媒体～拍的视频点击量今日突破 60 万。

扭曲国会 niǔ qū guó huì ［名］指实行两院制的国家，执政党和在野党分别控制参议院或众议院，导致执政党提出的法案只能通过两院之一，却无法在两院通过的状况。日语"ねじれ国会"的翻译。【例】"～"给国家带来不少麻烦。

农二代 nóng èr dài ［名］是上世纪八十年代后期出生的，户口在农村，但工作在城镇的一代人。【例】现有的"～"的父辈们将逐渐老去，而很多"～"并不具备农耕能力。

农气 nóng qì ［形］形容一些人或事物带着农民的气质，尤指杭州的建筑物。【例】不要嘲笑这个建筑"～"，那是特定时代的遗产。

农宅对接 nóng zhái duì jiē ［名］被称为"从农场到家庭"的农产品销售模式，特点是生产者和消费者直接交易。【例】～是一种新型农业合作模式，极大地方便了农民。

浓烟哥 nóng yān gē ［名］2011 年 5 月 22 日，钦州市城区某小区一高层住宅发生火灾。在营救被困人员过程中，谈夏林毫不犹豫地摘下自己的空气呼吸器，给被困的孩子戴上，使孩子获救。谈夏林在危难时刻把生的希望给了别人，把死的危险留给自己的英雄事迹被社会各界广为传诵，备受赞誉。被网友称为"浓烟哥"。【例】"～"舍己为人的行为值得我们去学习。

挪票房 nuó piào fáng ［动］指把一部电影的票房收入算入另一部电影当中。

【例】电影院 ~ 的行为很令人失望。

女汉子 nǚ hàn zi［名］用来形容那些性格坚强、个性豪爽、不拘小节、不怕吃苦的一类女生。【例】女神和 ~，你更喜欢哪一种？

女神 nǚ shén［名］旧指女性神明，如女娲娘娘、百花仙子、西王母等。现指被倾慕、暗恋甚至迷恋，但难以成为真正恋爱对象的女生。她们通常因为具有清新气质而极受男性欢迎。【例】能把 ~ 追到手，他可是没少下功夫。

女体化 nǚ tǐ huà［名］指将原本男性的角色转化成女性，使角色更悦目、动人，常见于动漫作品中。【例】~ 在动画创作中很常见。

女王 nǚ wáng［名］指拥有领袖风范、成熟坚强、很有气场的一类女性。【例】谁说女子不如男？在 ~ 的带领下，我们公司发展得越来越好。

女性网站 nǚ xìng wǎng zhàn［名］是针对女性群体的时尚健康资讯门户。【例】这个 ~ 每天访问量很大。

女子 nǚ zǐ［形］"好"的谐趣形式。【例】你乃真 ~ 也。

O

O【1】呕吐，恶心，表示对某人、某事反感。［汉语拼音 ǒu 的首字母］【例】~，我不想听你说话。【2】代指我。［汉语拼音 ǒu 的首字母］【例】~ 今年 23 岁。【3】应答语，哦。【例】"你踩我脚了。""~。"

OBTW 哦，顺便问一下。［英文 oh, by the way 的首字母缩写］【例】~，我能加你的微信吗？

ODBC 哦，大白痴。［汉语拼音 ò, dà bái chī 的首字母缩写］【例】~，我就不该跟你说这件事。

OE 网络电子邮件系统。［英文 outlook express 的首字母缩写］【例】十年前 ~ 是最好用的邮件系统之一。

Of coz 当然。［英文 of course 的形音形式，coz 是 course 的谐音形式］【例】"你能送我一程吗？""~"。

OIC 哦，我明白了。［英文 oh, I see 的谐音缩写］【例】~，这很简单。

OICQ QQ 以前是模仿 ICQ 来的，是国际的一个聊天工具，是 I seek you（我寻找你）的意思。OICQ 模仿 ICQ，在 ICQ 前加了一个字母 O，意为"opening I seek you"，意思是"开放的 ICQ"，但被指侵权，于是腾讯老板（马化腾）就把 OICQ 改了名字叫 QQ，就是现在我们用的 QQ。

OL【1】联机，在线。[英文 online 的简写]【例】我一般上午 12 点 ~。【2】白领女性，办公室女性。[英文 office lady 的首字母缩写]【例】你长大想成为 ~ 吗?【3】老女人。[英文 old lady 的首字母缩写]【例】街上躺着一个衣衫破烂的 ~，赶紧给 120 打电话救助。【4】办公室恋情。[英文 office love 的首字母缩写]【例】通常公司里绝不会允许出现 ~。【5】"哦了"意思为我知道了。源于键盘错打。【例】"把文件给我发过来。""~。"

OMDB 休想。[英文 over my dead body 的首字母缩写]【例】这么晚了，你还想吃东西啊? ~。

OMG【1】哦，我的上帝，天哪。[英文 oh，my god 的首字母缩写]【例】~，怎么回事啊?【2】基于《魔兽争霸 3》开发的一种新地图。[英文 DOTA OMG 的缩写]【例】你找到 ~ 了吗?

On orz 的变形，表示婴儿。O 大写表示婴儿的头，n 表示婴儿较小的躯干。【例】以后你再看到"~"，就要明白它是"婴儿"的意思。

ONNA 不（没），不是（没有）。[英文 oh, no, not again 的首字母缩写]【例】"你是不是有吃东西?""~。"

OOI 没有什么兴趣。[英文 out of interest 的首字母缩写]【例】我对玩 CF ~。

OOTB 立即可用。[英文 out of the box（开箱即用）的首字母缩写]【例】许多保质期的产品，都需要 ~。

OP【1】片头曲。[英文 opening theme/song 的简称]【例】《海贼王》的 ~ 很好听。【2】网络游戏或在线聊天室管理员。[英文 operator 的简写]【例】你去找一下 ~，看看能不能解决这个问题。【3】《海贼王》，日本动漫作品。[英文 one piece 的首字母缩写]【例】我很喜欢看 ~。

or2 =3 orz 的变形，表示放了个屁。2 表示臀部，=3 表示排出气体。【例】每次看到"~"这个符号，我就觉得很搞笑。

Ora orz 的变形，表示跪着的状态。

Oroz orz 的变形，表示小腹。

orZ orz 的变形，表示下半身肥大。Z 表示下半身肥大。

Orz 是失意体前屈的缩写，用来形容被事情打败或者很郁闷的，表示失意或沮丧的心情。源自日本的网络象形文字（或心情图示）。【例】看你发的朋友圈，都是 ~ 表情，是不是有什么烦心事?

OST 原始声音轨道，即原声。通俗来讲，就是一首歌曲或者音乐第一次出现在某种媒体中。OST 多见于电影、电视剧、游戏和动画中。[英文 original sound track 的首字母缩写］【例】每次听到～，感觉就很舒服。

OT【1】换个话题。［英文 off topic 的首字母缩写］【例】～，这事太沉重了。【2】加班。［英文 over time 的首字母缩写］【例】我今晚在公司～。

OTAKU 指对动漫充满痴迷的一群人，常常充满幻想，欠缺正常的社会生活交流。【例】～欠缺社会交流，正是我们所担心的。

OTL 外出用餐。［英文 out to lunch 的首字母缩写］【例】～不失为白领们一种好的减压方式。

OTz orz 的变形，表示举重选手。O 表示突出的头部，T 表示选手粗壮的躯干。

OTZ OTz 的变形，表示大人。

OTOH 另一方面。［英文 on the other hand 的首字母缩写］【例】多看书不仅能提高自己的修养，～，更能帮我们解决生活中的难题。

OTTH 第三手的旧货。［英文 on the third hand 的首字母缩写］【例】其实～也有好货。

OUT 落后于时代，落伍，跟不上时代潮流。［英文 out of time 的简写］【例】连 AR 都不懂，～。

OVA 原创影像动画。一般通过 DVD、蓝光影碟发行保存的方式，而不是公开的影院。［英文 original video animation 的首字母缩写］【例】我买了一套《海贼王》的～。

OWTTE 一言以蔽之。［英文 or words to that effect 的首字母缩写］【例】～，这事是你做得不对。

欧巴 ōu bā［名］指的是女生对略年长的男性的称呼。"欧巴"在朝鲜语的称谓中属于敬语，也是年轻男女之间亲密的称呼，常见于韩剧。生活中一般男性不能称呼男性为欧巴，否则易引起对方的反感。来自朝鲜语音译词。【例】～，能陪我逛超市吗？

欧巴桑 ōu bā sāng［名］30 岁以上的女性，中年妇女。源于日语おばさん罗马音的音译（obasan）。【例】超市刚开开大门，～们便冲进来抢购。

欧吉桑 ōu jí sāng［名］日语叔叔"おじさん"的汉字谐音。在特定场合或多或少有一些贬义。【例】这个～很讨厌！

欧阳挖坑 ōu yáng wā kēng 可用来形容有一定身份的人说话极不负责任。源自 2007 年 11 月 26 日，国家航天局公布嫦娥一号卫星传回的第一幅月面图像，有人质疑抄袭美国月照。中国探月工程首席科学家欧阳自远澄清并提供了首张嫦娥一号卫星所摄月面图像，图像上某个地方有两个小坑，而美国 2005 年确认月面图像上，同样的地方只有一个小坑，以此表明中国的图片是自主的，并分析称"多出来一个小坑，或许是美国图像的分辨率还不够高，或许是在 2005 年至 2007 年间月球遭受新的小天体撞击而形成的。"网友"六年级学"将照片对比分析，找到了完整的错位拼接线，认为"多出来的坑"很可能是拼图人员无心之失。【例】一遇到大事，就会出现"~"。

欧猪五国 ōu zhū wǔ guó［名］是国际经济媒体对欧洲 5 个较弱经济体的贬称，分别是葡萄牙（Portugal）、意大利（Italy）、爱尔兰（Ireland）、希腊（Greece）、西班牙（Spain），这五个欧洲国家因其英文国名首字母组合"PI-IGS"，类似英文单词"pigs"（猪），因此得名。国内不提倡使用。【例】"~"的发展一定会越来越好。

偶 ǒu［代］"我"的方言谐趣形式。【例】~还是个学生。

偶们 ǒu men［代］"我们"的谐趣形式。【例】~还得去开一局王者荣耀。

P

P【1】呸。表示斥责或唾弃，也可用于开玩笑，多用于表吐口水。【例】~，真不知羞耻。【2】屁，否定语气。［汉语拼音 pì 的首字母缩写］【例】~，你满嘴都是谎话。

Papa 怕怕的叠音形式。［汉语拼音 pà 的叠音形式］【例】我好~，你怎么那么坏吓唬人家。

PAW 父母监视中。［英文 Parents are watching 的首字母缩写］【例】现在的一些学生手机可以设定让学生处于~的状态。

PB【1】一种高级的计算机储存单位，1PB = 1024TB。［英文 petabyte 的简写］【例】我需要一部以~为单位的工具。【2】美国电视剧《Prison Break》的首字母缩写。【例】你看过《~》吗？

PC【1】个人计算机。［英文 personal computer 的首字母缩写］【例】现在~很普遍。【2】在电脑游戏中玩家负责控制的角色。与 NPC 相对。［英文 player character 的首字母缩写］【例】CS 游戏中~也很难战胜它。

PDA 个人数字助手的意思。顾名思义就是辅助个人工作的数字工具，主要提供记事、通讯录、名片交换及行程安排等功能，又称为掌上电脑。［英文 personal digital assistant 的首字母缩写］【例】有了~，工作起来挺方便的。

PDF 是由 Adobe Systems 用于与应用程序、操作系统、硬件无关的方式进行文件交换时所发展出的文件格式。[英文 portable document format 的首字母缩写]【例】现在网上上传的电子书多采用~的格式。

PEM 增强型隐私邮件，使用多种加密方法提供机密性、认证和信息完整的互联网邮件。[英文 privacy enhanced mail 的首字母缩写]【例】使用~能极大保护我们的邮件安全。

PEST 打字速度很慢，请多包涵。[英文 Please excuse slow typing 的首字母缩写]【例】你知道我~，哈哈。

PF 佩服。[汉语拼音 pèi fú 的首字母缩写]【例】你是个女汉子，在下~。

PFF 为娱乐而游戏。这类玩家在电脑游戏中不愿受游戏中规则的制约，也不会迷恋游戏，只是寻找乐趣。[英文 play for fun 的首字母缩写]【例】我们组队打游戏只是为了~，并不是为了卖装备。

PFU 游戏先驱者。喜欢挑战新层次，追求刺激的游戏玩家。[英文 play for uber 的首字母缩写]【例】一旦发行新游戏，他就迫不及待加入，典型的~。

PG 屁股。[汉语拼音 pì gu 的首字母缩写]【例】再顽皮，让你~开花。

pick 一下 pick 的中文含义为挑选、选择，"pick" 谁就是支持谁，喜欢谁。源于一个真人秀节目《偶像练习生》【例】大家喜欢杨超越吗？~吧。

PITA 令人讨厌、憎恨的人或事物。[英文 pain in the ass 的首字母缩写]【例】你怎么又讲脏话，真~。

PK【1】指在游戏中高等级玩家随意杀害低等级玩家的行为。[英文 player killing 的首字母缩写]【例】分分钟就把你~。【2】单挑对决。单独与对手较量。【例】不服气，来~啊。

PL【1】请。[英文 please 的缩写]【例】你看到餐桌上有"~"标志，就说明这个地方没有客人，你可以坐这儿。【2】漂亮。[汉语拼音 piào liɑng 的首字母缩写]【例】你长得真~。

Plmm 漂亮美眉。[汉语拼音 piào liàng měi méi 的首字母缩写]【例】大街上~那么多，你看得过来吗？

PLS 请。[英文 please 的简写]【例】~，注意自己的形象。

PM【1】私人消息，论坛上的悄悄话。[英文 privacy message 的首字母缩写]【例】有问题请在微信上给我发~。【2】请原谅我。[英文 pardon me 的首字母缩写]【例】虽然是善意的谎言，但我也不能欺骗你，~。

PMFJI 请原谅突然加入你们的谈话。[英文 pardon me for jumping in 的首字母缩写]【例】~，有个问题想问。

PMP 拍马屁。[汉语拼音 pāi mǎ pì 的首字母缩写]【例】小小年纪跟谁学的~？

PMPMP 拼命拍马屁。〔汉语拼音 pīn mìng pāi mǎ pì 的首字母缩写〕【例】你再~也去不了北京。

PO【1】上传到网上。〔英文 post 的缩写〕【例】我刚把照片~到 QQ 空间里。【2】滚蛋。〔英文 piss off 的首字母缩写〕【例】真恶心，你赶紧拿走，~。

POV 意见观点。〔英文 point of view 的首字母缩写〕【例】你提的这个~很有针对性。

PP【1】片片，照片。〔汉语拼音 piān pian 的首字母缩写〕【例】这些~是在大明湖照的。【2】屁屁。〔汉语拼音 pì pi 的首字母缩写〕【例】尿不湿能有效保护小孩的~。【3】漂漂，漂亮。〔汉语拼音 piào piào 的首字母缩写〕【例】这个小女孩真是~。【4】婆婆。〔汉语拼音 pó po 的首字母缩写〕【例】~与儿媳妇的矛盾关系伦理剧向来是高收视率的保证。【5】票票，指钱。〔汉语拼音 piào piao 的首字母缩写〕【例】我兜里的~早花光了。

PPC 是基于微软的 Windows Mobile 操作系统的一种 PDA 掌上电脑。〔英文 Pocket PC 的缩写〕【例】现在很多人都在用~。

PPL 人们。〔英文 people 的缩写〕【例】~都爱被人夸奖。

PPMM【1】漂漂美眉，即漂亮女孩。〔汉语拼音 piào piào měi méi 的首字母缩写〕【例】每个男生都希望自己的女朋友是个~。【2】婆婆妈妈，形容人拖拉，言语啰嗦。〔汉语拼音 pó po mā ma 的首字母缩写〕【例】做起事来~，真让人受不了。

PRO 专业。〔英文 professional 的缩写〕【例】我买了 OPPO R11 ~版的手机。

PS【1】电子游戏机。〔英文 play station 的缩写〕【例】我买了一个索尼~，里面的 3D 游戏特别好玩。【2】专业图像处理软件。〔英文 Adobe Photoshop 的缩写〕【例】Win7 电脑带动最新版的~难免会有点卡。【3】备注、附言。〔英文 postscript 的缩写〕【例】~：本产品不具备耐热性，请放在阴凉处。【4】PK 死，在游戏里通过暴力手段打倒对方。【例】短短 5 秒钟，一个大招将他~。【5】批死，很严厉的批评，一种夸张的说法。〔汉语拼音 pī sǐ 的首字母缩写〕【例】刚刚上课开小差，我差点没让数学老师~。

PS 党 指能熟练运用 photoshop 软件修改图片或照片的人。【例】作为一个~，也要不断学习新的 PS 技术。

PVP 玩家互相利用游戏资源攻击而形成的互动竞技。〔英文 player vs player 的首字母缩写〕【例】网络游戏最大的卖点之一就是~功能。

PW 密码。[英文 pass word 的首字母缩写]【例】~设定得复杂一点有利有弊。

PY 朋友。[汉语拼音 péng yǒu 的首字母缩写]【例】我亲爱的~，你如今在何方？

P2P【1】对等网络，即对等计算机网络，是一种在对等者（peer）之间分配任务和工作负载的分布式应用架构，是对等计算模型在应用层形成的一种组网或网络形式。"peer"在英语里有"对等者、伙伴、对端"的意思。[英文 peer to peer 的形音合称，"2"的英文是 two，与 to 同音]【例】简单地说，~就是直接将人们联系起来，让人们通过互联网直接交互。【2】点对点。[英文 point to point 的缩写]【例】在你辞职前要做好的最后一件事就是要完成"~"对接。

P9 啤酒。"P"与"啤"同音，"9"与"酒"同音。【例】我想喝一杯青岛~。

P 服【1】佩服。[p 是汉语拼音 pèi 的首字母]【例】我很~你。【2】pk 服务器的简称。【例】我还是比较喜欢~的设定。

π 型人才 π xíng rén cái [名] 指至少拥有两种专业技能，并能将多门知识融会贯通的高级复合型人才。π 下面的两竖指两种专业技能，上面的一横指能将多门知识融会应用。【例】做个~可不容易。

趴街 pā jiē [动] 指一个人脸朝下，只支撑着腹部，全身笔直地趴在各种建筑物等物体上，拍出各种古怪奇特的姿势，并将这一行为的照片传到网上供网友欣赏。【例】一种名为"~"的新奇拍照姿势最近在澳大利亚流行。

趴客 pā kè [名] 轰趴的直接参与者。"轰趴"源于英文词组"Home Party"。【例】西方人喜欢聚会，经常组织一些集体活动，由此产生了~。

爬坡门 pá pō mén [名] 2009 年 12 月 4 日，温州市民夏先生与一群朋友驾车去温州永嘉游玩，自家的汉兰达越野车竟然爬不上 30 度斜坡。【例】"~"事件让人们再次对外国车的质量提出了质疑。

爬墙头 pá qiáng tóu [动] 指光看帖子不发言的行为。【例】新手在论坛最爱干的事儿就是~。

爬网 pá wǎng [动] 在网上爬，即上网。【例】整个假期，我都在~。

怕死客 pà sǐ kè [名] 不断地研习各种危机情况下的个人求生技能，挖掘自己的生存潜力，将所学所知的一切教授给别人的人。[英文 personal survival kits 的首字母缩写音译]【例】做个~需要很大的勇气。

拍 pāi [动] "拍砖"的简称，挖空心思去写帖子，然后在网上张贴，攻击意见不同者。【例】你敢在论坛~我。

拍客 pāi kè［名］互联网时代下，利用各类相机、手机或 DV 摄像机等数码设备拍摄的图像或视频，通过计算机编辑处理后，上传网络并分享、传播影像的人群。【例】~给我们记录了许多感人的画面。

拍友 pāi yǒu［名］拍客之间的互称。【例】我们~之间举办了一个交流会，分享拍照技巧。

拍砖 pāi zhuān［动］对别人的帖子发表不同的或批评性的意见或评论。【例】你的帖子不好，我来~。

拍砖会 pāi zhuān huì［名］云信网联合丽江古城保护管理局、新浪微博丽江同城会、丽江微群等主办的"首届丽江古城'民间拍砖会'"，向丽江古城保护管理局局长和仕勇等相关政府官员当面"拍砖"，就古城保护与管理问题提问、献策。【例】~是保护丽江古城的一种新模式，值得肯定！

排比体 pái bǐ tǐ［名］多使用排比句式，表示作者的决心以及信心。排比体，信奉重复就是一种力量。【例】~最初起源于百度哈韩吧。

排遣式进食 pái qiǎn shì jìn shí 在一点都不饿的状态下，总想吃点什么，闲不住嘴巴。【例】~容易让人发胖。

潘币 pān bì［名］是网友微博调侃 SOHO 中国董事长潘石屹设计的一种以"潘"为房价的计量单位，把各地的房价，换算成了"潘"价。【例】深圳以 25 ~的房地产的价格，高居榜首，广州以 15 ~位列第七。

抛砖 pāo zhuān［动］跟帖。【例】又来新帖子了，我先~试试水。

咆哮哥 páo xiào gē［名］2010 年 6 月 18 日上午，一名广东网友在广州市市长万庆良同志的留言板留言反映广州市法制办公务员态度蛮横，并上传了一段网友与办事大厅当班工作人员当时在现场的言语冲突录音。这位网友把态度不佳的公务员形象地称为"咆哮哥"。【例】"~"的人民公仆精神到底去哪了？

咆哮体 páo xiào tǐ［名］一般出现在回帖或者 QQ、MSN 等网络聊天对话中。咆哮体没有固定的格式或内容，就是带许多感叹号的字、词或者句子。这种看上去带有强烈感情色彩的咆哮体引来了粉丝的追捧。【例】~追求的是从气势上压倒别人。

咆哮体生成器 páo xiào tǐ shēng chéng qì［名］是一款能够自动生成咆哮体的软件。在软件中填入自己想要咆哮的话题，咆哮体生成器会帮助用户生成属于你的咆哮体。【例】~真的很个性！

跑酷 pǎo kù［名］是时下风靡全球的时尚极限运动，多以城市为运动场所，依靠自身的体能，快速、有效、可靠地跨越障碍的运动艺术。【例】会~的人真的很酷。

泡菜 pào cài【1】［名］原指韩国出品的网络游戏，现引申为枯燥无味的网络游戏。因泡菜在韩国比较受欢迎，故代指。【例】韩国开发的游戏大部分都是升级打怪的～游戏。【2】［动］在论坛里浏览。【例】这种论坛～很合我的口味。

泡菜危机 pào cài wēi jī［名］由于 2010 年气候异常，腌制泡菜的主要原料——白菜，价格持续上涨，有的地方价格甚至是以往的 4 倍。这让韩国很多普通家庭吃不上泡菜，被当地媒体称为"泡菜危机"。【例】～的产生是由于气候异常导致白菜供不应求引起的。

泡良族 pào liáng zú［名］指的是那些将良家妇女作为猎艳对象，一旦到手，便立刻转身走人，像泡沫一样消失在空气中的那类男人。【例】～有违社会道德，这样的男人应受到道德谴责。

泡泡族 pào pào zú［名］指喜欢泡在书店读书的一群人，他们中的许多人都是看多买少，甚至只看不买。【例】做个"～"也挺好，读书之乐，谁能懂？

泡网 pào wǎng［动］在网上消磨时间。【例】～是浪费生命的行为。

喷 pēn［动］在网上随意发表自己的意见，盲目批评，带有戏谑意味。【例】在论坛里禁止随意乱～，理性批评。

喷鼻血 pēn bí xiě［动］受到震惊、心情激动、热血沸腾的夸张表达。【例】超现实主义的画作，看了简直让我～。

喷妇 pēn fù［名］指那些管不住自己的嘴巴，什么话都敢说，尤其擅长自爆家丑的女性。贬义词。【例】别做～，有事协商解决不好吗？

喷子 pēn zi［名］指在网络上无自己的见解，盲目跟风批评他人的一类人。【例】你看看哪部国产电影不招～。

盆友 pén yǒu［名］"朋友"的谐趣形式。【例】在家靠父母，出门靠～。

朋客 péng kè［名］【1】20 世纪 70 年代摇滚乐诞生了一个新的流派——朋克，其代表性成员有雷蒙斯乐队、冲撞乐队等。英文（Punk）的音译。【例】我喜欢～乐队。【2】只谈恋爱不结婚的人。【例】你愿意做个～吗？

皮皮虾，我们走 pí pí xiā，wǒ men zǒu 这句话是根据游戏王 ygocore 里玩家调侃的话"源龙星，我们走"改编的。"源龙星"是这个游戏里的一张比较厉害的卡牌，有个知名玩家连续开出 3 张"源龙星"，其他玩家被深深震撼，戏称"源龙星，我们走"。后来 QQ 空间网名为"重庆第一皮皮虾"的人在英国邮报的评论区语出惊人，人们为了调侃他就有了"皮皮虾，我们走"这句话。【例】在网络聊天时，聊不下去了，就发给对方一张带有"～"的图片。

皮一下，很开心 pí yī xià, hěn kāi xīn 芜湖大司马在直播中经常使用这句话，该词最早在电竞圈中流行。后来，人们对一些调皮、搞笑的行为也会用到这句话。【例】校长在台上讲话，突然说了一个搞笑段子，"~"。

啤酒眼 pí jiǔ yǎn［名］人在喝酒之后会感觉异性更有吸引力，这一现象被称为"啤酒眼"。【例】英国科学家研究发现"~"现象不存在。

屁兔 pì tù［名］P2 的谐音戏称，即"奔腾 2 中央处理器（Pentium2）"。2 在英文中的 two 与兔同音。【例】你的电脑怎么还是 ~？该更新了。

辟谣控 pì yáo kòng［名］因微博辟谣爱好而聚集在一起，或以辟谣为职业的一群人。【例】民间有很多自发性的 ~。

片片 piàn piàn［名］图片，照片。【例】在张家界旅游时拍了几十张 ~。

漂泊 piāo bó【1】［动］指微博一族飘忽不定且不定时更新微博，也指以转载他人微博文章为主的微博。【例】网上有很多 ~。【2】［名］专指漂亮的微博。"博"与"泊"同音。【例】你有 ~ 吗？

漂浮照 piāo fú zhào［名］利用后期图像软件合成悬浮在空中的自拍照。【例】明星界也流行了一把"~"。

漂老人 piāo lǎo rén［名］指在非户籍地生活和工作的老年人。【例】有一部分 ~ 是陪着孙子高考的。

漂流钱 piāo liú qián［名］一些中学生通过把自己想说的话写在人民币上，然后传递给陌生人的行为。【例】~ 不仅触犯法律，还存在很大的隐私泄露的隐患。

漂绿 piāo lǜ［动］公司、政府或是组织以某些行为或行动宣示自身对环境保护的付出但实际上并没有做到。由"绿色"（green，象征环保）和"漂白"（whitewash）合成的一个新词。【例】这些 ~ 的公司真的很可恶。

飘 piāo［名］表示对话题不感兴趣，无视的一种行为。【例】咱们在这儿说了这么多根本不管用，你看他又 ~ 了。

飘过 piāo guò［动］回帖的一种方式，为"路过"的夸张表达方式。【例】哥 ~ 此地，留下表情一个。

拼保姆 pīn bǎo mǔ［名］和他人一起聘用保姆的行为叫"拼保姆"。【例】~ 透露出很多问题。

拼播 pīn bō［名］一部电视剧由多家卫视同时播出的现象。【例】电视台 ~ 无疑能节省很多开支。

拼车 pīn chē［名］指相同路线的几个人乘坐同一辆车上下班、上下学、旅游等，且车费由乘客平均分摊的出行方式。【例】白领 ~ 现象很常见。

拼爹 pīn diē［名］比拼老爹。【例】你别指望~，自力更生不好吗?

拼二代 pīn èr dài［名］指的是没有富二代富有，要靠自己打拼、生存的一代。【例】农民工的子女大多数都是~。

拼饭客 pīn fàn kè［名］几个人一起聚集在小餐馆，每人点一两道喜欢的菜品，大家集体用餐，餐费 AA 制。同"拼客"【例】几个好友一起做个~没有什么不好。

拼命班 pīn mìng bān［名］众多培训机构在寒假针对高考生的寒假突击班。【例】各种寒假~到底值不值得。

拼养 pīn yǎng［名］用一种互助方式养育孩子，参加活动的几个家庭组成小组，周末由一对父母轮流照顾小组中的孩子。【例】孩子也能~?

贫穷限制了我的想象力 pín qióng xiàn zhì le wǒ de xiǎng xiàng lì 对自己经济实力差的自嘲，是指贫穷的人根本无法想象有钱人的世界。一般为玩笑语。【例】看不出来，这看似普通的一双运动鞋，竟然要上万块钱，真是~。

品客 pǐn kè［名］品评美食、鉴赏艺术、欣赏一切美的人。现在泛指那些在现实生活中具有真实消费经历，并乐于在网上记录、分享消费体验的网民。【例】作为一个资深~，我会对自己的言行负责。

平坑 píng kēng［动］为自己未写完的文章结尾。【例】~工作终于完成了。

苹什么 píng shén me［名］2010 年在苹果主产区山东烟台市，"红富士"瞬间身价大增，持续涨价，网友戏称为"苹什么"。同"苹神马"。【例】今年送礼还送"~"吗?

扑（仆）街 pū jiē 粤语读作［pok gai］【1】［动］本义是咒别人一出门就横死在街头，后来演变成骂人或渲泄愤恨的粗口或者口头禅。【例】说"~"的人真是太没良心了。【2】［叹词］糟糕、完蛋。【例】~，又断线，电信局搞哪样啊?【3】［动］王八蛋。【例】你个~!

扑网 pū wǎng［动］扑向网络，对互联网的热爱。【例】别整天~，对眼睛不好。

普相女 pǔ xiàng nǚ［名］指的就是那些相貌不出众的女生，即普通相貌女生的简称。【例】社会中大多是~，真正的美女又有几个呢?

Q

Q【1】QQ 的简称。【例】加个~吧?【2】用 QQ 等聊天工具在线聊天传文件等。【例】今晚咱们四个私密 ~ 一下。【3】恳求。[汉语拼音 qiú 的首字母]【例】~ 你了，让我玩一会游戏吧。【4】可爱。[英文 cute 的缩写谐音]【例】这个小男孩，真 ~。

QJ 强奸。[汉语拼音 qiáng jiān 的首字母缩写]【例】新闻又报道出了 ~ 事件。

QMX 快信。[英文 quick mail express 的首字母缩写]【例】情况紧急，快给他发个 ~。

Q 版 Q bǎn [名]【1】人物比较卡通、可爱的那种形象。【例】你看过 ~ 的大话西游吗？【2】以 Q 版形式出版的读物。【例】~《三国志》。

Q 聊 登录 QQ 去聊天。【例】今晚八点我们四个一起 ~。

Q 男 Q nán [名] 以 QQ 为主要活动内容的男子。【例】他是一个典型的 ~。

Q 女 Q nǚ [名] 以 QQ 为主要活动内容的女子。【例】她是一个典型的小 ~。

Q 友 Q yǒu [名] 经常在网上使用 QQ 聊天的人。【例】你有多少个 ~？

QQ 腾讯开发的一款即时通讯软件。【例】~ 最近又更新了一个版本。

QQ 表情 QQ biǎo qíng [名] 在 QQ 聊天中，双方发送表达特定含义的图片。【例】你给我发的这个 ~ 是什么意思？

QQ 法庭 QQ fǎ tíng [名] 主要是在线法律咨询、网上申请矛盾化解、诉前调解、审务公开。【例】~ 方便了大家，是一个服务老百姓的新途径。

QQ 号 QQ hào [名] 腾讯公司 QQ 软件登录账号。【例】这是我最近申请的 ~。

QQ 空间 QQ kōng jiān [名] 2005 年腾讯在 QQ 的基础上开发的具有博客功能的个性空间。同 "QZ"。【例】我的 ~ 加密了，陌生人看不到。

QQ 奶奶 QQ nǎi nai [名] 1995 年退休后，张秀丽主动发挥余热，学习使用电脑，开始用 QQ 在网上为青少年排忧解难，被众多网友亲切地称为 "QQ 奶奶"。【例】很多退休老人也模仿张秀丽，做起了 "~"。

QQ 群 QQ qún [名] 腾讯在 QQ 推出的多人交流服务空间。【例】老师建立了一个 ~，请大家及时加入。

QQ 体 QQ tǐ [名] 2010 年 11 月 3 日晚间腾讯发表了 "致广大 QQ 用户的一封信" 称，"将在装有 360 软件的电脑上停止运行 QQ 软件"，随后网民开始模仿腾讯公开信改写 "QQ 体"，其中最经典台词为 "我们做出了一个非常艰难的决定"，令人啼笑皆非。【例】因为腾讯公司的一封道歉信，带火了 "~"。

QQ 头像 QQ tóu xiàng [名] 腾讯公司 QQ 聊天软件网友可以自己设定表情

或上传自己喜爱的图片，便于他人识别自己。【例】我的～换成了梅西。

QR 穷人。［汉语拼音 qióng rén 的首字母缩写］【例】～受物价波动的影响较大。

QS【1】［名］质量、安全。［英文 quality safety 的首字母缩写］【2】［名］企业食品生产许可证标志。［汉语拼音 qǐ yè shí pǐn shēng chǎn xǔ kě 的缩写］【例】略。【3】［动］通俗讲是去死的意思。［汉语拼音 qù sǐ 的首字母缩写］【例】你这要求太无理了，～！

QW 青蛙，暗指相貌比较丑的男生。［汉语拼音 qīng wā 的首字母缩写］【例】屌丝逆袭时代，～也能变王子。

QZ【1】QQ 空间。［英文 QQ zone 的首字母缩写］【例】在～可以记录我们的心情。【2】抢整，抢发整数的帖子。［汉语拼音 qiǎng zhěng 的首字母缩写］【例】我们一起去那论坛～吧。

欺实马 qī shí mǎ ［名］网民创造的一个新物种，即汽车时速"70 码"的谐趣形式，它产生于杭州飙车案中，现今却已成为公权失范的代名词。【例】你一定要注意，可别最后成了"～"。

奇葩 qí pā ［名］指做出一些让人难以理解其行为和思维的人。【例】他真是个～。

乞丐服 qǐ gài fú ［名］到处都有洞，做旧磨花的衣服。【例】好好的衣服不买，就买这种～。

企鹅体 qǐ é tǐ ［名］同"QQ"体。因腾讯 QQ 形象是个企鹅而得名。【例】即兴创作一首"～"的诗。

起码体 qǐ mǎ tǐ ［名］源自梧州市市政管理局局长梁冰"起码已通车"的句式，针对梁冰关于梧州大桥重修问题的表态，网友借用其句式造句对其进行调侃，从而形成新的网络流行语"起码体"。【例】"～"的存在真是对某些官员的讽刺。

弃坑 qì kēng ［动］未写完的网络文章，而作者也不再更新。【例】没有点击量，你还是～吧。

砌砖 qì zhuān ［动］比喻在网络上写文章。【例】今晚开始，就要在散文网上～了。

掐架 qiā jià ［动］网络论坛和贴吧里以帖子为武器进行口水战。【例】今天，A、B 两队在贴吧里又～了。

恰特 qià tè ［动］网络聊天。英文 chat 的音译。【例】适当的"～"有助于我们消除误会，增进感情。

前排 qián pái［名］指回帖靠前。【例】抓紧抢～。

潜伏地块 qián fú dì kuài［名］多以"商住""小户型""酒店式公寓"等概念对外卖房。【例】购买～房子的群体多以白领为主。

潜水 qián shuǐ［动］指不上线或者上线隐身登录、不发表言论的行为，特指在论坛里只看不回帖。多用于网络论坛或 QQ 群。【例】大家别只～不发言，活跃起来。

潜水艇 qián shuǐ tǐng［名］没有水平的帖子。取"潜水艇没在水平面之下"之义。【例】"粉丝"吧里有太多的～。

潜水员 qián shuǐ yuán［名］只看帖子不回帖的人。【例】哪个论坛没有～。

强 qiáng［形］厉害的，令人折服的，表示赞叹等多种语气。【例】哈哈，在狙枪方面还是我～吧。

强者 qiáng zhě【1】［名］具有非凡体力、智力和精力的人。【例】我们这个团队都是～。【2】［名］KUSO 文化中对港漫主角调侃说法。【例】港台动漫全是～形象。

抢节饭 qiǎng jié fàn［名］每逢节日商家促销而积极抢购的人，泛指拥有积极生活态度，面对各种社会压力顽强打拼，争取更美好生活的人。与"抢劫犯"同音，带有戏谑意味。【例】反季促销就是"～"大展身手的时候。

抢客 qiǎng kè［名］热衷于抢购打折品的人。【例】做个"～"也不错，可以省下不少钱。

抢抢族 qiǎng qiǎng zú［名］就是成天参加一些有奖品免费赠送活动，算计怎么才能抢回自己喜欢的东西的一族人。【例】"～"真的很浪费时间。

抢投 qiǎng tóu［名］是新兴的一种网络购物模式。一件商品被分为若干"等份"，你只需出其中一份的钱，获得一个编号，当整件商品完全售出后，跳出哪个号码，该号码的拥有者就能免费获得这件商品。【例】"～"存在人为操控性，容易产生不公平行为。

抢修哥 qiǎng xiū gē［名］2011 年 7 月 21 日晚九时，一条"裸身跳臭水沟修电缆，有图有真相"的帖子出现在"汉网"论坛。一名约 50 岁左右的男子脱光衣服跳进污黑的臭水沟中抢修电缆，身体大部分没在脏水中，受到网友热议并被称为"抢修哥"。【例】我们一起给"～"点赞。

抢一 qiǎng yī［动］在论坛中抢到第一个回复的位置。【例】我又来论坛等待～的机会。

抢整 qiǎng zhěng［动］是一个 BBS 特有的游戏。指在论坛发帖抢到整数或有意义字篇的文章。【例】今晚英雄齐聚一堂开始～。

悄婚族 qiāo hūn zú［名］指崇尚简约低调的结婚方式，只领证不摆婚宴的人。【例】生活压力加大，~悄然兴起。

桥裂裂 qiáo liè liè［名］指建筑物建成后使用不长的时间内就出现质量问题。如"桥塞塞""桥粘粘"。【例】政府官员格外重视建筑物搭建过程，杜绝"~"事件再次出现。

翘生活 qiào shēng huó［名］指不愿意忍受周而复始的疲惫生活和忙碌工作，像上学时翘课一样，暂时逃离，享受生活的惬意。【例】我们不能逃避生活中的困难，只想要~。

切 qiē［叹词］网络叹词，表示不屑或嗤之以鼻。【例】~，谁稀罕你的臭钱。

切客 qiē kè［名］指热衷于即时记录生活轨迹的都市潮人，利用移动互联网终端记录地理位置，身边新闻，借此与他人分享。【例】~在现在网络大环境下极易暴露自己的行踪，导致危险发生。

亲 qīn【1】［名］对拥有相同志向、喜好或兴趣的同一团体的昵称。【2】［名］淘宝卖家对买家的泛称。【例】~，有什么问题可以直接留言。

亲 s qīn s［名］"亲"的复数形式。女性多用。【例】~，今晚八点聚美优品化妆品区有打折活动。

亲们 qīn men［名］"亲"的复数形式。【例】~，周末一起郊游吧！

亲情价 qīn qíng jià［名］指一件东西不管多贵，在告诉父母它的价格时，一律低价。是一种避免父母唠叨，也能让父母安心的行为。【例】"你这衣服很贵吧？回家你妈问起来，说得便宜点，给个~。"

亲密体 qīn mì tǐ［名］来自网店卖家给买家发送的"肉麻贺卡"。具体格式是："×亲，当你收到这张卡片的时候，×仍在坚强地活着，×××××××让我们和谐地××这 2010 年。爱你，疼你。新年快乐。"【例】每次看到"~"，身上都会起鸡皮疙瘩。

亲耐的 qīn nài de［名］"亲爱的"谐音戏称，带有调侃、逗乐的意味。【例】~小伙伴，我们终于放假了。

青筋 qīng jīn［动］"请进"的谐趣形式，表示"请过来看看"的意思。【例】霹雳小组成员 ~论坛，有公告发布。

青眉 qīng méi［名］青涩的美眉，漂亮的女孩子。【例】几年不见，妹妹出落成一枚小 ~ 了。

青眉竹马 qīng méi zhú mǎ［名］成语"青梅竹马"的谐趣。【例】柯南和小兰是 ~ 吗？

青蛙 qīng wā［名］指相貌比较丑的男生。【例】对男生称呼～，是极不礼貌的行为！

轻博客 qīng bó kè［名］介于博客与微博之间的一种网络服务，博客是倾向于表达的，微博则更倾向于社交和传播，轻博客吸收双方的优势。它既不同于微博也不同于博客，是一种全新的网络媒体。【例】～比博客更时尚，比微博更流畅。

轻度体 qīng dù tǐ［名］源于新闻直播间栏目报道上海地铁十号线轻度追尾。随后，出现了"轻度弱智""轻度转发""轻度郁闷"等表现程度不深的状态，故称之为"轻度体"。【例】最近"～"在班里很流行。

轻拍 qīng pāi［动］指手下留情，带有调侃意味。【例】要拍请～，回帖请抓紧。

轻喷 qīng pēn［动］"喷"的一种形式，意思持反对意见的人，不要骂得太难听。带有调侃的意味。【例】菜鸟初到，请～。

轻生活 qīng shēng huó［名］现代人的生活无论是心理上或是身体上，皆充斥着过多的负担与累赘，轻生活讲究的是一种"丢掉"的观念，也就是把一切简化到最简单的境界。【例】现代白领比较崇尚～。

轻熟男 qīng shú nán【1】［名］是 25 到 35 岁，外观年轻，却有着成熟心理的男人。【例】相比于老帅哥，～更受现代女性欢迎。【2】［名］指 25 到 35 岁亚成熟的群体，这类群体已经脱去了早年的青春稚气，但尚未达到传统意义上的心智、谈吐成熟，处于中间阶段。【例】这些～在年龄上处于一种很尴尬的状态。

轻熟女 qīng shú nǚ［名］泛指 25 到 35 岁之间、一群新兴的都市精英女性。"轻"，指的是外貌年轻；熟，指的是内心成熟，装扮得体，谈吐优雅，独具品味。她们不仅拥有淑女身上那种优雅与乖巧，更散发着一种富有内涵的美。【例】大多数成熟男性更爱～。

轻松愁 qīng sōng chóu［形］看着很轻松，实则天天在发愁。【例】现在的社会很多人表面上看逍遥快活，可一人独处时，又满是忧愁，真是～。

轻舞飞扬 qīng wǔ fēi yáng 轻盈地起舞，让裙角在清风中飞扬，表示轻柔的感觉。［源自痞子蔡（蔡智恒）1998 年小说《第一次的亲密接触》中的角色，以及由原著改编的同名电影、电视剧中的女主角］【例】舞裙轻摆，婀娜多姿，那是～的时光。

轻舞肥羊 qīng wǔ féi yáng "轻舞飞扬"的谐音形式。带有调侃意味，多形容肥胖女孩。【例】下面有请我们晚会"～"的选手。

倾城计划 qīng chéng jì huà 开封市旅游局将继续举办清明文化节。国内外的游客，身着汉服参加 3 月 26 日和 4 月 5 日两次清明文化节大巡游活动，可在特定节日免费游览开封所有景区。报名者需自备汉服一套，开封市旅游局审查合格后，给予办理中国（开封）2011 清明文化节大巡游"倾城计划"志愿者证件。网友称为"倾城计划"。【例】~ 让更多的人领略开封城的美丽。

青唇无眉 qīng chún wǔ mèi 清纯妖媚，带有戏谑意味。【例】现在很多女生都是 ~。

清水 qīng shuǐ［名］不包含任何色情的东西。【例】这篇文章太少见了，一篇 ~ 佳作。

清水文 qīng shuǐ wén［名］指纯洁、唯美没有任何色情的文章，【例】温馨的 ~，往往让我们为之动容。

清汤挂面女 qīng tāng guà miàn nǚ［名］一般用来形容不拜金、不过分追求时尚、安于平常生活、容易满足的女子。【例】这年头 ~ 不多了。

情圣 qíng shèng［名］多指痴情的人，也是"情剩"的谐音戏称，意为情场上剩下的人。【例】我们一定要从"~"身上吸取经验。

情绪文盲 qíng xù wén máng［名］指那些没有能力表达和控制自己的情绪，从而也不能理解和接受他人情感的人们。【例】我们消除了文盲，也要控制好自己别变成 ~。

请开始你的表演 qǐng kāi shǐ nǐ de biǎo yǎn 这句话在一些电视选秀节目经常出现，是评审们请参赛选手展示他们的才艺时说的话，表达一种洗耳倾听的态度。后来也在生活中广泛使用。【例】我们期待你的演出，~。

请允悲 qǐng yǔn bēi［名］"请允许我做一个悲伤的表情"的简称。意思是对方跟你讲了他很糗的一段经历，你在心里狂笑却不敢表现出来，只能强忍笑意。【例】你说的是真的吗？~

琼瑶体 qióng yáo tǐ［名］琼瑶体，又名"奶奶体"，起源于著名言情小说家琼瑶的文章以及琼瑶剧的对白。网友将琼瑶体的特点总结为：琼瑶体的语言绝对删简就繁，宁滥毋缺，能绕三道弯的决不只绕两道半，能用复句结构的决不用单一结构，能用反问句的决不用陈述句，能用排比句的决不用单句，能哭着说喊着说的决不好好说。【例】"~"不能随便使用，否则会显得很啰嗦。

秋裤体 qiū kù tǐ［名］源于 2011 年 9 月秋裤诗词接龙里"有一种思念叫做望穿秋水，有一种寒冷叫做忘穿秋裤""英雄不问出处，全都要穿秋裤"等语句，在网友间广为流传。【例】有些网络语言无伤大雅，给人们带来了欢乐，"~"就是典型的例子。

求粉 qiú fěn ［名］指的是贴吧里"粉丝"系统，用户要求别人当其"粉丝"，自己也可以当别人粉丝。目前百度互粉交流贴吧（即互相加粉丝）：粉吧、粉丝吧、百度粉丝吧，里面有各种粉丝，同时也兼为互粉交流贴吧。【例】别~，你做得好，别人自然关注你。

求上墙 qiú shàng qiáng ［名］是指网友发送的互联网大会相关微博内容，其中的有价值或者有趣味的内容被传送至互联网大会主会场的腾讯微博屏幕上予以公众展示。【例】微博又举办~直播，快围观！

糗 qiǔ ［形］尴尬、丢人。【例】这次~大了。

全裸政府 quán luǒ zhèng fǔ ［名］四川省巴中市巴州区白庙乡政府公示的 2010 年 1 月份公务开支明细表，详细地记录了每分钱的公务花费。被网民称为政府全裸第一例。【例】~是政府公开花费的先河。

全双工 quán shuāng gōng ［名］指可以同时（瞬时）进行信号的双向传输，A→B 的同时 B→A。【例】这款芯片可以支持~的工作方式。

权二代 quán èr dài ［名］指因为血缘关系，优先获得父辈权势资源，或者是其他的有利资源的一代。【例】别羡慕"~"的资源，靠自己才是真的。

权限 quán xiàn ［名］网站根据用户的级别不同，对用户在网站上所拥有的权利做出不同的规定。【例】会员等级越高，~越高。

犬科 quǎn kē ［名］热衷于追求论坛中女性的男性。【例】论坛里~很多啊。

确认过眼神 què rèn guò yǎn shén【1】本是歌曲《醉赤壁》里的一句歌词"确认过眼神，我遇上对的人"。某网友发布了一张内容为"确认过眼神，你是广东人"的图片，借以吐槽广东人的过年红包面额很小，引发网友对各地红包数额的讨论，从而使该语爆红网络。【例】"~"，你是南方人。【2】用来强调自己内心的真实想法，一般会在后句阐述真实想表达的意思，比如看到不喜欢的人可以说"确认过眼神，是不想理的人"。【例】你可以对你女朋友说"~，你是我要找的人"表达自己的心意。

群 qún【1】［名］指为网络用户中拥有共性小群体建立的一个即时平台。【例】教师~。【2】［名］QQ 群、微信群的简称。【例】有消息~里会通知的。【3】［副］指群体作战或者群体攻击一个战斗方式，多用于网络游戏。【例】这局游戏需要咱们~战。

群发 qún fā ［动］批量发送电子邮件或手机短信。【例】~的消息我不回。

群体性怨恨 qún tǐ xìng yuàn hèn ［名］是一些民众对自己的现状不满意，有相似感受的人就会产生相似的想法和情绪，表现出共同的反应。【例】社会心理学家应该多关注~的发展。

群友 qún yǒu［名］共同使用某个聊天工具参与聊天的人。【例】感谢～的投票支持。

群主 qún zhǔ［名］群的创建者和管理者。【例】我是咱们班群的～。

群租户 qún zū hù［名］是把一间住宅同时租给多个承租人的业主。【例】～靠着出租业务获取不少利益。

群租客 qún zū kè［名］指在房屋租赁中，多人共同承租房主房屋的人。【例】这座公寓有很多～，这样比较便宜。

R

R【1】啊！表惊奇。英文字母发音与汉语拼音"啊"的谐音。【例】～，广阔的草原我们来了。【2】是。［英文 are 的谐音］【例】"这是你的衣服吗?""～。"

RBP 相当大的计划。［英文 really big plan 的缩写］【例】我脑子里形成了一个～，一起来吧！

REHI 我又回来了。［英文 re - hello 的缩写］【例】不好意思，钥匙忘带了，～。

RF 乳房。［汉语拼音 rǔ fáng 的首字母缩写］【例】～经常肿痛可能是乳腺增生惹的祸。

RI&W 读完去哭吧！［英文 read it and weep 的缩写］【例】莎士比亚的十四行诗太感人了，～。

RL【1】现实生活。［英文 real life 的首字母缩写］【例】别被～吓到，勇敢起来。【2】团队的领导者。多用于电脑对战游戏。［英文 raid leader 的首字母缩写］【例】我是我们队的～。

ROM 只读存储器，存储器的任何单元只能随机地读出信息，而不能写入新信息，其信息通常是厂家制造时在脱机情况或者非正常情况下写入的。［英语 read - only memory 的首字母缩写］【例】搞清楚～的使用有利于你掌握计算机的运行。

RP 人品。一般指一个人的运气，带有调侃意味。［汉语拼音 rén pǐn 的首字母缩写］【例】别抢红包了，你今天～不行。

RPWT 人品问题，带有调侃疑问。［汉语拼音 rén pǐn wèn tí 的首字母缩写］【例】我们都没挨老师批评，你挨了，很显然，是～。

RQ 人气，指人或事物受欢迎的程度。［汉语拼音 rén qì 的首字母缩写］【例】鹿晗的～一直都很高。

RT【1】如图，表示制作的图片要说明的问题。［汉语拼音 rú tú 的首字母缩写］【例】～，这是今年的财务报表。【2】如题。在发新帖时，当所有的内容都在标题全部显示时，内容栏里就会注明"如题"。［汉语拼音 rú tí 的首字母缩写］【例】～，我们细细分析题目中的数字关系。【3】人体。［汉语拼音 rén tǐ 的首字母缩写］【例】～艺术展取得了圆满的成功。【4】锐推。推特的专有名词，指转载。［英文 Retweet 的缩写］【例】推特～功能相当于微博转载。

RTFM【1】读说明书。［英文 read the fantastic manual 的首字母缩写］【例】拆开机器前请～。【2】读那些愚蠢的手册。［英文 read the fucking manual 的首字母缩写］【例】不用～，纯属浪费时间。

RU 是你吗？［R 是英文 are 的谐音，U 是英文 you 的谐音］【例】～？怎么不回答？

RUOK 你还好吧。［英文 are you OK 的谐音缩写］【例】～？别压力太大。

RY［汉语拼音 rén yāo 的首字母缩写］【1】人妖，指从小服用雌性激素使外表像女性且专门从事表演的男性。【例】～是个特殊群体。【2】网络上使用女性身份的男性网民。【例】网络上～多，别被头像给骗了。

然并卵 rán bìng luǎn "然而并没有什么卵用"的缩写。指一些事物看上去很复杂很高端，但却没有实质性的效果，或者得不到理想的收益。多用来表达无奈、调侃之情。【例】样板工程做得再精美，～，没有什么实际公用。

燃烧我的卡路里 rán shāo wǒ de kǎ lù lǐ 本是歌曲《卡路里》中的一句歌词。后因其俏皮的旋律和歌词火遍全网，成为人们生活中相互调侃的话语，也成为广场舞、健身房的火热神曲。【例】健身房里放着"～"，让人们爱上运动。

热榜 rè bǎng［名］指互联网上多种栏目按受关注程度由高到低进行的排行。【例】"明星打人"事件经常上～。

人丑就要多读书 rén chǒu jiù yào duō dú shū 调侃的语言。形容自己相貌不如他人，只能自己多努力。【例】～实属无奈。

人干事 rén gàn shì［名］"这是人干的事吗"的缩写。该词语可以用于吐槽，也可用于对某些非一般人类能够完成的壮举或困难的工作表示由衷的赞赏。【例】～，不自己想想。

人格证书 rén gé zhèng shū［名］上海交大拟定颁发给毕业生的证书之一，是通过评审学生的心理素质、基本价值观及人际关系三个方面而设定制作，其目的是为给用人单位提供参考，使他们能全面了解学生的基本状态。【例】～是技术发展的产物，有多少用处不好说。

人间不值得 rén jiān bù zhí dé 最早源于脱口秀演员李诞的一条微博"开心点朋友，人间不值得"，表达对现实世界的无奈与妥协。现在却用来表达相反含义，生活有了一点不开心，就是"人间不值得"！【例】每天都不开心，白来人间走一遭，~。

人艰不拆 rén jiān bù chāi "人生已经如此的艰难，有些事情就不要拆穿"。该词语出自林宥嘉歌曲《说谎》，"别说我说谎，人生已经如此的艰难，有些事情就不要拆穿"，后常被网友在回帖中引用。【例】~，手下留情。

人脉变现 rén mài biàn xiàn 指把人脉变为财富。【例】"~"不是成功的主要方式。

人肉 rén ròu［动］同"人肉搜索"，一般是指利用现代信息科技将人的真实身份调查出来。【例】~搜索可能会触犯法律。

人肉多米诺 rén ròu duō mǐ nuò［名］是中国白领减压的新招，同时又是一个很好的团队合作活动。此活动玩法简单，就是按喷画"蝴蝶"图形排好队，参加者等距排列站成一个图形，然后一个人向前倾倒，后人趴着前人。玩游戏时不仅要做到整齐有序地倒下，还要考验人与人之间的信任和配合以及消除陌生的隔阂。【例】"~"是一个比较好玩的游戏。

人伤黄牛 rén shāng huáng niú［名］是一个特殊"工种"，他们活跃在交通人伤事故的处理理赔过程，这边收取高额代理费甚至用少量资金买断伤者的赔付，那边通过造假向保险公司"狮子大开口"索赔，然后将大部分保险赔偿金纳入私囊。【例】"~"导致了诚信的缺失，同时也增加了理赔的成本和难度。

人参公鸡 rén shēn gōng jī［名］戏称"人身攻击"的谐音，指不是对事实本身进行有原则的批评，而是借事对个人进行攻击、辱骂。【例】不要在论坛"~"。

人鱼线 rén yú xiàn［名］正式学名为"腹外斜肌"，指的是男性腹部两侧接近骨盆上方的组成V形的两条线条，因其形似于鱼下部略收缩的形态，故称之为"人鱼线"。达·芬奇在《绘画论》中首次提出"人鱼线"作为"美"与"性感"的指标。【例】明星最近都在秀~。

仁二代 rén èr dài［名］指从事慈善事业的"富二代""官二代"，首先出现在"卢美美"微博回应质疑中，卢星宇并不避讳自己是"富二代"，在全球华商未来领袖俱乐部成立大会上她提出，要把"富二代"变成"仁二代"。【例】"~"在一定程度上改变了人们对"富二代"的偏见。

任币 rèn bì［名］是一种可以在任务中国网站内流通的虚拟货币。【例】~

只在网站之间流通使用。

任意键 rèn yì jiàn［名］电脑上"按任意键继续"的提示，电脑上任何一个键都可以称为"任意键"。【例】点击～都能使图片消失。

肉鸡 ròu jī［名］也称傀儡机，是指可以被黑客远程控制的机器。【例】电脑一旦被"灰鸽子"病毒感染，基本上就是"～"了。

肉食男 ròu shí nán［形］形容那些不顾旁人眼光，主动追求女性的男性。来源于日本，随着2008年出版的《"食草男"正在改变日本》一书登上畅销排行榜，和食草男相对应的"食肉男"一词也随之被创造出来。【例】别奇怪，我是个不折不扣的"～"。

肉友 ròu yǒu［名］具有进行人肉搜索本领的人的互称。【例】在人肉搜索方面，我们是"～"。

如果体 rú guǒ tǐ［名］2011年8月14日，网友"袁琳_Lynn"在其人人网个人主页上写下了"如果不学新闻，我想做个理发师"。随即，有网友整齐划一地按照"如果不学……，我想……"的格式跟帖留言。【例】"～"透露着一种无奈。

软降 ruǎn jiàng［名］指的是直接通过软件手段更改系统版本。【例】通过～调整电脑版本有风险。

软性制造 ruǎn xìng zhì zào［名］过去制造业都只专注于产品设计、制造、质量等有形管理，但对于资源管理、服务导向、人力培养和流程创新等软性要素少了些注意。而目前这些因素在当今以知识竞争为主的时代更加重要。关注于这些软性要素的制造被人们称为"软性制造"。【例】～风靡了全世界。

软瘾 ruǎn yǐn［名］指那些强迫性的习惯、行为或回复性的情绪，由美国心理学家提出。【例】～是一种游离于爱与痛边缘的现代情绪。

锐词 ruì cí［名］"新锐网络热词"的缩写形式，即当下比较流行于网络的、热点事件浓缩概括的关键词，也有人称为非主流词汇。【例】现在网络时代下，～每天层出不穷。

睿智哥 ruì zhì gē［名］2010年4月有人开始在网络以《作为一个70后坦荡、睿智男人，在此解答网友所有生活中遇到的问题》发帖为网友解答问题，帖子受到网友追捧，并送给他"睿智哥"的美名。【例】你听说过那个风靡网络的"～"了吗？

润物女 rùn wù nǚ［名］指相信爱，懂得爱，过得精彩，活得漂亮，富有营养的女性。【例】学着做个"～"吧，真不错。

S

SBI 发票。［英文 self‑billing 的首字母缩写］【例】请您帮我开一张 ~ 。

SE 企业战略执行管控系统。［英文 strategy execution 的首字母缩写］【例】~ 更加适合中国企业的管理现状，能最大程度保障执行的过程和结果，提高企业业绩。

SF2 部分创新声卡特有的（第二代）音色库文件类型。［英文 SoundFont2 的缩写］【例】需要用特殊的软件才能打开 ~ 格式的文件。

SJB 神经病。［汉语拼音 shén jīng bìng 的首字母缩写］【例】你就是个 ~ 。

Skr 美国一个在线英语俚语词汇释义词典 Urban Dictionary 对"Skr"的解释是汽车漂移或突然转向时，轮胎与地面摩擦的声音。"Skr"快读时与摩擦声音相近。现在这个拟声词多数用来表示兴奋、激动或是赞扬，通常是说唱歌手在用。《中国新说唱》中吴亦凡频繁使用"我觉得就是 skr, skr"，大概含义就是对此表示认可、赞赏。【例】吴亦凡对自己喜欢的选手都会一边竖起大拇指一边说着"skr, skr"。

SL 色狼。［汉语拼音 sè láng 的首字母缩写］【例】晚上小心点！这儿附近听说有 ~ 。

SM 统指与施虐、受虐相关的意识与行为，是施虐癖（sadism）和受虐癖（masochism）两者的合成词。［英文 sado masochism 的缩写］【例】~ 的产生和生活经历有很大关系。

SMH 摇头。［英文 shaking my head 的首字母缩写］【例】通过 ~ 表达不满。

SOHO 家庭办公室、小型办公室，也有自由职业或自由职业者的意思。当然，SOHO 也代表了一种更为自由、开放、弹性的工作方式。［英文 small office (and) home office 的首字母缩写］【例】~ 是眼下很流行的一种工作方式。

SOZ 口语，对不起。［英文 sorry 的缩写］【例】~ ，我要下线了。

SP 支持。［英文 support 的缩写］【例】每次看到网络拉票，都会看到有人在下面留言："~！~！"

ST 系统测试，是将经过测试的子系统装配成一个完整系统来测试。［英文 system test 的首字母缩写］【例】你先测试子系统，再做 ~ 。

STYS 很快与你通话。［英文 speak to you soon 的首字母缩写］【例】我现在有点忙，~ 。

SUP 在美语口语里意思是："怎么了？"［英文 supplement 的缩写］【例】～？

三不男 sān bù nán［名］不主动、不拒绝、不负责的男性。对喜欢的女人不主动，对不喜欢的女人不懂得拒绝并一味响应不负责。【例】社会上有相当一部分人是"～"。

三不女 sān bù nǔ［名］不逛街、不盲从、不攀比，具体是指年龄在 25 岁以上，有独立收入，自信且兼具智慧的大龄女性。【例】你愿意做个"～"吗？

三次元 sān cì yuán［名］有"现实世界"的意思。"次元"源自日语，意思就是"维度"。"三次元"即三维，在日本 ACG 作品当中所指称的"次元"通常是指作品当中的幻想世界及其各种要素的集合体。【例】"～"的世界，我们不懂。

三道杠女友 sān dào gàng nǔ yǒu［名］指的是知性、独立、都市的女性。【例】我想找个"～"。

三房 sān fáng［名］（三室一厅一厨一卫）有 3 个卧室。【例】现在楼盘多是～。

三哈女 sān hā nǔ［名］对知性女人的一种可敬的称呼，凝练的表述即"哈根达斯""哈贝马斯"与"哈利波特"的拥趸者。【例】"～"的世界，你不懂。

三块女 sān kuài nǔ［名］指在火车站等人群聚集地出现的以三块钱起价讨钱诈骗的妇女。【例】公安机关加大了对"～"的专项整治。

三模三电 sān mó sān diàn［名］即航海建筑模型、航空航天模型、车辆模型与无线电测向、无线电通信、电子制作。【例】恭喜你在"～"大赛上取得佳绩。

三破一苦 sān pò yī kǔ［名］"三破"指的是婆媳关系破裂、第三者插足使情感破裂和婚姻破裂（或说破碎家庭、破碎情感和破碎婚姻）；"一苦"是指家庭苦难，如生育问题、经济压力、遗产纠纷之类的。【例】～是家庭伦理剧的套路。

三嫂院士 sān sǎo yuàn shì［名］指在香港大学从事清洁服务工作 40 余年，被学生尊称为"三嫂"的袁苏妹。因其 2009 年被香港大学授予"荣誉院士"称号，所以被称为"三嫂院士"。【例】通过"～"这项荣誉，"港大"与"港大"人也清晰地表达了自己的价值观。

三生教育 sān shēng jiāo yù［名］学校德育范畴的概念，其包括"生命教育""生存教育""生活教育"。【例】"～"是学校德育教育的重点。

三手病 sān shǒu bìng［名］"游戏手""鼠标手""手机手"俗称"三手"，是由于拇指或腕部长期、反复、持续运动引起的指、腕损伤的病。【例】手机玩得多了，~就找上门来了。

三无伪海龟 sān wú wěi hǎi guī［名］没有公司、没有股票、没有学位从海外归来的人。本词出自冯小刚导演的电影《非诚勿扰》中男主角秦奋（葛优饰）的一段经典台词。【例】你一定要好好努力，别到了最后成了"~"。

三养女 sān yǎng nǚ［名］修养、涵养、保养三不缺的女人。【例】~已经成为现代女性新榜样。

桑害 sāng hài［名］"伤害"的谐趣形式。【例】你不要 ~ 花花草草。

桑心 sāng xīn［名］"伤心"的谐趣形式。【例】我很 ~。

骚年 sāo nián［名］"少年"的谐趣形式。【例】奔跑吧，~。

扫楼 sǎo lóu［名］一些人到处投简历找工作。【例】实在不行，你就拿着简历"~"。

扫帚姐 sào zhou jiě［名］北京市朝阳区的环卫工张秀芳因其耍扫帚的功夫了得，被网友拍成视频传至网上后，迅速走红，并被网友称为"扫帚姐"。【例】你这扫地的功夫快赶上"~"了。

森林系 sēn lín xì［名］具有森林那样安静、清新、自然、健康的特点。【例】你这穿衣风格是 ~ 的。

森女 sēn nǚ［名］"森林系女孩"的简称。指 20 岁左右，活在当下享受幸福，不崇尚名牌，穿着犹如走出森林的自然风格。【例】"~"的称呼源于日本。

杀马特 shā mǎ tè［名］源于英文单词 smart，可以译为时尚的、聪明的，在中国正式发展始于 2008 年，是日本视觉系和欧美摇滚的结合体，喜欢并盲目模仿日本视觉系摇滚乐队的衣服、头发等一群人。【例】你这发型太 ~ 了。

杀猫 shā māo【1】［名］源于猫（即 Modem）上网时最大带宽过小，某页面载入量较大（一般为图片较多）时需较长时间载入，导致浏览器一段时间内停止响应。【例】网速太慢，经常"~"。【2】［名］指图片太大/太多，加载图片占用的系统资源可能致使配置低的电脑死机。【例】这电脑配置不行，动不动就"~"。【3】［动］讽刺楼主好色或者说明图片新颖。【例】你又想"~"了？

杀猫帖 shā māo tiě［名］泛指带有大量图片、视频等多媒体内容的论坛或者博客帖子，又称"图多杀猫"。带宽较小的用户浏览这样的帖子，打开速度非常慢，下载到一定程度，浏览器会停止下载，甚至假死崩溃。【例】对于内存小的电脑，加载图片就是"~"。

杀猫图 shā māo tú［名］图片大到把网络带宽都占用了，"猫"都被卡住了。【例】对于这种"~"，你就别下载了。

杀人游戏 shā rén yóu xì［名］一类智力和心力游戏。概括地说，是一个多人参与的较量口才和分析判断能力（推理）的游戏，当然，心理素质在中间也起着很关键的作用。【例】我们都爱玩～。

沙雕 shā diāo［形］是形容别人傻或笨，"傻×"的谐音表达，属于不文明用语。【例】你怎么这么笨！～。

沙发 shā fā［名］第一个回复的人，一般都称为"沙发"。【例】今天论坛我坐了"～"。

沙发经济 shā fā jīng jì［名］指用户通过手机或者移动设备的方式来进行电子商务购物等交易活动而产生的经济。【例】～是主要的商务 B2B 经济方式。

傻白甜 shǎ bái tián【1】［名］指尽管桥段有些老旧，但普遍不乱洒狗血，比较美好温柔甜美的爱情故事。【例】～题材的爱情故事往往有很好的收视率。【2】［名］个性没有心机甚至有些小白，但很萌很可爱让人感觉很温馨的女生。【例】你就是个没脑子的～。

傻瓜型微博 shǎ guā xíng wēi bó［名］指微博上各种各样眼花缭乱的"应用"和"测试"。【例】这种～，真让人厌恶。

晒 shài 是英文单词 share 音译。【1】［动］由原含义延伸，泛指将自己的罕有物或特殊技能等展现给别人的行为（类似炫耀，也可作一般"展示"用），与人分享，任人评说，亦可作名词使用。【例】～工资、～收藏、～减肥等。【2】［动］比喻不理睬、忽视。把人扔在外面不管的含义，同"晾［liàng］"。【例】"理理我吧，还～呢。一会都成腊肠了。"

晒工资 shài gōng zī［名］是指网民在网络上匿名把自己的收入公布出来。【例】与其说"～"是展示职场秘密，倒不如说"～"是"晒"出了人们对分配公平的关注。

晒黑 shài hēi［名］"晒"有暴露、曝光的意思，也就是把黑暗的东西暴露在阳光之下，是要充分发挥网络监督功能，把不公平的东西展示于众。【例】最近又出现了不公平的情况，晒客们又要开始"～"了。

晒黑族 shài hēi zú［名］顾名思义，就是将社会"黑色现象"公布在网络上，以警醒其他网民、政府部门的一类人。【例】"～"在维护社会公平方面确实发挥了巨大作用。

晒卡族 shài kǎ zú［名］就是把自己各种打折卡或会员卡等卡号公布出来，供大家使用，同时为自己积分的一类人。【例】"～"的出现，是消费者组织起来获取共同利益的一种现象。

晒客 shài kè［名］本着"晒出你的一切"指导思想，在网络上与人分享自己资源的一群人。【例】随着网络的飞速发展，"愿意分享自己的一切"的"~"应运而生。

晒苦 shài kǔ［名］就是在网上倾诉自己的苦闷。"晒苦"作为缓解精神压力的方法，这种行为已成为广大网民的解压方式之一。【例】喜欢"~"的人要么希望别人同情她的遭遇，要么希望别人崇拜她的努力。

晒年会 shài nián huì［名］指的年末白领热衷在网络浏览或分享各公司年会节目的现象。【例】白领借助社交平台在网络上大~，既能将更多的欢乐和自豪分享给亲朋好友，又可以塑造公司形象，可谓员工企业皆大欢喜。

晒品 shài pǐn［名］晒客在网络上公布出来与大家分享的东西。【例】继在网上"晒"工资之后，过节费也成了网站上的热门~。

晒三公 shài sān gōng［名］即所谓的晒"三公消费"，包括要公开出国（境）费、车辆购置及运行费、公务接待费。【例】~成为限制政府权力、保证政府清廉的重要举措。

晒书会 shài shū huì［名］与书市同时举行的活动，目的在于为大众提供一个荐书、评书、换书、以书会友的平台。【例】交流思想，提升境界，这样一个以书会友的"~"，的确值得大家经常来晒一晒。

晒书节 shài shū jié［名］中国民间节日之一。康熙年间学者朱彝尊满腹经纶，他在六月初六这天祖肚露胸晒太阳，谓之晒书；恰被微服出巡的康熙看见，后经交谈和面试，封为翰林院检讨，负责撰修明史。此后，读书人都要在这一天晒诗书，晒字画，系成"晒书节"。【例】一年一度的"~"又到了。

晒一族 shài yī zú［名］指将自己的心爱之物、消费经历、收入待遇、想法感受甚至情感秘密等展示在网上，与他人分享的族群。【例】如今，~成为网络中异常活跃的群体。

晒友 shài yǒu［名］指晒客们彼此之间的称呼，互称晒友。【例】在晒上班路线、时长的同时，一些交通拥堵的地方也被细心的~们一一曝光。

山口山 shān kǒu shān［名］游戏魔兽世界，源于其英文名称 world of warcraft 的缩写 WOW 的象形字。由于"WOW"的"W"字看起来跟中文的"山"字很像，而字母"O"又跟"口"字很像。于是"WOW"就被人恶搞成了"山口山"网络象形文字，表示鄙视、挑衅。因为"山口山"形象上很像一个人对你双手竖起中指，所以在有的地方，例如论坛、IM 等会作为一种"鄙视、挑衅"的表达。【例】在一些论坛上经常会看到"~"的出现。

山寨 shān zhài［名］是指依靠抄袭、模仿、恶搞等手段发展壮大起来，反权威、反主流且带有狂欢性、解构性、反智性以及后现代表征的亚文化的大众文化现象。【例】很多人靠着"～"，赚得盆满锅满。

山寨 2.0 shān zhài 2.0 ［名］是指中国式的山寨已经从单纯的产品模仿进入品牌模仿阶段，并和国际全面接轨。【例】山寨现象越来越严重，都升级到～啦！

山寨版 shān zhài bǎn ［名］山寨版是指假冒他人的意思。山寨一词，在粤语中意指没牌照、难进正规渠道的小厂家、小作坊，引申为盗版、剽窃、仿制的同义词。【例】摸一摸原版的面料，你再摸一摸这件衣服，明显就是"～"。

山寨车 shān zhài chē ［名］是指不正规企业按照高档车的外形和性能生产的"冒牌"车。【例】这个品牌的车子主打的就是"减震"性能，这一款几乎没有减震效果，明显就是"～"嘛。

山寨春晚 shān zhài chūn wǎn ［名］是相对中央电视台 1983 年开始举办的春节联欢晚会，为老百姓仿央视而举办的春节联欢晚会。【例】还是要发展具有中国特色的商业街，否则就会像"～"的下场一样。

山寨经济 shān zhài jīng jì ［名］山寨经济是指以山寨式生产为表现形式的一种经济模式。【例】现如今，"～"竟发展得越来越好。

山寨精神 shān zhài jīng shén ［名］是指通过模仿实现超越的一种创新精神。【例】"～"在创新的道路上是不可或缺的。

山寨明星 shān zhài míng xīng ［名］是指那些与明星有相似面容的普通人，类似男模版李宇春、志愿者版许茹芸、车模版范冰冰等十大以假乱真的山寨明星。【例】"～"与"原版明星"之间极高的相似度，都会让"原版明星"惊讶。

山寨文化 shān zhài wén huà ［名］当"山寨"以 IT 业为切口渗透至人们的经济生活时，山寨的概念也被扩大到日常生活诸多与"另类翻版"有关的人、事、物中，例如山寨影视剧、山寨音乐、山寨艺人等，山寨文化就这样形成了。【例】现如今，"～"势头正盛，在一定程度上扰乱了文化市场的秩序。

山寨族 shān zhài zú ［名］是指模仿他人或者产品的一群人。【例】山寨产品成本低、利润高，越来越多的人加入"山寨"行列，"～"的队伍也不断壮大。

删差团 shān chà tuán ［名］就是给网店除去差评的团伙。这些人平时伪装消费者，在淘宝店铺消费，一旦交易成功马上给差评，随后用其他账号假装高手推销其专利"删差手段"，并开出高价，逼迫卖家花钱请他办事。【例】"～"不仅坑了买家，也骗了卖家。

闪 shǎn ［动］赶紧离开的意思。【例】再不走就和班主任撞上啦，我先

~啦！

闪辞族 shǎn cí zú［名］不少大学毕业生有的入职不到一个月就有换工作的打算，这一类人被称为"闪辞族"。【例】"~"真是给企业带来不少的麻烦。

闪婚 shǎn hūn［名］是闪电式结婚的简称。从认识到结婚时间相当短。有的只认识一天就结婚了，不到三个月都算是闪婚。多发生在时下青年男女身上。【例】可以"~"，但你们一定要考虑清楚再去做。

闪婚族 shǎn hūn zú［名］在城市化迅速发展的社会，渐渐涌现出这样一群人，他们可以三分钟一见钟情，五分钟谈情说爱，七分钟私定终身，他们被人称之为"闪婚族"。【例】现在青年男女思想越来越开放，更多的人成为"~"中的一员。

闪客 shǎn kè［名］热衷于利用 flash 软件制作动画并发布在网络上与网友共享的人。【例】他是一个网络工程师，也是一个高级~。

闪离 shǎn lí［动］指男女双方在结婚后不久便迅速离婚。【例】小情侣闪婚~，真搞不懂他们在想什么。

闪盘 shǎn pán［名］是一种采用 USB 接口的无需物理驱动器的微型高容量移动存储产品，它采用的存储介质为闪存。【例】~有它的独特之处，受到很多 IT 工作者的欢迎。

闪赔 shǎn péi［名］是针对小额赔付推出的快速理赔服务。【例】保险行业竞争越来越激烈，很多保险公司为吸引更多客户，都推出了"~"业务。

闪帖 shǎn tiě［动］发完帖子就离开。【例】很多论坛都会出现~的现象。

闪玩 shǎn wán［名］就是在短时间内通过便捷的网络发帖形式寻找到有同样需求的玩伴，一起参加短途旅行、户外运动、吃饭等，"闪玩"活动最长不超过一天时间，费用一半 AA 制。【例】很多年轻人都加入"~"行列。

闪玩族 shǎn wán zú［名］"闪玩"同上。"闪玩族"就是喜欢"闪玩"的一群人。【例】"~"的生活真是丰富多彩。

伤不起 shāng bù qǐ［名］是为了寻求一种同行间的认同，而个体本身就经常受挫，经不起伤害。【例】连续加班了一周，真是~啊。

伤得起 shāng dē qǐ［名］"伤不起"的反义词。【例】没事，我心大，~。

商二代 shāng èr dài［名］是指出生在商人之家的第二代，他们一般有着优裕的家庭环境，接受过良好的教育，未来一般都是做继承人。【例】现在，很多女孩都想找个富二代或~。

上班走私族 shàng bān zǒu sī zú［名］指员工在上班的时候开小差，用电脑做与自己工作无关的事情，比如聊天、打游戏等。【例】老板因为~太猖狂，又制定了很多规定。

上传 shàng chuán［名］将信息从个人计算机（本地计算机）传送至中央计算机（远程计算机）系统上的过程。【例】你把文件~到主机。

上墙 shàng qiáng［名］是指网友发送的互联网大会微博内容，其中有价值或者有趣味的内容被传送至腾讯微博屏幕上予以公众展示。【例】写了那么多次，这次终于~了。

上载 shàng zài［名］与"上传"同义，只是在使用繁体字地区，使用"上载"。【例】文件正在~，请稍等。

烧钱 shāo qián［名］是玩家对"坑爹"网络游戏的评价，是说花钱像烧钱一样快。【例】玩这款游戏，真是~。

社病我药 shè bìng wǒ yào "社会生病了，为什么让我吃药"的意思。【例】什么世道啊？~。

社会墙 shè huì qiáng［名］是指中国在经济快速发展的同时，伴随而生的一个不可回避的社会问题，社会各个群体和各个角色之间由于互不信任而砌成了一堵堵的"墙"，这些"墙"存在于人们的心底。【例】经济发展很快，"~"砌得也快。

社会人 shè huì rén［名］抖音上的博主带火了小猪佩奇。他们的标志是"手带小猪佩奇手表，身披小猪佩奇纹身"，于是就诞生了"小猪佩奇身上纹，掌声送给社会人"。【例】呦，你也有小猪佩奇的手表，也变成~啦。

申精 shēn jīng［名］即申请为论坛精华帖。指某人觉得自己的或转载的特别好的帖子，想让更多人看到而赢得一些论坛奖励，就会在帖子标题中加入"申精"二字。【例】每次看到"~"的字样，总想仔细看看这篇文章。

神棍节 shén gùn jié［名］由于是 6 个 1（11·11·11）的光棍节，比较神奇，被一些爱调侃的光棍美誉神化为"神棍节"。【例】2011 年 11 月 11 日是百年一遇的~。

神马 shén mǎ［代］"什么"的谐趣形式。【例】~？这么简单的问题也问我。

神马浮云 shén mǎ fú yún "什么都是浮云"的谐趣形式，表示什么都不值得一提。【例】在这个时代~，只有生命最重要。

神曲 shén qǔ［名］常指的是一些曲风，或琅琅上口或搞笑雷人，旋律易于传颂，节奏简单鲜明，能令人产生类似"洗脑"一样的效果的歌曲，有时也指一些风格奇异、语言奇特的歌曲。【例】网络上的"~"越来越多。

神族 shén zú［名］《星际争霸》中的游戏设定种族。神族（Protoss）或称神民、普罗托斯（注：国服官方译为星灵）。【例】你可以选择"~"做你游戏中的角色。

剩男 shèng nán［名］剩下来的男子，泛指那些年龄在 30 – 45 岁之间处于单身状态的男子。【例】他是个大龄~。

剩女 shèng nǚ［名］剩下来的女子，尤其指那些高学历、高收入、高智力，长相也挑剔得不到归宿的大龄女青年。【例】现代社会~越来越多了。

师太 shī tài［名］动漫用语，"失态"的谐趣形式。【例】大大方方地上台讲话，可别"~"了。

诗词混搭体 shī cí hùn dā tǐ［名］原指将不同朝代、作者的诗词中的句子搭配在一起。

湿父 shī fù［名］"师傅""师父"的谐音戏称。【例】~你把字写错了。

湿人 shī rén［名］"诗人"的谐音戏称，带有戏谑调侃的意味。【例】春天到了，又到了~歌咏的季节。

湿态 shī tài［动］"失态"的谐趣形式。

十动然鱼 shí dòng rán yú 很多女生收到礼物时"十分感动"，然后转头就挂上了交易网站——"咸鱼网"，是一种欺骗别人情感的行为。【例】处朋友，一定要擦亮眼睛，千万别遇上"~"这种事。

什锦八宝饭 shí jǐn bā bǎo fàn［名］即"什锦饭""八宝饭"的合称，指胡锦涛同志和温家宝同志的粉丝后援团。【例】"~"们很热情。

石化 shí huà［名］被某件事或物惊到，暂时停止了思维，犹如变成石像一般。【例】这些雷人雷言瞬间把我~。

时彩族 shí cǎi zú［名］指的是一群有着相同爱好公司白领的网友，这些网友大都利用上班工作的闲暇时间干着同样的事情，聊同样的话题，也通过网络购买可以时时开奖的彩票等，除了调节工作状态，也可以算是一种赚取外快的好方法。【例】你要小心公司里的"~"，他们有时不好好工作。

食草男 shí cǎo nán［名］二十到三十岁之间的不怎么亲近异性，也不拘泥于大男子主义的男子。来源于日本，"食草男"这个名词 2006 年诞生自日本作家深泽真纪笔下。深泽在网络专栏中，首次用"草食"这两个字形容日本当前年轻男性的生活状态。【例】~很受女生欢迎。

食道语 shí dào yǔ［名］是全喉切除手术者依靠食道的震动能够说话的另一种途径。【例】略。

食盐慌 shí yán huāng［名］一场因日本地震引发的食盐抢购风潮，从沿海地区迅速蔓延至全国各地，各地市民出现了食盐抢购风潮。【例】~背后有谣言的身影。

史上 shǐ shàng［名］人类历史上，从古至今，带有夸张意味。【例】~最牛教授。

史上最牛 shǐ shàng zuì niú 历史上最厉害，形容超乎寻常的人或事，带有极度夸张的戏谑意味。【例】~老师。

世界那么大 我想去看看 shì jiè nà me dà wǒ xiǎng qù kàn kàn 源于2015年一位老师在辞职信中写了这句话而红遍大江南北，成为工作者辞职的原因。【例】我不想过着机械式的生活，~。

世袭招聘 shì xí zhāo pìn［名］是指2011年5月网络曝光的温州交通系统公务员报考黑幕的一个典型案例。【例】~很不公平。

视频 shì pín［名］活动的图像。【例】网络~的质量已经得到很大提高。

视频会议 shì pín huì yì［名］是指位于两个或多个地点的人们，通过通信设备和网络，进行面对面交谈的会议。【例】我们两个校区的领导常常使用~传达文件精神。

视频就业 shì pín jiù yè［名］是指实现毕业生和用人单位以零成本、跨时空进行面对面沟通，足不出户，实现"轻松用信息"。【例】~极大地缩短了用人单位的时间成本。

试客 shì kè［名］在购物前，先从互联网上免费索取相关商家的试用赠品，经过仔细试用并与其他爱好者相互交流后才进行购买。【例】我是一个~，欢迎大家有购物上的问题和我交流。

试客族 shì kè zú［名］在购物前，先从互联网上免费索取相关商家的试用赠品，经过仔细试用并与其他爱好者们互相交流后才予以购买的网民圈子。【例】~很广阔。

试民 shì mín［名］指使用商品或服务的市民。【例】作为一个资深~，我参加过许多商业活动。

试衣族 shì yī zú［名］是指那些在商场专柜和专卖店只试不买，偷偷抄完货号，然后网上购物的群体。【例】实体店的衣服往往很贵，~往往只试不买。

噬石真象 shì shí zhēn xiàng［名］"事实真相"的谐趣形式。【例】总有一天会水落石出，找出"~"。

收藏 shōu cáng［名］计算机或网站提供的将网址集中收录的功能。【例】你可以使用微信里的"~"功能保存照片。

收声 shōu sheng［动］指闭嘴。源自港用语。【例】你最好~，我心情不好。

收听体 shōu tīng tǐ［名］是上海在腾讯微博上开通官方微博"上海发布"，

随后，各地政府开通了相应的官方微博，并与上海发布相呼应，而上海发布回应"收到收到"，此后，"收听体"也成为腾讯微博平台求收听的标准句式。【例】网络上有些平台之间也有了"~"。

收碗哥 shōu wǎn gē［名］福建农林大学学生陈文原，在餐厅的餐具回收处，以不可思议的速度将餐具分门别类，动作快得让人眼花缭乱。【例】"~"用他的行动展示了自己的能力。

手工吧 shǒu gōng bā［名］是给众多有一技之长的百度贴吧吧友展示的交流园地。【例】百度的~很有意思。

手滑 shǒu huá［名］因粗心大意而造成操作失误。【例】一不小心~了，把文件删除了。

手机僵尸 shǒu jī jiāng shī［名］是一类专门针对移动通信终端的恶意软件的总称。被这种恶意程序感染的手机，成为"僵尸手机"，会自动向其他手机用户发送短信，用户一旦阅读这种带有恶意链接的短信，就会感染而成为"僵尸手机"，并再次对外传播这种病毒。【例】安卓系统手机安全性不如 ios，很容易感染短信链接的病毒，把手机变成~。

手贱 shǒu jiàn［名］出自 WOW 吧（魔兽世界吧），一般用于论坛看帖时，冲着标题打开了帖子，却发现帖子内容很无聊，或者是骗贴的，更多时候是一些恶心反胃让人感觉不好、恐怖的东西（事物、人物），于是无奈之下，发表了意见，说自己"手贱"。【例】不小心点删除了，真~。

守望犬 shǒu wàng quǎn［名］2010 年 11 月 15 日，上海胶州路发生特大火灾，《东方早报》报道称，这只小狗趴在公寓外不吃不喝地等待自己的主人，而且一直在流泪。这只小狗忠心耿耿等待主人的照片，也在网上迅速流传，被称为"守望犬"。【例】~的行为真是太感人了。

首页 shǒu yè［名］打开浏览器进入网站第一页或者建立网站树状结构第一页。【例】360 浏览器的~功能很多。

受比鸟 shòu bǐ niǎo "受不了"的方言谐趣形式，同"受不鸟"。【例】这边的漆味真大，我~。

受桑 shòu sāng［名］"受伤"的方言谐趣形式。【例】我的手指~，好疼啊！

瘦婚 shòu hūn［名］婚礼简化，不摆排场，追求个性的婚姻。【例】年轻人选择~也不错。

书签 shū qiān［名］指利用计算机、网站、软件上提供的功能，给网页做记号，方便下次阅读使用。【例】把这个网址加入~，方便下次查找。

熟男 shú nán［名］指 30 – 50 岁，拥有丰富的人生阅历，有内涵，有风度，有一定经济实力的成熟男性。【例】 ~是萝莉的最爱。

熟女 shú nǚ［名］指 30 – 50 岁，拥有丰富的人生阅历，知性优雅，有内涵的成熟女性。【例】 ~是小鲜肉的最爱。

蜀黍 shǔ shǔ［名］"叔叔"的谐趣形式。【例】警察~，老师告诉我们要懂礼貌。

树洞微博 shù dòng wēi bó［名］是一种以"树洞"命名的微博。任何网友都可以通过这个微博，匿名将心中的秘密说出来，公布在网上。【例】 ~真好玩。

数蚂蚁 shǔ mǎ yǐ［动］表示极度无聊的状态。【例】今天不上班，~。

刷 shuā【1】［动］"刷新"的简称。【例】你~一下微博，肯定有新消息弹出。【2】［动］在网络论坛上不断回复或发送无意义的内容，使整个网页都是无意义的符号。【例】贴吧最近有人恶意~分。【3】［动］大量杀死游戏中的敌人，以获取经验值的行为。【例】赶紧~，今天又副本赠送。

刷版 shuā bǎn［动］在同一个论坛连续回复不同的主题帖，并且达到某一时刻该版面内所有的最新帖都在同一状态。【例】 ~是灌水的行为之一，严重的话也就是恶意灌水，任何地方都不会欢迎。

刷博 shuā bó［名］"刷新微博"的简称。【例】你多久没~了？

刷机 shuā jī［动］是指通过一定的方法更改或替换手机中原本存在的一些语言、图片、铃声、软件或者操作系统。【例】手机~有一定风险，弄不好会变成砖头。

刷客 shuā kè【1】［动］论坛中经常刷屏的人。【例】论坛中的~真让人讨厌。【2】［名］喜欢刷卡消费的人。【例】一到节假日打折的时候，~总会如约而至。【3】［名］喜欢在书店用扫描工具扫描图书但不买书的人。【例】书店老板很讨厌~，因为他们总是不买书。

刷屏 shuā píng【1】［动］指在论坛、聊天室、留言板短时间内重复相同或无意义的内容。就像刷子刷墙一样将屏幕充满，故称。【例】这个论坛怎么那么多人~，发生了什么？【2】［动］指利用大量发文字方式对服务器进行攻击。【例】大量~让服务器崩溃了。

刷墙 shuā qiáng［动］整个版面都是同一人的回复或发帖，并且多为无意义的内容，就像刷子刷墙一样。【例】本论坛为了公平公正，禁止~。

刷人数 shuā rén shù［动］通过浏览器访问增加访问量的一种做法。【例】我去论坛~。

刷书客 shuā shū kè［名］是在书店中查找图书资料，然后利用 E 摘客资料笔将书上的文字刷走，而不购买图书的人。【例】现代社会～真的不多了。

刷刷族 shuā shuā zú［名］在许多高校中，一次就通过英语四、六级，但为了追求高分而继续报考，以求"刷新"成绩的"刷刷族"并不少见，甚至有同学还发帖扬言要刷到"600＋"才会金盆洗手。用不断攀升的成绩，提升自己的就业竞争力。而对于一部分"G族"（GRE考生）和"T族"（托福考生）来说，"刷"分仅仅是为了"找自信"。【例】一不小心，我成了～。

刷坛子 shuā tán zi［动］在论坛中大量发帖和回帖。同"刷坛"。【例】为了提升经验值，我整天～。

刷新 shuā xīn［动］指在新设置无法自动生效的时候刷新使新设置生效，另外可以检测系统当前的可用资源。【例】电脑卡了，～一下就行。

衰 shuāi［形］形容很倒霉。【例】今天真～，迟到了。

衰哥 shuāi gē［名］指长相、身材、学识、技术、态度等方面比较差的男生。【例】只要有信心，"～"也会逆袭的。

甩词歌 shuǎi cí gē［名］把荷兰的民谣《甩葱歌》改编成了最近超火超给力的《甩词歌》。甚至超越原版，使之更加有味道。这首歌曲的曲调频率很快，如果不配字幕，基本上很难听懂在唱什么。既好听又给力的歌曲，再配上经典的影视作品剪辑，原版是女生版，后来又出现了男生版。【例】～很好听。

甩枪 shuǎi qiāng［动］指凭感觉将枪的准星甩出去瞄准射击。多用于《反恐精英》游戏。【例】我刚学会了～。

甩尾 shuǎi wěi［动］指利用速度优势和射程优势攻击对方目标。多用于《星际争霸》游戏。【例】看我的逆天技术～。

帅锅 shuài guō［名］"帅哥"的谐音戏称，含有调侃意味。【例】俺不是～。

双核家庭 shuāng hé jiā tíng［名］指夫妻双方均为独生子女的家庭，双方在婚前都是各自家庭中的"核心"，因此称为"双核家庭"。【例】～很常见，这种家庭也有很多问题。

双外生 shuāng wài shēng［名］指外地院校的外地生源毕业生。【例】我是个～，没去过北京。

爽吧【1】shuǎng bā［名］指为精神高压人群设立的可供宣泄、减压的场所。【例】～能为都市白领找到情绪发泄口。【2】shuǎng ba［名］一种口头语，含有很尽兴的意思。【例】～，这个游戏现在很有火。

水 shuǐ［形］形容水平差。【例】你太～，这都不会玩。

水怪 shuǐ guài［名］在网上疯狂灌水的人。【例】论坛里面有～。

水鬼 shuǐ guǐ［名］灌水狂人。同"怪人"。【例】你不是水仙，你是～。

水军 shuǐ jūn［名］"网络水军"的简称。指受雇于网络公关公司，为他人发帖回帖造势的网络人员，以注水发帖来获取报酬。【例】明星丑闻公关往往需要～洗白。

水坑 shuǐ kēng［名］主题水帖。【例】虽然我们都是自来水，但坚决不发～。

水库 shuǐ kù［名］水帖较多的地方。【例】这是我们创建的第一个"～"。

水楼 shuǐ lóu［名］指那些跟帖较多且全是水帖的帖子。【例】论坛准备清除"～"，重建主题。

水母 shuǐ mǔ［名］灌水狂人，特指女性。【例】这个论坛怎么全都是"～"。

水母族 shuǐ mǔ zú［名］在论坛里疯狂灌水的女性总称。

水帖 shuǐ tiě［名］指在论坛或贴吧中与主题无关或无实际内容的一类帖子。【例】过多的～把论坛弄解散了。

水桶 shuǐ tǒng［名］指在论坛、贴吧里灌水比较多的人。【例】请～们别再灌水了。

水王 shuǐ wáng［名］论坛里最能灌水的人。【例】新一届的"～"将通过竞赛比出。

水仙 shuǐ xiān［名］灌水狂人，灌水者中的仙人，同"水怪"。【例】这位是我们论坛里的～。

水友 shuǐ yǒu［名］一起泡论坛灌水的网友或在同一个帖子下发表个人意见的网友。【例】我们曾是《地下城》游戏论坛的～。

水运会 shuǐ yùn huì［名］是中国继全运会、城运会、大运会之后创立的又一项国家综合性体育赛事，拟定每4年举办一届。大会设立赛艇、皮划艇（静水、激流）、帆船（帆板）、摩托艇、滑水、蹼泳、龙舟、极限运动等8个大项、近100个小项，赛程10天。【例】你最近看最新一届的～比赛了吗？

水蒸气 shuǐ zhēng qì［名］指网络论坛里无文字及任何内容的空白帖子。【例】这论坛怎么有这么多的"～"？

税感时代 shuì gǎn shí dài［名］消费即缴税的时代。【例】我们真的进入了～。

睡眠博客 shuì mián bó kè［名］指平时疏于管理、更新速度慢的博客。【例】那些～慢慢地没有人关注了。

瞬秒 shùn miǎo［动］形容秒杀的速度之快。【例】一个奔跳，我被对面的

~狙杀了。

说闹觉余 shuō nào jué yú 是其他人有说有笑有打有闹感觉自己很多余的意思。有种淡淡的忧伤。【例】我在这个小组里，总感觉~。

私奔体 sī bēn tǐ［名］2011年5月16日晚23点21分，知名投资人王功权突然在微博宣布"放弃一切，和王琴私奔了"，高调私奔，引发各界广泛关注。此条微博迅速在网上走红，转发达数万条，不少网友纷纷效仿王功权写的微博。因此诞生了"私奔体"。【例】最近~又开始走红了。

私聊 sī liáo［动］与网友一对一聊天。【例】这事，咱们~吧。

私信 sī xìn［动］与网友一对一地发信息。【例】给你我的微信，咱俩~聊吧。

思觉失调 sī jué shī tiáo［名］在医学上指一种可能发生于一些人士身上的早期不正常精神状态。现指嘲讽人不可理喻，思想脱离现实。【例】这么不可理喻，简直是~。

思客 sī kè［名］是新华网于2014年3月25日推出的思想传播与深阅读平台。【例】~里有很多好料，快去看看吧。

思密达 sī mì dá［名］在网络上被用作语气助词和常用后缀，无实际意义。在韩文中"思密达"是后缀词，表达尊敬的时候常用后缀。【例】吃得很好，~。

斯巴达 sī bā dá［名］形容一个人很疯狂，歇斯底里的意思。［源自"This is Sparta!"（这就是斯巴达）的MV，实为《这不是斯巴达》中的台词］【例】一旦别人称呼他"~"，就说明这个是疯狂的人。

死开 sǐ kāi［动］意为走开。常用于很气愤但又无奈好笑的时候，斥责对方离开。【例】~！让我安静一下。

死抠族 sǐ kōu zú［名］对于金钱消费精打细算的人。【例】你怎么也变成了~。

死死团 sǐ sǐ tuán［名］"去死去死团"的简称，一种恶搞文化，指对爱情怀有愤恨之心的一类人。源自日文 死ね死ね団。【例】只要你是单身，就可以说自己是~的人。

四大皆空 sì dà jiē kōng 当代青年的"四大皆空"是指钱包空、银行卡空、微信空和支付宝空。【例】到了月底的自己，就像是遁入空门，"~"。

四门干部 sì mén gàn bù［名］即家门、校门、机关门和车门。【例】年轻干部不等于"~"。

四叶控 sì yè kòng［名］指那些在购房过程中，寻找高性价比、优质自然环境、品牌开发商开发，且拥有别墅级享受楼盘这四大要素的购房群体。【例】购房～一般很难买到合适的房子。

送水哥 sòng shuǐ gē［名］李老发每天开着车给郑州3个立交桥下送去经过净水机过滤的纯净水，给干活的农民工或路人解渴，3年累计送水近两万桶，自掏腰包十几万元，市民亲切地称他"送水哥"。【例】我们快去给～点赞。

搜索 sōu suǒ［动］通过搜索引擎用互联网中的资源服务器的地址收集信息。

搜索引擎 sōu suǒ yǐn qíng［名］是指根据一定的策略，运用特定的计算机程序从互联网上搜集信息，在对信息进行组织和处理后，为用户提供检索服务，将用户检索相关的信息展示给用户的系统。【例】百度的～运用了谷歌的一些技术。

俗贿 sú huì［动］是以金银珠宝为核心的行贿方式。【例】"你知道以不当的理由送官员珠宝是什么行为吗？这是～！"

素鳖 sù biē【1】［名］国内某大型MMORPG网游官方论坛中，泛用于形容一类无事生非且未鉴定为具备相关战斗力的挑事者。此类用户大多怀有阴谋论及妄想症，普遍认为己方劣势必为对方权力因素所造成。【例】总有些"～"拖团队的后腿。【2】［名］该论坛水区里熟人之间的戏称。【例】"～来啦！"

素颜 sù yán［名］平素的面孔，本来面貌。源自日语（すがお）。【例】你的～也那么好看。

速食族 sù shí zú［名］指那些因学习、工作压力增大，为节约时间而经常吃方便食品的一类人，这类人群以白领阶层和学生为主。【例】千万要照顾好自己，别做～。

随手体 suí shǒu tǐ［名］2011年春节过后，"随手拍照解救乞讨儿童"活动成为全国热点，在不知不觉间被大量网友戏仿。格式为"随手×××"。【例】"随手干了什么"，这都是"～"的内容。

T

T【1】在电脑游戏《反恐精英》中"T"是恐怖分子，俗称匪。［英文terrorist的缩写］【例】《反恐精英》中～不容易完成任务。【2】踢。【例】他被玩家～出房间。

TA 他、她或它，性别待定。【例】黑夜中我看不清～是谁。

TA 时代 性别概念亟待破旧立新的"TA时代"，他/她不分的时代。【例】

我们渐渐进入 ~ 。

TAFN 现在先这样吧。［英文 that's all for now 的首字母缩写］【例】 ~ ，我也无法改变现状。

TAH 希望别人离开，有点 "哪凉快就去哪儿的意思"。［英文 take a hike 的首字母缩写］【例】你还是 ~ 吧。

TANSTAAFL 天下没有免费的午餐。［英文 there are no such thing as a free lunch 的首字母缩写］【例】你要永远记住 ~ 。

TARFU 事情真让人厌烦。［英文 things are really fed up 的首字母缩写］【例】 ~ ，以后再也不干了。

TBC【1】网络游戏《魔兽世界》的一个版本《燃烧的远征》。［英文 the burning crusade 的首字母缩写］【例】我们不应沉浸在 ~ 中，要面对现实。【2】未完待续。［英文 to be continued 的首字母缩写］【例】本篇小说文末有 ~ ，说明还没有写完。

TBE 非常期待。［英文 to be expected 的首字母缩写］【例】 ~ 外国友人的到来。

TCL 太丑了。［汉语拼音 tài chǒu lē 的首字母缩写］【例】画得真是 ~ 。

TEOTWAWKT 我们所知道的世界的尽头。［英文 the end of the world as we know it 的首字母缩写］【例】 ~ ，这是有证据证明的。

TFN 没什么可谢的。［英文 thanks for nothing 的首字母缩写］【例】 ~ ，这都是我应该做的。

TFS 谢谢与我分享。［英文 thanks for sharing 的首字母缩写］【例】 ~ ，我非常开心。

TGC 腾讯游戏嘉年华，又称腾讯数字文创节。［英文 Tencent Game Carnival 的首字母缩写］【例】 ~ ，是非常欢乐的盛会。

TGIF 感谢老天，又到周五啦。［英文 thanks goodness it's Friday 的首字母缩写］【例】 ~ ，我们可以好好休息啦。

THKS 感谢。也可写作 THX/TX/TKS。［英文 thanks 的缩写］【例】 ~ 你的帮助。

THO 虽然；可是。［英文 though 的缩写］【例】 ~ 违背原则，但他依然坚持。

TIA 提前感谢，先谢谢。［英文 thanks in advance 的首字母缩写］【例】 ~ ，我过会儿需要你的帮助。

TMI 信息多。［英文 to much information 的首字母缩写］【例】 ~ ，需要我

们自己提取。

TMK 据我判断。[英文 to my knowledge 的首字母缩写]【例】~，这个计划很完美。

TMTOWTDI 条条大路通罗马。[英文 there is more than one way to do it 的首字母缩写]【例】~，失败了再站起来。

Toolbar 工具栏。【例】我还不会使用~。

TTBOMK 尽我所知。[英文 to the best of knowledge 的首字母缩写]【例】~，我会努力配合你。

TTYTT 说实话。[英文 to tell you the truth 的首字母缩写]【例】~，你的工作完成得很出色。

TV 版 [名] 电视播映的动画作品。【例】~，给人带来不一样的感觉。

TVB 体 指大量套用 TVB 电视剧中的经典台词来"吐槽"或者寻求安慰。【例】~瞬间走红网络。

TWHAB 不会造成太大伤害，用于打消别人担心受伤害的疑虑时说。[英文 this won not hurt a bit 的首字母缩写]【例】~，请放心使用。

TY 谢谢。[英文 thank you 的首字母缩写]【例】~你的帮助。

TYVM 非常感谢。[英文 thank you very much 的首字母缩写]【例】~你们的到来。

他衰退 tā shuāi tuì [名] 在一些经济学家看来，金融危机对男性的影响和冲击的程度是"令人难以置信的"，男性的权力逐渐转入女性的手中。一些经济学家在文章中把"经济衰退"改称为"他衰退"。【例】~标志着男女地位趋向转换。

她经济 tā jīng jì [名] 随着女性经济和社会地位提高，围绕着女性理财、消费而形成了特有的经济圈和经济现象。【例】我们已经进入~时代。

塔脆脆 tǎ cuì cuì [名] 河北省晋州市城区东部一在建电视塔拦腰折断，幸未造成人员伤亡。【例】~事件应该引起高度重视。

踏板门 tà bǎn mén [名] 75552 辆 RAV4 车辆被召回，此次召回车辆由于加速踏板的踏板臂和摩擦杆的滑动面经过长时间使用，在低温的条件下使用暖风（A/C 除外）时，在滑动面发生结露，使摩擦增大，使用加速踏板时有阻滞，可能影响车辆的加减速。极端情况下，加速踏板松开时会发生卡滞，车辆不能及时减速，影响行车安全。【例】~事件影响极其恶劣。

台历门 tái lì mén [名] 湖南双牌县自行印制的 2010 年台历，每本售价 25 元，发售对象是县内的科局级单位和乡镇，扉页是县委书记郑柏顺的头像和签名。【例】～引起了有关部门注意。

太监 tài jiàn［名］指网络上一些小说或帖子长时间不更新，没有了下文的报道。【例】这个帖子成了～。

太监帖 tài jiàn tiě［名］指网络书籍很长时间不更新，或就此没有下文。【例】～让人反感。

太空货币 tài kōng huò bì［名］"宇宙银河间准货币单位"，简称 QUID，是英国国家航天中心和英国莱斯特大学的科学家为外币兑换公司 Travelex 所设计的。【例】～具有纪念意义。

太空篱笆 tài kōng lí ba［名］指使用多个地基相控阵雷达站构成的一个连续波空间探测系统。【例】美国空军的"～"非常发达。

太空旅游机 tài kōng lǚ yóu jī［名］未来太空旅游飞机模型，形状与普通飞机很接近，只是在机身装备了一个火箭推进器。【例】～行业前景可观。

太空刹车 tài kōng shā chē［名］利用动量定理，向前喷射气体，获得反向推动力从而减速。【例】～操作复杂，做不到绝对静止。

太空味 tài kōng wèi［名］美国国家航空和航天局委托一名化学师配制"太空味"，希望借此模拟更真实的太空环境、辅助培训宇航员。太空中似乎混合着炸牛排、锻造金属和焊接摩托车时的味道。【例】这个牛排具有～。

坛主 tán zhǔ［名］论坛管理员或创始人。【例】这个论坛～非常负责。

坛主夫人 tán zhǔ fū rén［名］坛主的夫人。【例】～很漂亮。

坛子 tán zi［名］对网络论坛的简称。【例】在～里面，大家可以畅所欲言。

碳捕捉 tàn bǔ zhuō［名］捕捉释放到大气中的二氧化碳，能够减少燃烧化石燃料产生的有害气体。【例】～价格昂贵，还不能大规模开展。

碳粉知己 tàn fěn zhī jǐ［名］指女性的男性密友。【例】并不是所有的男性都能成为女性的～。

碳强度 tàn qiáng dù［名］指单位 GDP 的二氧化碳排放量。【例】一般情况下，～指标是随着技术进步和经济增长而下降的。

碳足迹 tàn zú jì［名］指一个人的能源意识和行为对自然界产生的影响，简单说就是指个人或企业"碳耗用量"。【例】～越大，污染越严重。

唐骏读博 táng jùn dú bó［名］指知名人士或公众人物为某种目的驱动而作假或默认作假，事情败露后不能坦诚面对而采取推脱做法。批评那些做事情不靠谱、造假、忽悠公众，事发后又成为众人笑柄的人，或社会精英群体缺乏诚信。与"正龙拍虎"同。【例】"正龙拍虎""～"接二连三出现。

唐僧 táng sēng［名］啰嗦、废话连篇的人。【例】那个人，真是个～，一直不停地说。

糖高宗 táng gāo zōng［名］白糖的价格连续上涨，来自蔗糖主产地广西的中间商报价已经创下了历史最高纪录。【例】在"蒜你狠""豆你玩"之后，白糖的价格也一路冲刺，普通的白糖摇身一变"～"。

糖娃娃 táng wá wa［名］近年来，儿童青少年人群的糖尿病患病率逐年攀升，医生称他们为"糖娃娃"。【例】～逐渐年轻化，应该重视。

糖玄宗 táng xuán zōng［名］用来形容食用糖涨价严重的新名词，2010 年 10 月糖价已经疯狂，这轮惊心动魄的涨价狂风以其玄乎其玄的高涨幅，被业界戏称"糖玄宗"。【例】"～"严重影响市民生活。

糖友 táng yǒu［名］对糖尿病患者的友好称呼。【例】他们俩是～。

躺着中枪 tǎng zhe zhòng qiāng［名］自己什么也没做，没招惹别人却被别人言语攻击给打击了。【例】我真是～。

掏空族 tāo kōng zú［名］指随着经济的不断发展和社会生活的加快，越来越多的都市白领将智慧、激情、创意、动力等"内存"消耗在职场上，迫于生活节奏无暇及时"充电"，而慢慢地濒临被社会淘汰。【例】都市"～"就是如今快节奏社会生活下的精神牺牲品。

逃回北上广 táo huí běi shàng guǎng［名］即在逃离北京、上海和广州这三座一线城市之后再度逃回。【例】前一年逃离北上广，后一年～。

逃生棋 táo shēng qí［名］一种向幼儿传授避险自救知识的类似棋类的游戏。【例】开展"～"的设计与制作，有益于教育发展。

淘宝体 táo bǎo tǐ［名］说话的一种方式，最初见于淘宝网卖家对商品的描述。淘宝体后因其亲切、可爱的方式逐渐在网上走红。【例】"～"走红，源自购物网站卖家与买家相互之间交流。

淘东东 táo dōng dōng［动］网络购物平台，是从近几年网上购物开始流行的时候开始流行的，"东东"是"东西"的另一种表达，"淘东东"就是买东西或淘东西。【例】在京东～就是实惠。

淘婚族 táo hūn zú［形］指通过淘宝网购婚庆用品，搞定终身大事的年轻人。【例】她是 90 后～。

淘客 táo kè［名］指在互联网络上淘东西的网络购物者。【例】～是新兴群体。

淘课 táo kè［名］谐音为逃课，是指学生为了有更多的时间逛淘宝买东西，而逃课的意思。【例】～以女孩子居多。

淘男 táo nán［名］以女性权力为主的网上交友网站，颠覆了传统男追女交友模式，提出一个全新的概念"淘男"，让女性掌握求爱的主动权。【例】~是首家女权交友网站，是时下最受年轻人欢迎的男人超市。

淘券 táo quàn［动］专门在网上搜寻各种优惠券信息，包括代金券、打折券、体验券、满返券、消费券等，并利用这种券去各种场合消费使用。【例】在网络上，可以下载不少的餐饮~。

淘券族 táo quàn zú［名］指在网络上淘到电子优惠券，不出门就知道哪里吃饭物美价廉，哪家商场打折优惠，在哪里健身办会员卡最划算，用这些下载下来的优惠券就可以享受折扣的一群人。也指在网上"讨便宜"的人。【例】~应该注意，优惠券有的时候也是消费诱惑，会让你一不留神就买了用不上的东西。

淘凶 táo xiōng［动］指江苏常州天宁警方尝试"网络淘凶"，在警方博客和微博里发布悬赏"通缉令"，凡是提供警方破案有效线索的，最高可奖励人民币或 Q 币。【例】网络~是一种新式追捕方式。

淘一代 táo yī dài［形］指热衷于在网络购物的新兴人群。网络购物用户呈现出年轻化、消费需求旺盛的特征。【例】对于网购这样非直接的钱货交易，"~"倾向于依赖更严格、透明的信用体制。

淘职客 táo zhí kè［名］像是在职场淘宝，求职者按照自己的理想对工作进行检索、对比和排名，最终找到自己最适合、最喜欢的工作职位。【例】薪酬成为"~"找工作最为关注的方面。

套路 tào lù［形］偏中性，在具体语境下略含贬义，一般多指某人做事有所欺瞒或极具实际经验的处事方法，从而形成了一类行为模式，即所谓的"套路"。【例】~真深。

特奥阳光衫 tè ào yáng guāng shān［名］特奥会举办期间，上海市所有公共服务领域的从业人员的一种统一着装，其主色调为橙黄色，体现温暖、喜悦、分享、融入和关爱。【例】宾馆接待等重要公共服务领域的人员都将穿着~为特奥会提供服务。

特长帝 tè cháng dì［名］吴致旭，男，5 岁学舞，是网民封的"特长帝"，演出最多的时候一天 10 场。【例】"~"不仅舞蹈跳得好，而且学习也好。

特定关系人 tè dìng guān xì rén［名］指与国家工作人员有近亲属、情妇（夫）以及其他共同利益关系的人。【例】国家规定了对~挂名领取薪酬及由特定关系人收受贿赂问题的处理办法。

特殊党费 tè shū dǎng fèi［名］源于一些地方和基层党组织反映，部分党员希望通过交纳大额党费的形式捐款，请中央组织部转交地震灾区，用于抗震救灾。【例】～是党员们的心愿。

特需狩猎 tè xū shòu liè［名］指因科学研究、驯养繁殖、展览或者其他特殊情况持特许猎捕证可对野生保护动物进行的捕捉、捕捞活动。【例】在中国"～"在法律上是允许的。

特招门 tè zhāo mén［名］指韩国外交通商部长柳明桓的女儿被特招为外交通商部公务员而引发的事件。【例】～事件反映了韩国社会存在的"任人唯亲"现象，而民众最期盼的是机会平等。

踢楼 tī lóu［动］又名T楼，盖楼或T号，是论坛、贴吧等网站特有的一种群体游戏活动。楼主提供些奖品，论坛会员按规定回复T楼帖，中了指定的楼层即可得到相应的奖励。【例】"～"全靠运气。

踢人 tī rén［动］取消某人资格。【例】不能随便"～"，要有说服力才行。

踢一脚 tī yì jiǎo［动］跟帖子，也指提出一定的意见。【例】看到别人发的帖子，他忍不住"～"。

提上小板凳等 tí shàng xiǎo bǎn dèng děng 指网友读到一个好帖子，对后续帖子的一种焦急心态。【例】真是一个好帖子，"～"。

体亏屁思 tǐ kuī pì sī "这一定是体制问题，最终吃亏的总是屁民，我不禁陷入了沉思"的缩写形式。这里的"屁民"就是那些微毫无影响力的普通群众。【例】林地开发或耕地被住宅地占用，这两件事情都是～。

体商 tǐ shāng［形］（Body Quotient，简称BQ）即身体商数是人对自身真实健康情况自我认识的反映，它是指一个人活动、运动、体力劳动的能力和质量的量化标准，其属于健商（HQ）范畴。【例】～的测定不同于体质调查。

体验式法制教育课 tǐ yàn shì fǎ zhì jiào yù kè 指通过体验劳教人员从起床到晚上睡觉期间的所有活动，进而使体验者强化法制观念的教育形式。【例】学生在省新华劳教所上了堂"～"，学生们表示"感受很深"。（《华西都市报》2007年4月26日）

替会族 tì huì zú［名］"陪会"现象在基层普遍存在。特别是随着经济的发展，上级开电视电话会议的频率明显增多。一些基层单位为了显示对会议的重视，经常安排一些与会议无关的人员参加。【例】"～"的出现，是一些单位的无奈之举，更是对当下会风的一种无言的讽刺。

替谁说话 tì shuí shuō huà 把党和人民利益对立起来的现象。［源自中央人民广播电台记者赶赴郑州采访主管信访工作的市规划局副局长逯军时，这位副局长竟质问记者："你是准备替党说话，还是准备替老百姓说话？"其问话遭到网友的热议］【例】～是责任心的问题，应该予以重视。

天地图 tiān dì tú［名］即国家地理信息公共服务平台，是中国区域内数据资源最全的地理信息服务网站。【例】中国自主的互联网地图服务网站"~"正式版已上线。

天价QQ tiān jià QQ［名］在国外短时间使用手机 QQ，但收费较高。［源自河南的姜先生 10 月底去印度尼西亚，上了一个半小时手机 QQ 竟欠费 3.4 万元，用他的话讲，"足以买一辆 QQ 轿车了"］【例】~引发人们热议。

天价高速 tiān jià gāo sù［名］高速公路上一些乱收费现象。【例】~需要有关部门引起注意。

天价纸 tiān jià zhǐ［名］较高收费的复印纸。［源自武汉市民姚先生到江岸区房产局档案室查询自己的购房评估报告，复印其中几份文件共 8 张纸，被收取咨询服务费 119 元的"天价"］【例】~是一种不合理的收费标准。

天龙人 tiān lóng rén［名］出自日本著名动漫《海贼王》中的一个世界贵族，网友们以其讽刺享有特权的政商权贵。【例】~没什么了不起。

天然呆 tiān rán dāi［形］形容又笨又可爱的人、动物或事物，重点是可爱。【例】你真是~，我喜欢。

天外飞砖 tiān wài fēi zhuān［名］指在论坛中能够抨击楼主的评论，带有诙谐趣味。【例】他擅长~，报复对手。

天线 tiān xiàn［名］指一些具有特殊关系，可以走后门、走关系的人。【例】他可能是~，不然考不上大学。

天线门 tiān xiàn mén［名］指苹果公司的 iPhone4 在最基本的通信问题上存在巨大缺陷事件。【例】~引起巨大恐慌。

填海建房热 tián hǎi jiàn fáng rè［名］借国家强调发展海洋经济之名，一些城市提出"向海洋要土地"，兴起新一轮的围填海热潮，新增土地很大一部分被用于房地产开发。【例】~过度开发，不仅加剧了房价调控难度，也潜伏着破坏生态等发展问题。

填坑 tián kēng［名］流行于东北地区的扑克牌类游戏，一般有 4 人或 5 人以上参加，可以随时加入或退出。打法简单快捷，是一种体现玩家智慧与勇气的博弈游戏。【例】~游戏紧张刺激，非常好玩。

舔狗 tiǎn gǒu［名］指那些毫无尊严去阿谀奉承他人的人。【例】争点气，靠自己的能力去完成，干吗去做~？

调制解调器 tiáo zhì jiě tiáo qì［名］是一种计算机硬件，它能把计算机的数字信号翻译成可沿普通电话线传送的模拟信号，而这些模拟信号又可被线路另一端的另一个调制解调器接收，并译成计算机可懂的语言。【例】~得到广泛运用。

挑麦 tiǎo mài［名］"就是挑战麦克风"，是一种娱乐文化形式。【例】～是一种气派，一种底气，一种自信。

跳冰池 tiào bīng chí［名］一个比赛项目，参赛者乘坐特定车辆跳入装满冰水的池子。比赛设置了三个奖项：最长跳水奖、最佳着装奖和最疯狂车辆奖。【例】近日，在奥地利的滑雪胜地韦斯滕多夫，第12届"～"大赛开赛，选手们凭借过人的勇气给我们带来了精彩的表演。

跳票 tiào piào［名］无法兑现的支票，相当于空头支票，又用来比喻没有实现的允诺。【例】选举前某候选人开出很多政见及诺言，但等到当选后却做不到，就会被称为～。

跳跳族 tiào tiào zú［名］指越来越多的年轻人频繁跳槽。【例】职场上"～"是越来越多，主要是刚刚毕业的大学生。

贴吧 tiē bā［名］百度贴吧，是百度旗下独立品牌，全球最大的中文社区。结合搜索引擎建立的一个在线的交流平台，让那些对同一个话题感兴趣的人们聚集在一起，方便展开交流和互相帮助。【例】创建个～，以供交流用。

贴吧伴侣 tiē bā bàn lǚ［名］在贴吧有着90%以上的好评度，用户范围遍布各个贴吧，是一款公认的贴吧辅助软件。【例】这个～很好用，您可以试一下。

贴个爪印 tiē gè zhuǎ yìn［动］留下记号，表示来过、看过。【例】～，支持一下。

贴客 tiē kè［名］就是帮助悬赏发布者到各大论坛进行发帖宣传，并获取一定报酬的网民。【例】现在，～的日子也不好过。

贴条门 tiē tiáo mén［名］指由北大女生在座位上贴条占座而引发的争议。【例】正如"～"中的情况，热门课程所在的教室往往是占座行为的"重灾区"，同时也是各种占座手段的"展览馆"。

帖子 tiě zi［名］网站BBS（电子公告栏）上或聊天室中自由发表意见的文字。【例】我现在发个～，你看一下。

铁锤教授 tiě chuí jiào shòu［名］肖传国，因雇凶打伤方舟子而被判拘役5个半月，被人戏称为"铁锤教授"。【例】～事件影响很大。

铁漂 tiě piāo［名］指那些正在或者曾经每周都要通过火车往返于家和工作地的人们。【例】～生活真不容易。

厅哥 tīng gē［名］腾讯微博里，网友们将"广东省公安厅"昵称为"厅哥"。他们信息公开更加及时、舆论引导更有效、警民互动更加便捷，引起了强烈的社会反响，受到网络热捧。【例】～一词迅速走红网络。

听奥会 tīng ào huì [名] 听障运动会又称为达芙林匹克运动会或听障奥运。【例】~目的是提升听障者的社会地位，并教育大众接纳及尊重听障者。

听证帝 tīng zhèng dì [形] 石爱伟，男，1974 年生，湖南长沙人，因六年间参加十七次听证会被称为听证帝。【例】~见证了中国的发展。

停尸间 tíng shī jiān [形] 无人说话的聊天室。【例】这个群里无人说话，成了"~"。

挺茅派 tǐng máo pài [名] 指支持著名经济学家茅于轼的言论的人。【例】在众多关注中，"倒茅派"多过"~"。(2009 年 3 月 20 日《羊城晚报》)

挺住体 tǐng zhù tǐ [名] 继"凡客体"后，凡客诚品广告新创造的"挺住体"再次成为网民关注的焦点。【例】~引起民众热议。

通缉门 tōng jī mén [名] 因连续报道上市公司凯恩股份关联交易黑幕，《经济观察报》记者仇子明遭该公司所在地在网上全国通缉。【例】~事件迅速在业内掀起轩然大波。

通售共享 tōng shòu gòng xiǎng [名] 指春运车票的五种销售不存在票额按比例分配的问题。【例】~为人们出行带来了方便。

同名门 tóng míng mén [名] 指的是因上海市闵行区一在建楼房倒塌而引申出来的开发商股东与当地官员同名事件。【例】~让他很被动。

同人漫画 tóng rén màn huà [名] 以商业漫画中人物为基础进行再创作，属于自创、不受商业影响的自我创作。"同人"是指读者从一部作品中衍生出来的其他作品，原指有相同志向的人们、同好。【例】~很漂亮，我很喜欢。

同人女 tóng rén nǚ [名]"同人女"一词起源于日本，指进行同人创作的女性群体。【例】中国与日本~类群有较大差异。

同人男 tóng rén nán [名]"同人男"是从"同人女"衍生而来的词汇，指进行同人创作的男性群体。【例】~创作范围广泛，现实生活中的明星也都是他们的创作对象。

同人文 tóng rén wén [名]"同人之名以为文"，把某部甚至某些原创作品里的人物放在新环境里，加入作者自己的想法从而展现作者对于原作不同的观念。【例】~值得我们学习。

同人小说 tóng rén xiǎo shuō [名] 指的是利用原有的漫画、动画、小说、影视作品中的人物角色、故事情节或背景设定等元素进行的二次创作小说。【例】~中有哪些好看的类型？

同人游戏 tóng rén yóu xì [名] 指业余的个人或同人社团所制作的电子游戏。【例】国产~非常好玩。

同人志 tóng rén zhì［名］同人志贴吧，是百度贴吧之下的一个动漫自创爱好者信息交流、学习展示的平台。【例】～贴吧创建以来，涌入了大量的志向相同的漫画创作爱好者。

同税同权 tóng shuì tóng quán［名］严格按照"同税同权"的逻辑推论下去，那就意味着"缴多少税享有多少权利""不缴税不享有权利"。【例】～引起社会公众强烈不满。

同堂票 tóng táng piào［名］为大学生提供的与父母或祖父母一起观看文艺演出的票。【例】～，让大学生偕同父母或祖父母同堂看戏，为增进亲情创造机会。

童替 tóng tì［名］"儿童替身"的简称。【例】这部电影～比较多。

童鞋 tóng xié［名］泛指网友，也可称同学。【例】你这个～，真不懂事。

童养蟹 tóng yǎng xiè［名］指异地蟹苗在阳澄湖养殖长大的螃蟹。【例】到底是"～"呢，亲友已经到场，你先下箸吧。

筒子们 tǒng zi men［名］"同志们"的谐音。【例】～，向胜利前进吧。

偷菜 tōu cài［名］在虚拟的网络"农场"里种菜，为扩大田园收获果实日夜奋战并时刻提防偷菜者。【例】"今天你～了吗"已成为问候语。

偷供族 tōu gòng zú［名］穿着和常人无异，但手中只拎着一个袋子，有的人甚至空手向墓地里行进，没有亲人陪伴，专门往人少的墓园区域溜达。【例】这是一群游走于墓碑间，专门偷拿扫墓人留下的供品倒卖的"～"。

偷票房 tōu piào fáng［名］一种电影业中常见的"偷梁换柱"现象，指电影院瞒报（一般为少报）电影观众人数的行为，是由于分成比例不同等各种原因产生的。【例】～时有发生。

偷笑门 tōu xiào mén［名］亚锦赛决赛在家门口惨败于伊朗的夜晚，球迷们心中都充满了遗憾、愤怒、埋怨、沮丧。然而，孙悦、杜锋和朱芳雨三位球星，在领奖台上的诡异笑容却与以上的情感格格不入。【例】"～"事件，让观众情绪比较强烈。

头头是道 tóu tóu shì dào［名］指开悟之后，一言一语、一举一动无不暗合道妙，形容说话、做事很有条理，也指说的话有道理，条条都对。【例】他讲得～。

头香 tóu xiāng［名］第一个回帖的。泛指第一个。【例】他抢了个"～"。

投霸 tóu bà［名］指四处投简历的学生。【例】他简直是个～，这家公司也收到他的简历了。

投稿陷阱 tóu gǎo xiàn jǐng［名］以欺骗、收取钱财的方式骗取稿件。【例】

~越来越多，需要谨慎。

投基气象站 tóu jī qì xiàng zhàn ［名］由国投瑞银基金管理有限公司推出，从基本面、资金面、政策面三个维度考察股市债市的投资趋势，每月初以气象预报的方式，直观地为投资者指引投基方向，并视情推出基金投资顾问方案。【例】～如何发展，情况不明。

突迷 tū mí ［名］士兵突击迷的简称，对《士兵突击》电视剧的执着与热爱。【例】～非常喜欢《士兵突击》中的许三多。

图档 tú dàng ［名］指图片或图像的格式或方式。【例】～选择，最好从网上下载。

图客 tú kè ［名］指通过出卖设计稿、摄影图、插画作品、模板设计等图片创意作品赚钱的人。【例】～最喜欢的就是以图会友，用图片说话，结识更多同好。

图书漂移 tú shū piāo yí ［名］一个分享图书的过程，形式可以多样化。［起源于20世纪60年代的欧洲，书友将自己不再阅读的图书贴上特定标签，投放到公园、茶馆、商场等公共场所，其他人便可"偶遇"自己感兴趣的书，拾取的人阅读之后，根据标签提示，再以相同的方式将该书投放到公共环境中去］【例】～值得我们提倡。

图样 tú yàng ［名］图片样板。【例】你给我发个～，我想要看一看。

图样图森破 tú yàng tú sēn pò ［名］为英文 too young, too simple 的谐音，太年轻，太天真，多见于各大贴吧。意指对方想的简单肤浅，毫无意义。【例】你的想法太～。

图种熊菊 tú zhǒng xióng jú ［名］"发图不发种，菊花被熊捅"的缩略形式。当前流行的网络词语。形容对楼主发了"你懂的"级别的图却不留下可供下载的BT种子，以至于吊足围观群众的口味令人产生愤恨。

土地经纪人 tǔ dì jīng jì rén ［名］即收集农民要出租的土地信息，发布到网上，提供给需要土地的种植户或者投资者，对农民免费，从种植户或投资者方面赚取中介费。【例】～在农村比较流行。

土豆效应 tǔ dòu xiào yìng ［名］英国统计学家罗伯特·吉芬最早发现，1845年爱尔兰发生灾荒，土豆价格上升，但是土豆需求量反而增加了。【例】～引起经济学家注意。

土腐败 tǔ fǔ bài ［名］指没有外方参与的腐败，又指关于土地方面的腐败。【例】～时有发生。

土豪，我们做朋友吧 tǔ háo, wǒ men zuò péng yǒu ba 用于讽刺那些有钱又很

喜欢炫耀的人，尤其是通过装穷来炫耀自己有钱的人。【例】"～"也许是2013年最为火热的网络语了，就连英国BBC和美国财经有线电视台都为"tǔ háo"一词做了专题节目。

土味情话 tǔ wèi qíng huà［名］指那些听起来腻人、带着土气、冷幽默式的情话，多采用夸张的表达方式。【例】～却是另一种甜蜜，我对你的爱，就像拖拉机上山轰轰烈烈；你知道我的缺点是什么？是什么？"缺点"你。

土著 tǔ zhù［名］相对于外来殖民者而言，世代居住本地的人。【例】澳洲的～有神奇的嗅觉。

吐槽 tù cáo［名］从对方的语言或行为中找到一个漏洞或关键词作为切入点，发出带有调侃意味的感慨或疑问。［源于日本漫才（日本的一种站台喜剧，类似相声）］【例】这个小品遭到观众～。

吐血 tù xiě［名］对某人或某物感到极其无奈，带有谐谑趣味。【例】不要迷恋哥，哥只是个传说。不要迷恋姐，姐会让你～。

兔爸 tù bà［名］程敏（吴铭枝），1963年生于番禺，中国民间文化艺术博览馆馆长、中国著名家庭教育实践者。【例】～的故事传遍大江南北。

兔手势 tù shǒu shì［名］是一种时尚新潮的拜年手势，手势的造型很简单：双手十指交叉，竖起大拇指，神似一只活泼的小兔子。［2011年的新年晚会上，主持人海清给出了一个手势，这个手势有个可爱的名字：兔手势］【例】～一夜之间被人们接受并使用。

兔斯基 tù sī jī［名］耳朵细细长长、脸长得一副嫌弃的样子、转动着两根面条般的手臂做着搞笑动作的兔子。［源自由中国传媒大学动画系王卯卯创作的一套动画表情形象］【例】～可爱又好看。

兔子帖 tù zi tiě［名］将同一内容的帖子发到不同板块栏目上的行为。【例】仔细一看原来这是一个～。

团二代 tuán èr dài［名］有网友指出《川军团血战到底》是"团二代"，有抄袭《我的团长我的团》的嫌疑。【例】不管是不是～，目的还是让人们记住那段历史。

团购 tuán gòu［名］团体购物，指认识或不认识的消费者联合起来，加大与商家的谈判能力，以求得最优价格的一种购物方式。【例】～已成为居民消费的一种方式。

团购新娘 tuán gòu xīn niáng［动］指经婚介公司组织，到他国购买新娘的行为。【例】～属于一种违法行为。

团购学历 tuán gòu xué lì［动］针对唐骏"学位门"事件创造出来的流行

语，用来形容那些集体购买学历的行为。【例】在很多大企业和事业单位存在 ~ 问题。

团客 tuán kè［名］美国 Groupon 模式在中国的一种演变，是一种全新的电子商务团购导航网站。【例】~ 使用者较少。

团旅游 tuán lǚ yóu［名］就是大家一起在团购网上"团"旅游线路，出游方式仍为自由行，却可能享受到比团队游价还低的"团游价"。【例】~ 非常适合旅游的群众。

团奴 tuán nú［名］网购一族的生活里出现了一种新鲜的团购消费，他们不必发起组织一次团购，不必去找商家谈判砍价，只需打开电脑登录团购网站，浏览这些网站推出的"今日团购"商品。【例】"~"不再为团购商品而发愁。

团生活 tuán shēng huó［名］搜罗本地特价消费的团购信息导购平台，成立于2009年2月。【例】~ 的宗旨是为都市精英享受当地生活提供最低成本的解决方案。

团圆体 tuán yuán tǐ［名］2011年中秋节河北卫视在网络上发起的一种短体诗写作文体，是继"凡客体"和"梨花体"后，引发的又一网络短体诗大接龙，吸引了数十万网民的关注。【例】网友纷纷晒出了自己的"~"短体诗。

推倒 tuī dǎo［动］战胜对方。【例】终于 ~ 了他。

推手 tuī shǒu［动］幕后推动者。【例】他们是房价的 ~。

推手网店 tuī shǒu wǎng diàn［名］新近出现的一种商业模式，指收取客户（一般为网店）一定的费用，通过各种网络营销，如提供新闻稿发布、论坛营销、博客营销、专题活动等各种网络传播手段来提高该网店的点击率，进而提高该店商品的知名度。【例】这是一个 ~。

推他 tuī tā［名］盛大轻博客推他网成立于2011年6月，是一种介于博客和微博之间的一种网络社区。【例】~ 成立以来，点击率比较高。

推特 tuī tè［名］是一家美国社交网络及微博客服务的网站。【例】~ 对所有人都是开放的。

推特控 tuī tè kòng［名］指沉迷于 Twitter 微博的人。是国外的一个社交网络及微博客服务的网站。【例】~ 不利于自身发展。

推文 tuī wén［名］在推特上发的文章。【例】很多 ~ 质量不错。

推友 tuī yǒu［名］Twitter 用户或称 Twitter 写手。"推"指 Twitter 的中文译称推特，"友"与"网友"中的"友"意义相同。【例】这个 ~ 的文章，点击率很高。

退出令 tuì chū lìng［名］央企刚刚肆无忌惮地抢造了一轮地王，国资委和北京市国土局就同时出面祭出了限制央企造地王的政策。【例】～的发布，让他很被动。

退盐潮 tuì yán cháo［名］一些抢购了十几袋甚至上百袋食盐的消费者望盐兴叹，后悔的同时，还费尽心思想把购买多余的食盐退回。【例】继"抢盐"之后，又兴起了"～"。

退盐族 tuì yán zú［名］2011年初，由于外界盛传服用碘盐可以抵抗核辐射，从而引发3月16日中国大陆民众大量抢购、囤积碘盐的"谣盐"风波。在多个部门出面辟谣之后，食盐抢购风波宣告平息，"谣盐"逐渐散去，一些囤盐的市民已经感到后悔，纷纷拿回销售点要求退货，抢盐潮后又现退盐潮。【例】"抢盐风"转变为"～"。

囤粉族 tún fěn zú［名］指三鹿奶粉事件发生后，担心安全奶粉脱销而大量购买、储存奶粉的人。【例】随着奶粉陆续涨价，广州一批母亲"～""走粉族"也应运而生。

囤囤族 tún tún zú［名］搜罗特价商品、趁低吸纳，特别是在逛超市时囤积日用品，力争将生活成本降到最低。【例】不易坏的日用品在"～"中最受宠。

托市潮 tuō shì cháo［名］中国政府，迫于外夷的威胁，必须放弃紧缩的调控政策来发展经济；而地方政府，迫于地产调控及经济再次探底的压力，将可能出现的全面救助措施及现象，称为"托市潮"。【例】面对低迷的楼市，地方政府力推2012年"贷款倍增计划"，将有可能出现～。

托业 tuō yè［名］中文译为国际交流英语考试，是针对在国际工作环境中使用英语交流的人们而指定的英语能力测评，由美国教育考试服务中心设计。【例】"～"已经成为全球很多需要评估待聘用的和现有员工英语能力的机构认可的标准。

托猪所 tuō zhū suǒ［名］指为他人育肥仔猪的场所，仿托儿所。【例】随着新农村建设步伐的加快和农业生产结构的调整，～应运而生。

拖粉族 tuō fěn zú［名］指到香港拖奶粉的中国内地妈妈们。【例】～认为港版品质高过大陆行货。

拖库 tuō kù［名］拖库本来是数据库领域的术语，指从数据库中导出数据。到了黑客攻击泛滥的今天，它被用来指网站遭到入侵后，黑客窃取其数据库。【例】～可以通过数据库安全防护技术解决。

脱北者 tuō běi zhě［名］又称逃北者、朝鲜难民、北韩难民等，全称是"北韩离脱住民"。最开始专指从朝鲜亡命到韩国的人，后来泛指所有从朝鲜逃出来的人。【例】受国内形势影响～越来越多。

脱光 tuō guāng［名］"脱光"除了"脱离光棍"的意思，还有一层"寻求温暖"的含义在里面。【例】"～"成了广大男女的口号，纷纷争取在这一天告别单身生活。

脱光族 tuō guāng zú［名］指试图脱离单身生活的人，希望尽快摆脱单身。【例】"～"通过寻友、征婚、宣言等方式，或在网上结成团队相互出主意，脱离光棍生活。

脱机 tuō jī［名］在离线情况下访问以前缓存中的网页。【例】学校断网了，这是"～"网页。

脱线 tuō xiàn［名］脱机。【例】～游戏不好玩。

拓展 tuò zhǎn［名］拓展训练属于体验式培训，所谓体验式培训简单地说就是通过亲身经历来实现学习和掌握技能的过程。【例】～训练适应新式教学水平。

U

+U［动］加油。【例】～喝彩。

U 哥/U 姐［名］大运吉祥物是"UU"，城市志愿者的服务平台和赛会志愿者的"场馆之家"都是"U 站"。这个昵称集中体现了大运"U"元素。【例】～，不仅很"潮"，还朗朗上口。

U 惑力［名］指具备了独特的思维（unique）、包容的智慧（unite）和轻盈的精神状态（upward）。【例】～能够锻造自我悠享生活的创意力、优质独特的魅惑力、优雅智慧的气质力。

U 盘采购门［名］辽宁抚顺市财政局办公室采购苹果公司 iTouch4 当 U 盘，抚顺市财政局办公室主任李国强否认了"故意违规"的说法。【例】～引起市民反响。

U 势界［名］企业与大学生创业项目的联动平台。【例】～包括线上的大学生就业、创业信息服务系统和一系列的线下大学生就业、创业活动。

UK［名］电脑游戏，杀手联盟。［英文 United Killers 的首字母缩写］【例】他是～的一员。

Ungeiliable 中国网民原创词汇，采用中英文构词法则，前缀 un 表否定可译为"不"，中间是汉语"给力"（geili）的拼音，形容词后缀 able。［例］网络上出现了许多采用"中英结合"的方式创造的新词，"～"就是其中一个，表示

"不给力"。

UP 好，顶，支持。就是顶别人的文章或帖子的意思，另外还有回帖支持，夸赞一个人，说一个人好的意思。[英文 up 的意译，向上]【例】~，一个新颖的观点。

UR 你是，你。[英文 You are 的谐音]【例】略。

URL 统一资源定位符，是对可以从互联网上得到的资源的位置和访问方法的一种简洁的表示，是互联网上标准资源的地址。【例】互联网上的每个文件都有一个唯一的 ~。

URYY4M 你比我聪明。[英文 You Are Too Wise For Me 的谐音]【例】略。

UTA 指数 "UTA 旅游线路性价比指数"的简称。其针对跟团游线路，通过对每条线路进行综合评测后给出相应的分数，供消费者出行参考。该指数由价格、线路成熟度、有无购物和投诉四个维度构成，每个维度的满分为 10 分。消费者可以从中直观地了解到每条旅游线路的长短优劣。【例】据介绍，"~"专门针对跟团游线路，由资深旅游计调师对每条线路进行综合评测后给出相应分数，供消费者出行参考。

UW 不客气。[英文 You're welcome 的首字母缩写]【例】~，欢迎下次再来。

V

VFM 钱花得值。[英文 Value for Money 的首字母缩写]【例】略。

VIC 服务 由广州本田汽车公司提出的服务理念。"VIC"为英文"Very Important Customer"的缩写。相对于 VIP（Very Important Person）服务，VIC 服务以"专人服务"为特色，代表着更高的服务级别。【例】略。

VJ 负责提供 Party 影像的人，负责播放和制作 Visual 的职业。【例】略。

VS 广州唯思软件有限公司（VS），是一家集竞技游戏平台和竞技游戏软件的研发、运营及服务为一体的专业性软件公司。

V5 出自谐音"威武"。【例】你真~。

V587 取自汉字谐音"威武霸气"。【例】这款车真好看，~。

W

WAG（笨蛋都知道）猜的。 ［英文 Wild Ass Guess 的首字母缩写］【例】略。

WAI 真是个白痴！［英文 What An Idiot 的首字母缩写］【例】略。

WB 欢迎回来。［英文 Welcome Back 的首字母缩写］【例】略。

WCA 谁在乎？［英文 Who Cares Anyway 的首字母缩写］【例】略。

WDYS 你说什么。［英文 What Did You Say 的首字母缩写。］【例】略。

WDYT 你怎么看？［英文 What Do You Think 的首字母缩写］【例】这件事，～。

WE 不论怎么样。［英文 Whatever 的缩写］【例】～，我必须去。

We are 伐木累 所谓"伐木累"是英文 family 的谐音形式，原本为"we are family"，意思为"我们是一家人"。【例】～，不要客气。

WEG 邪恶的笑容。［英文 Wicked Evil Grin 的首字母缩写］【例】略。

WG 坏笑。［英文 Wicked Grin 的首字母缩写］【例】略。

WIIFM 对我有什么益处。 ［英文 What's In It For Me 的首字母缩写］【例】略。

WIT 训练中的语言艺术家。 ［英文 Wordsmith In Training 的首字母缩写］【例】略。

WOG 精明老手。［英文 Wise Old Guy 的首字母缩写］【例】略。

WRT 看着。［英文 With Regard To 的首字母缩写］【例】略。

WTG 要做的事情，一定要完成的。［英文 Way To Go 的首字母缩写］【例】略。

WTSDS 永远不会，取否定意义。［英文 Where The Sun Don't Shine 的首字母缩写］【例】略。

WYP 你怎么了？［英文 What's Your Problem 的首字母缩写］【例】略。

WYRN 你的真名是？ ［英文 What's Your Real Name 的首字母缩写］【例】略。

WYS 不管你怎么说。［英文 Whatever You Say 的首字母缩写］【例】略。

WYSIWYG 所见即所得。［英文 What You See Is What You Get 的首字母缩写］【例】略。

WYT 不管你怎么想。[英文 Whatever You Think 的首字母缩写]【例】略。

挖坟党 wā fén dǎng [名] 指故意去翻一些老帖起来，用整屏的老帖把新帖压下去的人，现在称之为爆吧。【例】你这个～，能力真不一般。

挖粪涂墙 wā fèn tú qiáng [名] 发愤图强。【例】你只要～，贫困落后的面貌就能改变。

挖卡卡 wā kǎ kǎ [象声] 类似笑声的象声词。再如挖哈哈、哈哈。【例】～，今天很开心。

挖坑 wā kēng [动] 指某些漫画家高调连载了一部人气作品，中途因为各种原因而暂时停载，多年也不继续画下去却又不肯让作品就此完结，让粉丝牵肠挂肚直到老死也未能了却心愿的被斥责为可耻或者道德极度败坏的行为。网络用语，也称开坑，是指写新的长篇文章。【例】～现象的出现，是为了吸引读者。

挖媒矿 wā méi kuàng [动] 形容专业的媒人，通过现代化的技术手段，走上专业化产业化的道路。【例】"～"挖到外省去，确实很厉害。

哇咔咔 wā kā kā [名] 由成都齐亿科技有限公司的沐爱工作室开发的新一代手机网游。【例】～受到儿童喜爱。

娃奴 wá nú [名] "车奴"、"房奴"后又出现娃奴。没有钱养娃娃。【例】"～"日子也不好过。

瓦瓦祖拉 wǎ wǎ zǔ lā [拟声] 南非世界杯上，那响彻球场的"嗡嗡"声。最早起源于用非洲羚羊的角制成的一种用来驱赶狒狒的发声工具，在球场上表示加油、呐喊、庆祝。发出这种声音的是一种名叫"vuvuzela（瓦瓦祖拉）"的细长塑料喇叭。【例】～真好听。

外出许可 wài chū xǔ kě [名] 指夫妻中的一方得到另一方许可后方可外出。很多已婚人士说，结婚以后少了很多自由，要去哪里都要向另一半汇报，对方不同意还不能去。【例】结婚后要有～才能出门。

外交掮客 wài jiāo qián kè [名] 没有立场和原则，但是就能够把事情办成。【例】有些人并不赞同～。

外貌主义 wài mào zhǔ yì [名] 指根据外貌对别人产生歧视或偏见。【例】～已经在文化研究和经济学领域引起学术性关注。

外妹 wài mèi [名] 外国美女。【例】～也并不是什么都好。

外食族 wài shí zú [名] 指的是现代城市生活中以家庭外饮食为主要生活方式的族群。【例】～不利于健康。

外围女 wài wéi nǚ [名] 又称外围脏蜜，俗称脏模、脏蜜，也被圈内人称为

"商务模特"。【例】～这种行为在我国受到法律的禁止，属于违法行为。

外泄门 wài xiè mén［名］CSDN 的安全系统遭到黑客攻击，600 万用户的登录名、密码及邮箱遭到泄漏。【例】"～"事件给人们敲响了警钟。

弯道赶超 wān dào gǎn chāo［名］赛车场上的术语，就是要在拐弯处超越对手。【例】～是非常难的技术。

完爆 wán bào［名］网络衍生词，衍生自完胜，含义为全面超过。【例】计算机技术被他～。

玩具试玩家 wán jù shì wán jiā［名］指针对玩具进行测试并提出意见的人群。【例】8 岁男孩获得了自己梦寐以求的工作——～。

玩偶旅行社 wán ǒu lǚ xíng shè［名］"带上玩偶去旅行"正成为一种新的旅游方式。玩偶旅行有两种方式，出镜人都是玩偶。一种是和玩偶一起上路，另一种是玩偶代替主人旅游。【例】～是一种新式的旅行方式。

玩转 wán zhuǎn［动］在某个领域或方面有很大的兴趣，并非常了解，知道如何操作，玩得很好。【例】～社会，可不容易。

碗幕 wǎn mù［名］直径达 50 米，高 13 米，通过投影系统来播放提前制作的视频节目。【例】巨型～通过一幅幅画面将新中国七十年成果充分展示出来。

万维网 wàn wéi wǎng［名］一个资料空间，www 是环球信息网的缩写。是一个由许多互相链接的超文本组成的系统，通过互联网访问。【例】～并不等同互联网，只是互联网所能提供的服务之一。

汪星人 wāng xīng rén［名］把狗假想成来自外太空的外星人，也指那些卖萌的狗狗。【例】～很可爱。

王道 wáng dào［名］字面上的意思为"王走的道路"。引申为正确的选择、方法等；强大的事物或方法。【例】～之路，巩固政权。

王求革圭 wáng qiú gé guī［名］指球鞋。【例】这双～很漂亮。

王子病 wáng zǐ bìng［名］就是相对"公主病来说的"。突出症候是"自我感觉过分良好"，具体来说就是把自己想象成举世无双、童话般完美的王子，认为全世界的异性都将为自己的旷世风采而绝到，并且达到自恋的境地。【例】整体想好事，就像得了～一样。

网吧 wǎng bā［名］向社会公众开放的营利性上网服务提供场所，提供电脑相关硬件。【例】～应该禁止未成年人进入。

网吧难民 wǎng bā nàn mín［名］指由于各种原因（欠租、家庭理由等）不能够再居住于自己的家中或公寓，而转到 24 小时营业的网吧或漫画吃茶店度宿的人。【例】你都成了～了，想想以后怎么办吧。

网报 wǎng bào［名］报的一种新形态，是具有互联网特质的报。【例】～形成一种服务于网民的新报业形态。

网虫 wǎng chóng［名］网痴，网迷。【例】24 小时上网，真是一个大～。

网德 wǎng dé［名］网络道德。【例】～建设纳入公民道德建设范畴。

网店 wǎng diàn［名］电子商务的一种形式，是一种能够让人们在浏览的同时进行购买，且通过各种在线支付手段进行支付完成交易的网站。【例】我们要合理利用～，争取做到效益最大化。

网店删差团 wǎng diàn shān chà tuán［名］在淘宝、拍拍等在线交易网站中，出现的"白天为人、夜晚做鬼"的专业勒索团队，近期淘宝网上更出现了一伙"强盗"，淘友称其"删差团"。删差团顾名思义就是给网店除去差评的团伙。【例】～尽管尚未出现大规模"作案"，但已呈现"抬头"趋势。

网店实名制 wǎng diàn shí míng zhì［名］指个人开网店要登记实名，具备条件的要办理工商登记注册；而已经有营业执照的经营主体则要将营业执照电子版公开。【例】～有利于打击违法犯罪。

网蝶 wǎng dié［名］专指女性用户。【例】～逐渐为人所熟知。

网哥 wǎng gē［名］哥哥，一般指男性网友。【例】～给个好评吧。

网格 wǎng gé［名］是利用互联网把地理上广泛分布的各种资源连成一个逻辑整体，像一台超级计算机一样，为用户提供一体化信息和应用服务，进行资源共享和协同工作。【例】略。

网购 wǎng gòu［名］网上购物。【例】中国国内的～，一般付款方式是在线支付。

网购保镖 wǎng gòu bǎo biāo［名］帮助用户从选购到第三方支付平台到网银整个网购流程，防止用户被钓鱼网站欺骗、被恶意程序入侵、被网购木马篡改交易，全面保护网购流程，为用户打造一个高度安全的网购环境。【例】～是网购不可缺少的。

网购达人 wǎng gòu dá rén［名］指在网上购物的高手，就是对网络购物有着丰富的经验。【例】～愿意分享他们的经验。

网购奴 wǎng gòu nú［名］沉迷其中，把大量的时间、金钱、精力"贡献"给了网络购物。【例】继"车奴""房奴"之后，"～"又产生了。

网购族 wǎng gòu zú［名］指那些热衷并习惯于网上购物的一群人或一类人。【例】网上购物逐渐成为人们的网上行为之一，越来越多的人热衷于成为～。

网关 wǎng guān［名］一种充当转换重任的计算机系统或设备，用于不同的通信协议、数据格式或语言，甚至体系结构完全不同的两种系统之间。【例】～

在网络层以上实现网络互联，是最复杂的网络互联设备。

网管 wǎng guǎn［名］网络管理员，在网络操作系统、网络数据库、网络设备、网络管理、网络安全、应用开发等六个方面具备扎实的理论知识和应用技能。【例】～是从事计算机网络运行、维护的人员。

网红 wǎng hóng［名］网络红人的简称。指在现实或者网络生活中因为某个事件或者某个行为而被网民关注从而走红的人或长期持续输出专业知识而走红的人。【例】～皆因为自身的某种特质在网络作用下被放大。

网婚 wǎng hūn［名］全称"网络婚姻"，也有人称为"网络婚礼"，是指在虚拟的网络上进行结婚登记并领取虚拟结婚证所缔结的婚姻关系，这种婚姻关系是不受法律承认和保护的。【例】～通过在虚拟社区以语音和视频的形式都可以进行。

网货 wǎng huò［名］以网络零售平台作为主营销渠道的时尚流行商品。【例】"～"往往比"线下货"要便宜很多。

网货品牌 wǎng huò pǐn pái［名］是指以网络为销售中心，利用网络而打造成的一个品牌。【例】～的商品性价比也远远高于传统品牌。

网货物流推荐指数 wǎng huò wù liú tuī jiàn zhǐ shù［名］衡量评价物流公司网络货物快递等服务质量，从而进行选择推荐的指标。它直接反映物流公司的"信誉度"。【例】～中对于物流公司的评判标准内容很多。

网际快车 wǎng jì kuài chē［名］采用 MHT 下载技术给用户带来超高速的下载体验。【例】～非常实用。

网姐 wǎng jiě［名］一般指网上的女性用户。【例】～、网哥，请你们帮帮我，给个好评。

网警 wǎng jǐng［名］网络警察。从事网络监察工作。【例】～也需要拥有计算机相关专业技能。

网剧 wǎng jù［名］专门为电脑网络制作的，通过互联网播放的一类网络连续剧。【例】～一时风靡全球。

网捐 wǎng juān［动］网络捐款。【例】～成了一种时尚。

网捐门 wǎng juān mén［名］2010 年 4 月 24 日，浙江卫视麦霸英雄汇举办了一场为玉树祈福的特别晚会，晚会像其他赈灾义演一样，为玉树灾区打气募捐。但同时，在天涯同步展开的盖楼捐助活动中，却创造了一个新的网络奇迹。[只要网友回复一句为玉树祈福的话，浙江卫视就将为玉树灾区捐赠 1 元钱。包括节目现场直播过程，该帖在 24 小时内，创下了 6328690 的总浏览量，1036269 的总回复量，高峰时段，一分钟创下了 40 万的点击量，几乎每一个时间段都有上百条同时回复，天涯系统一度瘫痪，发表声明提醒网友耐心操作〕【例】"～"事件，就是网聚人的力量，通过网友的参与，来积聚人气，从而让更多的网友关注玉树灾区，用更多的善款支援灾区。

网军 wǎng jūn［名］军队新军种，担负保卫网络主权和从事网络上作战的艰巨任务。【例】为了适应现代化战争需要，～必不可缺少。

网卡 wǎng kǎ［名］工作在链路层的网络组件，是局域网中连接计算机和传输介质的接口。【例】～是计算机连接网络的重要组成部分。

网课族 wǎng kè zú［名］由于外国名校开放课程在全球风行，在我国国内引起一股学习外国名校开放课程的热潮。【例】那些在网上下载并收看高校开放课程的网友也被称为"～"。

网立方 wǎng lì fāng［名］整合营销管理系统，是一款专注服务于中小型企业，打造双网营销（即移动互联网和互联网）的一站式管理系统。【例】～是中国第一款主动寻找客户的营销软件。

网恋 wǎng liàn［动］网上恋爱。【例】～已经成了人们潜意识可以接受的恋爱方式。

网恋等级测试 wǎng liàn děng jí cè shì［名］一种流传于网络关于网恋的测试题目，以测试一个人网恋的程度，这种想象力丰富的恶搞式题目多半是带有娱乐性目的。【例】网友编出～。

网聊 wǎng liáo［动］网络聊天的简称。指通过个人计算机、手机等平台，通过网络聊天软件（如 QQ、飞信等）进行的聊天，一般以文字为主，也有图像、视频等。【例】～日趋大众化。

网龄 wǎng líng［名］从广义上说就是接触网络的第一天算起，到现在间隔的时间。【例】我～十多年。

网路 wǎng lù［名］台湾对于"网络"的称呼。连线两台或多台电脑进行通讯的系统。【例】一个～可以由两台电脑组成，也可以拥有在同一大楼里面的上千台电脑和使用者。

网络游戏经济 wǎng lùo yóu xì jīng jì［名］指一种存在于虚拟世界的突现经济。目的是消遣和娱乐，并非必要需求。【例】～通常以交易网络游戏中的虚拟物品为主。

网络 IN 语 wǎng luò IN yǔ［名］in 语即 in fashion 的简称，就是流行，处于时尚潮流尖端的意思。in 语也指流行话语。【例】今年的～还没有发布。

网络 KTV wǎng luò KTV［名］新型音乐互动社区模式以其方便、免费或低价使用等特点，成为白领新潮一族和大学生的"娱乐新宠"。【例】～倍受欢迎。

网络爱情考验 wǎng luò ài qíng kǎo yàn［名］众心塔网独立开发的一种以众心塔网为平台来进行的虚拟爱情考验系统。【例】用户们通过参加这种"~"来向爱人表白或证明自己的爱有多深。

网络安全 wǎng luò ān quán［名］指网络系统的硬件、软件及其系统中的数据受到保护，不因偶然的或者恶意的原因而遭受到破坏、更改、泄露，系统连续可靠正常地运行，网络服务不中断。【例】~已被各国重视。

网络版 wǎng luò bǎn［名］支持直接在服务器操作的软件模式。【例】~软件，比较贵。

网络版权 wǎng luò bǎn quán［名］著作权，是指文学、音乐、电影、科学作品、软件、图片等知识作品的作者在互联网中对其作品享有的权利。【例】~需要花钱购买。

网络保姆 wǎng luò bǎo mǔ［名］为他人的网站提供保护，为客户提供网络安全咨询指导服务、进行网站漏洞检查等工作，以防止类似黑客将数据篡改，造成经济损失，保障网络安全。【例】她是职业~。

网络报纸 wǎng luò bào zhǐ［名］纸质报纸电子版、网络版。【例】~逐渐流行。

网络暴力 wǎng luò bào lì［名］一种暴力形式，它是一类在网上发表具有伤害性、侮辱性和煽动性的言论、图片、视频的行为现象。【例】~是网民在网络上的暴力行为。

网络菜市场 wǎng luò cài shì chǎng［名］开在网络上的菜市场，和普通菜市场经营性质相同，主要销售蔬菜、瓜果、禽类等产品，如：上海买菜网，广州买菜网。【例】~的蔬菜也是比较新鲜的。

网络策反 wǎng luò cè fǎn［动］指军人在网上受到某些组织所发信息的影响，做出有损军队利益的举动。【例】必须时刻警惕~事情的发生。

网络策划师 wǎng luò cè huà shī［名］网络推客，网络推手。是借助网络媒体推广企业产品、品牌和人的一种新兴职业。【例】~是一种新型职业。

网络炒作 wǎng luò chǎo zuò［动］利用网络媒体，通过推手或者幕后人，发动网络写手对某个人物或者公司、机构进行两个方面的评论，一个方面产生正面效应，另一方面产生负面效应。【例】~有时会让群众不明真相。

网络称赞服务 wǎng luò chēng zàn fú wù［名］指日本一个网站提供的服务，针对人们渴望被称赞的心理，给予称赞服务。这种称赞服务还可以根据会员职业、性格的不同，显示不同的鼓励和安慰的话。【例】日本最近出现"~"，如

"你能做到""你的造型真棒""你做酱汤最好吃"等称赞之辞，给人们的生活带来了动力，这项服务日益受到人们的青睐。

网络成瘾综合征 wǎng luò chéng yǐn zōng hé zhēng［名］无成瘾物质作用下的上网行为冲动失控。【例】青少年的~问题已经引起了社会各界人士的重视。

网络串门 wǎng luò chuàn mén［动］上网打开空间，看看好友动态进行一系列回复评论等。【例】~进入了大众生活。

网络词汇 wǎng luò cí huì［名］互联网上使用的一些特殊语言或文字，是网民在网上聊天或发表意见时所创造并被广泛认可的词汇，它们是伴随着互联网诞生和发展而产生的；主要以简洁、明了为主。【例】~使用频率越来越高。

网络打假团 wǎng luò dǎ jiǎ tuán［名］一个民间维权组织，主要针对各大网站、网购平台进行打假。

网络打手 wǎng luò dǎ shǒu［动］是中国一种非常特殊的网络营销行为，通常是一些公关公司雇佣的枪手，他们在论坛、博客上使用各种片面、偏激而具有扰乱视听功能的文字来诋毁竞争对手。【例】~以谩骂、诽谤为主，语言通常比较夸张。

网络大学 wǎng luò dà xué［名］实行弹性学制，允许学生自由选择学习期限，远程教学。【例】~的出现打破了传统大学的时间和空间限制。

网络道德 wǎng luò dào dé［名］指以善恶为标准，通过社会舆论、内心信念和传统习惯来评价人们的上网行为，调节网络时空中人与人之间以及个人与社会之间关系的行为规范。【例】~是人与人、人与人群关系的行为法则。

网络帝国主义 wǎng luò dì guó zhǔ yì［名］指的正是美国对全世界网络市场的统治。我们日常使用的谷歌、雅虎、亚马逊、推特等网络服务，都是美国公司提供的。【例】~离我们很近。

网络店小二 wǎng luò diàn xiǎo èr［名］只需坐在电脑前帮网络店铺上货、与顾客沟通的人。【例】~开展业务的工具包括聊天工具和网上博客等。

网络短剧 wǎng luò duǎn jù［名］专门为电脑网络制作的，通过互联网播放的一类网络连续剧。【例】~一般分单元剧和连续剧。

网络发言人制度 wǎng luò fā yán rén zhì dù［名］政府部门为使民意得到充分表达、积极应对网络监督、正确引导网络舆情、促进政府信息公开、落实民众知情权与表达权、树立良好政府形象而建立的。【例】~旨在为互联网在普通民众与政府之间搭建一条政策与民意互动的新通道。

网络反腐 wǎng luò fǎn fǔ［动］互联网时代的一种群众监督新形式，借互联网人多力量大的特点，携方便快捷、低成本、低风险的技术优势，更容易形成舆论热点，成为行政监督和司法监督的有力补充。【例】～力度很大。

　　网络犯罪 wǎng luò fàn zuì［名］指行为人运用计算机技术，借助于网络对其系统或信息进行攻击、破坏或利用网络进行其他犯罪的总称。【例】～越来越多。

　　网络诽谤 wǎng luò fěi bàng［名］指借助网络等现代传播信息手段，捏造、散布虚假事实，损害他人名誉的行为。【例】～行为应受到法律制裁。

　　网络公关公司 wǎng luò gōng guān gōng sī［名］专业从事网络公关传播活动的企业机构，主要业务包括：口碑营销、事件营销、微信营销、新闻传播、微博传播、整合营销等。【例】～兴起之初，存在一定行业乱象。

　　网络公墓 wǎng luò gōng mù［名］指网络上的公墓，即是为逝者在网络上建立虚拟的墓地。创建网上墓地是为了纪念逝者，是一个寄托哀思、悼念亲人的平台。【例】～虚拟化，祭扫活动数字化。

　　网络寡妇 wǎng luò guǎ fù［名］指妻子嫁给了那种花大部分时间用电脑工作或者网上冲浪的老公，她们的丈夫沉迷于网络。【例】随着中国网民数量的增加，出现了越来越多的～。

　　网络观光团 wǎng luò guān guāng tuán［名］指某网站或者论坛的网友自发组织的网络观光团体，只要看到有趣的、震撼的、有争议的内容，他们就会一呼百应，群起而观之，并在被观赏对象那里留下来访的痕迹。【例】～正逐渐成为一种新兴的网络文化现象。

　　网络广播 wǎng luò guǎng bō［名］网络传播多媒体形态的重要体现，也是广播电视媒体网上发展的重要体现。【例】对传统广播而言，～是其功能的补充，两者是互补和合作关系。

　　网络广告 wǎng luò guǎng gào［名］在网络上做的广告。【例】～力求简洁生动。

　　网络黑社会 wǎng luò hēi shè huì［名］俗称"网络推手""网络打手"，能为客户提供品牌炒作、产品营销、口碑维护、危机公关等服务，更能按客户指令进行密集发帖，诋毁、诽谤竞争对手，使其无法正常运营。【例】国内一批著名企业，如新东方、万科、康师傅等，都曾遭过"～"的毒手。

　　网络黑水 wǎng luò hēi shuǐ［名］指在网络营销中采取不正当手段恶意打压抹黑对手的非正规水军。【例】～已流进了电影圈。

　　网络话 wǎng luò huà［名］伴随着网络的发展而新兴的一种有别于传统平面媒介的语言形式，包括拼音或英文字母的缩写，以及数字和形象生动的网络动化和图片。【例】～以简洁生动的形式得到了广大网友的偏爱。

网络灰色信息 wǎng luò huī sè xìn xī［名］指在互联网上存在的，非常规发行并且允许用户免费或在一定范围内收集、整理和利用的信息资源。【例】～是以网络为载体形式的灰色信息。

网络家族 wǎng luò jiā zú［名］一个属于 QQ 空间系列的爱好者的互动家族群。【例】～是由兴趣相投的网民自发组织的网络集群。

网络教育 wǎng luò jiào yù［名］又称远程教育，是学生与教师、学生与教育组织之间主要采取多种媒体方式进行系统教学的学习模式，它兼容面授、函授和自学等传统教学形式。【例】～毕业证书由高校自行颁发。

网络教育专升本 wǎng luò jiào yù zhuān shēng běn［名］专升本是网络教育学习的一个层次，只有具备了大专毕业证书才可以报读本科，而且通过各科考试后如果满足院校条件即可申请学位证书。【例】略。

网络节日 wǎng luò jié rì［名］既非传统节日也非舶来品，它完全是富有娱乐精神的网友自己创造的节日。【例】～受到网友喜爱。

网络经济 wǎng luò jīng jì［名］一种建立在计算机网络（特别是 Internet）基础之上，以现代信息技术为核心的新的经济形态。【例】～必须建立在国民经济信息化基础之上。

网络劳务 wǎng luò láo wù［名］一种利用网络进行工作的带有虚拟性质的劳务关系。由于法律法规的不完善，雇佣双方极易在服务质量、服务标准等问题上发生纠纷。并且如果利用公司电脑进行兼职可能违反法律，涉及不当得利。【例】～是生活服务电子商务化的受益者。

网络理车族 wǎng luò lǐ chē zú［名］一些人在网站论坛上交流省油、省钱的经验，要培养良好的驾驶习惯，以降低油耗，这些人被称为"网络理车族"。【例】～投射出他们的消费趋向理性化。

网络留言板 wǎng luò liú yán bǎn［动］简称留言板，又称为留言簿或留言本，是目前网站中使用较广泛的一种与用户沟通、交流的方式。通过留言板，可收集来自用户的意见或需求信息，并可作出相应的回复，从而实现网站与客户之间及不同客户之间的交流与沟通。【例】各种论坛与空间～与空间等级有关。

网络流行语 wǎng luò liú xíng yǔ［名］指产生并运用于网络的流行语言。【例】～逐渐被人们熟知。

网络流行字 wǎng luò liú xíng zì［名］在网络上流行的文字，是网民们约定俗成的表达方式。【例】～具有年轻化、个性化特征。

网络漏洞 wǎng luò lòu dòng［名］在硬件、软件、协议的具体实现或系统安全策略上存在的缺陷，从而可以使攻击者能够在未授权的情况下访问或破坏系统。【例】~需要修补。

网络论坛 wǎng luò lùn tán［名］是一个和网络技术有关的网上交流场所。【例】~雨后春笋般地出现，并迅速地发展壮大。

网络旅游 wǎng luò lǚ yóu［名］一种凭借互联网技术为核心的电子商务网，该网是旅游服务商与旅游消费者之间交流沟通的渠道和中介。【例】~将使真正完全无需他人帮助的自助游从梦想变成现实。

网络律师 wǎng luò lǜ shī［名］一种是指通过互联网提供法律服务的律师；还有一种是专门从事与网络相关法律业务的律师，如网络知识产权案件、网络刑事案件等。【例】~是律师智慧和网络智能的结合。

网络麻豆 wǎng luò má dòu［名］"麻豆"是 model，也就是模特的拟音词。指网络上的模特。随着网店的风靡，在网上流行的新兴职业。【例】~风靡全球。

网络蚂蚁 wǎng luò mǎ yǐ［名］一个下载软件，主要功能是断点续传，也能支持不同浏览器。【例】~下载工具曾经称霸一时。

网络媒体 wǎng luò méi tǐ［名］依赖 IT 设备开发商们提供的技术和设备来传输、存储和处理音视频信号。【例】~发展迅速。

网络秘书 wǎng luò mì shū［名］指在自有工作地点（一般是家中），使用自有办公设备，通过网络所提供的电子邮件，为客户提供客户筛选预约、整理档案、制订商业计划以及联系客户等服务。【例】~是利用网络提供商业服务的自由职业者。

网络庙会 wǎng luò miào huì［名］越来越多的年轻人喜欢在网上过年，各大网站也纷纷响应网友需要，推出了"社区过大年"版块和网络庙会。在这一个小天地里，你可以欣赏到各种喜气洋洋的春联和年画，还能够"尝"到电子水饺、电子烤鸭等美味佳肴，参加网上逛庙会、网上包饺子、网上猜谜等活动，其乐融融。【例】~形式多样，丰富多彩。

网络民意 wǎng luò mín yì［名］借助或通过网络这一信息平台所反映、表达、实现出来的社会公众思想、舆论的趋向和导向。【例】~是现实生活中民众对某一事件、某一事物或者某一观点等的看法、意见、建议的综合反映。

网络名片 wǎng luò míng piàn［名］一种属于网络品牌类的网络知识产权。【例】~是网络品牌三大类的其中一类，是企业的知识产权保护。

网络品牌 wǎng luò pǐn pái［名］指企业注册的商标在互联网上的一一对应注册。【例】~成为投资未来的一张牌。

网络评论员 wǎng luò píng lùn yuán［名］在一些网络媒体发表自己的观点的人，尤其对有关政治和社会时事的评论。【例】～要客观公正。

网络欺骗术 wǎng luò qī piàn shù［名］使入侵者相信信息系统存在有价值的、可利用的安全弱点，并具有一些可攻击窃取的资源（当然这些资源是伪造的或不重要的），并将入侵者引向这些错误的资源。【例】～种类越来越多，一定要小心。

网络群体性事件 wǎng luò qún tǐ xìng shì jiàn［名］简称网群事件，指在互联网上发生的有较多网民参与讨论的事件。【例】～会在很短时间内造成很严重的影响。

网络日志 wǎng luò rì zhì［名］博客，正式名称为网络日记，又音译为部落格或部落阁等，是一种通常由个人管理、不定期张贴新的文章的网站。【例】～，是一种传播个人思想，带有知识集合链接的出版方式。

网络色狼 wǎng luò sè láng［名］指一些怀有色心并且专门利用网络平台，在 QQ、MSN 或各大论坛上通过聊天形式和不同少女搭讪，试图用花言巧语进行蒙骗，约对方出来见面，以达到自己的目的。【例】～混迹于各类聊天室，各大网友要提高警惕。

网络杀手 wǎng luò shā shǒu［名］由于秒杀火爆网络，而衍生出的新职业，主要工作就是帮助雇主"秒杀"到超低价商品，从中提成。【例】"～"需要有较好的网速。

网络晒衣族 wǎng luò shài yī zú［名］晒客的一种，多为女网友，将自己的衣服拍成图片发到网上，与人交流穿衣搭配心得。【例】～多为年轻女性。

网络善客 wǎng luò shàn kè［名］一群年轻时尚、富有爱心、长期通过网络方式支持社会公益慈善活动的新新人类。【例】继"博客""播客""换客"后，网络流行又一种"～"。

网络商场 wǎng luò shāng chǎng［名］类似于现实世界当中的商店，差别是利用电子商务的各种手段，达成从买到卖的过程的虚拟商店，从而减少中间环节，消除运输成本和代理中间的差价。【例】～是目前最新的一种整合型网上商城模式。

网络商城 wǎng luò shāng chéng［名］利用电子商务的各种手段，达成从买到卖过程的虚拟商店，从而减少中间环节，消除运输成本和代理中间的差价，造就对普通消费的规模，为加大市场流通带来巨大的发展空间。【例】略。

网络社区 wǎng luò shè qū［名］指包括 BBS/论坛、贴吧、公告栏、个人知识发布、群组讨论、个人空间、无线增值服务等形式在内的网上交流空间，同一主题的网络社区集中了具有共同兴趣的访问者。【例】～具有"信息化"和"智能化"的特点。

网络时代 wǎng luò shí dài［名］创建于 1998 年，隶属于深圳市原创科技有限公司的国内知名的电子商务基础服务的品牌。【例】～从一开始就秉承以客户为中心。

网络书签 wǎng luò shū qiān［名］网络收藏夹又称网络书签，是针对系统收藏夹的不便应运而生的链接存储工具。【例】～收藏夹在浏览器之间不能共享使用，是一个缺陷。

网络水军 wǎng luò shuǐ jūn［名］简称水军，又名网络枪手。一群在网络中针对特定内容发布特定信息、被雇佣的网络写手，即受雇于网络公关公司，为他人发帖回帖造势的网络人员，以注水发帖来获取报酬。也指在论坛大量灌水的人员。【例】～必须为他们的违法乱纪行为承担相应的法律责任。

网络私教 wǎng luò sī jiào［名］即远程的、一对一的、针对某方面的咨询和指导，是一种包括网络、电话、手机、邮寄等远距离沟通为主要形式的服务方式。【例】随着"～"的出现，私人服务正逐渐走入寻常人家。

网络搜索中立 wǎng luò sōu suǒ zhōng lì［名］在搜索引擎中搜索结果必须保持公正，不带有任何倾向和利益关系。【例】～符合相关法律规定。

网络素养 wǎng luò sù yǎng［名］指的是人的基本素养中应具备的网络素质及道德规范。【例】～越来越重要，每个人都应该具备。

网络铁公鸡 wǎng luò tiě gōng jī［名］享受网络上各种收费服务时不愿花费金钱，而使用各种破解技巧达到免费使用目的的人。【例】～的做法，不值得效法。

网络通信 wǎng luò tōng xìn［名］通过网络将各个孤立的设备进行连接，通过信息交换实现人与人、人与计算机、计算机与计算机之间的通信。【例】～中最重要的就是网络通信协议。

网络团长 wǎng luò tuán zhǎng［名］聚集互不认识的消费者，借助互联网的"网聚人的力量"来聚集资金，加大与商家的谈判能力，以求得最优的价格。【例】～的收入主要由每单跟商铺购买的"差价"决定。

网络推广 wǎng luò tuī guǎng［动］以企业产品或服务为核心内容，建立网站，再把这个网站通过各种免费或收费渠道展示给网民的一种推广方式。【例】～包括四个方面，网络营销、网络宣传、网络推广、新闻推广。

网络推客 wǎng luò tuī kè［名］指那些从事网络推广的人，或者说是网络推手。【例】～在如今这个鼎盛的网络时代很重要。

网络文学 wǎng luò wén xué［名］以网络为载体而发表的文学作品，其本身并没有一个明确的界限。【例】～多是指在网上"发表"的文学作品。

网络问政 wǎng luò wèn zhèng［名］中国公民以网民的身份通过互联网行使知情权、参与权、表达权和监督权，政府通过互联网做宣传、做决策，了解民情、汇聚民智，以达到取之于民，用之于民，从而实现科学决策、民主决策，真正做到全心全意为人民服务。【例】～进一步表明了政府工作的透明。

网络小说 wǎng luò xiǎo shuō［名］依托网络基础平台，由网络作家发表的小说。它是随着网络的快速发展而出现的一种新兴小说类型。【例】～风格自由，题材不限，发表阅读方式都较为简单，主要体裁以玄幻和言情居多。

网络写手 wǎng luò xiě shǒu［名］以网络为发表平台的文学创造者。【例】～逐渐作为一个职业发展起来。

网络心理导师 wǎng luò xīn lǐ dǎo shī［名］把治疗的地点换到网络上，在治疗距离上节省了治疗时间。【例】～一般需要预付费预约。

网络学校 wǎng luò xué xiào［名］简称为网校，借助网络，灵活多变，实现网络远程教育的机构，是以网络为介质的教学方式。起源于互联网泡沫经济时代，试图替代正规教育或辅助正规教育的一种网络产物。【例】～已成为一种学习的主流趋势。

网络艺术 wǎng luò yì shù［名］必须是数字作品，而且只有在网络上，作品才能最大限度地发挥能量。【例】～存在高度的游戏性，好玩、有趣。

网络银行 wǎng luò yín háng［名］又称网上银行或在线银行，指一种以信息技术和互联网技术为依托，通过互联网平台向用户开展和提供实时服务的快捷金融服务系统。【例】～快捷方便，节省时间。

网络隐私权 wǎng luò yǐn sī quán［名］指自然人在网上享有的与公共利益无关的个人活动领域与个人信息秘密依法受到保护，不被他人非法侵扰、知悉、收集、利用和公开的一种人格权；也包括第三人不得随意转载、下载、传播所知晓他人的隐私，恶意诽谤他人等。【例】联合国通过了由巴西德国发起的保护～决议。

网络硬盘 wǎng luò yìng pán［名］是由互联网公司推出的在线存储服务，服务器机房为用户划分一定的磁盘空间，为用户免费或收费提供文件的存储、访问、备份、共享等文件管理功能，并且拥有高级的世界各地的容灾备份。【例】～容量大，使用便捷，适合学生使用。

网络用语 wǎng luò yòng yǔ［名］即多在网络上流行的非正式语言。多为谐音、错别字改成，也有象形字词，以及在论坛上引起流行的经典语录。【例】～

使用频率逐渐增加。

网络游戏 wǎng luò yóu xì［名］简称"网游"，又称"在线游戏"。是指以互联网为传输媒介，以游戏运营商服务器和用户计算机为处理终端，以游戏客户端软件为信息交互窗口的旨在实现娱乐、休闲、交流和取得虚拟成就的具有可持续性的个体性多人在线游戏。【例】家长和学校应谨慎对待青少年沉迷于～这件事情。

网络杂志 wǎng luò zá zhì［名］集音频、视频、文本、图片、动画于一体的新型信息媒体，它不光拥有传统纸媒体杂志的一切功能，还拥有众多的新特性。【例】～可提供多种多样的阅读模式。

网络诈骗 wǎng luò zhà piàn［动］指以非法占有为目的，利用互联网，采用虚构事实或者隐瞒真相的方法，骗取数额较大的公私财物的行为。【例】～与一般诈骗的主要区别在于它是利用互联网实施的诈骗行为。

网络钟点工 wǎng luò zhōng diǎn gōng［名］在网络上销售自己的时间或通过网络进行工作的钟点工。【例】～监管真是令人担忧。

网络作家 wǎng luò zuò jiā［名］在网络文学网站发表自己作品的作家。他们借助网络技术及平台来完成文学作品的创作与发表。【例】～中也出现了一批很有成就的人。

网盲 wǎng máng［名］指的是对网络一窍不通，却喜欢道听途说的人。【例】～大多存在于偏远山区。

网迷 wǎng mí［名］对互联网过分依赖的人，沉迷在网络中，不能自拔，并产生反抗心理。【例】国家应该控制～情况的发生。

网秘 wǎng mì［名］互联网信息智能收集和处理系统采用了互联网信息搜索、数据挖掘、信息智能处理等最新技术，对网上信息进行搜集、监测和处理。【例】～具有快速查看信息摘要的功能。

网民 wǎng mín［名］泛指网络用户。在中国，是指半年内使用过互联网的6周岁以上的中国居民。该词诞生于1998年7月8日。【例】我国～规模继续扩大，但增速逐渐放缓。

网名 wǎng míng［名］在网络上使用的名字。一般指网友在网络世界里的一个虚拟名称。【例】～具有象征性、不稳定性、不真实性的特点。

网配 wǎng pèi［动］网络配音，是配音公司或录音棚与配音员合作，为各地配音需求者提供配音服务，并以互联网为桥梁开展业务，是一种新兴的行业，也是一种业余爱好。【例】～就像一场人人可为的大众娱乐风景，你只需要一个话筒，就能录下自己的配音片段。

网评 wǎng píng［动］通过互联网，人们能够更加真实而且自由地表达自己的观点，对同一事物或现象的不同观点，在网络上得以呈现并且交锋，使意见的多元化局面得以形成。【例】在～中批评性意见所占比例远远高于传统媒体。

网商 wǎng shāng［名］最初专指那些网络服务提供商；现在指运用电子商务工具，在互联网上进行商业活动的个人。【例】～已经成为一个新的商人群体的代名词。

网上 PokDeng wǎng shàng PokDeng［名］是一款在线游戏，有乐趣，并且可以提高你的竞技能力。【例】休闲时候来两盘～，用来打发无聊时光。

网上办公 wǎng shàng bàn gōng［动］指企业内部办公人员只需通过浏览器就可以在网上办公，这种办公方式比原有的办公方式好在文件能集中存储，避免了分散存储的冗余。【例】～能极大地提高工作效率。

网上保险 wǎng shàng bǎo xiǎn［名］指保险公司或保险中介机构以互联网和电子商务技术为工具来支持保险经营管理活动的经济行为。【例】～有利于减少成本，提高经营效率。

网上超市 wǎng shàng chāo shì［名］通过互联网作为展示平台，线上订购、线下配送的一种商业运营模式。【例】1 号店是国内首家～。

网上冲浪 wǎng shàng chōng làng［动］在互联网上获取各种信息，进行工作、娱乐。【例】～要合理利用时间。

网上调查 wǎng shàng diào chá［动］一种新型调查方式，指利用网络来调查的一种渠道，具体分为电子邮件调查、网上小组调查和主动浏览访问三种。【例】～更公平，而且节省纸张。

网上购物 wǎng shàng gòu wù［动］通过互联网检索商品信息，并通过电子订购单发出购物请求，然后填上私人支票账号或信用卡的号码，厂商通过邮购的方式发货，或是通过快递公司送货上门。【例】～越来越方便。

网上祭祖 wǎng shàng jì zǔ［名］近年来兴起的一种全新的祭祖方式，它是借助互联网跨越时空的特性，将现实的纪念馆与公墓"搬"到电脑上，方便人们随时随地祭奠已逝亲人。【例】～不悖于传统祭祖方式，只是传统祭祖方式的继承与延伸。

网上敬老院 wǎng shàng jìng lǎo yuàn［名］让居家养老的老人也能得到敬老院式的服务，只要上网点击或电话预约，服务人员就可以上门提供服务。【例】～价格公道，服务内容丰富。

网上抢注 wǎng shàng qiǎng zhù［动］多为非权利人去争夺权利人应得的权利，有时也指权利人先于他人的预防式注册。【例】～比较流行。

网上求职 wǎng shàng qiú zhí［动］广大求职者找工作的一种重要途径，也称为"网申"。【例】～可以根据自己的实际情况去选择人才网站。

网上书店 wǎng shàng shū diàn［名］图书比价网站作为比价网的一个领域分支，最早产生于美国。【例】～在中国很畅销。

网上银行 wǎng shàng yín háng［名］又称网络银行、在线银行或电子银行，它是各银行在互联网中设立的虚拟柜台，银行利用网络技术，通过互联网向客户提供开户、销户、查询等传统服务各项目，使客户足不出户就能够安全、便捷地管理活期和定期存款、支票、信用卡及个人投资等。【例】～的特殊性是客户只要有账号和密码，便能在世界各地处理交易。

网上占地 wǎng shàng zhàn dì［动］又名域名抢注。指将他人的商标或商号注册为域名且一般不准备使用，并试图以高价卖回给商号所有人以赢利。【例】～就是一场利益之争。

网上专卖店 wǎng shàng zhuān mài diàn［名］商家在网上建立的商店。【例】～给市场带来了生机。

网上赚钱 wǎng shàng zhuàn qián［动］利用电脑、服务器等设备通过互联网从网络上获利的赚钱方式。【例】～成为商家赚钱的主要方式。

网事 wǎng shì［名］"往事"的谐音，指代范围被缩小到"网络上发生"，被一些网络媒体用来代替"网络中发生过的事件"的概念。【例】"～"如烟，时间过得真快。

网搜族 wǎng sōu zú［名］金融危机中出现的新名词，用来形容喜欢频繁上网搜寻自己过去成就信息的白领人士，增加自我内心的稳定感。【例】"～""暴食狂"可以缓解一时压力，但也容易威胁白领身心健康。

网童 wǎng tóng［名］一款智能化的网页保存工具，让你轻松保存网页。【例】～最大的特点在于它的智能化。

网托 wǎng tuō［动］指网络中的"托儿"。在股市论坛煽动股民买卖股票，到旅游论坛为旅行社吆喝，去购物论坛为某款产品大唱赞歌，他们混迹于普通网民中间，把不明真相的网友忽悠得真伪难辨。【例】～是一种欺诈行为，严重影响了正常的公平竞争。

网文 wǎng wén［名］"网络文学"的简称。指通过网络平台流传、销售的小说等文学作品。【例】～有着风格自由、题材宽泛等特点。

网销 wǎng xiāo［名］指依托互联网为载体平台的销售形式及行为。【例】～利用网络平台载体，依附网络营销、传统物流等达到销售的目的。

网校 wǎng xiào［名］通过互联网实现校外教学的完整过程。【例】～有现代感，有新意，体现创新性。

网页 wǎng yè［名］构成网站的基本元素，是承载各种网站应用的平台。【例】～，是网站中的一"页"。

网页美工 wǎng yè měi gōng［名］精通美学，PS，FLASH，DW 等一系列网站制作软件的网络人员，必须具有良好的创意和一定程度的审美观。【例】～需要一定的策划知识。

网页游戏 wǎng yè yóu xì［名］又称 Web 游戏、无端网游，简称页游，是基于 Web 浏览器的网络在线多人互动游戏。【例】～最大优势在于具有较大的方便性。

网一代 wǎng yī dài［名］指中国 10 岁以下的孩子，他们从出生起就生活在了网络普及的世界，学习、生活、娱乐，不仅被网络塑造，而且是被塑造得最为完整的。【例】～出生于一个网络普及的时代，将生活于一个成熟的网络时代。

网瘾电击疗法 wǎng yǐn diàn jī liáo fǎ［名］在网瘾孩子太阳穴或手指接通电极，让 1～5 毫安的电流通过脑部，将被治疗者的过度上网行为与电刺激之间建立起条件反射，从而戒治网瘾的方法。【例】～并不科学。

网油子 wǎng yóu zi［名］上网时间比较多，熟识各种网络知识，带有趣味性。【例】你真是个老～。

网游炒号团 wǎng yóu chǎo hào tuán［名］一些网络游戏公司通过发放其最新推出的网络游戏测试账号来吸引玩家目光，再通过炒作账号的方式来为自己的网络公司带来盈利。【例】～是个暴利行业。

网游地推 wǎng yóu dì tuī［名］指为游戏公司进行产品推广的地面工作人员，地推即地面推广专员。【例】～人员的工作很简单，就是到一些地方张贴海报。

网游下乡 wǎng yóu xià xiāng［名］巨人网络 CEO 宣布将发起针对农村市场的国内首个"网游下乡"计划，投入上亿元，采取玩网游就送化肥等方式，试图将巨人旗下游戏拓展进五、六线农村市场。【例】～计划，并没有引起农村市场的反应。

网友曝 wǎng yǒu bào［名］是一种叙述方式和报道文风。【例】～式报道的实质，就是不核实先曝光。

网语 wǎng yǔ［名］指"网络用语"，即多用在网络上流行的非正式语言，多为谐音、错别字、数字改成、象形字词等。【例】～来源广泛，多取材于方言俗语谐音等。

网语作文 wǎng yǔ zuò wén［名］指学生将网络化语言写入作文的一种现象。【例】～在一定程度上会对传统文化造成影响。

网员 wǎng yuán［名］上网的人。【例】中国～比较多。

网展 wǎng zhǎn［名］网上展销的简称。不同于网上展览会、博览会、网上购物等概念。它是一种常年的网上贸易方式，而非临时的网上会务活动或购物活动。【例】～促销吸引了许多人的目光。

网赚 wǎng zhuàn［动］指网络赚钱，一般是利用电脑、服务器等设备通过因特网，从网络上获利的赚钱方式。【例】～成为辅助赚钱方式。

妄摄 wàng shè［名］意即妄想摄影，其概念早在日本大卖，只要撕开写真集外层模特穿戴整齐的日常写真，就会看到她们以相同姿势身穿内衣的模样。【例】～源于日本，是一种为满足男性读者的龌龊心理而衍生的写真集产品。

妄摄女 wàng shè nǚ［名］拍摄妄想摄影写真的香港模特。【例】～大胆拍"走光"写真，令粉丝难以接受。

望天族 wàng tiān zú［名］指对男朋友有很高要求的女孩。要求男朋友条件必须满足：有车、有房、有一定存款并且帅气；只有满足以上要求的人才能成为自己的男朋友。【例】她是一个～。

危机宝宝 wēi jī bǎo bao［名］关于金融危机、家庭危机、社会危机和个人危机的故事，从上到下，各个领域的统筹构局、相互关联，在饱含泪水的温情中微笑，在人生命运的坎坷中体会孤独与失落，小人物的成长历程令人唏嘘扼腕。［源自作者范典的《危机宝宝》］【例】～吸引了众多读者。

威客 wēi kè［名］指那些通过互联网把自己的智慧、知识、能力、经验转换成实际收益的人。［英文为 witkey，是由 wit（智慧）、key（钥匙）两个单词组成，是英文 The key of wisdom 的缩写］【例】～是收益非常群体。

微爱情 wēi ài qíng［名］用微博征友征婚的新兴婚恋方式。［源自上海的一小白领，他无房无车无钱，通过微博给女友发了 888 条求婚信息，引发诸多热心博友转发，最终如愿获得女友的答允］【例】在～里，微博只是一个载体，没有第三方，没有中间人，大家信息公开。

微币 wēi bì［名］由新浪微博平台发行的虚拟货币，可用于购买微博平台和新浪平台上的各种虚拟产品和增值服务。如：微博会员、微游戏、新浪读书等。【例】～可通过手机支付、手机充值卡充值等方式获得，可以兑换游戏币和阅读币。

微辩论 wēi biàn lùn［动］一些辩论不可能让每一个普通人对着亿万网民呐喊。但我们可以让普通人的精华言论为百万千万人倾听。几百万人在网络上是永远不可能都发出声音的，但可以让少数人说话，其余人选出自己最想说的话来互相辩论。【例】～从 15 时开始，两位专家在微博上展开激辩，网友也纷纷展开投票。

微表白 wēi biǎo bái［动］微博网友用简练精致的语言为心爱的人织爱的微博。【例】参与"～"的传情微博已经突破 60 万条。

微波月亮 wēi bō yuè liang［名］根据搭载在"嫦娥一号"卫星上的微波探测仪传回的数据，中国科学家已成功绘制出全球第一幅"微波月亮"图，并利用实际探测数据反演出月球土壤层的氦 3 资源量更靠近 100 万吨。利用微波遥感手段对月球进行探测，这在世界上是第一次；提出探测月壤厚度的科学目标也是世界首次。【例】～图具有极高的科研价值。

微博打拐 wēi bó dǎ guǎi［名］利用微博及媒体设备，打击拐卖等违法行为。[源自中国社科院学者于建嵘教授所发的"随手拍照解救乞讨儿童"微博，该微博经热心网友不断转发，形成强大的舆论传播力量，并吸引了传统媒体的跟进与关注。一时间，微博与"打拐"分别成为春节期间的重要关键词]【例】～一时传颂。

微博公文 wēi bó gōng wén［名］以微博形式发布政府公文，和纸质形式的公文具有一样的行政效力。[2011 年 4 月 2 日，海宁市政府信息公开网发布《关于启用微博公文的通知》，在全市司法系统内推行微博公文，首先由浙江海宁市司法局局长金中一提出]【例】～短短几天就引起网友热议。

微博结婚证 wēi bó jié hūn zhèng［名］在微博上有现成模板，只需登录相关页面，上传自己和 TA 的照片，再写下昵称和爱情宣言，鼠标一点，即可生成网络版的结婚证。【例】～热潮现象迅速受到"围脖"们的关注。

微博控 wēi bó kòng［名］由许嵩作词作曲并演唱的一首歌曲，表达了对微博的极度热爱。【例】～每天都离不开手机。

微博门 wēi bó mén［名］源自 2010 年 10 月微博成为开炮的前沿阵地，冯小刚微博炮轰金马奖战火未歇，周立波的微博又遭遇网友群起攻击。随即，不甘示弱的周立波以近 30 篇更新微博一一加以驳斥，开始其"舌战群儒"的征程。包括网络卫士方舟子在内的 20 万网友迅速组成了一个庞大的倒周团，和周立波开始了一场口水大战。【例】～影响非常不好，公众人物应该注意。

微博时代 wēi bó shí dài［名］以微博等通过关注机制分享简短实时信息广播式的社交网络平台为主要交流方式的时代。【例】～改变了人们在网络平台的分享方式。

微博市场 wēi bó shì chǎng［名］随着微博的"客"流量不断呈爆炸式增长，

微博迅速成为中国企业及时传播信息，增加用户与企业黏性的营销市场。【例】~不断发展壮大。

微博私访 wēi bó sī fǎng［名］江苏广电总台旗下，江苏交通广播网一档火爆的微博节目。【例】~是一档将广播与网络微博相融合的节目。

微博问诊 wēi bó wèn zhěn［名］指网友图省事不去医院，直接在微博上向医生咨询病情。【例】~不受法律保护。

微博问政 wēi bó wèn zhèng［名］"两会"紧跟社会潮流，社会流行总会在"两会"上得到体现，代表委员们总能敏锐地把握到社会最流行的沟通方式，将其应用到参政议政中，代表委员们也都纷纷开通微博听取民声。【例】~一时成了一种时尚。

微博血型 wēi bō xuè xíng［名］指的是微博用户在使用微博进行网络交际时，表现出来的性格特征和用户行为。【例】~不同，表达方式也不同。

微博议政 wēi bó yì zhèng［名］利用微博讨论，发表自己的政论意见。【例】~总会成为媒体热词。［在"两会"期间，许多全国人大代表、政协委员都忙着"织"微博，将"两会"提案建议发至微博让网友"围观"］

微博营销 wēi bó yíng xiāo［名］指通过微博平台为商家、个人等创造价值而执行的一种营销方式，也是指商家或个人通过微博平台发现并满足用户的各类需求的商业行为方式。【例】~以微博作为营销平台。

微博应用元年 wēi bó yìng yòng yuán nián［名］微博继续保持高速发展，微博用户数量进一步增加，微博用户群体呈现多样化趋势，用户覆盖进一步扩展。【例】~说明微博用户的增多。

微博游 wēi bó yóu［名］指通过查阅微博好友的旅游见闻来代替实地游览的旅游方式。【例】除了出门旅游，在这个"十一"假期，还有一些民众则选择了~。

微博元年 wēi bó yuán nián［名］2010 年中国互联网发展最快的应用就是微博服务。2010 年的重要年度人物、事件（犀利哥、凤姐、3Q 战争）微博都成为网民关注讨论的焦点。【例】~具有纪念意义。

微博招聘 wēi bó zhāo pìn［动］企业已经设立了官方微博并通过这个企业微博账号发布招聘信息和网友互动。求职找工作的朋友们也纷纷注册了个人微博来实时关注企业招聘动态。【例】~有一定的技巧性。

微博自首 wēi bó zì shǒu［动］通过微博进行自首。［源自 2011 年 4 月 13 日，为了举报所在单位的领导，安徽省亳州市利辛县国土局工作人员周文彬选择了"自首式举报"，并在微博上直播了自首的过程，迅速引发网友围观］【例】~

引起很多人围观。

微采访 wēi cǎi fǎng［动］以微博校园为主、相关网站支持的新媒体传播平台，大学生记者与受众实现了实时互动。【例】～中有价值的话题也是非常多的。

微操 wēi cāo［动］微操作的简称，电子竞技常用术语。现在多见于魔兽争霸、星际争霸等即时战略游戏中。【例】～是一种练习得来，并且带有一定天赋因素的游戏辅助能力。

微产阶级 wēi chǎn jiē jí［名］对自己有少量财产的自称。［2010年愚人节诞生于网易微博，据传这个词的创造者说是因为自己不想被"中产"，因为真的"穷"，买不起房，买不起车，算不得中产，说自己是无产阶级又显得太矫情，但工资与房价比起来确实是微不足道］【例】我是一名～。

微传播 wēi chuán bō［动］广义的微传播是指以微博客、手机短信、彩信、飞信、QQ、MSN、户外显示屏、出租车呼叫台等为媒介的信息传播方式。狭义的微传播是以微博、微信等自媒体为媒介的信息传播方式。【例】～被广泛应用于大众生活。

微代表 wēi dài biǎo［名］以微博征集"两会"议案，一经发出就得到了网友们极大的关注。【例】～受到人们关注。

微单 wēi dān［名］"微单"相机定位于一种介于数码单反相机和卡片机之间的跨界产品，其结构上最主要的特点是没有反光镜和棱镜。［"微单"是索尼公司的商标］【例】索尼首推"～"相机，具有方便快捷的特点。

微电台 wēi diàn tái［名］新浪微博推出的将传统电台与微博相结合的全新产品。【例】～突破了以往收听电台的地域及终端限制。

微电影 wēi diàn yǐng［名］即微型电影，又称微影。它是指能够通过互联网新媒体平台传播30－60分钟之内的影片，适合在移动状态和短时休闲状态下观看，具有完整故事情节的电影。【例】青春爱情类型的～为青少年喜爱。

微调查 wēi diào chá［动］一般采用与微博结合的方式来运作，调查主题一般是比较小的一个点，通过小点最终来汇集成分析。【例】～一次不宜太多，太多会疲倦。

微动力 wēi dòng lì［名］针对微信公众账号提供营销推广服务的第三方平台。主要功能是针对微信商家公众号提供与众不同的、有针对性的营销推广服务。【例】通过～，用户可以轻松管理自己的微信各类信息。

微耳 wēi ěr［名］一种可以使人监听到微小细菌或细胞运动声音的激光技术。【例】"～"则通过多束激光在目标物上形成环状来捕获目标物的振动，从而获得声音。

微反应 wēi fǎn yìng［名］全称是"心理应激微反应"，它是人们在受到有效刺激的一刹那，不由自主地表现出的不受思维控制的瞬间真实反应。【例】~是不由自主的一种反应。

微访 wēi fǎng［动］现实版本的微博，指路过时停下来跟某人闲聊时间不超过140秒的情况。跟写微博很相似，写微博时字数都是不能超过140个字的。【例】~有一定的限制。

微访谈 wēi fǎng tán［动］建立在新浪微博基础上的访谈类产品。所有问题都来源于普通网友，并且由访谈嘉宾直接进行回答。【例】通过~网友可更近距离接触自己的偶像。

微付 wēi fù［动］一种全新的支付方式，如果你有一部nFC手机，下载微付应用后，即可在微付加盟商户实现手机支付。【例】使用~的交易，可以随时通过手机查询。

微革命 wēi gé mìng［名］是由微博以及"微传播""微信息""微交流"等概念共同推动的信息传播和社会领域的革命。［2010年1月15日，《新周刊》第315期封面以大字标题《微革命——从推特到新浪微博》推出了"微革命"的概念］【例】~——微小的创新颠覆世界。

微公益 wēi gōng yì［名］从微不足道的公益事情着手，强调积少成多。【例】~助学不是少数人的事业，我们已经进入全民公益的新时代。

微管 wēi guǎn［名］一种具有极性的细胞骨架，遍布于细胞质中。网络中微管是一款针对企业团队日常工作社交的轻应用，实时点到、定位、记录等让工作更透明。【例】~具有重要功能，不能缺少。

微航班 wēi háng bān［名］"微博航班"，是中国国航专门针对微博网友开通的"西安世界园艺博览会专属航班"。【例】~的抢票活动完全通过新浪微博进行。

微话题 wēi huà tí［名］根据微博热点、个人兴趣、网友讨论等多种渠道的内容，经过话题主持人补充修饰和加以编辑的，与某个话题词有关的专题页面。【例】#号内的关键词即为~词。

微基金 wēi jī jīn［名］由热心公益的微博志愿者发起，借助新浪、搜狐、网易微博等网络平台，致力于传播微博公益文化、搭建微博公益平台、推动微博公益产业发展的慈善公益计划和专案。［微基金是微计划团队与贵州省青少年发展基金会成立的专项基金］【例】~是国内第一个以微公益理念为核心的公募基金。

微计划 wēi jì huà［名］成立于 2010 年 7 月 5 日。是国内首家基于互联网、聚焦农村教育的 NGO（非政府组织）。【例】 ~公益理念：微公益，大奉献！

微记者 wēi jì zhě［名］将网民们关注的事情纳入网络的视野，向外界展示网民的风采。【例】 ~是一群热爱公平正义的群体。

微家书 wēi jiā shū［名］源于微博上的母亲节专题活动——给妈妈的"微家书"，在这封"家书"中，网友大多是祝愿妈妈生活健康幸福，但不少网友却为自己的行为忏悔，借此对妈妈表达歉意。不少网友通过"微家书"完成对母爱的第一次"表白"。这种祝福方式鼓励网友们在真实生活中学会向母亲表达爱，说出心里话。【例】 ~可以表达我们对母亲的爱戴。

微简历 wēi jiǎn lì［名］即是一种不以求职为目的、规定在简短的 140 个字里介绍自己、展示自己的一种简历，但这种简历更考究作者的文学功力，如今网上流传的各种版本微简历基本以搞笑为主，求职为辅。【例】 ~目的在于娱乐。

微建议 wēi jiàn yì［名］微博专题，市民和网友有什么要晒的幸福、给力的愿望、要提的问题、要说的建议。【例】 ~有利于推动企业提高创新能力。

微乐活 wēi lè huó［名］以健康及自给自足的形态过生活，强调"健康、可持续的生活方式"。［由音译 LOHAS 而来，LOHAS 是英语 "Lifestyles of Health and Sustainability" 的缩写］【例】 ~变身为时尚生活、小资情调的代言词。

微力量 wēi lì liang［名］网络时代的快节奏、碎片化和即时性酝酿出"微文化"，包括微博客、微支付、微公益等各种附加产品集合起来称为微力量。【例】 ~已经遍布世界。

微猎头 wēi liè tóu［名］通过微博网罗人才的专业猎手。【例】 ~成为网络不可缺少的人物。

微领地 wēi lǐng dì［名］新浪官方出品，基于地理位置的手机社交应用，深度结合了新浪的微博、娱乐和生活资讯。同时，它也是中国最受欢迎的应用之一，超过 800 万手机用户正在使用。【例】 ~的特色多种多样。

微旅游 wēi lǚ yóu［名］指短小的旅行，随时可以出发。【例】 ~也是一种享受。

微卖 wēi mài［名］一款手机应用，以社交网络为传播媒介的商品售卖平台。【例】 ~使用非常方便。

微卖场 wēi mài chǎng［名］腾讯微博为商家打造的进行品牌展示、商品营销的专属卖场。【例】腾讯 "~"电商功能的推出，使企业的微博推广更具实效性。

微民 wēi mín［名］现在流行玩微博，玩微博的人就叫微民。【例】～的公民意识和公民能力都正在经受考验。

微祈福 wēi qí fú［名］指利用微博对自己关注的事件和个人表示自己的祝福和关注。【例】这种～方式能将祝福利用网络扩大化。

微情书 wēi qíng shū［名］短短几十个字，简短清晰、质朴不矫作的情书。【例】～得到情侣青睐。

微求职 wēi qiú zhí［动］指通过微博发布求职信息。用简洁的文字把求职信息发到微博上，以微博直接关注企业负责人或招聘负责人的形式发布求职信息，从而得到用人单位的关注，最终实现求职目的。【例】～具有简便易操作、成本低的特点。

微人才 wēi rén cái［名］熟悉微博产品的传播规律，具有半年以上使用微博的经验，聘者提供个人微博地址，新浪、腾讯、twitter 等都行，但粉丝数、评论数、回复数等越多越好。【例】～已成为很多传统企业的"座上客"。

微骚客 wēi sāo kè［名］指那些在微博上展示自我生活细节与琐碎事情的博主。【例】～大都有一定的社会身份以及物质基础。

微生活 wēi shēng huó［名］基于共同的兴趣组织和参加活动，认识周围的朋友。【例】～进入寻常百姓家。

微诗会 wēi shī huì［名］原生态最淳朴的诗歌，它唯一的限定便是字数，140 字。［腾讯微博博主胡光耀和陈文明、付波等人共同打造的一个诗词互动平台，目的是纪念李白诞生 1310 周年的活动］【例】～活动没有限定话题，可以天马行空地想象。

微世界 wēi shì jiè［名］指以微博为平台建立的网络空间。【例】这群人组成了属于他们的"～"，并且开始了幸福的"微生活"。

微视频 wēi shì pín［名］指短则 30 秒，长则不超过 20 分钟，内容广泛，视频形态多样，涵盖小电影、纪录短片、DV 短片、视频剪辑、广告片段等，可通过 PC、手机、摄像头、DV、DC、MP4 等多种视频终端摄录或播放的视频短片的统称。【例】～受到观众的追捧、喜爱。

微思念 wēi sī niàn［动］将浓浓的思念之情化成简单精妙的几句话。通过"微思念"人们可以书写文字、上传图片甚至声音，把最真挚的思念、关爱、问候带给身处任何地方的教师或亲友。【例】～是握在手中的问候，丰富了家人、爱人、朋友之间的联络。

微素养 wēi sù yǎng［名］在使用一些交流平台中的一些素养。【例】"微时代"，考验干部"～"。

微童话 wēi tóng huà［名］发表在微博上简短精悍、有智慧、大人小孩都爱看的新的文学形式。难点之一就是既要简短，又要在 140 个字的限制内有铺垫、有结尾，也就是说要有完整的故事结构。【例】～比较受儿童欢迎。

微投诉 wēi tóu sù［名］2010 年 1 月初，镇江市丹徒区政府网站上，所开设的市民投诉一栏，字数限制只有 100 个字符。基于"微博客"限字的说法，将这一现象引述为"微投诉"。【例】～并不符合公民需要。

微团 wēi tuán［名］新疆醉想酒业有限公司旗下两大网络平台之一，其目标是打造全球最大吃喝玩乐中文门户网，以城市为运营单位，一站式搜索查询服务。【例】～有在线订餐服务系统。

微外交 wēi wài jiāo［名］指的是各国使馆人员通过网络微博互相交流沟通，借助微博平台，各国外交窗口各有各精彩，让外交不见外，给了微博粉丝无数惊喜。【例】～对各国之间的交流沟通起到了重要的作用。

微文化 wēi wén huà［名］继承了中国传统的"儒释道"文化精神，并弥补了东方文化在社会个体关怀上的不足。【例】～是一种积聚的力量，通过一些看似微不足道的行为，不经意却改变了人们的生活。

微文明 wēi wén míng［名］微小的文明、具体的文明、力所能及的文明。通过移动微博、手机短信和卫星定位，实时实地上传大家的文明见闻、文明感想和文明行动，记录参与文明创建的点点滴滴。【例】用自己的～行动去影响和带动更多的人提高文明意识。

微喜剧 wēi xǐ jù［名］微型喜剧，类同微电影、微小说。是指专门运用在各种新媒体平台上播放的、适合在移动状态和短时休闲状态下观看的、具有完整策划和系统制作体系支持的具有完整故事情节的"微（超短）时"（30 秒 – 300 秒）放映、"微（超短）周期制作（1 – 7 天或数周）"和"微（超小）规模投资（几千至数千/万元每部）"的视频（"类"电影）短片，内容以幽默搞怪为主题，可以单独成篇，也可系列成剧。【例】～时间不长，但是剧情完整。

微小说 wēi xiǎo shuō［名］以 140 字以内的微博为载体的超短篇小说，它有严格的字数上限。【例】～是微文化诞生的基础。

微笑扫描仪 wēi xiào sǎo miáo yí［名］由日本 Omron 公司开发，它能够根据人类微笑时的面部特征，分析摄像头所拍摄的笑颜，并运用欧姆龙公司独有指标对"笑容程度"进行识别，然后将结果以百分数（0 – 100%）的形式显示在显示屏上。【例】～检测你的微笑是不是合格。

微笑贴 wēi xiào tiē［名］奥运"微笑贴"是一种表达热情洋溢的徽章贴纸。指印有一张卡通笑脸的小贴纸，是宣传微笑奥运的一种手段。【例】～是一把神奇的钥匙，可以打开心灵的幽宫。

微心愿 wēi xīn yuàn［名］作为深入推进在职党员到社区报到为群众服务活动的有效载体，通过面向居民征求心愿，在职党员各施所长帮助圆梦的方式，把党的温暖送到老百姓心坎上。【例】～有利于缓解一些社会矛盾。

微新闻 wēi xīn wén［名］微型新闻的简写，也称微博体新闻，基于 Web2.0 技术的即时信息发布系统。【例】～有短、灵、快的特点。

微型博客 wēi xíng bó kè［名］即微博的全称，也即是博客的一种，是一种通过关注机制分享简短实时信息的广播式的社交网络平台。【例】～草根性强，且广泛分布在多个平台。

微型妈妈 wēi xíng mā ma［名］宋正凤，镇江丹徒区宝堰镇，个头只有 0.8 米，要踩着凳子才能上床的妈妈。【例】～是一位慈母，深深地爱着自己的孩子。

微讯 wēi xùn［名］一款专注于提供精准讯息传递服务的手机应用软件。【例】～能够及时传递新闻信息。

微谣言 wēi yáo yán［名］利用微博传播的虚假信息。【例】形形色色的"～"在微博上粉墨登场。

微议案 wēi yì àn［名］为了更好地反映民声民情，贴近百姓，贴近实际，贴近生活，微友们纷纷在微博上晒出自己的"微愿景""微建议"，希望代表、委员也能将自己的愿望带上"两会"。【例】～反映了人民的心声。

微游记 wēi yóu jì［名］通过微游记界面发送图片和文字两种模式，你可以将你看到的美丽风景拍下来，然后加上你优美的文字，就可以成为一个非常棒的微游记。图片上，我们可以对图片进行全新的处理，让它看起来更加的美丽。【例】～是低碳生态的爱心游。

微游戏 wēi yóu xì［名］新浪微博推出的一个基于微博用户体系的互联网游戏平台。【例】～的用户均拥有自己的超萌个人形象。

微友 wēi yǒu［名］猪八戒威客网推出"互联网时代新三十六行"找到的新行业。【例】～所提供的照片必须由网站进行审核。

微愿景 wēi yuàn jǐng［名］指"两会"期间，参会委员和网友借微博许愿，希望借"两会"之力，达成自己的愿望。【例】～是用微博的形式表达自己的生活愿望。

微运动 wēi yùn dòng［名］是写字楼流行的，上班族用"罚站""做操"等形式来锻炼身体，缓解身心疲劳的一种运动。【例】～有益于身体健康。

微招聘 wēi zhāo pìn［动］用简洁的文字把招聘/求职信息第一时间发布到微

博上。【例】~创始团队全部来自中国著名的互联网企业。

微针 wēi zhēn［名］针具名。微小的针、小针；九针。【例】~可以美容。

微政务 wēi zhèng wù［名］微博参与社区政务，由中国政府部门推出的以"微博+微信"为主要平台的电子政务 2.0 模式下的公共管理方式。【例】~反映社区民意。

微直播 wēi zhí bō［名］依托于微博基础，通过汇集微博上来自各方面的实时信息，全方位展现大型活动进程的直播平台。【例】在~中，普通网友也能通过跟进参与现场播报。

微祝福 wēi zhù fú［名］用微博带给亲朋好友们最贴心、最温情的祝福。【例】给有微信的朋友送上~。

违法门 wéi fǎ mén［名］指知名人物或企业的违法丑闻。【例】我们要避免~的发生。

围脖 wéi bó［名］微博谐音，俗称。【例】现在织"~"的人越来越多。

维客 wéi kè［名］一种在网络上开放，可供多人协同创作的超文本系统。［由沃德・坎宁安于 1995 年所创。维客的原名为 Wiki（也译为维基），据说WikiWiki 一词来源于夏威夷语的"wee kee wee kee"，原意为"快点，快点"］【例】~是一种多人协作的写作工具。

维权绿卡 wéi quán lù kǎ［名］发给进城务工农民的卡片，用于帮助农民工维权。【例】~可以保护职工的合法权益。

伪城镇化 wěi chéng zhèn huà［名］指由于现有户籍管理制度不允许将在城镇生活一定时间的非城镇人员列入城镇人口，因而那些在城镇工作、生活的农民产业工人无法享受到城市居民待遇的现象。【例】受中国城乡分割以及户口制度的约束，这种城镇化尚是一种"~"。

伪饭 wěi fàn［名］多指并不是发自真心喜爱某一事物，而是因为其他原因而自称喜爱的人。［假东西的拥护者，也就是假的 FANS，"饭"就是"FANS"（英文：爱好者）的音译］【例】~对事物的"热爱"非常短暂，多为临时性。

伪婚族 wěi hūn zú［名］指伪装已婚的单身人士，他们年龄大多集中在 25岁至 35 岁之间。【例】"~"与"隐婚"一样是一种危险的游戏。

伪娘 wěi niáng［名］源自日本动漫界，通常上，它是指正常男性通过女装或被迫女装后，达到女性化的外貌的动漫角色。

伪农民 wěi nóng mín［名］义乌市一些公务员为"当农民"，把户口迁到农村。他们看中的是农村户口所附带的征地补偿费、集体经营分红等利益。【例】~是一种违法行为。

伪票 wěi piào［名］萌战专用语，指使用同一 IP 不同的 Code 进行多次投票的行为，是萌战中的一种非常影响正常比赛的不正当行为。【例】~的种类也是多种多样的。

猥琐 wěi suǒ［名］指举止扭捏、拘束、不自然；或形容人鄙陋卑劣，庸俗卑下。【例】你看他的~样，一看就不是什么好人。

未富先奢族 wèi fù xiān shē zú［名］指工作不久，积蓄有限，却又热衷于昂贵的奢侈品的一群人，受生活攀比、从众心理的影响。【例】~在上班族中不在少数。

未够班 wèi gòu bān［名］原本是军事用语，后被用来形容对方水平低下，还没有达到应有的等级，带有鄙视之意。【例】他用"你还~"来提醒别人。

未来信 wèi lái xìn［名］由中国红十字会总会、中国邮政、中国红十字会世博爱基金主办的活动。【例】~受到群众一致好评。

未来邮局 wèi lái yóu jú［名］中国邮政于 2010 年 10 月 10 日启动的，为每个想给 10 年后的亲友写信、记录梦想、表达愿望、祝福约定的人提供保存、邮递服务。【例】~将为参与者自行保存 10 年。

味道美女 wèi dào měi nǚ［名］指为了传播中华美食博大精深的饮食文化，展现中国餐饮业的服务风采，用美女展现美食，用美食衬托美女，美食联盟联合京城各餐饮名家重磅推出了"寻找中国味道形象"活动中的美女。【例】~要求热爱中华美食，熟悉中华美食文化。

温和腐败 wēn hé fǔ bài［名］拥有国家和人民赋予的权力，办好事情收取钱财的政府政府官员。［源自《检察日报》：云南省麻栗坡县委原书记赵仕永说："那些不给钱就不办事的人是'暴力腐败'；像我这样，在为人办好事的情况下收点钱，是温和的，所以我说自己是一个温和腐败的县委书记。"］【例】继"暴力腐败"之后又出来"~"。

温跑跑 wēn pǎo pǎo［名］指那些因为资金链断裂后负债而远离故乡的温州老板，跑路的原因被公认为"民间借贷"。【例】这个温州老板被称为~。

瘟都死 wēn dōu sǐ［名］windows 谐音。【例】"~"98 逐渐被淘汰。

瘟酒吧 wēn jiǔ bā［名］windows98 谐音。【例】"~"是一个时代。

文化斑马线 wén huà bān mǎ xiàn［名］设计成一个古代卷轴的模样，以蓝白为主色调相间，上面写着：仁爱、义蕴、礼让、智育和信悦十个字，出自苏州历史上五位著名的书法家之手。而仁义礼智信正是古代儒家思想的精髓所在。【例】~与爱心斑马线不一样。

文化环保工程 wén huà huán bǎo gōng chéng［名］一是强力净化社会文化环

境，一是为未成年人提供更多健康的文化产品和优质的文化服务。【例】重视~，净化社会文化环境。

文化惠民工程 wén huà huì mín gōng chéng［名］党的十七大提出来的，是全国人民物质生活水平快步提高之后的一项伟大工程，是社会主义文化大发展、大繁荣的一项重大举措，也是一项惠及全国人民、普及大众文化的工程。【例】~惠及广大人民群众。

文化消费券 wén huà xiāo fèi quàn［名］通过发放消费券的方式，由政府财政出钱为群众进行文化消费买单。【例】~可以为广大中低收入群体提供一个文化消费的渠道。

稳岗 wěn gǎng［名］为保障社会大局面的稳定，保障广大企业职工的权益，国家政府鼓励受国际金融危机影响的困难企业尽量不裁员或少裁员，稳定企业用工岗位，出台实施了困难企业稳岗补贴政策，对受国际金融危机影响的企业发放稳岗补贴。【例】具备四个条件可申领~补贴。

瓮安事件 wèng ān shì jiàn［名］贵州省瓮安县城发生的一起围攻政府部门的打砸烧事件。[2008 年 6 月 28 日，因对贵州省瓮安三中初二年级女学生李树芬死因鉴定结果不满，死者家属聚集到瓮安县政府和县公安局上访，另外一些人煽动不明真相的群众冲击县公安局、县政府和县委大楼，最终酿成严重打砸抢烧突发事件]【例】~不利于国家和平发展和民族团结。

蜗婚族 wō hūn zú［名］面对高房价压力，也是房产升值的诱惑，离婚的"80 后"仍然居住一个房子里，这类"80 后"自嘲为蜗婚族。【例】~也容易引起情感纠纷和财产纠纷。

蜗居男 wō jū nán［名］居住地狭小的男人。【例】~的日子不好过。

蜗牛邮件 wō niú yóu jiàn［名］蜗牛邮件的称呼来源于和电子邮件相比，传统邮件速度慢的特点。所有蜗牛邮件也可以叫纸质邮件、传统邮件或者普通邮件。【例】在电子信息时代出现之前，所有的邮件都可以称之为~。

蜗牛族 wō niú zú［名］指将购买房屋作为自己理财首要目标的人群。【例】~为了拥有自己的房子，不惜节衣缩食或者背负长期房屋贷款。

我爸是李刚 wǒ bà shì lǐ gāng 语出自"官二代"李启铭（李一帆）之口。2010 年 10 月 16 日晚，河北大学校园飙车撞人者叫嚣："有本事你们告去，我爸是李刚!"【例】~迅速火爆网络。

我不会这样轻易地狗带 wǒ bú huì zhè yàng qīng yì de gǒu dài 这句话是说我不会轻易地去死或我不会轻易地死掉。[狗带是英文 go die 的谐音，直译过来就是"去死"的意思。这句话源于韩国男团 exo 前成员黄子韬的一首中英文混搭说唱，其中有几句是："有人骂我，制作谣言……I am fine，我不会就这样轻易地go die。"]【例】略。

我带着你，你带着钱 wǒ dài zhe nǐ，nǐ dài zhe qián 由一位母亲写给正在上大学的女儿的短诗引申而来的网络热词。【例】～，一起去旅游。

我单方面宣布 wǒ dān fāng miàn xuān bù 源自一名女孩在观看 NBA 球赛时发现梅西就坐在其身后，她掩饰不住自己的兴奋，鼓起勇气要求与梅西合影，梅西答应了她的要求。之后女孩在自己的推特上宣布她将在 2015 年 6 月单方面与梅西结婚。由此诞生了网络流行用语"我单方面宣布"，后被广泛用于微博用户名。【例】～这次不算数。

我倒 wǒ dǎo 用于表示佩服，或出其意料之外。【例】～，我的内心几乎是崩溃的。

我反正信了 wǒ fǎn zhèng xìn le 2011 年 "7.23" 甬温线重特大铁路交通事故后，铁路部门在没有进行全力搜救的情况下，就开始清理现场、掩埋事故车头，因而引起民众质疑。铁道部新闻发言人王勇平没有向民众说清事情的缘由，针对掩埋车头事件却向记者抛出一句"至于你信不信，我反正信了"。[新华网记者从温州消防部门获悉，23 日 20 时 34 分，D3115 次动车在行驶至温州方向双屿路段下岙路时，发生两节车厢脱轨坠落桥下事故]【例】这就是事实，～。

我跟你什么仇什么怨 wǒ gēn nǐ shén me chóu shén me yuàn 2014 年 11 月 26 日，苏州公交上一个小伙嗑瓜子乱丢，被另一身穿西服的男子劝阻，随后小伙一直在该男子身边"纠缠"，说了 37 遍"我跟你什么仇什么怨！我跟你什么仇什么怨……"，成了网络流行语。【例】你不能这样做，～。

我伙呆 wǒ huǒ dāi 全称为我和小伙伴们都惊呆了。[源于 2013 年 6 月，一段讲述端午节由来的小学作文内容截图在微博网友中热传。这篇文章，最早由新浪微博网友"苏隐衡"发表于 2011 年 11 月 14 日。其中一句话"我和小伙伴们都惊呆了"被作为网络流行语迅速传播，短时间内成了热门话题]【例】到那一看～。

我勒个去 wǒ lèi gè qù 这个词因为在百度魔兽世界吧的多次使用，一夜爆红。不是骂人的，而是为心情不爽或者奇怪时的发泄语，翻译的过程中为了凑足四个音节，才有了这个词，后来被广大网友也就是所用。【例】～，运气真差。

我去买几个橘子 wǒ qù mǎi jǐ gè jú zi 该句出自朱自清的短篇散文《背影》，文中朱自清的爸爸对朱自清说："我买几个橘子去。你就在此地，不要走动。"本来很温情的话在中国社交媒体上走红后，网友用"买橘子"暗指"我是你爸爸", 用来占别人的便宜。【例】最初听到"～", 心里很感动, 不曾想这话是在占我便宜!

我去年买了个表 wǒ qù nián mǎi le gè biǎo 谐音是骂人粗话, 发泄心中不满, 表达心里不平衡。[源自 2012 年陕西安监局杨达才名表门事件]【例】不要爆粗口说"～", 这是隐晦骂人的话。

我闪 wǒ shǎn 走, 离开。【例】～, 我可不想挨批评。

我为祖国献神灯 wǒ wèi zǔ guó xiàn shén dēng 网友将网上盛传的价值"千万"天价吊灯事件恶搞成的一首歌曲。【例】略。

我想静静 wǒ xiǎng jìng jìng 原意是"让我静一静", 在网络中多半被(故意)曲解为"我想念静静"。【例】略。

我一代 wǒ yī dài 指出生于 80 年代的独生子女一代。他们比其父辈受到的教育更好, 见识更广。他们只注重自己的生活质量, 喝星巴克, 穿耐克, 写博客, 不关心政治, 只关心八卦新闻和娱乐消遣。他们的自我中心倾向被铺天盖地的消费主义、互联网和视频游戏所激发。【例】～是自私的一代。

我只想做个安静的美男子 wǒ zhǐ xiǎng zuò gè ān jìng de měi nán zǐ 表示"不想被太多人关注, 只想静悄悄地做好自己"。[源于 7 月 1 日发布于优酷的《万万没想到第二季》第 1 集"美男子唐僧"里叫兽易小星的台词, 后被网络作家南派三叔微博引用:"走开, 双下巴, 我只想做一个安静的美男子。"]【例】略。

沃客 wò kè [名]即 work2.0 学科, 是面向互联网核心价值的理论体系。【例】～网站发展壮大自己的实力。

卧槽族 wò cáo zú [名]指在职业生涯中, 立足做好手头工作, 在选定的岗位上扎实工作, 不愿冒险跳槽的职场人士。【例】～在白领中居多。

卧铺动车组 wò pù dòng chē zǔ [名]一种可以提供舒适卧铺的动车组, 目前大部分运营在京沪和沿海线上。【例】～主要在大城市运行。

握姿门 wò zī mén [名]iPhone 4 爆出了手机信号存在严重问题并冷漠回应消费者的"丑闻", 刚上市的 iPhone 4 信号质量受到广泛质疑, 苹果对此的回应是:换个姿势握手机。【例】～并没有影响苹果手机的销售。

乌魂族 wū hún zú [名]学历上含金量很高, 但由于睡眠质量不好, 每天给别人看到的样子都毫无生气, 上班的时候混混沌沌, 对工作不敏感甚至容易出错。【例】老板不喜欢～。

呜呜祖拉 wū wū zǔ lā [名]又称嗡嗡祖拉, 是南非足球迷用于助威的大喇叭。【例】～可以发出极高分贝的噪音, 会导致永久性听觉丧失, 球迷们需戴耳塞看球。

屋漏漏 wū lòu lòu［名］指的是"楼房外表真是美，十户九户都漏水，楼上洗澡楼下流，管事总是慢悠悠，挣了钱的心里美，百姓回迁真后悔"。这首名为《屋漏漏》的顺口溜，在广渠门外南街危改小区——广渠家园流传甚广。【例】~表明有关部门不作为。

无敌 wú dí［名］从字面意思上说就是没有敌人或是找不到敌人或者是无人能敌，从反面来形容自己或某人很强。【例】你真是~。

无福消瘦 wú fú xiāo shòu［动］原词为"无福消受"。"受"与"瘦"同音，现指没有变瘦的福气。【例】称完体重后，只得感叹一句："~"啊！

无火族 wú huǒ zú［名］在现代生活中，由于竞争日趋激烈、生活节奏加快、饮食不规律、睡眠不充足等问题，人们的身体负担和心理压力都不断加大，"上火"问题也随之越来越严重，并且已经成为现今影响人们生活质量的主要因素。所以，网上诞生了一个新名词———"无火族"。【例】~创意奖由此诞生。

无线上网 wú xiàn shàng wǎng［名］指使用无线连接的互联网登录方式。【例】~非常流行。

无语 wú yǔ［名］郁闷、无奈的意思。【例】我很~，你怎么能这样做。

五道杠少年 wǔ dào gàng shào nián［名］黄艺博，学生，前中国少先队武汉市副总队长，两三岁开始看《新闻联播》，7岁开始坚持每天读《人民日报》《参考消息》，现今已经在全国重要报刊上发表过100篇文章，2010年考入武汉大学马克思主义学院。【例】略。

五钻女 wǔ zuàn nǚ［名］电视剧《新玉观音》引起的。指有钱，遗传基因好。【例】娶~，是一些人的梦想。

午动族 wǔ dòng zú［名］源于韩国上班族，午间运动族的简称。指利用中午午休时间去锻炼身体，或到公司附近上学习课程以及在办公室自学"充电"的人群。【例】~应该注意合理锻炼。

午饭恐惧症 wǔ fàn kǒng jù zhèng［名］对午饭怀有一种恐惧感。不少白领到了午饭时间就纠结跟谁一起吃、一起吃什么等问题。因为午餐不再只是一顿简单的午餐，而是一种新型社交方式，吃得不好可能会影响职业前程。【例】~大都在白领之间流行。

午婚 wǔ hūn［名］为了避开高峰，一些年轻人选择中午举办婚宴。【例】~可能成为今后新人们选择婚宴时间的一种新趋势。

捂地惜建 wǔ dì xī jiàn［名］指为达到某种目的，房地产商将手中的土地囤积起来，不建房。【例】之前有开发商"捂盘惜售"，现在又冒出个"~"，你说这楼价能不虚高吗？

雾霾 wù mái［名］是雾和霾的组合词。常见于城市，是特定气候条件与人类活动相互作用的结果。【例】～影响非常恶劣。

X

XB 小白，新手、菜鸟的意思，是对什么都不懂的人的调侃称谓，也表示那些纯洁的微傻微愣的人。［汉语拼音 xiǎo bái 的首字母缩写］【例】在这个问题上，你就是一个～。

XD 兄弟。［汉语拼音 xiōng dì 的首字母缩写］【例】～，借个火。

XDJM 兄弟姐妹。［汉语拼音 xiōng dì jiě mèi 的首字母缩写］【例】～，我们都是一家人。

XHW 小黑屋，违反规则是要被关小黑屋的。［汉语拼音 xiǎo hēi wū 的首字母缩写］【例】略。

XM 美国 XM 卫星广播公司提供针对汽车等移动接收和固定接收的高品质卫星数字广播节目。【例】～，有许多人收听。

西贝货 xī bèi huò［名］"西贝"组合为"贾"，而"贾"与"假"是谐音，通"假"。人们对假货或冒牌货亦称之为贾货，同西贝货。现代的小说中常用来形容女扮男装的年轻女子。【例】～在部分小说或是古玩界被使用。

西毕生 xī bì shēng［名］西太平洋大学毕业生的简称。后来泛指那些跑到西太平洋留学归国并身处要职的中国毕业生。此词因唐骏学历造假一事而得名。【例】唐骏"学历门"催生新词"～"。

吸费门 xī fèi mén［名］负责征收手机费用的中国联通公司、中国移动公司，不顾消费者的利益，和各个电子信息公司串通，未经广大消费者同意，随意以代收费用的名义克扣消费者预先存放的手机费用。【例】～只是国产手机"成长中的烦恼"。

吸血鬼 xī xiě guǐ［名］只知索取，不知回报。【例】你就是一个～。

稀饭 xī fàn［名］喜欢的谐音。【例】希望大家～。

犀利 xī lì［名］表示简单、干脆地达成某种目标，在魔兽争霸游戏中，常被用来形容操作、意识等非常突出的玩家或其所控的角色。【例】游戏中：～地击杀了 BOSS。

犀利哥 xī lì gē［名］程国荣，早年和同乡到宁波打工，由于种种原因成为流浪汉。【例】～回到了家乡。

犀利姐 xī lì jiě［名］继犀利哥之后走红网络的又一极品乞丐，力压深邃哥、雪碧哥，是最有犀利哥风范的潮人乞丐，也被网友称为史上最美女乞丐！【例】~成了网络红人。

犀利奶奶 xī lì nǎi nai［名］刘京新，13年炒股经验，民间散户高手，长期于北京电视台《百姓炒股秀》、山东卫视《投资有理》、内蒙古卫视《财富非常道》做客谈股票投资，分享经验。【例】~就是一个传奇人物。

席位复用 xí wèi fù yòng［名］指席位售出后对席位进行二次或多次的重复利用。席位共用，是指列车在同一径路上的前方停靠站可同时利用起点站的票额，实现票额共享。【例】采用~售票方式，一个座位能重复利用多次。

洗版 xǐ bǎn［名］也作洗板，又叫洗屏或刷屏。广义指在网上论坛、留言板、BBS以及即时聊天室、网络游戏聊天系统（公频）等短时间内发送大量信息，专指重复相同或无意义的内容。【例】~常见于即时聊天系统。

洗鼻指数 xǐ bí zhǐ shù［名］"鼻腔清洗指数"，根据天气变化、就医人群、药品销量等信息进行模式化运算，结合了当日空气质量、悬浮颗粒物等指标，提示市民应及时清洗鼻腔，防治上呼吸道疾病，尤其对过敏性鼻炎和哮喘患者形成健康指导。【例】~要根据天气变化确定。

洗具 xǐ jù［名］随着网络的高速发展，这些厨房和洗手间里的器皿，都有了网络的时尚光环。洗具，即包括以上在内的洗东西的工具，也有了自己的新意义"喜剧"。【例】我的世界中都是~。

洗脸死 xǐ liǎn sǐ［名］【例】~一事，持续发酵。［源自2010年3月27号，湖北省公安县麻豪口镇黄岭村村民薛因盗窃自行车被公安县公安局给予治安拘留15日，4月7号，薛宏福被发现在拘留室洗手池中死亡］【例】略。

洗牌门 xǐ pái mén［名］指足球场上故意申请黄（红）牌的行为。【例】~事件说明有关部门不作为。

洗虾粉 xǐ xiā fěn［名］主要成分是柠檬酸和亚硫酸盐，对人体有害。另有洗蟹粉。【例】~成分不能确定，制取方法未知。

喜大普奔 xǐ dà pǔ bēn 也叫"普大喜奔"，即"喜出望外、大快人心、普天同庆、奔走相告"的缩略形式，表示一件让大家欢乐的事情，大家要分享出去，相互告知，共同庆祝。【例】真是一件~的事，跟大家分享一下。

喜当爹 xǐ dāng diē［名］用来调侃男生好不容易追到女神，但是女神却怀了高富帅的孩子，无奈之下找屌丝接盘的情况。【例】普通男生也不想~。

喜会族 xǐ huì zú［名］喜欢开会带来的"被重视感"。【例】~最微妙的心思在于享受会议带来的"被重视感"和"优越感"。

戏精 xì jīng［名］最早是比喻表演、演戏很厉害的人。生活中的戏精是指在某些特定的时间地点，通过表演或模仿的行为，令人感觉像剧中演员一样。通常带有诙谐、搞笑的含义。用于褒义就是单纯地赞美很会演戏，用于贬义则指生活中一言不合就给自己加戏，博眼球，引起身边人的注意。【例】你简直就是一个"～"。

戏剧理疗 xì jù lǐ liáo［名］希望观众在观赏过程中能够调理身心，找到心灵的答案。【例】舞台剧除了能给人艺术享受之外，还能起到"～"的功效。

细软跑 xì ruǎn pǎo［名］"收拾细软赶紧跑"的缩略形式，用以调侃发表了某些言论后，为了防止被"查水表"，要赶紧躲起来。【例】～，来不及了。

细思恐极 xì sī kǒng jí［名］指仔细想想，觉得恐怖到了极点。主要是营造一种迟缓加混乱的效果，多用于形容人的恐惧心情。【例】这里有几个～的推理小故事给你们看。

虾米族 xiā mǐ zú［名］指的是在金融危机背景下诞生的全新时尚族群，他们能动脑筋、拼创意，在有限的资源下，花好每一分钱。［源自肯德基］【例】小空间里能玩出大生活的～的生活依然有滋有味。

虾死你 xiā sǐ nǐ［名］连日高温，河虾价格一路走高，一周内涨幅超过50%，每斤55元的零售价创下新高。【例】继绿豆、大蒜、生姜的疯狂涨价被人们戏称为"豆你玩""蒜你狠""姜你军"，这疯狂涨价的河虾也被起个外号，叫～。

侠贪 xiá tān［名］指贪官。贪官做出了所谓"大侠"的名声，可见中国人民对贪官的痛恨程度。【例】日前在网络被炒得沸沸扬扬的大贪官，被网友戏称为"～"。

下号手 xià hào shǒu［名］职业网络骗子，面前往往都是十几个或几十个对话框以不同的网名同时开聊，然后逐渐摸透对方底细，并开始约人。钓鱼对象是从各大征婚网站、聊天室筛选出来的，一般选择中年、有经济基础的男人。【例】聊天要警惕～。

下井助理 xià jǐng zhù lǐ［名］广西河池朝阳煤矿突击提拔了7名矿长助理下井带班，而包括矿长、副矿长在内的5名主要领导稳坐办公室。【例】～让我们看到了一项制度如何从美好初衷慢慢或迅速贬值。

下网 xià wǎng［名］在互联网上结束信息的检索、查询等。【例】他准备～。

吓死宝宝了 xià sǐ bǎo bao le 指吓死我了，吓死人，把我变成宝宝，吓死自己的意思，女孩受到惊吓时常用此语来卖萌。【例】～。

仙侠 xiān xiá［名］一种新兴的文学题材，与传统武侠相比，更加虚幻缥渺。【例】~作品中，往往会有仙、神、魔、妖等六界众生。

贤惠 xián huì［名］指妇女有德行，态度和气，善良温顺而通情达理，心灵手巧。擅长做家务，描述的是一种品质和行为，与外表无关。【例】织女就是美丽~。

咸鱼族 xián yú zú［名］指的是职场上总有这么一群人，没有工作目标，缺乏职业规划，不想升官发财，每天安于现状。【例】被扣上职场"~"的帽子依旧"我自岿然不动"。

险奴 xiǎn nú［名］背负着巨大的经济压力，而这压力来自购买了过多的保险。部分人盲目购买不适合自己的险种，一些人在手头并不宽裕的情况下购买，所买保险也成了负担。【例】~的日子也不好过。

现在问题来了 xiàn zài wèn tí lái le 用于调侃蓝翔技校或者引出要问的问题。【例】"~"这句话的走红与蓝翔技校的广告语有密切的关联。

现在整个人都不好了 xiàn zài zhěng gè rén dōu bù hǎo le 被广泛用于表达无语、无奈、受不了了等状态。【例】我~。

限广令 xiàn guǎng lìng［名］即国家广电总局针对电视剧中插播广告的时间、长度以及广告类型等做出的一系列规定。【例】~出台，网络上已经一片欢呼。

限酒令 xiàn jiǔ lìng［名］国家对酒的生产和消费等有关行为的约束禁止。它属于酒政的一部分内容。【例】~有利于行驶安全。

限批令 xiàn pī lìng［名］国家环保部门对严重违规的行政区域、行业和大型企业发出的停止审批其境内或所属的除循环经济类项目外的所有项目的通告。【例】~引起了各个部门的重视。

限送令 xiàn sòng lìng［名］苹果是不想让自己的产品变成其他商家聚拢人气的铺路石，今后再也没有免费 IPAD 午餐了，这就是苹果公司拟出产品的限送令。【例】~的执行很可能使开发商通过调低销售单价来吸引成交。

限宴令 xiàn yàn lìng［名］指某些地方的政府机构出台的限制官员办宴席不得超过一定席数的政策，旨在遏制官员不正之风。【例】"史上最严"~，在一定程度上刹住了借办宴席敛财的腐败风。

限娱令 xiàn yú lìng［名］广电总局对娱乐节目的限制令。要求各地方卫视从 2011 年 7 月起，在 17：00 至 22：00 黄金时段，娱乐节目每周播出不得超过 3 次。【例】~再次下发，婚恋等七类节目被限制。

羡慕嫉妒恨 xiàn mù jì dù hèn 不仅强化了中心词"嫉妒"的表达效果，还包含了嫉妒的结构层次和来龙去脉。把同义词或近义词反复叠加，通过紧凑、复沓的形式，表达鲜明、强烈的情感，追求一种奇特、夸张的效果。［最早出现在北京女作家赵赵的小说《动什么，别动感情》里。2010 年郭德纲评论同行对他的非议时，这个词开始流行］【例】你的条件太好了，真是～。

箱居 xiāng jū［名/动］连续多年飘涨的房价，竟然逼出一个以报废集装箱为家这一个新形式。指利用集装箱建成的小屋，或指居住在集装箱里。【例】～生活条件比较艰苦。

祥云工程 xiáng yún gōng chéng［名］云计算已被列为北京战略性新兴产业的突破口。【例】～是基于互联网、通过虚拟化方式共享资源的计算模式。

祥云小屋 xiáng yún xiǎo wū［名］位于奥林匹克公园中心区的公共区域。【例】～展现了各地神奇多彩的民族民间文化。

向日葵法则 xiàng rì kuí fǎ zé［名］一种有助于家庭或个人投资理财获得较高回报的资产配置方式。【例】国泰基金近日指出，家庭理财要善用"～"进行资产配置，以"花心"和"花瓣"两类资产的配置组合，开出靓丽的投资之花。(2009 年 4 月 25 日《新民晚报》)

向日葵族 xiàng rì kuí zú［名］指那些像向日葵一样的人，会善于发现微小幸福，总能看到生活积极的一面，能够坦然面对压力，对于不快乐的经历也能转眼就忘记。【例】"～"生活乐观。

项目生 xiàng mù shēng［名］指参加"选聘高校毕业生到村任职""三支一扶计划""大学生志愿服务西部计划""农村义务教育阶段学校教师特设岗位计划""村村大学生计划"且服务期满的普通高等学校毕业生。【例】他是一名～。

橡皮白领 xiàng pí bái lǐng［名］指的是没有神经，没有痛感，没有效率，没有反应的员工。整个人犹如橡皮做成的，是不接受任何新生事物和意见、对批评表扬无所谓、没有耻辱和荣誉感的职场人们。【例】我都快成～了。

橡皮婚姻 xiàng pí hūn yīn［名］指夫妻之间男女双方都尽职尽责，但貌合神离，无爱又无痛，无趣也无梦，法律意义上的婚壳尚在，跟离婚相比，就差一个证了。【例】～维持不了多久。

消费名片 xiāo fèi míng piàn［名］指的是某地可以向外界展示的比较好的消费场所及消费项目。【例】～让人们的消费趋于多样化，同时提高了不同消费者的消费层次。

小产权房 xiǎo chǎn quán fáng［名］指在中国农村和城市郊区农民集体所有的土地上建设的用于销售的住房。【例】～不受法律保护。

小长假 xiǎo cháng jià [名] 指国家有关部门对节假日进行调整，取消五一国际劳动节长假，增加传统节日元旦、清明、端午、中秋为法定假日，形成元旦、清明、端午、中秋、五一、十一、春节传统节日的假期系统。【例】多么盼望~早点来。

小丑护理 xiǎo chǒu hù lǐ [名] 指的是通过笑声和幽默令患者忘记身体上的痛楚和心灵上的创伤，从而加快患者痊愈的一种护理方式。【例】~在儿童医院尤其常见。

小高考 xiǎo gāo kǎo [名] 指普通高中学业水平考试，也就是人们所说的会考，考试对象为普通高中高二年级的学生，考试成绩将作为高校招生录取的依据之一。【例】~逐渐被学生重视。

小娇羞 xiǎo jiāo xiū [名] 用于形容那些柔弱、娇媚、能激起男性保护欲望的女孩。【例】~遇到问题时，会求助，会撒娇，不会现出一副"巾帼不让须眉"的姿态。

小姐姐 xiǎo jiě jie [名] "小姐姐"这个词的早期含义是粉丝对萌系女生的称呼。现在各种人都可以称呼萌系女生为"小姐姐"。[源于 LoveLive（日本二次元偶像企划）]【例】"~"既是一项舶来文化，又是一个地方传统。

小康二代 xiǎo kāng èr dài [名] 指出生在 80 后的一个"二代"群，他们处在"先富者"和"未富者"之间，充当缓冲阶级角色，在踌躇中"与世稍争"。【例】~一般不会为了金钱而去牺牲自己的兴趣爱好。

小蓝莓 xiǎo lán méi [名] 广大游客对上海世博会志愿者的昵称。城市志愿服务站点志愿者的服装蓝白搭配，看起来像蓝莓。【例】~受到群众赞美。

小目标 xiǎo mù biāo [名] 出自《鲁豫有约》中王健林的话，原话是："先定一个能达到的小目标，比方说我先挣它一个亿。"【例】人生要有~。

小奶狗 xiǎo nǎi gǒu [名] 是女生对男友的称呼，这类男友的特点就是年纪小，比较黏人，对女友忠诚，爱撒娇。【例】~，最初是日本女生给男生们的分类。

小盆友 xiǎo pén yǒu [名] "小朋友"的谐音。【例】这个~真可爱。

小洽会 xiǎo qià huì [名] "小企业金融服务洽谈会"的简称。为解决中小企业融资难、贷款难问题，搭建银行和中小企业交流平台"小洽会"是间接融资服务得以展示和建立银企合作的平台。【例】~期间各家银行纷纷推出专门介绍小企业融资的展台。

小清新 xiǎo qīng xīn [名] 认为是中国女文青和女小资的一个最新变种。【例】大家都喜欢~。

小虾 xiǎo xiā［名］相对于菜鸟的一个名词，也是对自己谦虚的一种表现。小虾是指那些不太善于应用网络，不具有一定网络技术水平的人。【例】～不具有攻击性。

小悦悦事件 xiǎo yuè yuè shì jiàn 2011年10月13日，2岁的小悦悦（本名王悦）在佛山南海黄岐广佛五金城相继被两车碾压，7分钟内，18名路人路过但都视而不见，漠然而去，最后一名拾荒阿姨陈贤妹上前施以援手，引发网友广泛热议。

小资女 xiǎo zī nǚ［名］指追求物质和精神双重享受的女子。【例】～大多为都市白领，经济独立，生活悠闲。

校车概念股 xiào chē gài niàn gǔ 源自2011年11月16日发生在甘肃的校车交通事故"波及"至股市。教育部发文要求各地彻查中小学生和幼儿上下学乘车安全情况。业内认为，校车运行亟须"标准化"，这给汽车市场带来机会。校车概念股表现异常活跃，中通客车（8.07，－0.01，－0.12%）盘中一度涨停。

笑脸哥 xiào liǎn gē 2015年2月19日，中央电视台春节联欢晚会结束后，一位身材健壮、笑容灿烂的男观众在网上火了一把，他就是"笑脸哥"。在1999年到2017年的19年春晚现场上，除了2013年以外，"笑脸哥"的笑容从未缺席。

笑脸墙 xiào liǎn qiáng［名］指的是贴满笑脸照片的墙面。【例】全国各地涌现出了许多～。

笑笑团 xiào xiào tuán［名］集合了阳光而充满活力的人，为了传递笑容而走到一起，身体力行传递微笑，并希望大家可以进来，让笑容无处不在。【例】～口号：笑让世界爱上我们。

写二代 xiě èr dài［名］就是人们常说的文坛"父子兵"，即父亲是搞文学的作家，儿子也和文学脱不了干系。【例】父亲很富有，他的儿子被称为"富二代"；父亲是作家，儿子也从事相关工作，便被称为"～"。

心诚则零 xīn chéng zé líng 指一心想减肥，但相信可乐的热量会被冰块中和，奶茶里的奶有益于健康而茶也能养生，冰淇凌是凉的所以没有热量，卡路里被自身物质相抵统统为零的自欺欺人的行为。【例】虽然"～"只是自欺欺人，但我愿安心做一个胖子。

心感术 xīn gǎn shù［名］心灵感应的魔术。【例】～至今是一个疑惑。

心脚标 xīn jiǎo biāo［名］2010年第十六届广州亚运会志愿者的标志。其图案为一个心形符号，内嵌"9"字，下缘延伸出两只脚。【例】～极具岭南特色，受到人们喜爱。

心理黑客 xīn lǐ hēi kè［名］善于洞察人们心理，捕捉心理信息，并能针对具体事件，根据自己的心理学知识和经验，分析别人的心理活动、预知别人的心理想法，做出相应的策略，以一系列高明而有效的技巧和手段，使别人的心理及行为以自己的意志为转移，朝向有利于自己及社会发展的方向而改变，以圆满解决问题的人。【例】～在现实生活中虽然不多，但是却存在。

心理亏损 xīn lǐ kuī sǔn［名］一种财富在增长过程中突然下降造成的心理感觉。【例】投资造成的～，在所难免。

心灵超市 xīn líng chāo shì［名］指的是专门出售精神商品，使买家在情绪、思想上获得收益的超市。【例】～中摆放的商品，其实是贴有各类标签的瓶瓶罐罐。

心情地图 xīn qíng dì tú［名］美国西北大学计算机与信息学院研究者与哈佛医学院的一些研究人员一起，设计出一套衡量美国人一周内不同时间开心与否的方法。【例】～反映了人们的心情。

心碎假 xīn suì jià［名］那些与男女朋友分手的员工都可以申请休假，而且年龄越大的人可以请假的天数越多。【例】～不是所有人都可以申请。

新白领标准 xīn bái lǐng biāo zhǔn［名］即 2012 年新白领标准。2011 年新年伊始，一份"新白领标准"在网上流传。这份标准提到，随着物价飞涨和时代发展，白领标准也要与时俱进。【例】～体现出年轻人的重重压力。

新二代 xīn èr dài［名］脱离于"富二代"的概念。在主体构成上，"新二代"源于"富二代"，以民营企业家子女为主。他们是锐意进取、自强不息的年轻人，懂得珍惜手中财富，并誓将父辈基业发扬光大。【例】～具有强烈的社会责任感。

新国十条 xīn guó shí tiáo［名］国务院发出《关于坚决遏制部分城市房价过快上涨的通知》，提出十条举措。【例】～的颁布，有利于遏制房价上涨。

新国四条 xīn guó sì tiáo［名］前国务院总理温家宝曾于 2010 年 4 月 14 日主持召开国务院常务会议，研究部署遏制部分城市房价过快上涨的政策措施。【例】～不同于以前。

新老年 xīn lǎo nián［名］61 岁至 76 岁这一年龄层的群体无论从生理上还是心理上看都不能算作老年人。【例】～比例逐年增多。

新农夫运动 xīn nóng fū yùn dòng［名］农民与消费者签订购买协议，消费者把本年度购买农产品的钱先期支付给农民，农民则承诺不使用化肥和喷洒农药。这种方式绕过了中间商，让农民直接和消费者面对面。【例】～可以让消费者吃上干净的蔬菜。

新女学 xīn nǚ xué［名］致力于帮助中国女性重新确立起一套适用于当代社会的情感生活法则。［由苏岑女士首次提出来］【例】～是一种新的生活观。

新闻网站 xīn wén wǎng zhàn［名］指以经营新闻业务为主要生存手段的网站。【例】～种类繁多。

行星列车 xíng xīng liè chē［名］地下真空磁悬浮超音速列车。【例】美国是"～"的研发国家。

型男 xíng nán［名］指新一代独具魅力的男生，对个人的生活品位和当今潮流认知程度不亚于女生。【例】他是一个典型的～。

醒工砖 xǐng gōng zhuān［名］醒来搬砖的人。［是"醒醒，工头喊你起来搬砖"的缩写形式］【例】别再提"～"了，看看真实搬砖工的工资。

幸福家庭季 xìng fú jiā tíng jì［名］国家广电总局紧急叫停谍战剧、涉案剧后，许多卫视、地方电视台不约而同地把目光投向家庭伦理剧。随着这些讲述家庭亲情和伦理的电视剧陆续亮相荧屏，业内人士称当下荧屏进入了"幸福家庭季"。【例】这个暑假真是～。

幸福体 xìng fú tǐ［名］源于一位叫"幸福师姐"的网友的一篇帖子，帖子里细数了各种幸福的瞬间。【例】～造句招募帖。

兄贵 xiōng guì［名］来自日本的汉字词语，是对兄君或者男性长辈的尊称。与粤语的"大佬"或普通话"大哥"相似。［最早典故出于射击游戏"超兄贵"系列］【例】～，一起闯世界吧。

兄贵控 xiōng guì kòng［名］指喜欢全身肌肉的猛男的情结，最早典故就是出于"超兄贵"系列。

兄台 xiōng tái［名］对朋辈的敬称。【例】～，从何方来。

熊猫姑娘 xióng māo gū niang［名］周晓娟，80 后姑娘，体重只有约 50 公斤，却累计捐献了 4000 多毫升"熊猫血"。【例】～感动了万千网友。

熊猫烧香 xióng māo shāo xiāng［名］是一款拥有自动传播、自动传染硬盘能力和强大的破坏能力的病毒，它能感染系统中 exe，com，pif，src，html，asp 等文件，它还能中止大量的反病毒软件进程并且会删除扩展名为 gho 的文件，该文件是一系统备份工具 GHOST 的备份文件，使用户的系统备份文件丢失。被感染的用户系统中所有 .exe 可执行文件全部被改成熊猫举着三根香的模样。【例】～病毒制造者，最终被抓捕了。

休车日 xiū chē rì［名］为宣传节能环保的理念，号召市民暂停使用机动车的日子。【例】～非常有意义，有利于保护环境。

秀霸 xiù bà［名］源自 T 台，每年时装周都会有网站为模特统计，一共走了多少场秀，走得最多的模特被称为"秀霸"。【例】这是一个~，他走得最多。

秀客网 xiù kè wǎng［名］首家专注于移动新媒体的手机节目创作平台。【例】~支持原创。

袖珍公交 xiù zhēn gōng jiāo［名］指打通公交微循环，解决居民最后一公里出行难的线路较短的一种公交。【例】~有利于缓解交通拥挤的问题。

虚客族 xū kè zú［名］指在消费场所里的顶级品牌间往返，光看不买也快乐的一类人。【例】~就喜欢逛街。

虚拟大学 xū nǐ dà xué［名］运用虚拟技术，创办在互联网络上的、不消耗现实教育资源和能量的，并且有现实大学特征和功能的一个办学实体。【例】~必须依托互联网技术。

虚拟货币 xū nǐ huò bì［名］指非真实的货币。【例】~只能在网上使用。

虚拟教室 xū nǐ jiào shì［名］虚拟课堂为用户创造了一个实时的网络互动课堂，通过远程音视频授课，不仅能够有效提升网络培训的学习效果，更是满足了用户大规模培训的需求，全面提升培训效率，建立起具有竞争力的网络培训体系。【例】~为用户创造了一个实时的网络互动课堂。

虚拟空间 xū nǐ kōng jiān［名］也称虚拟主机，是使用特殊的软硬件技术，把一台计算机主机分成一台台"虚拟"的主机，每一台虚拟主机都具有独立的域名和 IP 地址（或共享的 IP 地址），具有完整的 Internet 服务器功能。【例】~良莠不齐，要学会辨别。

虚拟人生 xū nǐ rén shēng［名］网上生活；一款智力游戏。

虚拟社交依赖症 xū nǐ shè jiāo yī lài zhèng［名］属于神经症的范畴，第一，患者表现出由于沉迷于网络社交和网络游戏而导致出现焦虑、抑郁、恐惧、强迫、疑病、躯体化或神经衰弱等症状；第二，表现出来的症状已经导致社会功能受损或具有无法摆脱的精神痛苦；第三，前面两点的表现和行为至少要有一个月。【例】~由多种因素构成。

虚拟社区 xū nǐ shè qū［名］一群主要借助计算机网络彼此沟通的人们，他们彼此有某种程度的认识、分享某种程度的知识和信息、在很大程度上如同对待朋友般彼此关怀，从而所形成的团体。【例】~与现实有一定的关联性。

虚拟世界 xū nǐ shì jiè［名］运用电脑技术、互联网技术、卫星技术和人类的意识潜能开发或形成的独立于现实世界、与现实世界有联系、人们通过虚拟头盔和营养舱以意识的形式进入、类似于地球或宇宙的世界。【例】~的生活与现实世界的生活在政治、经济、文化、教育等方面存在一定的关联性。

徐宝宝事件 xú bǎo bao shì jiàn 源自南京 5 个月大的婴儿徐宝宝因高烧、眼眶部肿胀等症状，进入南京市儿童医院住院治疗，婴儿住院病情恶化时，家属几次向值班医生反映病情，由于医生打游戏、睡觉等原因，都未得到及时有效救治，由此导致了婴儿病情急剧恶化次日早晨不治身亡。【例】~应引起高度关注，避免类似事件的发生。

玄幻 xuán huàn［名］一种特殊文体，内容光怪陆离，如穿越、西方魔幻、东方仙侠、武侠，甚或改编电影动漫等等不一而足，称谓繁杂混乱难以定性。最终逐渐被归纳为玄幻。【例】~推动了中国网络文学的兴起和繁荣。

玄幻小说 xuán huàn xiǎo shuō［名］一种类型小说，思想内容往往幽深玄妙、奇伟瑰丽。不受科学与人文的限制也不受时空限制，励志、热血，任凭作者想象力自由发挥。【例】~主要流行于网络。

悬浮视察 xuán fú shì chá［名］指四川会理政府网刊登的政府领导"飘浮"在一条公路的上空视察的照片。该照片实为政府工作人员人为 PS 而成。【例】~反映了虚假的一面。

悬赏求职 xuán shǎng qiú zhí［名］求职者为获得心仪的目标职务，采取提供金钱作为职务促成者（有称职客）奖励的一种新型求职方式。【例】~的模式成为不少求职无门者的选择。

炫父 xuàn fù［名］说得直白一点就是在与平常人交流中或危机公关中将自己地位显赫或具有较大社会影响力的父亲摆出来，即平常的"拼爹"，关键时候的"我爸是李刚"。【例】~多发生在官二代、官三代、权二代、富二代、星二代等身上。

炫富 xuàn fù［名］展示炫耀财富。是一种非理性的漂浮躁动，是一种用行动表达出来的喧嚣，是大写的忽悠和疯狂的炒作。【例】~成了一种时尚。

炫客 xuàn kè［名］将博客、播客、个人相册和闪客技术完美融合的网络应用。【例】~网是一个炫客作品的展示平台。

炫证女 xuàn zhèng nǚ［名］有人在网络炫证，晒出了自己所考取的大大小小几十种证件，图片旁边有文字说明称"炒房不如考证，拜金不如拜知"，自称北大毕业，在家宅着月入 6000 元，多的时候两三万。网友称其为北大"炫证女"。【例】~真实性遭质疑。

薛定谔在线 xuē dìng è zài xiàn 指心情好就在线，心情不好就不在线，反正在他露面之前，你无法得知他到底在不在线。［源自薛定谔定律，代表一切不确定、处在两种结果混合状态的事物，又称薛定谔的猫，是奥地利著名物理学家薛定谔提出的一个思想实验。］【例】~真的很烦人。

学号自行车 xué hào zì xíng chē［名］在车身明显的地方喷有学号的防盗自

行车。它是一种主要针对在校学生为了防止自行车被盗而采取的新措施，也是校园自行车管理的一种新办法。通过在自行车上喷上相应的学校标志色和学号，出入校门时核对证件和自行车来达到防盗的目的。【例】~防盗效果不错。

学历造假门 xué lì zào jiǎ mén［名］唐骏"学历门"事件引起的。【例】~引起社会一片哗然。

学模 xué mó［名］出现于2010年举办的"中国国际教育巡回展"上，模特展示成为展会的必要元素之一，采用学模的展现方式。【例】略。

学术超女 xué shù chāo nǚ［名］初指北京师范大学教授于丹，因其2006年国庆期间在中央电视台《百家讲坛》连续七天讲《论语心得》而迅速走红，因此人称"学术超女"。后也泛指此类女性学者。【例】商业活动也纷纷瞄准了这位~。

学有所教 xué yǒu suǒ jiāo［名］原总书记胡锦涛在十七大报告中提出的战略构想之一，是党的十七大报告提出的要求。【例】~，优先发展教育，促进教育公平。

学租族 xué zū zú［名］指现代的父母因为要照顾子女的学业而迁移到离学校比较近的地方，【例】~一切都为了儿女的学习。

血脖肉 xuè bó ròu［名］位于动物颈脖处，含有大量淋巴结、脂肪瘤和甲状腺等。淋巴结可过滤、杀灭、吞噬病原微生物和病毒等，但同时积存了很多的病菌和病毒，而且短时间加热也不易将其杀灭，所以食用后很容易感染疾病。【例】~要谨慎食用。

血奴 xuè nú［名］指非法卖血者，以出卖自己的血液为生的人。又称职业卖血人。【例】~不受法律保护。

寻亲基因数据库 xún qīn jī yīn shù jù kù［名］收集、整理寻亲者的基因样本，建立数据库，并将数据库中的基因互相比对，以便寻找失散亲人的服务系统。【例】中国第一个专门服务于失散人员的"~"所在地就是中科院北京华大方瑞司法物证鉴定中心。

询问式好看 xún wèn shì hǎo kàn 指一件物品无法通过直觉判断它是否好看，而只能通过询问价格的方式确定其美丽程度。【例】~也作为我们购买商品时的一种判定方式和选择。

Y

YA 另一个。［英文 yet another 的首字母缩写］【例】略。

YAFIYGI 你自找的，你明白了。［英文 you asked for it you got it 的首字母缩写］【例】略。

YDKM 你不认识我。［英文 you don't know me 的首字母缩写］【例】～这很正常。

Yep/Yup 是。［英文 yes 的谐音］【例】～，你做得很对。

YGBK 你是开玩笑吧。［英文 you gotta be kidding 的首字母缩写］【例】略。

YHBT 你被坑了/你已上钩。［英文 you have been trolled 的首字母缩写］【例】～，不能急。

YHBW 早就警告过你了。［英文 you have been warned 的首字母缩写］【例】～，不能碰。

YHGMTPOTG 你太过扭曲人家的意思。［英文 you have greatly misinterpreted the purpose of this group 的首字母缩写］【例】略。

YMMV 你的历程可能有所不同。［英文 your mileage may vary 的首字母缩写］【例】略。

YNK 你绝不知道。［英文 you never know 的首字母缩写］【例】～这个秘密。

YOYO 你的事，你自己做主。［英文 you're on your own 的首字母缩写］【例】～，别人管不着。

YR 是的。［英文 yeah, right 的首字母缩写］【例】～，你考虑得很周到。

YSYD 你会的。［英文 yeah, sure you do 的首字母缩写］【例】要对自己有信心，这种事情，～。

YTTT 说真的。［英文 you telling the truth 的首字母缩写］【例】～，你的反应特别快。

YYSS 当然当然。［英文 yeah yeah sure sure 的首字母缩写］【例】～，这次获奖名单中有你的名字。

Y2K 即 2000 年，千禧危机，千年虫，千年问题。［英文 Year 2 Kilo 的首字母缩写，Y 是年（year）的缩写，K 是千（kilo）的缩写］【例】～是影响人类社会比较大的一代。

压力面试 yā lì miàn shì［名］指面试人提出很多生硬的、不礼貌的问题，故意使候选人感到不舒服，有意制造紧张的气氛，以了解求职者将如何面对工作压力。【例】～出现在各种面试中。

鸭梨 yā lí［名］因为与"压力"同音，故表示压力之意。【例】"～大"意思就是压力大，是对工作、学习、生活压力大的一种调侃。

牙签城 2 号 yá qiān chéng èr hào［名］即"庙宇和高楼大厦"，是由美国纽约州的一名前电视节目主持人斯坦·蒙罗搭耗时 5 年、用 350 多万根牙签搭建而成的世界上最大的牙签城。【例】～"复制"了 40 多座世界各地的著名建筑和高楼大厦。

亚婚姻 yà hūn yīn［名］指有法律意义上的婚姻，却没有相对应的完整的家庭生活。【例】～的存在是在一定经济状况下的理性选择。

亚历山大 yà lì shān dà［名］压力比山大。形容压力很大。【例】高三的学生明显感到～。

亚熟男 yà shú nán［名］指那种表面成熟，其实并没有完全成熟的"准成熟男人"。【例】～往往比较多情。

颜文字 yán wén zì［名］是在多语言符号象形元素创制的教学方法基础之上发展起来的新型语言符号，其表达方式多样。【例】～在表情包盛行的时代也让人们需求表达多了一种选择。

颜值 yán zhí［名］意为面容、容貌。【例】～有衡量标准。

眼吧 yǎn bā［名］融入了世界当今最尖端多项科学技术，如虚拟现实技术、电子计算机技术、数字投影技术、计算机交互技术、计算机图像及动画技术、视觉仿真技术等；也继承了当今最经典实用的多项眼保健技术如中医的穴位按摩法、双眼合像法、晶体操法、远雾视法等。【例】～开放性地吸纳了眼肌训练法。

眼球经济 yǎn qiú jīng jì［名］依靠吸引公众注意力获取经济收益的一种经济活动。【例】在现代强大的媒体社会的推波助澜之下，～比以往任何一个时候都要活跃。

眼球相机 yǎn qiú xiàng jī［名］指的是美国东北大学和伊利诺伊大学乌尔班纳·香槟分校的研究人员研制出的一种类似于人眼的相机，其将具有变焦功能的单反相机同简单的模拟人眼透镜完美结合在了一起。【例】新型"～"和一枚一角钱硬币差不多大小。

眼神执法 yǎn shén zhí fǎ［名］城管文明执法的一种形式。[2011 年 6 月 16 日，湖北省武汉市洪山城管在劝说店主占道经营无效后，组织 50 名执法队员围站成一圈，双手背在身后，沉默地注视着食客和坐在一旁的老板，最终两桌食客先"顶"不住，结账离去，老板收拾桌椅搬进了店内〕【例】城管"～"具有一定的效果，得到了大家的赞同。

验客 yàn kè [名] 指互联网上代表广大用户体验商家产品或者服务的用户。【例】～把体验产品或者服务后的感受，通过各种信息载体表达出来。

羊羔体 yáng gāo tǐ [名] 用车延高的名字的谐音命名的一种新诗体，标志着鲁迅文学奖与文学绝无关联。【例】～获鲁奖诗歌奖引发争议。

阳光工场 yáng guāng gōng chǎng [名] 指专门为轻度智障人士提供的专业技能培训的机构。【例】～主要是用来接纳残障人士进行康复活动。

阳光宅 yáng guāng zhái [名] 内心对世界充满了好奇，热衷旅游，十分阳光，可实际却是下班就回家，吃饭靠外卖，生活中没什么交际的人。【例】我很喜欢和～一起生活。

杨不归 yáng bù guī [名] 指温州官员杨湘洪出国考察滞留不归事件。【例】～事件一时成为网上热议话题。

洋葱人 yáng cōng rén [名] 比喻在恋爱中只想从对方身上索取的人。【例】～，没有心。

洋代工 yáng dài gōng [名] 指的是委托国外知名企业为国内厂家贴牌生产产品的国际合作模式。【例】娃哈哈借道～进军高端奶粉市场。

洋腐败 yáng fǔ bài [名] 外资或跨国企业在中国进行的行贿等腐败行为。【例】～频繁发生。

养卡公司 yǎng kǎ gōng sī [名] 专门帮别人打理信用卡，进行代还、套现等业务，保证持卡人信用度不受损伤，并从中收取一定比例的手续费实现盈利。【例】～存在风险性。

养卡人 yǎng kǎ rén [名] 专门替人解除信用卡的还款期限并提取相应手续费者。【例】随着国内信用卡的普及，与之相应的也产生了一群信用卡"～"。

养狼计划 yǎng láng jì huà [名] 蔡振华接掌中国乒协时提出的一项着眼乒乓球未来发展的长远计划，准备采取"走出去、请进来"的办法，帮助外国乒乓球运动员提高水平。【例】～最初是中国乒乓球队提出来的。

养老房屋银行 yǎng lǎo fáng wū yín háng [名] 一种新型的养老模式。老人委托和授权中介将原住房出租，所得租金直接支付养老机构的费用，不用再另付养老费，并且老人能保留原住房产权，避免因养老引起的家族矛盾。【例】据了解，"～"准备了多种房屋出租方案和租金支付方案。

养牛 yǎng niú [名] 是牛仔裤玩家们的行话，就是长穿少洗，用身体的曲线去打磨全色的牛仔裤，使裤子自然褪色，形成贴合自己身形的褶皱和猫须，从而形成独一无二的牛仔裤。【例】"～"短则一年，长则三五年甚至十年。

养眼 yǎng yǎn［名］看起来舒服，给人以美的享受和美的感觉，视觉效果和谐而不妖艳，可以指对人的视觉有好感的任何事物。【例】～美女可以区分于性感美女、青春美女等词汇。

养鱼执法 yǎng yú zhí fǎ［动］违法者有违法苗头，或刚刚开始违法时，执法者不及时制止，而是让违法者实施违法，或者放大违法，然后再执法。这样，有利于提高罚款额度。【例】"～"，危害很大。

养猪户 yǎng zhū hù［名］指有很丑的男朋友的女孩。【例】你竟然是个～。

窑奴 yáo nú［名］指的是在黑煤窑中像奴隶一样工作的矿工。【例】随着～陆续被解救，涉案者相继落网，山西黑砖窑事件似乎就要尘埃落定了。

谣盐 yáo yán［名］是指民众受海盐可能会被核辐射和能预防放射性碘的谣言的影响，大势抢购食盐，造成全国各地盐荒。[源自 2011 年 3 月 11 日日本东北部地区突发 9.0 级大地震后，位于本州岛福岛的核电站发生爆炸并出现核泄漏。由于外界盛传服用碘盐可以抵抗核辐射，从而引发中国民众大量抢购、囤积碘盐。因为类似于"服用碘盐可以抵抗核辐射"及"此后一段时间内生产出来的盐将受到核污染"的说法并无科学事实依据，只是某一部分人制造的谣言。又因为此事与盐有关，且与"言"谐音，故以"谣盐"代指"谣言"]【例】略。

药电睡 yào diàn shuì［名］吃药、电疗、睡觉。【例】好好回医院，继续～。

药家鑫事件 yào jiā xīn shì jiàn［名］即药家鑫案。2010 年 10 月，西安音乐学院学生药家鑫将张妙撞倒并连刺数刀致受害人死亡的事件引发舆论热议。10 月 23 日，药家鑫在父母的陪同下到公安机关投案。2011 年 4 月，西安市中级人民法院对此案做出一审判决，以故意杀人罪判处药家鑫死刑，剥夺政治权利终身，并赔偿被害人家人经济损失费；药家鑫随后提起上诉。2011 年 5 月，二审判决宣布维持原判；2011 年 6 月 7 日，药家鑫被依法执行注射死刑。2012 年 2 月，受害人家属起诉药家要求兑现微博上所说的 20 万元捐赠。【例】略。

药监机器人 yào jiān jī qì rén［名］"药品快速反应安全系统"的一部分。安装在药店中，具有鉴别假药、过期药，并能在识别出违规药后向监管中心报警的功能。【例】据了解，首批 88 个"～"已经走进了朝阳区的多家药店。

药老鼠 yào lǎo shǔ【1】［名］指以"社保卡套现"为诱饵向市民收购社保卡，利用这些卡购买药品，转售后牟利投机的人。【2】［名］指大型比赛前药检不能通过的人。【例】他也是只"～"。昨天凌晨，国际自行车联合会宣布，中国自行车手李富玉因为药检未能过关，将被临时性禁赛。

药你苦 yào nǐ kǔ［名］统计显示，我国中药材约 8 成品种价格上涨，其中太子参涨价 10 倍，五加皮涨价 5 倍，桔梗涨价 4 倍，涨幅之大，波动频率之快，历史罕见。该现象被网友称为"药你苦"。【例】～是人为市场操作的原因。

药你命 yào nǐ mìng［名］中药涨价。【例】"～"也继"蒜你狠""豆你玩"之后，成为一大民生热词。

也是蛮拼的 yě shì mán pīn de 表示"挺努力"或"努力了，没有成功"。多用于赞扬别人的努力态度，做超出自己平常的能力范围的事情。【例】一年来，我～。

也是醉了 yě shì zuì le 发现自己没有看明白或者是掩饰自己已经无法再去交流。大意为表示无奈，郁闷，无语。［源自一款游戏 DOTA，大意是"我服了"，使用语境为游戏中遇到猪一样队友时不便直言，只好以一句"我也是醉了"表达嘲讽之意。另一说源自荆鄂地区方言］【例】我～。

叶良辰 yè liáng chén［名］叶良辰因与一名大学女生宿舍舍长张静静的 QQ 聊天记录被截图发到地下城与勇士吧，而成为网络红人。【例】你只要记住，我叫～就行。

一保一控 yī bǎo yī kòng［名］保持经济平稳较快发展、控制物价过快上涨。【例】～是由中央政治局会议明确指出的宏观调控的主要任务。

一独二胎 yī dú èr tāi［名］指的是夫妻双方只要有一人是独生子女，就可以生第二胎。【例】～全面展开。

一个非常艰难的决定 yī gè fēi cháng jiān nán de jué dìng 2010 年 11 月 3 日下午 6 时，腾讯发表了一篇公开信，用户以此来调侃。【例】我做～，明天去旅游。

一脸懵逼 yī liǎn mēng bī［名］东北方言，被某事某物"雷"得外焦里嫩的状态。具体意思指的是被"雷"之后存在的目瞪口呆的表情。【例】看到这个场景，他当时就～。

一拿通 yī ná tōng［名］指树立在街头的可供市民拨打 110 的一种通信工具。最先出现在江苏南京的一种新型报警装置。需要报警时，可用该装置一键拨通 110。【例】～有利于创建文明社会。

一淘体 yī táo tǐ［名］指"我只关心××，我不是××，爱××，就××"的句式。缘由完全是出于巧合，起先是因为《信息时报》的一条嵌入型广告，机缘性地与本·拉登被击毙的消息呼应。【例】～为用户提供购买决策、更快找到物美价廉的商品。

一望无际 yī wàng wú jì［动］指一眼过去，看不到发际线。【例】你脑门真广阔，~。

一言不合就…… yī yán bù hé jiù ……吐槽用语，多指毫无预料地发生了某件事情，冷不丁地就突然做出某事了。【例】~生气。

伊妹儿 yī mèi er［名］指电子邮件 E – mail 的意思，对电子邮件的昵称。【例】公司职员通常用~交流工作。

衣橱整理师 yī chú zhěng lǐ shī［名］通过对客户色彩风格诊断，进而有针对性地为顾客上门整理衣橱，然后再陪同客户购买适合他们衣物的专业性指导顾问。【例】~成新兴职业，每月都能有万元收入。

医联码 yī lián mǎ［名］这种电子信息条码，将记录患者的基本信息，为患者在各医院间转诊、就诊提供便利。【例】~是一个逐步实施的过程。

医疗小丑 yī liáo xiǎo chǒu［名］通过表演来缓解病人的紧张情绪，帮助他们度过艰难的治疗过程。【例】~帮助患者克服焦虑感、挫折感。

医跑跑 yī pǎo pǎo［动］源自2011年8月24日22时许，上海交通大学医学院附属第三人民医院手术室突发火灾。正在手术的6名医护人员离开手术台，而躺在手术台上被全身麻醉的病人不幸身亡。医生在危急时刻留下正处于全麻状态中的病人自行离开，导致病人最终窒息死亡。【例】~反映了医生的职业操守问题。

宜居星体带 yí jū xīng tǐ dài［名］指行星距离恒星远近合适的区域，在这一区域内，恒星传递给行星的热量适中，行星既不会太热也不太冷。【例】可能适宜生命生存的"~"。

移动就业 yí dòng jiù yè［名］指毕业生在任何时间、任何地点通过移动设备和无线移动通信网络作为辅助手段实现就业的求职方式。【例】毕业生和用人单位通过"视频就业"和"~"服务可以足不出户完成双向选择的全过程，使就业方式在降低就业成本、有效对接等方面达到一个前所未有的新阶段。

移动商街 yí dòng shāng jiē［名］基于移动互联网，聚集消费者与商家的虚拟商业中心，是数千万手机注册会员和上百万个提供服务的商家的汇聚之地。【例】~会员可通过手机获得及时有用的消费和生活服务信息。

移动银行 yí dòng yín háng［名］以手机 App 等为终端作为银行业务平台，完成某些业务，具体指以移动银行车构建一个银行的平台来完成银行业务。【例】~越来越方便。

乙肝作弊药 yǐ gān zuò bì yào［名］指的是一种用于作弊的药物，声称按要求服用之后，就可以在短时间内使乙肝五项指标全部转阴，从而令乙肝病毒携带者顺利通过体检（其实是骗人的）。【例】～在网上热卖。

以茶会友 yǐ chá huì yǒu［名］当代年轻人交友的一种方式。指以奶茶为诱饵，将不愿出门的朋友从家里拉出来。【例】面对你这样宅的人，我只能～。

以房养老 yǐ fáng yǎng lǎo［名］本质是一种商业养老保险业务。指利用住房寿命周期和老年住户生存余命的差异，对广大老年人拥有的巨大房产资源，尤其是人们死亡后住房尚余存的价值，通过一定的金融或非金融机制的融会以提前套现变现。【例】～解决养老金短缺，但要警惕骗局。

以房自助养老 yǐ fáng zì zhù yǎng lǎo［名］指老年人把自己的房产提前卖给一个公益机构，公益机构一次性地把钱给他，他再从公益机构把房子租回来。【例】～模式好，但实施起来还有许多难度。

以善代刑 yǐ shàn dài xíng［名］以善代罚，是在试行地对轻微犯罪实行"行善代刑"的管教措施。具体就是让其一边为社会做义工行善，一边现身说法。这样既能够利于他们自我改造，赎罪自救，还能教育和警示他人。符合宽严相济、一举多得的刑事司法创新的政策。【例】～有着其深厚的法理基础。

蚁贪 yǐ tān［名］指"蚂蚁搬家式"的腐败类型。蚁贪的主人公大都是处于权力末端的"小人物"，职务相对不高。但是他们凭借手中的权力，在短则几个月长达三五年甚至十余年的时间里，几十次甚至成百上千次持续地贪污受贿。【例】"～"可使千丈之堤，溃于蚁穴。

蚁族 yǐ zú［名］指的是毕业后无法找到工作或工作收入很低而聚居在城乡接合部的大学生。【例】"～"现象如何解决，需要社会的努力。

亿时代 yì shí dài［名］起家于一间宿舍的创业传奇公司，率先将车载蓝牙电话装入国产轿车内，研制出我国第一台盲用计算机，让失明者从此自由穿梭于网络世界。也指事物的数量或价值都以"亿"来计算的时代。【例】～是一个高速发展的时代。

艺民 yì mín［名］指艺术品份额产品的投资者。【例】～种类繁多。

议价师 yì jià shī［名］利用自己的从业经验或利用自身总结的购物心得，帮助消费者与商家砍价。成功后，以差价的百分比作为服务费。【例】～逐渐得到人们的欢迎。

易粪相食 yì fèn xiāng shí［名］就是每种食品的生产者都清楚自己制作的食品是垃圾，因此从来不吃，长此以往，每个人吃的都可能是垃圾。【例】用"～"来形容食品安全问题。

易之歌 yì zhī gē［名］雄鹿队员易建联的专属歌曲。【例】得到～，实为不易。

易租车 yì zū chē［名］一种由东风日产推出的品牌租车服务。【例】～品牌服务是东风日产以专营店服务网络和服务能力为支撑的汽车租赁服务。

翼聊 yì liáo［名］是中国电信推出一款通过网络快速推送免费语音短信、视频、手写涂鸦、图片和文字，支持多人群聊，同时提供短信、语音通话、电话会议等多种通信服务的手机聊天软件。【例】中国电信推出一款聊天手机软件～。

因吹斯汀 yīn chuī sī tīng［名］指人或物有趣。［英文 interesting 的谐音］【例】她是一名～的女人。

阴阳公告 yīn yáng gōng gào［名］互相对立、前后矛盾的公告。［大唐电信2007 年 5 月 24 日、28 日先后发出的两个公告，有关媒体在分析中认为这两个公告的内容前后不一致，并称两个公告为"阴阳公告"］【例】这是一个～。

音频毒品 yīn pín dú pǐn［名］主要通过控制情绪的 α 波、使人处于清醒和梦幻之间的 θ 波以及令人紧张和兴奋的 β 波等各种频率，可以使人进入幻觉状态。【例】～逐渐传播开来。

隐车族 yǐn chē zú［名］指已经买了私家车，但是由于油价上涨、交通拥堵、停车位难找等原因，开始过上有车不开，选择坐公交、骑自行车等交通工具的城市一族。【例】～实属无奈。

隐婚族 yǐn hūn zú［名］指已经办好结婚手续，但在公共场合却隐瞒已婚的事实，以单身身份出现，因此也成为伪单身。【例】～以白领女性居多。

隐形贫困人口 yǐn xíng pín kùn rén kǒu［名］指有些人看起来每天有吃有喝有玩，但实际上非常贫穷。【例】你不知道，其实我已经是～了。

隐孕族 yǐn yùn zú［名］指在怀孕的最初几个月隐瞒自己怀孕的情况，像正常人一样工作的一些职场女性。【例】～的做法绝对是弊大于利。

婴儿防盗系统 yīng ér fáng dào xì tǒng［名］通过在医院安全区域安装信号接收装置和安全与非安全区域安装出口监视器，在婴儿身上佩戴可发送 RF 射频信号且对人体无害的电子标签实现安全监护功能。【例】～防止儿童走失。

婴儿黑洞 yīng ér hēi dòng［名］距离地球五千万光年以外的太空美国宇航局发现一个相对年龄只有 30 岁的黑洞，这是人类科学历史上发现过的最年轻黑洞。【例】～被美国发现。

蝇蛆网络 yíng qū wǎng luò［名］指网络黑客利用程序入侵并控制许多其他电脑，这些被控制的电脑组成所谓的"蝇蛆网络"，它们可远程控制电脑并发送垃圾邮件。【例】美国是"～"组织者最活跃的地区。

影翻剧 yǐng fān jù［名］指将电影翻拍为电视剧。【例】～并不新鲜。

影子户主 yǐng zi hù zhǔ〔名〕在二手房交易中的人户分离现象。【例】～并不符合法律规定。

影子网络 yǐng zi wǎng luò〔名〕美国投资开发的秘密互联网系统，主要用于协助其他国家的反对派，避开本国政府的网络封锁而与外界通讯。【例】～计划充满间谍故事色彩，幕后设计师是一群身怀绝技的年轻人。

壅塞体 yōng sè tǐ〔名〕因山体崩塌产生的泥石流壅堵河道形成的障碍物。【例】～对人民生命财产造成极大威胁。

泳动机 yǒng dòng jī〔名〕指利用海浪发电的浪泳发电平台。由北京市第二十五中学高三学生秦臻发明。［源自北京高三学生秦臻发明的"浪泳发电平台泳动机"在2010年3月获得"北京市青少年科技创新大赛"一等奖，并于2010年8月获得国家级实用新型专利证书。秦臻的发明在获奖后受到北京大秦旗舰科技有限公司的青睐，在企业资金的支撑下，泳动机从模型转变成实体，在天津汉沽蔡家堡海域搭建。］【例】秦臻的零碳排放"～"的科技发明得到好评。

用户界面 yòng hù jiè miàn〔名〕指对软件的人机交互、操作逻辑、界面美观的整体设计。【例】～是一种交互设计。

忧民哥 yōu mín gē〔名〕2011年3月8日，"两会"时，人大代表贺优琳发言数度哽咽，被网友称为"忧民哥"。【例】～忧国忧民。

邮件病毒 yóu jiàn bìng dú〔名〕在程序上和普通的病毒是一样，只不过由于它们的传播途径主要是通过电子邮件。【例】我们上网需要谨防～。

邮件炸弹 yóu jiàn zhà dàn〔名〕指恐怖分子将爆炸物隐藏在邮件或包裹中并邮寄至目的地，袭击接受包裹的人或制造社会恐慌，以达到个人的目的。【例】～制作方法十分简单，是恐怖分子常用的袭击手段之一。

油二代 yóu èr dài〔名〕油田二代。【例】"富二代""官二代""星二代"的各式消息时常在社会上引起热议，最近又出现了"～"。

油立方 yóu lì fāng〔名〕2010年上海世界博览会石油馆的俗称。【例】～引起了市民围观。

油米 yóu mǐ〔名〕指城市里那些年龄不大，开着自己的汽车四处寻找加油打折的加油站，并乐此不疲地把经验发布到网上的群体。【例】～们关注的打折油主要是93号汽油。

油你涨 yóu nǐ zhǎng〔名〕食用油零售价明显上涨。【例】从"蒜你狠""豆你玩"到"姜你军""糖高宗"再到"～""苹什么"，实际已变成释放生活压力的缓冲地带。

油他去 yóu tā qù〔名〕形象表明了群众对物价上涨的无奈和抗议。【例】蒜你狠，豆你玩，姜你军，苹什么？~！

友谊的小船说翻就翻 yǒu yì de xiǎo chuán shuō fān jiù fān 寓意友谊经不起考验，说变就变。

有毒 yǒu dú【1】［形］形容事物带来某种精神污染的魔力，让人就像中毒了一般上瘾。【例】这款游戏~，你都玩了整整一天了，也不见你厌烦。【2】［形］用作吐槽别人或者作为运气不好的自嘲，也可以吐槽玩家玩得很差劲、很菜。［源自游戏英雄联盟，英文单词中形容菜鸟和一些玩得不好的玩家为"toxicity"，就是毒性的意思，后面被一些国内玩家们慢慢就变成了"有毒"的说法］【例】在游戏里遇到那群人就赶紧离开，他们~，和他们一起打游戏就从来没赢过。

有料 yǒu liào［形］有内涵。有内涵就是有高度、有深度、有宽度、有厚度。【例】这个人~。

有码 yǒu mǎ［名］指经马赛克处理的影像或图片资料，在日本称为"修正"，就是视频的部分有遮挡。简称中的"马"写作"码"，与无码相对。【例】这个经过~处理，不易辨别。

有米 yǒu mǐ［名］来自广东的一种方言，是很有钱，很富有的意思。【例】你们家很~。

有木有 yǒu mù yǒu 由地方方言演化而来的（普通话夹杂方言）就是"有没有"的意思，是咆哮体中的一种。

有钱，就是任性 yǒu qián, jiù shì rèn xìng 对于有钱人的做事风格具有嘲讽语义，而现今多出于好友间或者微博空间论坛上调侃用语。

有图有真相 yǒu tú yǒu zhēn xiàng 有图片才可以说明是真的。【例】给你看看，~。

有型 yǒu xíng［形］有派头，有魄力。【例】哇，你好~。

有氧烹调 yǒu yǎng pēng tiáo［名］应用于微波炉的一项技术。指有氧生态舱释放的负离子与炉腔内的水分子结合，对食物形成"有氧"的包裹式健康加热。【例】格兰仕微波炉："~"红色风暴。

有种体 yǒu zhǒng tǐ［名］以"有种××叫××"的句式，秀各地的方言。比如，在南京有种姑娘叫潘西，有种小伙叫小杆子，有种特殊人群叫活闹鬼，有种社交叫划水。【例】~梳理了一个地方的语言文化。

幼齿 yòu chǐ［形］指年幼的儿童。【例】这个~，我喜欢。

幼儿名片 yòu ér míng piàn［名］设计者为了方便儿童之间及师生之间的联系而发明的一种联系卡片，后来却成了家庭背景的代表。幼儿名片上会详细标注家庭成员的工作情况，如果家里有官员背景会得到老师更多的照顾。【例】～最初是好的。

鱼浮灵 yú fú líng ［名］化学名称是过氧碳酸钠，俗称固体双氧水。【例】并未发现～有致癌物质。

鱼缸太空船 yú gāng tài kōng chuán 美国犰狳航空航天公司推出的一项大胆前卫的太空探险项目。在一艘完全透明的"鱼缸太空船"里，前往太空旅游的乘客可以欣赏到360度全方位的壮观太空景色。【例】乘坐"～"进行太空游的费用也相对便宜。

娱乐反刍 yú lè fǎn chú ［名］指中国电视业喜欢将多年前甚至不久前拍摄的电视剧进行重拍的现象。这种现象反映了中国电视业原创剧本的匮乏。【例】～是观众对电视娱乐业所掀起的老剧新拍潮流的一种称呼。

娱乐烈士 yú lè liè shì ［名］语出学者朱大可。指为了获得娱乐圈的名利或演艺事业的发展，冒各种危险进行整容或做出巨大牺牲的人。［源自对超女整容丧命的评价。王贝，1986年出生，武汉音乐学院2003级学生。曾是2005年《超级女声》成都赛区20强，2006《梦想中国》重庆赛区9强，2009《快乐女声》武汉唱区10强。曾在武汉、济南、青岛、温州等地酒吧驻唱，因为整容而死］【例】～留给我们多少震惊和思考。

语文门 yǔ wén mén ［名］指上海某些大学在选拔理科生的自主招生考试中去掉了语文科目而引发争论的事件。【例】围绕近期沪上几所高校自主测试时所发生的"～"事件，相关高校和专家的意见见仁见智。

语音聊天室 yǔ yīn liáo tiān shì ［名］多人在线进行语音交流的网络平台。【例】这个～非常有利于学习。

语音微博 yǔ yīn wēi bó ［名］成都市梦想兄弟网络技术有限公司于2011年年中推出的一款以语音为主导的移动社区。用户可以快速发送文字、图片、表情和用户自己的语音信息给自己的粉丝和听众，也可以在指定区域收听和发表语音信息。【例】～具有零资费、跨平台沟通和分享等功能。

玉带祥云 yù dà xiáng yún ［名］北京奥运会颁奖台的设计灵感来自奥运核心图形"祥云"的形象。【例】设计者们希望，以颁奖台的弧线云头叠落交错，如行云流水，体现出"～"的含义。

玉米 yù mǐ ［名］域名谐音。【例】您的"～"有错误。

玉米虫 yù mǐ chóng ［名］做投资转手获利的人。【例】"～"在允许修改域名注册者的国外注册商处注册中文域名。

玉米疯 yù mǐ fēng ［名］玉米价格目前已处于增长阶段，各方力量进入市场囤积，共同推高价格，市场有价无量。【例】在"蒜你狠""豆你玩"之后，"～"又成舆论热词。

域名 yù míng［名］由一串用点分隔的名字组成的 Internet 上某一台计算机或计算机组的名称，用于在数据传输时标识计算机的电子方位。【例】～的目的是便于记忆和沟通的一组服务器的地址。

遇见体 yù jiàn tǐ［名］有点小资调调又有点平民风范，比如，"如果在××遇见你，一定带你去"。［2011 年 4 月 27 日，微博知名写手"菊十一画"发表这样一条微博，有点小资调调又有点平民风范，附上一张东郊一带绿树环绕的寂静小路的图片，后被网友疯转数千次，被定义为"遇见体"］【例】～传播速度和变形效率之快简直让人吃惊。

御姐 yù jiě［名］对姐姐的敬称。【例】～拥有绝对的人生观、价值观、世界观。

御宅文化 yù zhái wén huà［名］一种复杂的社会现象，不仅源于巨大的社会压力和疏离的人际关系，同时也是青少年自我意识的一种个性化体现。【例】～体现的是对"唯美"的追求。

御宅族 yù zhái zú［名］广义指热衷于亚文化，对该文化热衷并有深入了解的特殊群体。狭义指沉溺、热衷或精于动画漫画以及电子游戏的人。【例】他是～一员。

鸳鸯刊 yuān yāng kān［名］指的是市面上一些非法分子盗用他人合法刊物刊号等信息，为了谋取私利，制作出同名同刊但内容完全不同的出版物。【例】～发表不符合规定。

鸳鸯名片 yuān yāng míng piàn［名］指双面印着不同人信息的名片，一面写着丈夫名字、职务，另一方面写着妻子名字的名片。【例】～流行开来。

元芳体 yuán fāng tǐ［名］句式为前面陈述一件事情，在最后加上一句"元芳，此事你怎么看？"［源自古装侦探系列电视剧《神探狄仁杰》。剧中的狄公经常征求助手李元芳的意见，从而借对话引出对案情的分析］【例】～近日雄踞微博话题榜单之首，引发了网友无穷的创造力。

囧族 yuán zú［名］比喻喜欢宅在家里网购的人群。"囧"从 2011 年初开始在网络微博成为一种流行的表情符号。看起来像个鼠标，够宅够给力。【例】你简直就是～成员。

远程办公 yuǎn chéng bàn gōng［动］指通过现代互联网技术，实现非本地办公：在家办公、异地办公、移动办公等远程办公模式。【例】～根源在于 20 世纪 70 年代的技术。

远程会诊 yuǎn chéng huì zhěn［动］利用现代化通信工具，为患者完成病历分析、病情诊断，进一步确定治疗方案的会诊方式。【例】～平台内容丰富、形式多样。

远程医疗 yuǎn chéng yī liáo［动］指以计算机技术、遥感、遥测、遥控技术为依托，充分发挥大医院或专科医疗中心的医疗技术和医疗设备优势，对医疗条件较差的边远地区、海岛或舰船上的伤病员进行远距离咨询、诊断和治疗。【例】～旨在提高诊断与医疗水平。

怨妇体 yuàn fù tǐ［名］一种网络吐槽体。2011 年 10 月，继淘宝体、Hold住体、蓝精灵体、TVB 体之后，这种语体在网络上走红。[来源于微博网友杨不坏发的一条微博："某互联网企业电梯口，看到一女生打电话，边哭边骂：你是个骗子，你根本一点都不爱我。然后又听到撕心裂肺的一句：你和我在一起就是为了让我给你做 PPT。"这条微博一经发布，立即引来众多怨夫怨妇们套用这一方式来吐槽。杨不坏为这一吐槽方式取名为"怨妇体"]【例】～一夜爆红。

怨蜜 yuàn mì［名］指女人的闺中密友，但是把这种友谊变成怨恨的闺蜜。【例】闺蜜随时都有变～的可能。

怨念 yuàn niàn［名］指一种强烈的不舍、羁绊、不甘心，有些怨恨的意味。【例】富坚的《猎人》又停刊了，他就不怕广大粉丝的～吗？

院仕 yuàn shì［名］对院士的戏称，指院士兼官员。【例】现在"～"非常多。

愿动力 yuàn dòng lì［名］指志愿者从事志愿服务的动因，它是个人主观的一种自觉选择。【例】志愿服务是和谐社会的需要，是精彩奥运的需要。因此我们工作的原则，就是塑造志愿服务的"～"，即为他人、为社会服务的愿望和动力。

约会体 yuē huì tǐ［名］源自 2011 年 8 月 19 日，成都中心城区一些马路边出现特别的女生"约会体"文明劝导公益宣传牌，一亮相就引起了各界关注。首批投入的"约会体"有 51 个，由各行各业的 10 位美女口述自己不喜欢和什么样的男生约会来提倡大家讲文明。【例】～体现了文明约会。

月光退休族 yuè guāng tuì xiū zú［名］指由于物价上涨，每月退休工资不够用的老人。【例】～的开销总是围着锅边灶台转，享乐绝对是奢侈品，不敢轻易涉及。

月光族 yuè guāng zú［名］指将每月赚的钱还未到下月发工资时就用光的人。【例】～一般都是年轻一代。

月经帖 yuè jīng tiě［名］用于时政论坛，因为当时有一些水平不高的人，把一些煽动性的帖子每隔一段时间贴出来，这样的帖子像月经一样讨厌却没有办法对付。【例】"～"是中文论坛常见的回复。

粤普之争 yuè pǔ zhī zhēng［名］指针对广东地区的电视节目应该使用普通话还是粤语的争论。【例】针对目前人们热议的"～"，我国著名语言学家、中国社会科学院语言研究所研究员郑张尚芳在接受记者采访时表示，推广普通话和保存方言并不对立，电视台不仅要起到推广普通话的作用，也要承担起保存方言的责任。

晕 yūn［名］表示你当前状态的词，任何让你无奈、受不了的事。【例】我～，原来你是这种人。

云安全 yún ān quán［名］我国企业创造的概念，在国际云计算领域独树一帜。《著云台》的分析师团队结合云发展的理论总结认为，云安全是指基于云计算商业模式应用的安全软件、硬件、用户、机构，安全云平台的总称。【例】～是"云计算"技术的重要分支，得到广泛运用。

云服务 yún fú wù［名］基于互联网的相关服务的增加、使用和交付模式，通常涉及通过互联网来提供动态易扩展且经常是虚拟化的资源。【例】～是最基础的服务。

云概念 yún gài niàn［名］指电脑、手机、电视等电子应用产品能够通过互联网提供包括云服务、云空间、云搜索、云浏览、云社区、云应用等一系列资源分享应用。【例】～是基于"云计算"技术，实现各种终端设备之间的互联互通。

云海工程 yún hǎi gōng chéng［名］中小企业的电子商务管家，通过构建电子商务一站式服务体系，为中小企业快速成长提供帮助。【例】～为每一家中小企业按约打造属于企业的独立电子商务平台。

云计算 yún jì suàn［名］基于互联网的相关服务的增加、使用和交付模式，通常涉及通过互联网来提供动态易扩展且经常是虚拟化的资源。【例】～部署依赖于计算机集群。

云技术 yún jì shù［名］指在广域网或局域网内将硬件、软件、网络等系列资源统一起来，实现数据的计算、储存、处理和共享的一种托管技术。【例】～发展潜力巨大。

云教育 yún jiào yù［名］指基于云计算商业模式应用的教育平台服务。【例】～是"一站式"教育信息化服务平台。

云客服 yún kè fú［名］淘宝网面向社会推出的一种极具互联网特色的服务模式，它在淘宝开放、分享的理念下诞生，将淘宝人互帮互助、共担共享的精神发扬传递。【例】～是基于互联网，依托云服务，帮助企业建立虚拟客户服务中心。

云课堂 yún kè táng［名］一类面向教育和培训行业的互联网服务。【例】～是基于云计算技术的一种高效、便捷、实时互动的远程教学课堂形式。

云媒体电视 yún méi tǐ diàn shì［名］基于普通电视基础之上，加之以互联网应用等网络功能，同时添加了智能联想等实用功能的多功能电视。【例】～将广播电视网、电信网、互联网三大网络功能汇聚到电视上。

云盘 yún pán［名］是一种专业的互联网存储工具，云盘是互联网云技术的产物，它通过互联网为企业和个人提供信息的储存、读取、下载等服务。具有安全稳定、海量存储的特点。【例】～使用比较方便。

云平台 yún píng tái［名］提供基于"云"的服务，供开发者创建应用时采用。【例】～是由搭载了云平台服务器端软件的云服务器、搭载了云平台客户端软件的云电脑以及网络组件所构成的，用于提高低配置或老旧计算机的综合性能，使其达到现有流行速度的效果。

云驱动 yún qū dòng［动］一种基于 Web 的服务，它在远程服务器上提供存储（storage）空间。【例】～是比较方便快捷的。

云手机 yún shǒu jī［名］将云计算技术运用于网络终端服务，通过云服务器实现云服务的手机。【例】～最核心的就是"网络"。

云输入法 yún shū rù fǎ［名］依托于云计算技术的输入法。【例】～最明显的区别在于，没有本地输入法文件，完全靠服务器支持。

云微博 yún wēi bó［名］以新浪微博为圆心，与云南网和金碧坊社区实现无缝连接，共享用户资源，建立起新型的微博生态圈，为广大网民运用微博提供更加便利的平台和全新的体验。【例】～可以实现金碧坊社区用户与新浪微博用户的绑定。

云物流 yún wù liú［名］指基于云计算应用模式的物流平台服务。【例】～面向各类物流企业、物流枢纽中心。

云学习 yún xué xí［动］围绕学习服务，以心理学、教育学、知识工程和系统工程的理论为指导，建立云知识、云任务、云资源、云组件、云网站和学习者认知结构等关键模型，利用软件架构和 Web 互动技术开发的、具有互动探究特色的、开放式可持续发展的、个性化、分布式学习系统；是互动探究式学习资源开发、交易、运行与进化的技术规范。【例】～应用于许多领域。

云游戏 yún yóu xì［名］以云计算为基础的游戏方式，在云游戏的运行模式下，所有游戏都在服务器端运行，并将渲染完毕后的游戏画面压缩后通过网络传送给用户。【例】～在很大程度上减少玩家玩游戏的设备成本。

云预约 yún yù yuē［动］创维云电视最新推出的三大功能之一，是利用云平台服务器，通过手机、PAD、电脑等设备，根据所需要时间预约歌曲，用户将预约列表发送至云平台，到点即可直接播放预约资源，让您随时随地预约，精彩即刻呈现。【例】有了～可以选择时间预约播放，时间到了会自动提醒。

云战略 yún zhàn lüè［动］来源于《著云台》的分析师团队结合云发展的理念总结认为，云战略是基于云计算商业模式应用的战略智慧产业资源平台服务，在云平台上战略决策、价值管理、战略投资等集中云整合成决策资源池、各个资源相碰撞和互动，按需交流，达成统一，达到放大企业的价值成长与基业长青的目的，从而降低成本，提高效率。【例】～要最优配置和最大效率。

云中图书馆 yún zhōng tú shū guǎn［名］云中书城。【例】～是盛大文学的运营主体平台，为消费者提供包括数字图书、网络文学、数字报刊等在内的数字内容。

孕妇徽章 yùn fù huī zhāng［名］为那些怀孕初期，腹部隆起并不明显，或者本身体型比较肥胖的孕妇设计的标识物。【例】～的推出，使得佩戴徽章的孕妇得到明确的标识，市民也更容易辨别，从而让更多的孕妇享受到社会的关爱。

熨吧 yùn bā［名］提供熨衣服务的小型商业场所。【例】～发展还处于初期。

Z

Zerg 是中文名"异虫"的英文翻译，全称 Zerg 族，也叫作异虫族。是暴雪开发的即时战略游戏星际争霸中的设定的三大种族之一。【例】～比较吸引人。

ZF 征服。［汉语拼音 zhēng fú 的首字母缩写］【例】～大自然。

ZM 做梦、最美、著名、折磨、证明的意思。［汉语拼音 zuò mèng 的首字母缩写］【例】就你这成绩还想拿奖学金？真是～。

ZT 转帖。［汉语拼音 zhuǎn tiě 的首字母缩写］【例】学校贴吧一出现餐厅优惠活动，大家就纷纷～。

ZZ 转载。［汉语拼音 zhuǎn zǎi 的首字母缩写］同"转载"。【例】略。

砸星 zá xīng［动］以撕毁海报、砸毁影碟等方式来表达对演艺明星的不满或愤怒情绪，呼吁大家抵制明星的行为。【例】～也要理性，不提倡。

在×××的边缘疯狂试探 zài ××× de biān yuán fēng kuáng shì tàn 是指某

人在试探性地做某事。比如说，在挨打的边缘疯狂试探，在挂科的边缘疯狂试探，在长胖的边缘疯狂试探。［源自一张相关"在违法的边缘疯狂试探"的表情包的走红］【例】你这次又考了59分，又在挨打的边缘疯狂试探！

葬礼外交 zàng lǐ wài jiāo［名］特殊使节的外交，它往往能够在某些僵局阶段，解决一些通常的外交形态不能解决的问题。【例】～为缓和两国关系提供契机。

早熟门 zǎo shú mén［名］圣元奶粉疑致女婴性早熟。【例】"～"引发社会的广泛关注。

造砖 zào zhuān［动］在网上写文章，攻击别人或进行评论。【例】"～"需要严谨。

赠药门 zèng yào mén［名］瑞士诺华公司向白血病患者和恶性胃肠道间质肿瘤患者赠送的药品"格列卫"，被中华慈善总会以每盒25000元的高价售卖事件。【例】"～"被澄清。

扎心了，老铁 zhā xīn le, lǎo tiě 是直播软件上的观众与主播互动的流行语。"老铁"在东北方言里是哥们儿的意思，"扎心了"就是指内心受到了极大的打击和刺激。【例】在直播间，一群东北小朋友使"～"这句话迅速走红。

诈捐门 zhà juān mén［名］质疑善款是否完全到位以及去向。【例】"～"事件剪不断，理还乱。

宅购族 zhái gòu zú［名］指不在喧闹的商场购物而宁愿待在家里在网上购物的一类人，和很多人挤着外出购物不同，这部分人却选择避开熙攘的人群"宅"在家里，泡在网上扫货购物。【例】～也反映了现代网络信息的发达。

宅男 zhái nán［名］［意同宅女］指长期足不出户的人，在家沉迷网络。【例】～喜欢独居的生活。

宅生族 zhái shēng zú［名］指的是我们通常所说的宅男宅女。【例】当个～也没啥不好的，自娱自乐。

宅闻联播 zhái wén lián bō［名］西南政法大学新闻学院08级传播班同学们模仿《新闻联播》创作的视频。【例】～流传到网上后，点击率直线上升。

占坑班 zhàn kēng bān［名］指的是进名校的学生需要参加考试，考试合格后才能进入部分公办学校的培训机构、自办或与社会培训机构合办小学生学科培训班，谓之"占坑"。在培训班中多次开考试排定名次，选拔优秀小学生升入该校初中，谓之"排位"。【例】～违反义务教育法。

占座团 zhàn zuò tuán［名］一个2011年10月刚刚成立的志愿者团队，由最初4个人的小组织发展到70多号人，多为在校大学生和上班族，活动内容是帮助老弱病残孕找到属于自己的"爱心专座"，号召乘客积极去帮助去发现身边需要帮助的人。【例】~让人们感到新鲜。

战五渣 zhàn wǔ zhā［名］"战斗力只有五的渣滓"缩略语。对方某方面的能力远低于你或他人，是一句犀利的嘲讽。【例】在这位跳舞的大姐姐面前，那些跳萌舞的都是一群"~"。

站点 zhàn diǎn［名］网站。【例】这个~可以学习。

站点地图 zhàn diǎn dì tú［名］一个网站所有链接的容器，方便爬虫抓取网站页面，清晰了解网站架构。【例】~准确可靠。

张三族 zhāng sān zú［名］指已结婚生子，收入稳定但工资不高，事业不求进取，生活简单平淡而有规律，一旦危机爆发，又不能承受生活之重的都市普通人。[源自电视剧《老爸快跑》中的人物"张三"]【例】~在生活中可以体现出来。

张悟本现象 zhāng wù běn xiàn xiàng 群众因相信"养生食疗专家张悟本"，形成追随其"食疗方法"的潮流的社会现象。【例】"~"显示出医疗保健信息的市场需求潜力巨大，高质量医疗保健信息的供不应求。

张紫妍法案 zhāng zǐ yán fǎ àn 指韩国国会因韩国女星张紫妍自杀事件而推出的一项旨在消除娱乐圈潜规则，加强保障艺人权益的法案。【例】~的推出，有助于保障艺人的合法权益。

长草族 zhǎng cǎo zú［名］指对一种物品的占有欲蓬勃生长。【例】~应该学会控制自己。

涨姿势 zhǎng zī shì［名］让人长见识了，开眼界了。【例】求大神~。

帐客 zhàng kè［名］和账客是同义词，帐客是 Web 2.0 的新名词，是对在网络上拥有自己的网络账本，并且有记账习惯的人群的统称。【例】~是年轻人控制支出、改变消费习惯的一种新方法。

帐篷哥 zhàng peng gē［名］一名 90 后大学生，因不满原所在学校的学习氛围，主动退学从山东来到北京，每天去北大旁听课程，为了省钱，他每晚都在清华大学搭起帐篷过夜。【例】这位被广大网友戏称为~的学生走红了网络。

招优 zhāo yōu［名］是按照中国教育部门的要求，示范校拿出一些名额（招生计划中都有数量）给一些边远地区的普通初中校，这些初中校按名额的 1.2 倍推荐优秀生（即所谓的推优生），推优生第一志愿必须报考招优的学校，参加中考后，招优的学校按照预定名额在这些推优生里录取招优生，没被录取的推优生参加统一录取。【例】~是为了促进义务教育阶段学校的均衡化发展。

找抽帖 zhǎo chōu tiě［名］楼主发的帖子内容特别找抽，让绝大多数人都不待见，也称"找砖帖"。【例】这是一个～。

兆山羡鬼 zhào shān xiàn guǐ［名］被引申为冷血动物的代名词。时任山东省作协副主席的王兆山 2008 年 6 月在四川大地震发生后，面对 6 万多死难者竟作诗道："纵做鬼，也幸福"，显露出一副奴才拍马的无耻相。【例】人家家中出了人命，如果认为没啥大事，不就像～了吗?

赵作海案 zhào zuò hǎi àn［名］源自 2010 年 5 月 9 日，"杀害"同村人在监狱已服刑多年的河南商丘村民赵作海，因"被害人"赵振裳的突然回家，被宣告无罪释放，河南省有关方面同时启动责任追究机制。2010 年 5 月 9 日上午，河南高级人民法院召开新闻发布会，向社会通报赵作海案件的再审情况，认定赵作海故意杀人案系一起错案。河南省高院曾于 2010 年 5 月 8 日做出再审判决：撤销省法院复核裁定和商丘中院判决，宣告赵作海无罪。立即派人赶赴监狱，释放赵作海，并安排好其出狱后的生活。2010 年 5 月 17 日上午，赵作海领到国家赔偿金和困难补助费 65 万元，并表示对赔偿满意，要开始新生活。【例】愿～不再重犯。

这盛世，如你所愿 zhè shèng shì, rú nǐ suǒ yuàn 源自一个微博署名"周顾北的周"的网友，在新浪发了一条微博"#9.3 胜利日大阅兵#这盛世，如你所愿"，而配图则是周恩来总理的一张黑白照片。这条微博截至 2015 年 9 月 3 日晚上 8 点，转发量达 93 万，评论、点赞量达 79 万。【例】在 9 月 3 日阅兵这个时间点，"～"的文字配着周总理满是期望眼神的图片，瞬间戳中了网友的泪点。

真人漫画 zhēn rén màn huà［名］以静态影像（拍摄的照片）为素材，以条漫的形式来表现的一种讲故事模式。【例】～生动真实，受人们喜爱。

真人兽 zhēn rén shòu［名］真人秀谐音。【例】第一次～，不错。

真香 zhēn xiāng［动］指一个人下定决心不去做一件事情，最后却又去做了。现在主要用来表示某人预计的事情和最后的结果截然不同的一种心理状态。［源于湖南卫视《变形计》中王境泽说的话］【例】"～"，说不去，最后你还是去了。

真象 zhēn xiàng［名］真相，事情的真实情况。【例】～就在眼前。

甄嬛体 zhēn huán tǐ［名］中国一网络模仿文体，其始于电视剧《甄嬛传》的热播，剧中的台词也因其"古色古香"、包含古诗风韵而被广大网友效仿。【例】～说话，在网络上颇为盛行。

震网 zhèn wǎng［名］震网病毒又名 Stuxnet 病毒，是一个席卷全球工业界的病毒。病毒于 2010 年 6 月首次被检测出来，是第一个专门定向攻击真实世界中基础（能源）设施的"蠕虫"病毒，比如核电站、水坝、国家电网。【例】~破坏性巨大，需要预防。

正解 zhèng jiě［名］正确的见解、答案。【例】这个问题我不知道~，需要你的配合。

正龙拍虎 zhèng lóng pāi hǔ［名］词语出自华南虎照片事件，2007年10月3日，陕西安康一村民周正龙号称拍到了华南虎。指用欺世盗名的手段获取个人利益，而相关监管部门沆瀣一气指鹿为马的现象。【例】~表明有关部门的失职渎职。

正能量 zhèng néng liàng［名］指的是一种健康乐观、积极向上的动力和情感，是社会生活中积极向上的行为。【例】拥有~的人可以影响消极的人的心态。

正太 zhèng tài［名］一词起源于日本，标准的"正太"是指12岁的男孩，目前全球普遍把16岁以下的没有胡子、可爱、帅气、吸引人的男孩称为正太。与之相对应的是萝莉【例】~们处于"三观"形成时期，需要正确引导。

正太控 zhèng tài kòng［名］指对少年抱有强烈喜爱以及产生"萌"感觉的人。【例】哈哈，原来你也是~。

证件哥 zhèng jiàn gē［名］又称最牛证件哥。2010年7月，一名男生去应聘一个网店运营人员，竟然拿出几十个证件，但还没有被应聘上。【例】~说过，没有实用性的证再多也白费。

诤言奖 zhèng yán jiǎng［名］指的是为鼓励民众讲真话讲实话，以便更好地监督政府工作而设立的奖项。【例】设立的这个~，主要用来奖励那些对经济建设、社会发展、民生等方面提出具有建设性、独创性见解的人。

政策性租赁房 zhèng cè xìng zū lìn fáng［名］指通过政府或政府委托的机构，按照市场租价向中低收入的住房困难家庭提供可租赁的住房，同时，政府对承租家庭按月支付相应标准的租房补贴。【例】~有利于解决住房难的问题。

政府保障性住房 zhèng fǔ bǎo zhàng xìng zhù fáng［名］保障性住房是指政府在对中低收入家庭实行分类保障过程中所提供的限定供应对象、建设标准、销售价格或租金标准，具有社会保障性质的住房。一般由廉租住房、经济适用住房和政策性租赁住房构成。【例】中国政府大力推进~建设。

政审门 zhèng shěn mén［名］2009年，《燕赵都市报》报道第一起"政审门事件"。邢台市隆尧县冯姓考生因父亲曾上访被行政拘留，当地公安机关拒绝在其政审表上盖章。后经过公安局讨论，确认其父亲行为不影响考生的政审情况，于是紧急补办了政审手续。【例】~是一种变相歧视。

知本家 zhī běn jiā ［名］指利用自身拥有的高新知识创造财富的成功人士，就是以知识为本的人。【例】现如今就是一个～时代。

织围脖 zhī wéi bó ［动］围脖是微博客的谐音，织围脖就是写微博。【例】"～"成了一种时尚。

蜘蛛鸡 zhī zhū jī ［名］"长着多个翅膀多条腿的怪鸡""鸡肉中含有激素才长得那么快"，社会上流传的这种被"激素催生"出多条鸡腿多只翅膀的怪鸡被称之为"蜘蛛鸡"。【例】～的出现，让人们陷入恐慌。

直播帖 zhí bō tiě ［名］常是网友通过论坛发帖的形式写的一些精彩的故事，引起大家关注和讨论，收集大家对事件的看法，或给楼主提供一定的建议。【例】这个～的语言较为感人。

直改名 zhí gǎi míng ［名］一般指的是产权证还没有办理的新房。【例】～不符合法律规定。

直人 zhí rén ［名］直人是指只喜欢异性的一种人，区别于同人（同性向者）、无性向者和双性向者，具有异性恋性取向的群体只对或基本上只对种群中与自己性别不同的个体产生性欲与爱慕，无法对同性产生这种性欲与爱慕。和"直男癌""直女癌"的意思完全不同。

直通中南海 zhí tōng zhōng nán hǎi 2010 年 9 月 8 日，人民网·中国共产党新闻网正式推出"直通中南海——中央领导人和中央机构留言板"。该留言板突出互动性，旨在让广大网友对中央领导人倾诉心声。【例】"～"留言板的设立，引起巨大反响。

职场 V 生素 zhí chǎng V shēng sù ［名］也称"职场维生素"，是指调整心态、在职场上快乐生活的方法。【例】～，使得都市白领在职场中更加轻松，更具活力。

职场死机症 zhí chǎng sǐ jī zhèng ［名］指跟电脑一样的"死机症状"，也就是上班时候表现出来的各种烦躁、郁闷症状。【例】随着工作压力的增大，～的现象越来越多。

职场小黑人 zhí chǎng xiǎo hēi rén ［形］指的是在职场底层中经常受委屈、受歧视或者被遗忘的那一类人。【例】～的生存状态应该引起社会的关注。

职场自闭症 zhí chǎng zì bì zhèng ［名］平时行动独来独往，在工作场合总是很闷，不愿意和任何人多说话，不喜欢交流。【例】有调查显示，职场中有将近 60% 以上的人，因环境、压力等原因，而产生"～"。

职粉 zhí fěn ［名］指的是职业的"粉丝"组织者、集结者。【例】～以制造明星为职业，组织"粉丝团"并获取报酬。

　　职客 zhí kè［名］以求职者的利益为中心，以求职者的就业需求为导向，为求职者提供一系列就业相关的咨询、介绍服务，并最终帮助求职者成功就业的人。【例】～越来越受到求职者的喜爱。

　　植物环保瓶 zhí wù huán bǎo píng［名］最新的一项革新突破，旨在改变世界对塑料瓶的看法，起到了减少碳排放的作用。【例】～比普通瓶更环保。

　　只想当个安静的美男子 zhǐ xiǎng dāng gè ān jìng de měi nán zǐ 不想被太多人关注，只想静悄悄地做好自己。【例】我～。

　　纸枷锁 zhǐ jiā suǒ［名］电影《梅兰芳》里那个纸枷锁的意象。指被囚禁的思维和观念，自己不想挣脱。【例】～意象已经植入人们的脑海。

　　纸螃蟹 zhǐ páng xiè［名］所谓"纸螃蟹"，就是大闸蟹的提货券。消费者可以先买此券，待蟹上市后凭券兑换螃蟹。【例】对于～，消费者应当提高警惕，避免上当。

　　纸上公司 zhǐ shàng gōng sī［名］只在宣传上有的一种空壳公司。【例】司法部门应严厉打击～。

　　纸馅包子 zhǐ xiàn bāo zi［名］纸馅包子是虚假新闻事件，发生在 2007 年 6 月的、北京电视台生活频道（BTV－7）工作人员自导的一起被怀疑捏造新闻的事件。【例】～新闻引起巨大反响。

　　志愿礼 zhì yuàn lǐ［名］通过创作一个标准化、规范化的礼仪动作，作为志愿者专属的标志性礼节。为成功举办一届有"中国特色，广东风格，广州风采"的亚运会和亚残运会，向全世界展示广州志愿者的良好形象和优质服务，同时进一步弘扬志愿精神，挖掘志愿服务理念的深刻内涵。广州亚组委志愿者部和共青团广州市委经过多方调研和论证，创造性地提出"志愿礼"的概念。【例】～有利于弘扬志愿精神。

　　志愿玩伴 zhì yuàn wán bàn［名］志愿玩伴是由于一些少年儿童课余时间和假期只能待在家里，没有伙伴玩耍。自愿陪同这些孩子玩耍的志愿者被称为志愿玩伴。【例】～的出现，给许多孩子带来了欢乐。

　　志愿者爸爸 zhì yuàn zhě bà ba［名］指自愿担当单亲家庭父亲的角色，给予单亲孩子缺失的"父爱"的志愿者。【例】～大部分做过义工或志愿者的工作。

　　制氧费 zhì yǎng fèi［名］对受保护的自然生态林区的一种补偿。【例】～目的是减少污染物排放。

　　智慧地球 zhì huì dì qiú［名］也称为智能地球，就是把感应器嵌入和装备到电网、铁路、桥梁、隧道、公路、建筑、供水系统、大坝、油气管道等各种物体中，并且被普遍连接，形成所谓"物联网"，然后将"物联网"与现有的互联网整合起来，实现人类社会与物理系统的整合。【例】21 世纪是 ~ 时代。

智旅族 zhì lǚ zú［名］用以形容从不跟团、以自行设计线路为乐趣、喜欢和别人分享旅游经验和各种省钱秘笈的自助游爱好者。【例】~ 的思维方式是既省钱又能玩好。

智能代步车 zhì néng dài bù chē［名］利用高科技复合材料制作车体，具有智能化、便捷性等优点。【例】~ 越来越受到广大市民的喜爱。

滞婚族 zhì hūn zú［名］由于结婚后户口必须迁出人才市场集体户口，广州市数以万计的情侣逐渐成为潜在的"滞婚族"。【例】~ 现象的出现，不利于人口性别比例。

中二病 zhōng èr bìng［名］1991 年 1 月一位日本人首度指出，比喻青春期少年过于自以为是等特别言行的俗语。这种情况常在中学二年级发生，故称。指那些自我意识过盛、狂妄，又觉得不被理解、自觉不幸的人。【例】我们应该正确引导有 ~ 的一代人的价值观。

中国答卷 zhōng guó dá juàn［名］在 2009 年末的中国答卷上，中国对世界经济增长的贡献将超过 50%。这是二战以来全球首次出现的经济新格局。在新的世界经济版图中，这份答卷标注着沉甸甸的"中国分量"。【例】~ 将再次震撼世界。

中国大妈 zhōng guó dà mā［名］引用美国媒体调侃国内中年女性大量收购黄金，引起世界金价变动而来的一个新兴名词。【例】~ 疯狂抢金一战成名。

中国服务 zhōng guó fú wù［名］我国旅游业界专家学者提出了"中国服务"这一新命题，探讨"中国服务"应成为未来的国家战略。从旅游业开始拓展到整个服务业的"中国服务"，将与"中国制造"共同构成产业振兴和中国腾飞的双翼。【例】~ 将走向世界。

中国梦 zhōng guó mèng［名］2012 年 11 月 29 日习近平总书记提出的重要指导思想和重要执政理念。即"实现中华民族伟大复兴，就是中华民族近代以来最伟大的梦想。这个梦想，凝聚了几代中国人的夙愿，体现了中华民族和中国人民的整体利益，是每一个中华儿女的共同期盼"。【例】~ 将会是中国最伟大的"梦想"。

中国式 zhōng guó shì［形］专属于中国的一种行为。【例】"~ 过马路"一经网络传播，立刻引发网友对交通、国民素质和安全意识的讨论。

中国云谷 zhōng guó yún gǔ［名］位于哈南工业新城，主要发展云计算产业、物联网产业、软件与服务外包产业、新媒体和动漫影视制作产业等。规划建设云计算中心基地、应用创新研发基地、企业孵化基地、产业发展基地及完善的基础设施配套设施。【例】～发展潜力巨大。

中国尊 zhōng guó zūn［名］中国当代十大建筑之一，位于北京商务中心区核心区 Z15 地块，东至金和东路，南邻规划中的绿地，西至金和路，北至光华路，是北京市最高的地标建筑。集甲级写字楼、会议、商业等多种配套服务功能于一体，建筑外形仿照古代礼器"尊"进行设计。【例】～成了中国代表性建筑。

中考白条 zhōng kǎo bái tiáo［名］指的是 2010 年河北省任县高中的录取通知书。往年 7 月初考生就可获知中考成绩，可到开学为止，中考分数和今年的录取分数线对县城的 1470 名考生来说，依然是个谜。据了解，不公布中考成绩的做法在邢台市的一些县城已经实施多年，就是为了在与邢台市区高中展开的生源大战中，保住本县生源。【例】我们应该避免～事件的发生。

中嫩阶层 zhōng nèn jiē céng［名］英文解释 Teenage Women In Their Thirties，简称 Twit，又称"3 字头少女"，特指 30 岁以上的都市女性，她们心智成熟、经济独立，却仍然过着少女般自由自在的生活。她们拥有事业，收入可观，享受恋爱却不愿成家立室，生儿育女更是免谈。【例】随着生活压力的增大，～人数越来越多。

中鸟 zhōng niǎo［名］相对于菜鸟、老鸟来说，表示对一事物的熟练程度。【例】他不是一个～，而是一个菜鸟。

中文域名 zhōng wén yù míng［名］就是以中文表现的域名。【例】～属于互联网上的基础服务。

中英穿越体 zhōng yīng chuān yuè tǐ［名］将中文和英文以一种穿越式的组合进行表达的方式。【例】网友整理了古诗和英语的翻译组合体称之为～。

终端设备 zhōng duān shè bèi［名］经由通信设施向计算机输入程序和数据或接收计算机输出处理结果的设备。【例】～常使用操作灵活的键盘显示。

钟摆式移民 zhōng bǎi shì yí mín［名］《中国城市发展报告》中指出，中国每年 1 亿多进城打工的农民，已成为世界上最大的"钟摆式移民"。【例】～是中国城镇化"质量"不高的主要原因。

钟摆族 zhōng bǎi zú［名］由于越来越多的人突破城市界限，工作生活双城化、房子两地买、婚姻周末化，社交网络多城交叉，原有的单一城市生活工作模式被打破，"钟摆族"（pendulum clan）应运而生。【例】～是经济社会发展的一种现象。

钟点亲属 zhōng diǎn qīn shǔ［名］钟点家政服务的一种，最早起源于芬兰，主要为单亲家庭提供必要的家政服务。有"钟点爸爸""钟点妈妈"，甚至"钟点姥姥""钟点爷爷"。"钟点姥姥"们提供的服务就可以为孩子们送去温暖，弥补缺憾。另一方面，"钟点姥姥"对老人护理也有更为深刻的理解和经验。【例】~提供的服务很周到。

肿么 zhǒng me［名］戏称，等于"怎么"。【例】你~了。

种草 zhòng cǎo 比较常见的用法是动词，是指"宣传或分享推荐某种商品的优异品质以诱人购买"的行为。"种草"不仅是简单的一个词，与之相关联的还包括"拔草""长草""草族""自生草"等一系列"草"系词语。但由于一直没有比较正规的解释，因此具体的意思需要根据上下文语境来判断。【例】略。

种票 zhòng piào［动］以欺诈手段蓄意破坏选举，意图影响选举结果，造成选举不公，破坏选举制度。【例】我们应坚决抵制~行为。

种三产四 zhòng sān chǎn sì［名］用 3 亩耕地，产出用常规技术种植的 4 亩耕地的粮食，该工程于 2007 年正式实施，由袁隆平院士提出。【例】"~"工程提高了农民种粮的经济效益。

重要的事情说三遍 zhòng yào de shì qíng shuō sān biàn 释义为这件事情很重要。【例】~，我考上大学了。我考上大学了。我考上大学了。

周末忧虑症 zhōu mò yōu lǜ zhèng［名］指股市现象，股市在一段时期内，每到星期五因市场担心周末出现"利空"消息而引起投资者的担心焦虑，股价纷纷出现跌势。【例】~是投资者的一种心理现象。

周三症候群 zhōu sān zhèng hòu qún［名］周三是一周最中间的一天，这一天，人容易对现实问题感到焦虑和担心。其实周一并没有人们想象中那般沮丧不堪，周五也并非是情绪的"顶峰"，职场人群情绪的最低点是周三，被称为"周三症候群"。【例】当处于~时，我们需要正确调节。

朱抢抢 zhū qiǎng qiǎng［名］原名朱光兵，网络红人，因 2008 年汶川地震时，抢注 10 多个"512"网络域名而得此号。自创"鞋保姆式"服务。【例】~的名字一时在网络疯传。

猪坚强 zhū chāo qiáng 四川什邡红旗镇一村民家的猪圈废墟中，一头母猪在震后废墟中存活了 36 天，形容生命力的坚强。【例】~展现生命的伟大。

猪脚 zhū jiǎo［名］谐音"主角"，有调侃语气。【例】这部电视的男"~"确实不怎么样。

猪你贵 zhū nǐ guì［形］猪肉价格居高不下。【例】继蒜你狠、姜你军之后，~随之而来。

猪头 zhū tóu［名］表示不满，认为很愚蠢，但不带恶意，多用于开玩笑。【例】真是个~。

猪头党 zhū tóu dǎng［名］浮云水版的帮派组织。【例】谁是～中的一员？

猪涂口红 zhū tú kǒu hóng［名］指为了欺骗或者诱惑他人而把某件事物粉饰得更有吸引力，但实际上是换汤不换药。【例】应该避免～事件的发生。

猪娃 zhū wá［名］CCF传过来的口语，好孩子。【例】你真是个～。

竹叶 zhú yè［名］主页的另一种说法。【例】这个计算机～很漂亮。

竹衣马甲 zhú yī mǎ jiǎ［名］俗称"隔汗衣"，是古代的一种服装，穿在身上具有透气和隔汗的功能，同时具有做工细、重量轻的特点，目前传世甚少。【例】～是件珍品，应该重视。

逐日族 zhú rì zú［名］不满足于一生只看到一次日食，更不满足于在日食的神奇时刻仅仅是"看"，为日食痴狂。【例】他是疯狂的～。

主烧派 zhǔ shāo pài［名］一些权威专家在中国积极游说发展垃圾焚烧发电工厂。【例】他是～。

主要看气质 zhǔ yào kàn qì zhì 指王心凌在新专辑《敢要敢不要》中的一套吃汉堡专辑造型，被网友评为"主要看气质"。【例】不要看长相，～。

煮玉米 zhǔ yù mǐ 注册域名的谐音。【例】很多人并不懂"～"。

助理体 zhù lǐ tǐ［名］2011年，央视春晚总策划刘赛的两条微博引发"助理门"。刘赛在微博中过激的言辞随即被网友转发，并引起争议。【例】～引起明星们的评论。

抓狂 zhuā kuáng［形］因某事而疯狂。【例】这道数学题令人～。

抓图 zhuā tú［动］把屏幕的全部或部分内容转成图片保存。【例】～需要专业人员。

专拍哥 zhuān pāi gē［名］对专门拍摄公车私用现象并予以曝光的人的戏称。【例】～并没有得到我们的承认。

专业网站 zhuān yè wǎng zhàn［名］专注于某一领域或行业的网站。【例】创建一个～需要专业人员。

专用帖 zhuān yòng tiě［名］专门为一件事情或某一个问题而发的帖子。【例】这是政府部门的～，不能私用。

转存族 zhuǎn cún zú［名］金融机构加息后，通过将存款从原储蓄银行取出转而存到加息银行以获取最大收益的人群。【例】～中，年轻人比较少。

装忙族 zhuāng máng zú［名］表面上看起来很忙、实际上却能把偷懒进行到底的人们。【例】他们其实就是～。

装装族 zhuāng zhuāng zú［名］指出于某一种虚荣心，在行为举止上伪装成某一族群的人。【例】现实生活中～大有人在。

撞峰 zhuàng fēng［形］指的是错峰上下班却撞上上下班早晚高峰。【例】现在正好～。

追直播 zhuī zhí bō［动］指在一段时间里，一直关注一个直播帖的更新状态。【例】～成为一种时尚。

准黑客 zhǔn hēi kè［名］用现成黑客软件进行攻击，不需要编写程序的人。【例】他是一名～。

准老族 zhǔn lǎo zú［名］生活在城市里的女性，本没有到退休年龄，可又因为种种原因，提前退休纳入了老年队伍中。【例】她还没有到退休时间，却成了～。

桌游吧 zhuō yóu bā［名］桌游俱乐部，近年来国内兴起的以游戏会友、交友的社交娱乐场所。【例】他是一名游戏迷，经常访问～。

资本无道德 zī běn wú dào dé［形］指资产证券化后，即使一个道德不好的人，拥有财富仍是在赢利，也是在为社会服务。【例】～，市场是上帝。

资源共享 zī yuán gòng xiǎng［名］基于网络的资源分享，是众多的网络爱好者不求利益，把自己收集的东西通过一些平台共享给大家。【例】我们要学会利用～。

子弹体 zǐ dàn tǐ［名］由《让子弹飞》台词演变而来，被模仿创作。【例】网友设计的～海报，让人爆笑。

紫金花女孩 zǐ jīn huā nǔ hái［名］由日本和平友好人士倡议并捐资塑造、象征和平的"紫金花女孩"铜像在侵华日军南京大屠杀遇难同胞纪念馆和平公园内落成。表现的是抗日战争时期一个7、8岁的南京女孩，站立在周围开满紫金花的一块山石上，睁大着双眼看着那个战乱的世界。【例】～具有纪念意义。

紫砂门 zǐ shā mén［名］制假贩假，所谓的"紫砂"根本不是纯正紫砂，而是化工原料的混合物，就是这些混合物导致人们生命安全受到危害。【例】～再次敲醒人们的警钟。

紫外月球敏感器 zǐ wài yuè qiú mǐn gǎn qì［名］一种以月球为姿态参考源的大视场成像式光学姿态敏感器。体积和质量小，无可动机构，利于长期运行，具有多种敏感器的功能。【例】～在嫦娥一号卫星首次使用。

自费飞行员 zì fèi fēi xíng yuán［名］由飞行员跳槽引发的激烈冲突导致，航空公司巨资委培飞行员终身服役的培养模式成为航空公司和跳槽飞行员冲突的根源。【例】～的出现，标志着中国飞行员培训的市场化开端。

自干五 zì gān wǔ［名］自带干粮的五毛的简称。指自发地在网络上对污蔑中国的谣言持客观态度。在坚持实事求是的情况下进行辟谣的网友，这些人常被攻击为"五毛"，但实际上这些人并不像网络水军那样拿钱发帖，所以他们自嘲为"自干五"。【例】"～"是爱国者。

自给族 zì jǐ zú ［名］指通过自己动手，以自给自足的方式来满足某些生活需求的人。【例】～正在悄然盛行。

自驾吧 zì jià bā ［名］为喜欢汽车和自驾的人提供聚会和相关活动的俱乐部。【例】～里的人极其喜欢汽车。

自救式消费 zì jiù shì xiāo fèi ［名］多用来形容现在的年轻人喜欢用"买买买"的消费方式来缓解生活的压力。【例】～能够使我心里得到一丝慰藉。

自利型婚姻 zì lì xíng hūn yīn ［形］随着各大城市房价的不断攀升并创新高，房子已经深深地卷入了中国普通家庭的生活，同时，性与婚姻因房子的介入，其传统功能正在逐渐减弱，功利性大为加强，还被社会赋予了格外的光环。中国婚姻加速正呈现商业化性质，从最初的互利型，最后演变成自利型，这样的婚姻被称之为"自利型婚姻"。【例】～不利于社会良性发展。

自首式举报 zì shǒu shì jǔ bào ［名］安徽省亳州市利辛县国土局工作人员周文彬为了举报所在单位的领导，选择了"自首式举报"，并在微博上直播了自首的过程，迅速引发网友围观。选择自首前，周文彬曾向媒体提供过一份揭发所在单位领导涉嫌贪腐的举报材料，称自己曾参与行贿，并多次表示，要通过自首的形式，引起社会对这个问题的关注。【例】民众对～纷纷表示赞同。

自愿型公众人物 zì yuàn xíng gōng zhòng rén wù ［名］指在主观上追求或放任自己成为公众人物，并在客观上成为公众人物的人。【例】许多人都希望自己成为～。

自助自行车 zì zhù zì xíng chē ［名］又称公共自行车。是各市级政府为改善市内交通、减少城市汽车污染而为市民提供的自行车租赁服务。【例】～有助于减少污染。

自足式生物农场 zì zú shì shēng wù nóng chǎng ［名］属于未来厨房设施，自己可以培育蔬菜瓜果、养殖鱼虾，可以分为菜田和池塘。【例】～发展前景非常可观。

字幕组 zì mù zǔ ［名］指将外国影片配上本国字幕的爱好者团体。是一种诞生于互联网时代的新事物，属于一种民间自发的个人团体组织。【例】～并不以营利为目的而是由爱好者们根据个人兴趣组成的。

综合搜索引擎 zōng hé sōu suǒ yǐn qíng ［名］为弥补传统搜索引擎的不足而出现的一种辅助检索工具，有诸多优势，可以在互联网上进行信息搜索。【例】这个～很好用，我推荐给你。

纵狗族 zòng gǒu zú ［名］宠物狗有穿衣服、鞋子的，有梳着小辫子的。宠物狗不讲卫生当街大小便，狗主人不守公德拒绝清理。【例】～对城市环境产生破坏。

粽子 zòng zi［名］卧底、间谍。【例】战争时期，"～"很活跃。

走粉族 zǒu fěn zú［名］指内地母亲之间对到港澳买奶粉一族的俗称。【例】三聚氰胺事件之后，内地的"～"人数大增。

走召弓虽 zǒu zhào gōng suī［形］就是"超强"。形容对方很强，有强调意味。【例】看到你的表演真的是～。

走转改 zǒu zhuǎn gǎi［名］"走基层、转作风、改文风"的简称。【例】全国新闻战线组织开展"～"活动。

足囚协会 zú qiú xié huì［名］指足协"前辈"反赌扫黑抄了中国足协的老窝，负责管理中国足球的机构已有多人落马，有网民开玩笑说，他们可以在看守所里召开足协会议了。【例】～是反赌的阶段性成果。

钻石王老五 zuàn shí wáng lǎo wǔ［名］就是指很有钱的单身帅气的男人。【例】他是典型的～。

最美妈妈 zuì měi mā ma［名］2011 年的流行语。指年轻妈妈吴菊萍救人的事。［源自在浙江省杭州市滨江区的闻涛社区中勇于救人的浙江嘉兴人吴菊萍。一个 2 岁女童从 10 楼坠落，吴菊萍奋不顾身地冲过去用左臂接住孩子，女童已脱离危险。救人的年轻妈妈吴菊萍，其手臂骨折，受伤较重，被网友称为"最美妈妈"］【例】我们的社会需要更多的～。

最萌身高差 zuì méng shēn gāo chā［形］2013 年流行语。指一对情侣的身高差距。［源自 2013 年 5 月 30 日左右，一对情侣的合影在微博走红，照片中身高 158cm 的女生站在身高 193cm 的男友身边，显得娇小可人。有羡慕的童鞋大呼"有安全感"，把这样 30cm 多的身高差称为"最萌身高差"］【例】～并不影响两个人的感情。

左右粪 zuǒ yòu fèn［名］极左派、极右派愤青即左粪、右粪。【例】～往往会做出过头的事，我们应该尽量避免。

做俯卧撑 zuò fǔ wò chēng［动］流行网络用语，一般表述为"做俯卧撑"或"我是来做俯卧撑的"。［源于 2008 年贵州省公安厅发言人王兴正关于李树芬之死的介绍，现在的网络用语"俯卧撑"已经替代了前网络用语"打酱油"，表达了对时事不关心、不评论，只做自己事的态度。］【例】政府应避免～事件的发生。

做脸 zuò liǎn［动］整容。【例】在今天～成了一种时尚。

做梦死 zuò mèng sǐ［动］2009 年网络新词。指看守所内，在押犯的做梦死亡事件。人们对死亡原因的怀疑。【例】应该坚决避免像～此类事件的发生。

做网 zuò wǎng［动］指从事、经营与网络有关的事情。【例】～需要具备相关的技术。

第二部分

数字型网络流行语汇

0

0001000	股票代码。	【例】接触过股票的人大都知道"~"的意思。
00544	动动我试试。	【例】小样,~![谐音]
00900	动动就动动。风靡全球的一系列谍战电影《007》中的台词。	【例】你敢动动试试!~,谁怕谁![谐音]
015745974	你要我去死我就去死。	【例】你想的美,难道~?[谐音]
01925	你依旧爱我。	【例】我知道~。[谐音]
0258	你爱我吧。	【例】我爱你,~?[谐音]
02746	你恶心死了。	【例】~,不想理你了。[谐音]
02825	你爱不爱我。	【例】快说,~?[谐音]
03456	你想死我了。	【例】你怎么才上线?~。[谐音]
0376	河南省信阳市的区号。	【例】群主建了个~吧,河南老乡加一下!
0425	你是爱我。	【例】别生气了,我知道~的。[谐音]
0437	吉林省辽源市的区号。	【例】~是哪里的区号呀?
0451	中国黑龙江哈尔滨市的区号。	【例】你知道~是哪儿的区号吗?
0451392	你是我一生最爱。	【例】亲爱的,~。[谐音]
04517	你是我氧气。	【例】我离不开你,因为~。[谐音]
04527	你是我的妻。	【例】~,我不会让别人欺负你。[谐音]

续表

04535	你是否想我。	【例】好久不见，~？［谐音］
04551	你是我唯一。	【例】~，我一生只爱你。［谐音］
0456	你是我的。	【例】~，谁也别想碰你。［谐音］
04517	你是我一切。	【例】你对我来说最重要，~。［谐音］
045692	你是我的最爱。	【例】~，一生只爱你。［谐音］
0457	你是我妻。	【例】~，谁也改变不了。［谐音］
04592	你是我最爱。	【例】毫无疑问，~。［谐音］
0487	你是白痴。	【例】~，傻得可爱。［谐音］
0487561	你是白痴无药医。	【例】你真的傻到家了，~。［谐音］
0564335	你无聊时想想我。	【例】哪怕就是在~，我也会很开心。［谐音］
0594184	你我就是一辈子。	【例】宝贝，我想告诉你，~。［谐音］
065	原谅我。	【例】~吧，我也是为了你好。［谐音］
06537	你惹我生气。	【例】~我就不理你！［谐音］
0748	你去死吧。	【例】~我不想看到你。［谐音］
08056	你不理我啦。	【例】生气啦？~？［谐音］
0837	你别生气。	【例】~，是我的错。［谐音］
08376	你别生气咯。	【例】~，我错了。［谐音］
08574	你把我气死。	【例】~你有什么好处。［谐音］
085746	你把我气死咯。	【例】你这个人，~！［谐音］
095	你找我。	【例】老板，~？［谐音］
096	你走了。	【例】~，我不理你了。［谐音］
098	你走吧。	【例】~，我不需要你了。［谐音］

1

101	送花的数量的寓意。"101"朵玫瑰花代表"唯一的爱"。	【例】这~朵玫瑰花代表了我对你的心意。
11925	你依旧爱我。	【例】我知道的，~。［谐音］

续表

123	【1】游戏《123 木头人》同名歌曲《123 木头人》简称 123 或木头人。 【2】hao123 网址大全，简称 123。 【3】一起使劲，加油的意思。	【例】《~》这首歌具有满满的童真和欢乐。 【例】我喜欢的浏览器是~。 【例】艄公们喊着"~"的号子，一起使劲。
1240	最爱是你。	【例】~，永远爱你。［谐音］
124	124 是四川话，"一耳拾"。意思是一巴掌，一耳光。124 常见于四川服务器，方言的数字形式。	【例】我想给你~。
12746	你恶心死了。	【例】~，我不想理你了。［谐音］
12825	你爱不爱我。	【例】我问你，~？［谐音］
1314	一生一世。	【例】~，我爱你。［谐音］
1314520	一生一世我爱你。	【例】亲爱的，~。［谐音］
1314920	一生一世就爱你。	【例】放心，~。［谐音］
1314925	一生一世就爱我。	【例】你要保证~！［谐音］
13456	是你相思无用。	【例】我想说~，爱要行动起来。［谐音］
1372	一厢情愿。	【例】我对你好是~。［谐音］
1392010	一生就爱你一人。	【例】我发誓，~。［谐音］
14	团结在"李毅大帝"的光辉下，孜孜不倦进行着天亮事业的一群人。14 由毅丝音译而来，毅丝全称"毅丝不挂"。"毅丝不挂"者，是为大帝臣下自称。	【例】李毅的粉丝叫什么好呢，于是有了"~"的称呼。
141	要死了。	【例】~，~，我犯错误了。［谐音］
1414	【1】要死要死。 【2】都发都发。指大家都发财。	【例】~~，气死了。［谐音］
142	一世爱。	【例】你是我的~。［谐音］
1437	1437 分别代表 I love you forever 的字母个数，中文意思就是我爱你永远，也可以理解为 I love you everyday。	【例】老婆，~。

续表

14517	【1】爱死我爱妻。 【2】你是我氧气。	【例】好爱你，老婆，～。［谐音］ 【例】我离不开你，因为～。［谐音］
14527	你是我爱妻。	【例】～，我爱你。［谐音］
14535	你是否爱我。	【例】我只想问一句，～？［谐音］
14551	你是我唯一。	【例】不要担心，～。［谐音］
1456	你是我的。	【例】～，不准勾三搭四！［谐音］
14567	你是我的妻。	【例】～，谁也不能欺负你。［谐音］
1457	你是我妻。	【例】向大家宣布，～。［谐音］
147	一世情（一生只爱你一个）。	【例】我保证对你"～"。［谐音］
1487	你是白痴。	【例】～，你怎么能在大庭广众之下说出这样的话。［谐音］
1520	要我爱你或是让我爱你。	【例】别担心，～！［谐音］
1573	一往情深。	【例】我对你是～。［谐音］
1574	给我去死。	【例】～，我不想看到你。［谐音］
1589854	要我发，就发五次。	【例】红包，～。［谐音］
1594184	你我就是一辈子。	【例】亲爱的，我想对你说，～。［谐音］
165	原谅我。	【例】我错了，～。［谐音］
16537	你让我生气。	【例】～，烦人。［谐音］
1711	一心一意。	【例】～爱你。［谐音］
17382	你欺善怕恶。	【例】～非君子。［谐音］
174	你去死。粗口。	【例】～，不想再看到你啦。［谐音］
1748	你去死吧。	【例】～，不见！［谐音］
177155	象形 MISS，想念。	【例】我～你。［谐音］
17868	你吃饱了吧。	【例】好好吃，～？［谐音］
1798	一起走吧。	【例】下班了，～！［谐音］
1799	一起走走或是出去走走。	【例】吃完饭我们～吧？［谐音］
18376	你别生气了。	【例】～，我错了。［谐音］
191519	一种求救信号，类似于 SOS。字母表中第 19 个字母是 S，第 15 个字母是 O。	【例】～，求大神指导。
1920	依旧爱你。	【例】放心吧，我～。［谐音］

续表

1930	依旧想你。	【例】~，希望你过得好。［谐音］
1945	这就是我。	【例】~，不一样的烟火。［谐音］
195	你找我。	【例】~？我来啦！［谐音］
198	依旧吧。	【例】吃什么？~。［谐音］

2

20 后	【1】指 2020 年—2029 年之间出生的一代人。 【2】指 1920 年—1929 年的长寿老人。	【例】~的父母基本都是 90 后、95 后和 00 后。 【例】"~"夫妻携手走过一甲子，陪伴是最长情的告白。
2010000	爱你一万年。	【例】我想对你说：~！［谐音］
20110	爱你一亿年。	【例】我爱你，而且会~。［谐音］
201314	爱你一生一世。	【例】我爱你，~。［谐音］
20160	爱你要留你。	【例】我不会放你走的，~。［谐音］
20170	爱你一千年。	【例】我~。［谐音］
20184	爱你一辈子。	【例】我爱你，~。［谐音］
2019	爱你已久。	【例】你不知道，~。［谐音］
20240	【1】交通违章代码。 【2】联想笔记本的型号。	【例】你看看，这位车主在~上有违章记录吗？［谐音］ 【例】你们店里有卖联想~吗？［谐音］
2030999	爱你想你久久久。	【例】宝贝，我~。［谐音］
2037	爱你伤心。	【例】我爱你爱得伤心，真是~。［谐音］
20475	爱你是幸福。	【例】谢谢你，宝贝，~。［谐音］
20609	爱你到永久。	【例】放心，我~。［谐音］
207374	爱你七生七世。	【例】我永远爱你，~。［谐音］
20863	爱你到来生。	【例】爱你一生一世，~。［谐音］
20999	爱你久久久。	【例】宝贝，~。［谐音］

220225	爱爱你爱爱我。	【例】女朋友给我发了一串数字：～。[谐音]
223 工程	以挂职、培训为主要方式的人力资源合作机制。	【例】～是一种新型人力资源合作方式。[谐音]
230	爱上你。	【例】怎么办，我～了。[谐音]
234	爱相随。	【例】我和你～。[谐音]
235	爱上我。	【例】～，你会很幸福。[谐音]
240	爱死你。	【例】小宝，我～！[谐音]
2406	爱死你啦。	【例】谢谢你，我～。[谐音]
2456	饿死我啦。	【例】妈妈，～！[谐音]
246	【1】周二、周四、周六。 【2】爱死啦。	【例】我 135 上班，～休息。 【例】爱死你啦，～！[谐音]
246437	爱是如此神奇。	【例】～，让人如此沉醉。[谐音]
25184	爱我一辈子。	【例】你要遵守你的诺言，～。[谐音]
253	形容一个人傻。"253"读作"二百五十三"，将其分开可就是"二百五"和"十三"。"二百五"和"十三"均用来形容人傻。	【例】：你真是个～。
25609	爱我到永久。	【例】我们相爱吧，～。[谐音]
258	爱我吧。	【例】～，我也爱你！[谐音]
2582582597758	爱我吧爱我吧爱我就亲亲我吧。	【例】亲爱的，～。[谐音]
25873	爱我到今生。	【例】你说～？[谐音]
25910	爱我久一点。	【例】你要～哦。[谐音]
25965	爱我就留我。	【例】～，我心很软的。[谐音]
259695	爱我就了解我。	【例】如果～。[谐音]
259758	爱我就娶我吧。	【例】别多说，～。[谐音]
26 度法	夏季室内空调不得低于 26℃。	【例】专家提醒，夏天开空调，要遵循"～"。
2627	爱来爱去。	【例】～，没完没了。[谐音]

续表

2746	恶心死了。	【例】你真的是～！〔谐音〕
282	饿不饿。	【例】你～？〔谐音〕
286	低智商、落伍，即你早已落伍了，被时代淘汰了。	【例】你早就～啦。
292	爱就爱。	【例】敢不敢爱我？～谁怕谁？〔谐音〕
29201314	爱就爱你一生一世。	【例】我发誓：～。〔谐音〕
29251314	爱就爱我一生一世。	【例】天荒地老，海枯石烂，～。〔谐音〕
2925184	爱就爱我一辈子。	【例】我只想对你说"～"！〔谐音〕
296	爱走了。	【例】分手时，他发了一串数字"～"。〔谐音〕
2GT	是2G的TF卡。"2G"是指存储卡的大小。"T"是指TF卡。	【例】"～卡"最大的特点是体积小。

3

3D 秀	是可装扮的三维立体QQ秀，用户可通过选择3D秀商城中提供的各式各样、种类繁多的服饰、化妆整形、场景等物品来装扮。	【例】～已被取消统一为QQ秀。
3D 报纸	据西班牙《世界报》2010年3月11日报道，比利时日报《最后一点钟报》日前推出首份3D版特刊。《最后一点钟报》3D版特刊上所有的图片和广告都以3D效果呈现在读者眼前，而文字内容部分依然是2D的。	【例】这是全欧洲，甚至全世界的第一份～，在零售时，每份～都随刊附赠一副阅读眼镜。
3D 空调	为了积极推动空调业产业结构调整，国美电器采取多种举措所推广的低碳、低耗、低价的空调。	【例】消费者在国美购买"～"，可享受由国美、厂家提供的能效补贴。
3G 城管	借助3G网络打造的新型城管网络管理系统。可在手机终端上实现登录政务专网办公、地图定位、实时查看现场摄像头视频、视频会议等新的业务功能。	【例】近日，北京市西城区人民政府与中国移动通信集团北京有限公司针对"无线城市"建设签署战略合作协议，在西城区启动本市首个"～"项目。（2009年12月30日《法制晚报》）

续表

3H 学生	三好学生。	【例】我的孩子是个～。
3KU	三克油，谢谢你的意思。	【例】你对我帮助很大，～。[thank you 的音译]
3Q	谢谢你。	【例】这个花真漂亮，～。[thank you 的音译]
3Q 体	2010 年 11 月 3 日晚间腾讯发表了"致广大 QQ 用户的一封信"称"将在装有 360 软件的电脑上停止运行 QQ 软件"，随后网民开始模仿腾讯公开信改写"QQ 体"。	【例】～受到广大网友欢迎。
3Q 大战	奇虎 360 与腾讯间的纠葛由来已久，被业界形象地称为"3Q 大战"。	【例】前不久，持续四年的～终于落下帷幕。
3X	谢谢。	【例】你帮助了我很多，～。[thanks 的音译]
3.14	3 月 14 日，白色情人节。	【例】一般认为～是对于西方情人节的延续，最早起源于公元三世纪时的罗马。
3 之 3 幼儿园	指以"3 之 3"为教学理念的幼儿园。"3 之 3"指的是"3 岁之前，3 岁之后"，这是人一生中最重要的年龄段。	【例】～的教学理念得到很多人的赞同。

4

4	【1】是。 【2】死。	【例】～，我是风中的叶子。[谐音] 【例】这只老鼠～没～？[谐音]
407	死东西。	【例】你这个～，不行就算了吧。[谐音]
408	是你吧。	【例】～，飞驰少年？[谐音]
409206	是你就爱你了。	【例】是的，～。[谐音]
41	是你。	【例】～，你在这儿干啥？[谐音]
4120	死要爱你。	【例】我从一开始就决定～。[谐音]

42	是啊。	【例】~，时间太紧了。［谐音］
4242	是啊是啊。	【例】这儿是香格里拉大酒店吗？~。［谐音］
438	死三八。	【例】~，给我手机。［谐音］
440295	谢谢你爱过我。	【例】亲爱的，~，可是要再见了。［谐音］
44062	谢谢你的爱。	【例】虽然没有缘分，但~。［谐音］
442235	时时刻刻想我。	【例】你在外边会~吗？［谐音］
4422335	时时刻刻想想我。	【例】你在外边别~，先忙工作。［谐音］
4422350	时时刻刻想吻你。	【例】你相信吗？我~。［谐音］
4422620	时时刻刻来爱你。	【例】你放心，我~。［谐音］
4456	速速回来。	【例】我真的想~。［谐音］
4457	速速回机。	【例】所有论坛成员看到通告~。［谐音］
456	速回来。	【例】请通知小米~。［谐音］
457	速回机。	【例】看到信息，请~。［谐音］
460	思念你。	【例】我天天都很~。［谐音］
48	是吧。	【例】你还是"开火"队的成员，~。［谐音］
494	死就死。	【例】~，先玩一把再说。［谐音］
4980	只有为你。	【例】我才愿意不顾一切~。［谐音］
4a4a	是啊是啊。	【例】这儿是 QQ 授权黄金网吧吗？~。［谐音］

5

505	象形字符 SOS 是国际求救信号，日常中，SOS 通常被理解为："Save Our Ship"（拯救我们的船）、"Save Our Souls"（拯救我们的灵魂）。	【例】在紧急情况下，摆出~，会救你一命。［谐音］
507680	我一定要追你。	【例】如果不是因为要出国，~。［谐音］
510	我依你。	【例】好吧，如果你非得那么做，就按你说的办，~。［谐音］

续表

510170	我一定要娶你。	【例】就算父母不同意，但 ~ 。［谐音］
51020	我依然爱你。	【例】即便以后你满脸皱纹，牙齿掉光，~ 。［谐音］
51095	我要你嫁我。	【例】不管别人怎么说，~ 。［谐音］
51131420	我要一生一世爱你。	【例】你是我的妻子，~ 。［谐音］
51396	我要睡觉了。	【例】太晚了，~ 。［谐音］
51620	我依旧爱你。	【例】哪怕我们远隔千山万水，~ 。［谐音］
517230	我已经爱上你。	【例】虽然我们相处时间不长，可是我发现 ~ 。［谐音］
51820	我已不爱你。	【例】你不要再说了，~ 。［谐音］
518206	我已不爱你了。	【例】你给我带来了太多的伤害，~ 。［谐音］
518420	我一辈子爱你。	【例】你要相信我，~ 。［谐音］
51920	我依旧爱你。	【例】无论你是贫穷，还是富有，~ 。［谐音］
51930	我依旧想你。	【例】虽然我们已经分开，可 ~ 。［谐音］
5196	我要走喽。	【例】你快写作业吧，~ 。［谐音］
520	我爱你。	【例】亲爱的，~ 。［谐音］
52010000	我爱你一万年。	【例】就像《大话西游》里说的，~ 。［谐音］
5201314	我爱你一生一世。	【例】请天上的星星为我们见证，~ ！［谐音］
521	我愿意。	【例】"新娘，你愿意嫁给新郎，不离不弃吗?" " ~ 。"［谐音］
5230	我爱上你。	【例】到现在，我也不知道是什么让 ~ 。［谐音］
52306	我爱上你了。	【例】嘿，姑娘，~ 。［谐音］
52406	我爱死你了。	【例】"这是我想了好久的东西，你帮我买到啦，~ 。"［谐音］
526	我饿了。	【例】早饭吃得太少，现在，~ 。［谐音］

续表

5260	我暗恋你。	【例】大家都知道～，你就不要不好意思啦！［谐音］
527496	我要去睡觉啦。	【例】这都几点了，还不睡觉？～。［谐音］
530	我想你。	【例】你能感受到～吗？［谐音］
53207778	我想和你去吹吹风。	【例】最近的烦心事真是太多了，～。［谐音］
53406	我想死你了。	【例】冯巩最爱说的一句话就是："朋友们，～！"［谐音］
535172306	我想我已经爱上你了。	【例】每次和你分开之后，我都会特别想你，～。［谐音］
53550	我想吻吻你。	【例】"亲爱的，～。"［谐音］
5366	我想聊聊。	【例】我们之间好像出现了问题，～。
5370801314	我想亲你抱你一生一世。	【例】"亲爱的，嫁给我，好吗？～。"［谐音］
53719	我深情依旧。	【例】就算以后我们都成了满脸皱纹的老人，对你，～。［谐音］
5376	我生气了。	【例】你们再捣乱，～。［谐音］
53770	我想亲亲你。	【例】"你真是个可爱的孩子，～。"［谐音］
53782	我心情不好。	【例】今天被老师批评了，～。［谐音］
53790	我想去找你。	【例】我们好久没见面了，～。［谐音］
53880	我想抱抱你。	【例】今天工作上很不顺利，我很难过，～。［谐音］
53980	我想揍扁你。	【例】已经给你强调过了，不要出门，你还出去，～。［谐音］
540086	我是你女朋友。	【例】"关心你是应该的，～啊。"［谐音］
54033	我是你先生。	【例】"即便～，最起码的隐私还是要尊重的吧？"［谐音］
5406	我是你的。	【例】"星星是夜晚的，而～。"［谐音］
54064	我是你老师。	【例】"用心教好学生是我的责任，～。"［谐音］

续表

54068	我是你老爸。	【例】"喂，妈，你在家吗？""听听声音再叫，～。"［谐音］
54074	我是你妻子。	【例】"有什么事情是不能和我说的？～啊！"［谐音］
5420	我只爱你。	【例】"亲爱的，你要相信我，也要相信你自己，～。"［谐音］
543720	我是真心爱你。	【例】"我为你做了那么多事情，～。"［谐音］
5452830	无时无刻不想你。	【例】你什么时候回家？我～。［谐音］
546	我输了。	【例】这次比赛，是～。［谐音］
5489	我睡不着。	【例】明天有个十分重要的会议，今晚，～。［谐音］
5490	我去找你。	【例】外面下雨了，你别出来了，～。［谐音］
54920	我始终爱你。	【例】无论发生了什么，～。［谐音］
555	呜呜呜。	【例】"我的书找不到了，马上就要用了，怎么办呀？～。"［谐音］
55646	我无聊死了。	【例】每天都是看书，～。［谐音］
556520	我不能不爱你。	【例】爱你已经成了我的习惯，～。［谐音］
55926	我有多无聊。	【例】"给你打电话？～。"［谐音］
56	后悔。	【例】看到这样的结果，我只想说两个字："～"！［谐音］
5620	我很爱你。	【例】"你感觉不到吗？～。"［谐音］
562059487	我若爱你我就是白痴。	【例】"你真是自作多情！～。"［谐音］
56213344	我要爱你生生世世。	【例】"你是我最美的新娘，～。"［谐音］
5630	我很想你。	【例】"你什么时候回家？～。"［谐音］
564335	无聊时想想我。	【例】"你可以～。"［谐音］
5646	无聊死了。	【例】天天都在家里待着，真是～。［谐音］
5670	我要娶你。	【例】"我回去就告诉我妈，～。"［谐音］

续表

57350	我只在乎你。	【例】"不要再想损失了多少钱，你没事就行，~。"〔谐音〕
57386	我去上班了。	【例】"妈妈，~，中午我回家吃饭。"〔谐音〕
57410	我心属于你。	【例】不管我人在何方，~。〔谐音〕
574839	我其实不想走。	【例】虽然答应妈妈会出国深造，可~。〔谐音〕
57520	我妻我爱你。	【例】"今天是我们的结婚纪念日，~。"〔谐音〕
576	我去了。	【例】"你去学习吗？你不去，~。"〔谐音〕
5766	我去遛遛。	【例】晚饭吃多了，~。〔谐音〕
578	补习班。	【例】一到暑假补习班人满为患。〔谐音〕
58	午安。	【例】"该睡觉喽，~。"〔谐音〕
58206	我不爱你了。	【例】"你再这样欺负我，~！"〔谐音〕
584	我发誓。	【例】~："我一定要好好学习。"〔谐音〕
5843344520	我发誓生生世世我爱你。	【例】"~。"〔谐音〕
584520	我发誓我爱你。	【例】"你相信我，好吗？~。"〔谐音〕
5845201314	我发誓我爱你一生一世。	【例】"~。"〔谐音〕
5871	我不介意。	【例】"没事儿，你用吧，~。"〔谐音〕
591025	我就要你爱我。	【例】我不期望我们会大富大贵，~。〔谐音〕
592	我好饿。	【例】"什么时候吃饭啊？~。"〔谐音〕
59420	我就是爱你。	【例】"就算别人不喜欢你，可~。"〔谐音〕
594230	我就是爱想你。	【例】"和你在一起的点点滴滴都让我很开心，~。"〔谐音〕
59430	我就是想你。	【例】"给你打电话也没啥事儿，~。"〔谐音〕
59520	我永远爱你。	【例】"亲爱的，~。"〔谐音〕
596	我走了。	【例】"你把门锁好，~。"〔谐音〕
5976	我到家了。	【例】"放心吧，~。"〔谐音〕

6

609	到永久。	【例】"相信我，我爱你，～。"［谐音］
6120	懒得理你。	【例】"真是不可理喻，我～。"［谐音］
616	玩线上游戏，在家 lu－lu，谐音，且便于打字，因此在爱打游戏的宅男中广泛流传。	【例】"有时间吧，来玩局～。"［谐音］
6179	友谊长久。	【例】"祝我们前程似锦，～!"［谐音］
657	是"1314"的一半，也就是半生半世。	【例】"哪怕与你只有～的缘分，我也要和你在一起。"［谐音］
666	是"溜溜溜"的意思，网上流行语。是玩游戏的时候经常用到的，表示"很溜、厉害"的意思。有时候也用来嘲讽他人，或者自嘲。	【例】"这场游戏玩得真过瘾，～。"
6699	顺顺利利。	【例】希望这次旅程能够～。［谐音］
6785753	老地方不见不散。	【例】"今晚七点，～。"［谐音］
6868	溜吧! 溜吧!	【例】"你帮我看一下老师，我先溜了。""～。"［谐音］
687	对不起。	【例】"是我的错，～。"［谐音］
695	来找我。	【例】明天上午～。［谐音］

7

70	亲你。	【例】真想～。［谐音］
7025	请你爱我。	【例】我是真心的，～。［谐音］
70345	请你相信我。	【例】～，我是真心的。［谐音］
706	起来咯。	【例】别躺在地上，～。［谐音］
70626	请你留下来。	【例】远方的客人～。［谐音］

续表

7065	请你留我。	【例】我不想走，～。［谐音］
706519184	请你让我依靠一辈子。	【例】我需要你，～。［谐音］
7086	七零八落。	【例】这玩具汽车被拆得～。［谐音］
7087	请你别走。	【例】我需要你，～。［谐音］
70885	请你帮帮我。	【例】我需要帮助，～。［谐音］
7089	求你别走。	【例】我需要你，～。［谐音］
70 码	源于 2009 年 5 月 7 日杭州的一次交通事故，杭州警方在案发后的事故通报时称，案发时肇事车辆速度为"每小时 70 码左右"，此事引发争议，在掺混了复杂情怀的"打酱油""俯卧撑""躲猫猫"等这类词句持续风传之际，"70 码"迅速成为一个新的顶级热词，在各大论坛流传开来，被用作民众对政府公众事件解释及处理不满时的一种反讽。	【例】恐怕这次又是～。
721	亲爱的。	【例】～今晚吃什么。［谐音］
729	去喝酒。	【例】今晚～。［谐音］
7319	天长地久。	【例】我爱你到～。［谐音］
732016	今生爱你一人。	【例】相信我，～。［谐音］
737420	今生今世爱你。	【例】我保证，～。［谐音］
73748096	今生今世伴你左右。	【例】～不离不弃。［谐音］
73807	情深怕缘浅。	【例】我唯一的担心就是～。［谐音］
74	去死。	【例】哼，～，我很生气。［谐音］
740	气死你。	【例】就是要～，你能怎么样。［谐音］
7408695	其实你不了解我。	【例】我们都已经相处那么久了，但～。［谐音］
741	气死你。	【例】我就是要这样，偏要～。［谐音］
742	其实爱。	【例】问：你到底爱不爱我？答：～。［谐音］
745	气死我。	【例】你这个孩子怎么这么不听话，真是～了。［谐音］
74520	其实我爱你。	【例】你还不知道吧，～。［谐音］

7456	气死我了。	【例】这个人太不讲道理了，真是～。[谐音]
7474074	去死去死你去死。	【例】烦死了，～。[谐音]
748	去死吧。	【例】我不想看见你了，～。[谐音]
74839	其实不想走。	【例】你不要再赶我了，～。[谐音]
756	亲我啦。	【例】别走，～。[谐音]
7564335	请无聊时想想我。	【例】别忘了我，～。[谐音]
765	去跳舞。	【例】走吧，我们～。[谐音]
7678	吃饱了吗?	【例】你～?[谐音]
770880	亲亲你抱抱你。	【例】我想～。[谐音]
77088013—14520	亲亲你抱抱你一生一世我爱你。	【例】我想告诉你，～。[谐音]
770880520	亲亲你抱抱你我爱你。	【例】我最想要的，就是～。[谐音]
7731	心心相印。	【例】祝你们～。[谐音]
7752	亲亲吾爱。	【例】真乖，～。[谐音]
77543	猜猜我是谁。	【例】你好啊，～?[谐音]
7758258	亲亲我吧爱我吧。	【例】～，我需要你。[谐音]
775885	亲亲我抱抱我。	【例】希望你能～。[谐音]
77895	紧紧抱着我。	【例】你一定要～。[谐音]
78	去吧。	【例】她在喊你呢，快～。[谐音]
780	牵挂你。	【例】你知道吗，我很～。[谐音]
786	吃饱了。	【例】我～。[谐音]
7878	去吧去吧。	【例】～，玩得开心。[谐音]
7998	去走走吧。	【例】陪我一起～。[谐音]

8

8006	不理你了。	【例】我生气了，～。[谐音]
8013	伴你一生。	【例】我想～。[谐音]

续表

8050	抱你吻你。	【例】我想～。［谐音］
8074	把你气死。	【例】我就是要～。［谐音］
8084	BABY。	【例】～真乖。
809	保龄球。	【例】我们去打～吧？［谐音］
81176	不要在一起了。	【例】我累了，我们～。［谐音］
8147	不要生气。	【例】我错了，你～。［谐音］
82475	被爱是幸福。	【例】我明白～。［谐音］
825	别爱我。	【例】～，离我远点。［谐音］
8325	别伤害我。	【例】求你～。［谐音］
837	别生气。	【例】～，我知道错了。［谐音］
8384	不三不四。	【例】别跟那些～的人一块玩。［谐音］
8384520	半生半世我爱你。	【例】我愿意～。［谐音］
84	不是。	【例】～我的错。［谐音］
847	别生气。	【例】你～。［谐音］
848	不是吧。	【例】～，我真没想到。［谐音］
8484	不是不是。	【例】——是吗？——～。［谐音］
85	帮我。	【例】麻烦你～一下。［谐音］
85941	帮我告诉他。	【例】请你～。［谐音］
860	不留你。	【例】走吧，今晚～了。［谐音］
865	别惹我。	【例】你最好～。［谐音］
8716	八格耶鲁。	【例】～，死啦死啦地。［谐音］
874	扇耳光，源自 MOP 论坛上编号为 874 的表情符号。	【例】我真想对你～。
88	ByeBye。	【例】～明天见。［谐音］
88077013—14520	抱抱你亲亲你一生一世我爱你。	【例】我想～。［谐音］
881	抱抱你。	【例】我真想～。［谐音］
8834760	漫漫相思只为你。	【例】总有一天你会知道，～。［谐音］
885	帮帮我。	【例】请你～。［谐音］
886	拜拜啦。	【例】明天见，～。［谐音］
898	分手吧。	【例】我们～。［谐音］
8 错	不错。	【例】挺好的，～。［谐音］

9

902535	求你爱我想我。	【例】我们要分隔两地了，～。［谐音］
907753	叫你去吃午餐。	【例】我想～。［谐音］
9089	求你别走。	【例】我错了，～。［谐音］
910	就依你。	【例】好的，～。［谐音］
918	加油吧。	【例】我们一起～。［谐音］
9191	加油加油。	【例】希望你～。［谐音］
920	就爱你。	【例】我～。［谐音］
92013	就爱你一生。	【例】我～。［谐音］
9213	钟爱一生。	【例】我对你～。［谐音］
9240	最爱是你。	【例】相信我，我～。［谐音］
930	好想你。	【例】我真的～。［谐音］
93110	好想见见你。	【例】我～。［谐音］
94	就是。	【例】～他。［谐音］
940194	告诉你一件事。	【例】我要～。［谐音］
9494	就是就是。	【例】没错，～。［谐音］
95	救我。	【例】～，我被困住了。［谐音］
974	小骑士。	【例】我是一个～。［谐音］
98	酒吧，以前也指 WIN98。	【例】今晚去不去～？［谐音］
987	对不起。	【例】～我错了。［谐音］
9908875	求求你别抛弃我。	【例】我需要你，～。［谐音］
995	救救我。	【例】～，我被困住了。［谐音］
9950	久久吻你。	【例】我想要～。［谐音］
9958	救救我吧。	【例】～我被困住了。［谐音］
999	牛，厉害，极度惊讶或极度佩服。	【例】哇，你真是～。［谐音］

第三部分

符号型网络流行语汇

一画

|	表示瞪眼。
)	表示嘴巴。
<	表示抿着嘴。
8	表示眼镜。
O	表示眯眼。
.	可以表示眼睛。
~	语气拉长，舒缓语气。
—	表示鼻子。

二画

:	表示两眼。
"	表示紧皱眉头。
D	张嘴大笑。
^	表示眯眼。
!	表示瞪眼。
?	什么意思。

续表

( )	哇!
8 <	小剪刀。
0 <	好险。
@ @	晕倒、不可理解。
– –	表示无奈、沉默。
0 –	表示焊接工。

三画

*	表示眼睛。
Y	高举的手。
｜｜｜	好尴尬!
╏╏╏	具体表示抖动。
/ ~ ~	拜拜。
^3^	嘟嘴。
^_^	笑脸。
~_~	表示想睡觉了。
–.–	装蒜的意思。
｜ –	打坐练功。
>_<	表示抓狂、生气。
╲_╱	表示生气。
\ _ /	表示生气。
/_ \	哀伤的脸。
╏ _ ╏	很无奈很悲伤的意思。
>3 <	表示亲亲。
.3.	嘟嘴(当对方不理睬时撒娇的表情)。
:)	表示微笑。
: ╏	哇! 悲伤的小朋友。
: &	此人正在生气。

续表

: O	哇！
: <	看起来颇为气愤。
: >	表示奸笑。
;)	表示眨眼睛笑。
| -)	表示笑得看不到眼睛。
○-)	【1】睁着眼睛的独眼巨人（希腊神话）。【2】焊接工。
○—	表示睁一只眼。
, -)	嘘！这是我们的秘密，千万别告诉别人。
- (-	表示好伤心。
(—	头发盖着眼。
@ -)	独眼龙。
@_@	困惑。
●-●	表示太阳眼镜。
●_●	熬夜变熊猫。
U_U	想睡了。
? ∠?	大鼻子小眼睛的人。
^@^	小猪。
^O^	【1】一只可爱的猪。【2】笑脸。
〉-r	表示扮鬼脸。
-P	表示吐舌头。
@-@	挤眉弄眼。
@ =	一头蘑菇云似的假发。
UoU	没错。
○_○	表示诧异、惊讶。
0_0	表示空洞，或沉思、呆滞的眼神。
| -)	眯着的眼睛，表示回信回得快睡着了。
★~★	见到偶像，眼睛为之一亮。

四画

｜ ｜ ｜ ｜	表示高速运转的脑电波。
＝ ＝	等等。
o ～ ～ ～	感动感动。
^◎ –	爱你呦。
: –)	表示最普通、最基本的脸。
: – 1	表示平淡无味的笑。
: – 6	刚吃了酸的东西。
: – 7	表示火冒三丈。
: – 8	打着领结的笑脸。
: – 9	表示正在抽烟。
: – 0	表示恍然大悟。
: – C	表示很悲伤。
: – >	嘴角上扬的微笑。
: – |	滑稽的微笑。
: – ¦	【1】抿着嘴。【2】涂口红的红唇。
: –]	傻笑。
: – l	害怕、无助。
: – /	无奈地笑。
: – \	无奈的笑脸、撇嘴。
: – `	嚼着烟草时溅出口水的样子。
x – <	好惨！真是惨不忍睹。
: – <	难过时候的苦笑。
: – (	【1】表示愁眉苦脸。【2】表示生气。
: ~)	喜极而泣，笑出眼泪来了。
: – &	我的舌头打结了。
: – @	表示络腮胡。
: – q	正在抽烟。
: – e	失望的笑容。

续表

{: -	嘻！这位仁兄还戴着假发呢。
&: -	头发是卷曲的。
8:]	表示大猩猩。
8 - X	被吓坏了，吓得瞠目结舌。
b -)	表示眼镜。
? - (	表示黑眼圈。
; -)	表示抛媚眼。
; - (	听到这个消息真令人惊怵，但是有些不能认同。
∣ - D	呵呵笑。
∣ - P	捧腹大笑。
>: -	眉毛竖起来了。
>: <	表示皱眉头。
(: &	表示这个人正在生气。
(..)	表示请问。
(0 - <	表示面无表情。
! -)	表示睁一眼闭一眼。
^..^	表示蝙蝠。
@/"	表示蜗牛。
@ x@	表示生气。
@_ @a	表示搔头、疑惑。
@: -	表示一头卷发。
QQ	表示流泪。
- ,, -	表示鼻毛出来了。
○●○—	表示烤丸子。
XD	表示笑脸。
—一 +	表示锐利的眼神。
> > - (	表示很生气。
zzz	表示困。
/UU \	表示给你下跪。
p_ q	表示揉眼睛。
~^"	表示笑得无奈。
^_ ^	表示尴尬的笑。

五画

(^@^)	幸运的小猪。
！8 -)	同样是笑脸，但笑的人眼睛很大。
！- D	哈哈笑。
！- P	捧腹大笑。
: - D	张嘴大笑，表示开心。
: - P	表示吐舌头。
: - Q	表示向你吐舌头。
: - X	表示封住嘴巴。
: - ( )	哇！
: - !	一脸不屑的笑。
: - ?	抽烟斗。
: - $	我生病了。
: - j	暧昧的笑容。
: = \	无奈的笑脸。
: - [	讽刺的笑。
: - =	门牙很大。
: - "	嘟噜着嘴。
: -′)	表示感冒了。
: -′|	感冒了，妈妈不让出去玩。
: -)、	表示流口水。
: -) 8	表示打着领结的笑脸。
: - 8 (	表示"嘭嚓嚓"的笑脸。
: - 〈〉	表示八字胡的笑容。
: - ｛)	八字胡。
=: -	庞克族的笑脸。
; - \ \	这个问题嘛……我却不这么想。
: - \ \	有点儿无奈。

8: -)	【1】把眼镜推到头顶上，帅吧？ 【2】头上打蝴蝶结的漂亮女生。
&: -)	头发是卷的。
% -)	哇，跌破眼镜！
[: -	戴着耳机在听音乐。
(: <)	吹牛大王。
(: -)	【1】一张大笑脸。 【2】光头。
(: - (	表示愁眉苦脸。
(: ^ (	跟谁打架了？鼻子都打歪了！
(: -&	表示在生别人的气。
) : - (	不高兴。
>: - <	要气炸了。
~ ~: -	极度愤怒，都快要爆炸了。
(> < -)	痛。
* - (	闭着眼睛的独眼巨人（希腊神话）。
? -?	目瞪口呆，茫然。
? _ ?	目瞪口呆。
~ >_ < ~	表示哭泣（中等）。
〈@ - @〉	醉了。
<@ _ @ >	醉了。
0_ 0"	呆滞的眼神。
(。_ 。)	重创。
(>_ <)	小生气，不高兴。
(ˇ_ ˇ)	我想想、思考中。
^_ ^;	表示尴尬。
~ ~^_ ^	尴尬的笑。
(^O^)	哈哈。
(^m^)	哈哈。
(((? <	表示蟑螂。
(.m.)	表示龅牙的人。

＞＞@ ○@	表示鱼儿水中游。
$ _ $	见钱眼开，眼睛里都是钱。
T_ T	哭泣。
Q_ Q	流眼泪的样子。
(b_ d)	戴了副眼镜。
(3_ 3)	刚睡醒。
~ò`~	了解。
＝ ＝b	冒冷汗。
σ（¨）	枪毙。
(☆_ ☆)	眼睛一亮。
(/。＼)	死相！
(´-`)	嗯嗯。
(9_ 6)	我疯了。
(9_ 9)	很想睡觉。
(＞c＜)	哀哀叫！
(∩_ ∩)	微笑。
(~_ ~)	要你管。
■D″	咖啡杯。
●~*	炸弹。
ζ。 ≡	狮子。
Σ^)／	乌鸦。
(_ ＜-)	眉头紧皱，有点生气了。
(/_ ＼)	看不到，眼睛被遮住了。
⊙.⊙	睁大眼。
{＞~＜}	好酸呀。
~o.0~	错愕的表情。
!_ !	吓一跳！
(_ _ r_ _)	屁股。
~＞_ ＜~	讨厌。
ㄨ ι ㄨ	无奈。
＝ 3 ＝	嘟嘴。

续表

>_ <?	疑惑。
。 -_ -。	对不起。
? ~?	表示疑问。
QOQ	流泪、张大嘴。
U///U	脸红。
: =）	表示像个大猩猩似的。
: -）8	表示打着领结的笑脸。
=. =	表示无辜。
—>_ —>	表示怀疑。
→_ →	表示怀疑的眼神。
(～ ⌒)	表示不满。
(⌒）	不以为然。
(⌒⌒)	对不起啦！
(ノ＾＼)	一脸苦瓜。
(ˋ＾ˊ)	我生气了！
(⌒⌒)	当然！
(。＾。)	嗤之以鼻。
＼ (⌒)	好啦！

六画

＊＊	表示不雅语言。
(:) -)	哈哈！
(: I	理论家。
< {: -}	从瓶子里透出的笑脸。
} (: -)	戴假发。
[: I]	机器人。
#-)	表示一整夜没睡觉，眼睛皱成一团了。
~@＾_ ＾@	表示可爱。

续表

^（oo）^	猪头、小猪。
^. vv. ^	可爱的蝙蝠！
(^人^)	拜托啦。
+：－)	神父向你微笑。
：*)	喝醉酒还被人教训，鼻子红通通的。
：－%	表示银行家、股票玩家的笑。
：－=)	表示日本胡。
：－*	【1】表示亲吻。【2】表示在生病。
：－I	嗯……原来如此。
<：I	小傻瓜。
?；－)	表示眨眼。
~ ~：－(	表示极度气愤。
~ o ~ ~ zZ	我想睡啦。
3：=9	表示牛。
ε = = 3	表示骨头。
＞＞@（）@	表示鱼儿水中游。
@（－－－）	嘘，代表这是个秘密。
(@~@)	脸红了啦！
>_ <｜｜｜	很尴尬。
^_^｜｜｜	好尴尬！
-_-｜｜｜	无奈的意思。
--｜｜｜｜	表示无奈。
(. 人 .)	大咪咪。
(..)?	表示请问。
(. Q.)	做鬼脸。
`_´*	你不要命啦！
?_??)	什么事啊？
^_ <@_@	挤眉弄眼。
∧-<@-@	代表挤眉弄眼等众多的表情达意的图案符号。
<（＿ ＿）＞	对不起。
m（＿ ＿）m	万事拜托（跪地、磕头）。

续表

d（˘˘）	暂停。
（^_^）／	谢谢。
p^.^q	加油的意思。
~~：－（	表示极度气愤。

七画

囧	表示无可奈何的脸。
8：－I	魔术师。
（：－D）	真是大嘴巴，多嘴！
（：－*	【1】这个人在生病，反胃。 【2】表示有人吻了他。
（：〉〉－〈	"打劫！把手举起来！"
*：O）	小丑。
=^·^=	猫咪。
=^-^=	表示脸红了。
=^ω^=	表示狐狸。
＼（ˆoˆ）／	表示举手欢呼。
f（^_^）	这样啊。
（^_^）？	什么意思？
（^_^）y	喔耶！
^_^o~~~	感动感动。
&（^_^）&	麻花辫女孩。
§^_^§	绑辫子的女孩。
=@~@=	表示一个看到美女就紧张脸红的大学生。
：－#	茫然的表情。
：－（=）	我的大门牙帅不帅？门牙很大。
：－｜K－	讲正经事，言归正传。
：－〉：〉	嘿，嘿，瞧这张邪恶的嘴脸。

续表

+ 〈: - |	不知是神父还是修女。
< < < <: -	帽子推销员。
〒_ 〒	表示哭泣、眼泪。
(T_ T)	表示哭泣。
o_ o....	呆滞的眼神。
T△T	表示哭诉。
π_ π	打瞌睡。
(+_ +)	表示刺眼。
+_ +?	不知道你在干什么。
(x_ x)	表示晕倒、昏倒。
(? o?)	喔?
| (-_ -) |	没听到，耳朵遮住了。
~ >_ < ~ +	好感人。
~ ~ >_ < ~ ~	大声哭、用力哭。
>_ <#	表示很生气，冒青筋。
>´<||||	伤脑筋的意思。
╭(╯_╰)╭	路过。
╲(-_ -)╭	两手一摊。
(⊙o⊙)	目瞪口呆。
(⊙_ ⊙)	惊讶。
o (? ?) o	皱眉头。
(¯□¯)	脑中一片空白。
O_ OOOOO	表示呆滞。
z (U_ U) z	可恶（手叉腰）。
(>_ <)╎╎	好冷喔。
(;°O °)	啊!!
(~ >_ < ~)	气得掉眼泪。
(; -_ -)	不知道啦。
(→_ →)	你是谁? 表示怀疑。
(¯(∞)¯)	猪猪。
<`∇´>	表示老虎。

续表

< (ˇ′) >	嗯哼~
∠※	花束。
(–.–) +	表示发现。
(_ *_)	屁股。
(oˆ~ˆo)	幸福。
*_ *	刚睡醒的脸。
\ (0.0) /	万岁！
\ (n_ n) /	快乐。
\ _ /#	我生气了（横眉竖眼）。
p (~~) q	我赢了。
(°o °) ~@	晕倒，不省人事。
(–_ –) zZ	睡着了。
– ▽ –y	耶！
(~ˆOˆ~)	嘿。
{ˆo~oˆ}	老人家。
O (ˆ_ ˆ) O	听随身听。

八画

#: –)	随时保持头发的乱度，决不轻易梳头。
>" <││││	伤脑筋的意思。
? o? │││	听不懂的意思。
(Q ○ Q) b	人家才没有。
– –<–<–<@	玫瑰花。
@>>–>···	玫瑰花。
(: –│K–	打着领结，戴着礼帽。
+– (: –)	写信的可是主教呵！
: – (*)	表示恶心想吐。

(~ o ~)　~ zZ	我想睡啦。
(　'　') (　' ')	默默相对。
o （˘） OOO	连发飞拳!
(#˘)	哼!
(QoQ) b	人家才没有。
('A') b	受到打击……
(—˘—)	做什么啦!
(-_ -) zzz	睡着了啦。
(- o -) . zZ	困。
(-_ -;-)	紧张的脸。
[(_ < -)]	好吵。
(_ _ r_ _) = 3	放屁。
= = #	生气（暴露青筋）。
Oo。 (-. -)	睡觉。
(=＾=)	猫。
(^3^) ／ ~ ~	给你一个飞吻。
p (^o^) q	双手握拳，表示加油努力之意!
p (^ - ^) q	两手紧握拳头高举，表示加油之意!
q (^_ ^) p	元气娃娃。

九画

* 〈	: -)	圣诞老人。
: - |#|	戴着牙齿矫正架。
〒△〒	哭。
(+_ +)?	不知道你在干什么。
o_ O???	发生什么事了?
(? _ ?)?	疑问的脸。
\ (@ˆ0ˆ@) ／	你好!

续表

b (¯▽¯) d	竖起大拇指。
㇁ (¯▽¯) ㇄	两手一摊，表示无奈。
㇁ (㇏▽㇆) ㇄	没办法。
(¯▽¯)"	冷。
(¯ (エ) ¯)	大狗熊。
(=¯ω¯ =)	猫咪脸。
(=^_^=)	喵喵。
*^_^*	可爱的笑脸。
Y^o^Y	胜利！
: —……	表示心碎。
⊙__⊙‖│°	真尴尬。
@_@	崇拜的眼神，眼睛为之一亮。
Y@_@Y	胜利！
`(+__+)′	超级感动，眼泪不停。
(「「) ~~~→	怀疑喔。
(((m-_-) m	鬼。
(`▽′) Ψ	诅咒你！
(*_ *)	不妙了！惨了。
(¯▽¯;)	糟糕！被发现了！
< (ㆁㆍ) >	表示天哪。
o (> <;) o o	慌慌张张。
(#_ <-)	好痛。
.. < ｜=...	乌鸦飞过去表示冷场，无趣。
(／㇏ Ⅲ′) ／	抓你来咬！
< (`▽′) >	哈哈哈（我是坏人）。
//ToT//	流泪中。
:%)%	满脸的青春痘。
% >_ <%	要哭了。
<□: ≡	乌贼。
(^口^;)	真尴尬。
*d (-_^)	有好感的意思。

^/ = = = O	给你一拳！
~ o}　^_ ^ {o ~	好听的音乐。

十画

@ % $ % &	表示骂人的话。
(: 　–……	心碎。
≧◇≦	感动。
(≧◇≦)	感动。
p（" o"）q	加油、努力之意。
q´（^_ ^）p̂	淘气娃娃。
(¯ε (#)	被打一巴掌。
乁（??）（??）乁	去哪里呀？
（–_ –）y－－~	抽烟。
=: –#}	留着胡子的庞克族。
（" O"）~ ~ ~	生气的意思。
（《⊙⊙》）	南方四贱客——阿尼。
o–_ –）0)。0)	给你一拳。
*d（–_ "）	有好感的意思。
(^_ ^A;)	擦汗。
\ （@^O^@）/★	晚安。

十一画

¦ ¦ ¦ （>_ <)¦¦¦	发抖。
> >d（˙_ ˙）b< <	戴着耳机听音乐。
*: * *	这是个不修边幅的人，头发、胡子都乱七八糟。

续表

＜＊）＞＞＞＝＜	表示鱼骨头。
：：＞＿＜：：	表示哭。
（＊＠○＠＊）	哇！
～w＿w～……	嘘！别吵，让我思考一下！
….＞o＜….	表示哭。
～～～～＞＿＜～～～～	表示大声哭、用力哭。
（E＿E）	念昏了头。
／（YoY）＼	我放弃。
≡［°°］≡	表示螃蟹。
（¯∇¯）～＊	装傻。
／（＊W＊）＼	表示兔子。
（＊＾⌒＾＊）	羞羞脸。
Y（＾＿＾）Y	耶！举双手胜利。
（＊＾?＾＊）	亲一个！
（＊＾O＾＊）	傻笑。
（＊＾＿＾＊）	打招呼的笑，你好。
（（。（＾＿＾）。））	期待状。
（＾；；；；	紧张。
（＾0＾）y－°°°	有好感的意思。

十二画

（＾＿＾）∠※	送你一束花。
..＠＿＠｜｜｜｜｜..	头昏眼花。
……＼（＞＜）／	哇～出现了。
（（（＾）（＾）））	什么什么，告诉我吧！
……….（..）	有话快说。
（：：（）：：）	好，蹦。
（（（＾）（＾）））	什么什么？

(^_ –) db (–_ ^)	手指打勾勾，约定。
＼（^_^）（^_^）／	耶耶!
(#^^#)	偷偷地自满。
凸｀_´#	很生气，非常生气。

十三画

<°) #))) ≦	表示烤鱼。
。。～＊。＊～。。	女生高兴时甩辫子。
○-_ –) =○)°0°)	表示给你一拳。
｀(＊ ＞__＜ ＊)′	好刺激。
｀(＊∩_ ∩ ＊)′	献上最可爱的笑容。
＊＼（^_^）／＊	表示为你加油。
＊＼（ˇvˇ）／＊	为你加油。
(＊ ＞. ＜ ＊) ～@	酸。
(#ˇ) 凸	比中指。（粗俗符号）
Σ（°△ °｜｜｜）⦃	表示惊吓。
凸＼_ ／凸	比中指。（粗俗符号）
凸～＜～凸	愤怒。
凸^_ ^凸	两只中指。（粗俗符号）
Ｙ (X_ X) Ｙ	表示举手投降。
(^。^) y–～～。o0	抽烟。
（^_^）／★＼（^_^）	干杯，杯子相碰。

十四画

＊x＊……	你逼我也没用，我绝对不会说出去的！
（∪.∪）…zzz ZZZ	呼噜呼噜。
（＊＋＊；）～＠	受不了，受不了。
＝＝＝｀′＝＝＝	我生气了。
（（（（（（（（（（＾；	快逃，嘿嘿。
……＼（＞＜）／	哇！出现了！！
（ˍˍ）（ ˉ.ˉ）（ ～o～）	又眯眼，又打呵欠的，累了。

十五画

（＊＋ˍ＋＊）～＠	受不了了。
ʃ（＊∩ˍ∩＊）′	献上最可爱的笑。
［］～（ˉ▽ˉ）～＊	干杯！

十六画

凸＾（..）＾凸	猪头。
（＾3＾）－☆CHU！！	亲一个，发出"啾"的声音。
≡（＾（OO）＾）≡′	飞天猪。
（＾）／▽▽＼（＾）	干杯，杯子碰杯子。

十七画

＜ (""" ○""") ＞	哦，我的天。

二十五画

(ˆ)（（（（（（（（（（（（（（（（（●～～～～☆	放个炸弹炸人啦～

三十八画

(☉_ ☉)＜～～啾～～＞(#ˆ_ ˆ#)	亲一个，发出"啾"的声音。

参考文献

（一）著作类

凤君编著：《网络新新词典》，新世界出版社 2012 年版.

周建民、熊一民主编：《最新网络交际用语词典》，中国社会科学出版社 2008 年版.

张璇：《网络语言搜搜晒》，贵州人民出版社 2014 年版.

侯敏、周荐主编：《2010 汉语新词语》，商务印书馆 2011 年版.

仓理新、刘仲翔、李崇文主编：《流行语折射的网络文化》，旅游教育出版社 2012 年版.

仓理新主编：《流行语与时尚文化：运用马克思主义解读流行思潮》，中国人民大学出版社 2012 年版.

汤玫英著：《网络语言新探》，河南人民出版社 2010 年版.

王仕勇：《网络流行语研究：社会与媒介的视角》，中国社会科学出版社 2016 年版.

蒋秀玲著：《网络流行语的生产与扩散机制研究》，中山大学出版社 2016 年版.

汪磊主编：《新华网络语言词典》，商务印书馆 2012 年版.

章莉莉：《视觉符号完全手册》，上海书店出版社 2008 年版.

（二）论文类

杨晨：《网络流行语"X +了解一下"的多维考察》，载《华中师范大学研究生学报》，2018 年第 1 期.

张萌：《亚文化谱系中的"佛系"网络流行语研究》，载《中国青年研究》，2018 年第 8 期.

庄发标：《2017 网络流行语的特点和动因》，载《文教资料》，2018 年第 20 期.

王晓军、林帅：《基于批评话语分析的网络流行语"被 ××"研究》，载《外国语言文学》，2018 年第 3 期.

杨鸿雁：《网络流行语语言变异现象的社会语言学解析》，载《遵义师范学院学报》，2018 年第 3 期．

王琦、巩彦博：《网络社交媒体环境下青年流行语的解读与思考》，载《山东青年政治学院学报》，2018 年第 3 期．

颜晓丹：《隐喻视角下的网络流行语》，载《科教文汇》，2018 年第 4 期．

陈松林、尚从永：《网络流行语的再认识》，载《安徽广播电视大学学报》，2018 年第 1 期．

唐丽君、丁萍：《修辞学视角下的中国网络流行语研究》，载《六盘水师范学院学报》，2018 年第 1 期．

王新平：《评价理论视角下近十年网络流行语态度分析》，载《吉林广播电视大学学报》，2018 年第 5 期．

黄广芳、梁璐茜：《地域方言对谐音网络流行语形成的影响》，载《湖北工业大学学报》，2017 年 6 期．

肖世敏：《论当下缩略形式的网络流行语》，载《语文学刊》，2014 年 6 期．

杨朦萌：《浅析网络流行语的构词方式和特征》，载《文教资料》，2013 年第 22 期．

王静：《网络符号与中国手语的异同》，载《新闻爱好者》，2011 年 10 期．

王海波、王文生：《网络语言、网络符号视域下的大学生心理探究》，载《西南农业大学学报（社会科学版）》，2011 年 6 期．

梁爽：《网络符号让沟通变得更生动》，载《艺术与设计（理论）》，2010 年 2 期．

（三）网络信息

语言资源网：http：//www.clr.org.cn

后 记

近十年的新词语、网络交际用语整理工作已接近尾声。从选词到编纂，整个过程用了两年多的时间，共收录词条约4300条，概括反映了十年来我国语言生活的变化以及社会历史的变迁。

随着经济的发展，科技的进步，人民生活水平的日益提高，中国互联网迅速崛起并向互联网大国迈进，网络也逐渐成为我们日常生活中必不可少的一部分。据中国互联网络信息中心（CNNIC）《中国互联网络发展状况统计报告》的相关信息统计：2008年6月底，我国网站总数达191.9万个，网民人数2.53亿，居世界首位，网民普及率16%，截至2017年12月，我国网民规模高达7.72亿，互联网普及率为55.8%。而在2015年3月5日十二届全国人大三次会议上，李克强总理在《政府工作报告》中首次提出"互联网＋"行动计划，意在将互联网作为当前信息化发展的核心特征。在这高度发达的信息时代，互联网高度的便利性、参与性、互动性、快捷性使网民不仅成为信息的接收者，同时也成为信息的生产者、传播者和解读者，使得语言信息的传播和人群交流的方式都发生了翻天覆地的变化，网络新兴用语的兴起便是重要体现。由互联网催生的新式语言——网络用语风靡全世界，伴随互联网的普及和经济社会的不断发展，迅速流行于网络内外，它已成为信息化时代的一种文化与艺术的表达，深刻影响到人们的生活方式、认知方式、行为方式、思维方式、语言方式等。

网络流行语，也称网络用语、网络热词，即主要在新兴网络文化世界背景下，流行于网络的被赋予特定文字意义的、使用频率较高的新兴词语，表达的是一种语言文化现象，不仅传递和弘扬积极的文化精神，同时更充当着语言交际的工具。网络用语逐步进入了人们的日常交际生活，它有很快的传播速度和较强的影响力，一定程度上促进了互联网环境下网络用语的良性传播，对社会产生了深远的影响。网民们通过诙谐幽默的词语，利用文字、字母、数字、标点、省略形式的语言自由搭配组合，用于一种轻松、诙谐、非正式的心理情感表达，具有新颖性、创新性、形象性和幽默性等特征，体现了人们的娱乐化倾向。虽然网络词语使用范围越来越广泛，但是也有一些网络语言存在不合语法的现象，这就会对现代汉语的语言系统造成冲击，不仅不符合现代汉语规范，也对人们的道德观念产生负面影响。我们应该摒除不合规范的词语，构建和谐、生动的语言环境，规范语言生活。

我们编写本书主要有两个原因：一是便于相关人士了解网络用语。新媒体网络用语在独特的时代背景下产生，给汉语语言的多样化发展提供了契机，成为新时代语言变迁的一个重要标志。本书结合网络、报纸及电子产品等新媒体出现的一些语言热词，进行搜集整理。按照汉语拼音排序，进行简单释义，既简明通俗，又符合当代汉语语言发展的新特征。二是收录大量词条，删除不合乎道德规范的网络用语，营造良好的网络语言环境，为网络语言研究者提供语料库。优化网络用语，既在颠覆传统的语言规则和表达方式的同时，又保证其具有高雅情趣，迎合了人们的猎奇心理，力求做到实用性与道德性相结合。

由于网络词语的生动、简洁及幽默性，所以人们对网络热词传播具有很高的积极性，不仅可以满足自己与社会发生关联的需求，也是对自我时尚的一种彰显。本书的词条基本来自网络，有一些选自报纸以及其他新媒体平台。一些词条释义取自"百度百科""中国知网"等网站平台中一些学者和普通网民的解释，与人们的生活息息相关。

本书共收录近十年间网络交际词语大约 4300 条，正文所有的词条分为四个部分，字母型约 730 条，文字型约 2700 条，数字型 376 条，符号型 496 条。字母型、文字型按英文字母排序，如"B2B、B2C、B2W""电子柜台、电子函件、电子贺卡、电子汇款"，数字型按数字顺序排列，如"657、666、6699"，符号型按组成词条的符号部件结构排序，如"（: -）、(: -（、(: ^（"。

为了便于查阅，我们先把要解释的词放在开头，然后注音、分析词性解释词语，最后写例句。要解释的词语在例句中不重复出现，用"～"代替，有的词语有常用的不同说法，分别列条，相互参见。如："呵呵 hē hē [形] 原意为笑声的拟声词。在网络用语中，表示单纯的笑、浅笑、开心的笑，或表示嘲笑，或表示好笑，或表示无奈，或是想结束本次的聊天，甚至是糊弄的笑。还有一种解释为，一个呵字是敷衍，两个是冷汗。【例】我也就～，我无话可说。"除符号部分只作解释外，其他部分基本沿用此体例，在此做一说明。

本书由枣庄学院文学院主持编写，杨全顺、王翰颖、杨晓红、段圣玉负责统稿。书稿之所以能顺利完成，得到了多方面的帮助和支持。感谢沈阳师范大学中国文化与文学研究所季红真教授赐序。同时中国言实出版社的编辑老师也给予指教、鼓励，他们为本书的付梓付出了巨大的辛劳，没有他们，本书的出版是不可能的，谨此致谢。另外，还有不少专家、学者对本书的编纂提供了支持与帮助，在此不一一列出，一并表示真诚的感谢。

时至今日，网络用语依然快速发展，其研究成果以及对网络语言的认识有待进一步加深，学无止境，生无所息，本书编写或有不足之处，请广大读者多多指教鞭策，以期取得更好的研究成果。

杨全顺
2018 年 12 月 5 日写于枣庄学院